PC-Tabellenbuch

Klaus Dembowski

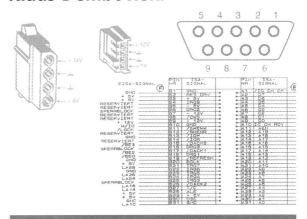

PC - **Tabellen-buch**

Daten und Fakten zur PC-Hardware

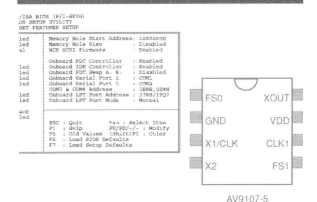

AV9107-5

Markt & Technik
Buch- und Software-Verlag GmbH

Die Deutsche Bibliothek – CIP-Einheitsaufnahme

Dembowski, Klaus :
PC-Tabellenbuch : Daten und Fakten zur PC-Hardware / Klaus Dembowski. –
Haar bei München : Markt und Technik, Buch- und Software-Verl., 1995
   ISBN 3-87791-782-8

Die Informationen in diesem Produkt werden ohne Rücksicht auf einen
eventuellen Patentschutz veröffentlicht.
Warennamen werden ohne Gewährleistung der freien Verwendbarkeit benutzt.
Bei der Zusammenstellung von Texten und Abbildungen wurde mit größter
Sorgfalt vorgegangen.
Trotzdem können Fehler nicht vollständig ausgeschlossen werden.
Verlag, Herausgeber und Autoren können für fehlerhafte Angaben
und deren Folgen weder eine juristische Verantwortung noch
irgendeine Haftung übernehmen.
Für Verbesserungsvorschläge und Hinweise auf Fehler sind Verlag und
Herausgeber dankbar.

10   9   8   7   6   5   4   3   2   1

98   97   96   95

ISBN 3-87791-782-8

© 1995 by Markt&Technik Buch- und Software-Verlag GmbH,
Hans-Pinsel-Straße 9b, D-85540 Haar bei München/Germany
Alle Rechte vorbehalten
Einbandgestaltung: Grafikdesign Heinz H. Rauner, München
Lektorat: Angelika Ritthaler
Herstellung: Satz- u. Schreibservice W. Schneider
Druck: Bosch Druck, Ergolding
Dieses Produkt wurde mit Desktop-Publishing-Programmen erstellt
und auf chlorfrei gebleichtem Papier gedruckt
Printed in Germany

nhaltsverzeichnis

4 BIOS-Setup-Parameter 115

5   Grafikkarten   161

6   Speicherbausteine   183

**Weitere Titel von Klaus Dembowski, erschienen beim
Markt & Technik-Verlag**

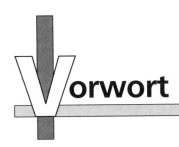

Vorwort

Dieses Buch enthält eine Vielzahl von Tabellen mit den unterschiedlichsten PC-Daten, die man in der Praxis immer wieder benötigt. Wer beispielsweise mal schnell nachschauen möchte, wie die Signalbelegung der seriellen Schnittstelle auszusehen hat oder wie die immer komplizierter werdenden BIOS-Setup-Einträge zu verstehen sind, braucht sich nicht durch die PC-Literatur zu »wühlen«, sondern findet diese Informationen in konzentrierter Form hier im PC-Tabellenbuch.

Das Buch »lebt gewissermaßen« durch die Tabellen. Sie zeigen, was hinter den gängigen Schlagwörtern der PC-Welt steckt, zumal – wann immer es sinnvoll erschien – auch stets die deutsche Übersetzung der einzelnen Begriffe beigefügt wurde.

Doch sie dienen nicht nur der besseren Orientierung, sondern bieten als kompakte Übersicht den Vergleich der üblichen Komponenten und PCs und unterstützen Sie bei den einzelnen Arbeitsschritten wie Setup oder Speicheraufrüstung. Informationen oder auch allgemeine Begriffe, die man immer wieder gerne vergißt, Daten für die Aufrüstung, die Programmierung, das Tuning und die Reparatur sowie den Selbstbau von Peripherie sollen mit diesem Buch schnell zur Hand sein. Also ein Buch zum Nachschlagen für Hobby und Beruf. Darüber hinaus finden sich auch Tips & Tricks aus der PC-Praxis, wobei neuere Entwicklungen wie PCI, Plug & Play oder die unterschiedlichen PS/2-Speicherbausteine, um nur einiges zu nennen, ebenfalls berücksichtigt sind.

Wer in diesem Buch ausführliche Erläuterungen vermißt und wem praxisnahe Zusammenhänge der PC-Technik noch fehlen, dem sei als Einsteiger das Buch *Hardware ohne Risiko – Die Lösung für PC-Probleme* – (es geht auch um grundlegende Software/Hardware-Zusammenhänge) und als Fortgeschrittener *Die neue PC-Werkstatt – Konfigurieren, Installieren, Optimieren, Aufrüsten von PCs* – empfohlen.

Mein besonderer Dank gilt Ute für die notwendigen Korrekturen und Nina und Nicholas.

Klaus Dembowski

Allgemeine Festlegungen und Standards

In diesem Kapitel finden sich die unterschiedlichsten Tabellen zu den allgemeinen Definitionen und Festlegungen bis hin zu CD-ROM-, Multimedia- und Datenfernübertragungs-Standards. Dieses Grundlagenwissen einerseits und die PC-üblichen Standards erleichtern die Orientierung in der PC-Technik.

1.1 Einheiten-Vorsätze

Für das internationale SI-Einheitensystem (Système International d´Unités) sind nach DIN 1301 die im folgenden angegebenen Einheitenvorsätze definiert.

Bezeichnung	Symbol	Exponent
Exa	E	10^{18}
Peta	P	10^{15}
Tera	T	10^{12}
Giga	G	10^{9}
Mega	M	10^{6}
Kilo	k	10^{3}
Hecto	h	10^{2}
Deca	da	10^{1}
Deci	d	10^{-1}
Centi	c	10^{-2}
Milli	m	10^{-3}
Micro	μ	10^{-6}
Nano	n	10^{-9}
Pico	p	10^{-12}
Femto	f	10^{-15}
Atto	a	10^{-18}

Tabelle 1.1: Die Einheiten-Vorsätze

1.2 Zahlendarstellung

In der Digitaltechnik arbeitet man nicht im dezimalen (Potenzen zur Basis 10) sondern im dualen Zahlensystem (Potenzen zur Basis 2).

Ein Bit ist dabei die kleinste Einheit, die einen der binären Zustände 0 oder 1 annehmen kann. Die folgende Tabelle zeigt die üblichen Bezeichnungen.

Einheit	Definition
1 Bit	0 oder 1, kleinste Einheit
1 Byte	8 Bit
1 Wort	16 Bit, 2 Byte
1 Doppelwort	32 Bit, 2 Worte, 4 Byte

Tabelle 1.2:
Die üblichen Bezeichnungen für duale Einheiten

Das niedrigstwertigste Bit, welches gemeinhin als Least Significant Bit (LSB) bezeichnet wird, hat die Wertigkeit 2^0, was per Definition der Dezimalzahl 1 gleichzusetzen ist. Das höchstwertigste Bit – Most Significant Bit, MSB – entspricht bei einem Byte (8 Bit) der Wertigkeit 2^7, was demnach für die dezimale Zahl 128 steht.

	MSB							LSB
Bit Nr.	8	7	6	5	4	3	2	1
Wertigkeit	2^7	2^6	2^5	2^4	2^3	2^2	2^1	2^0
Dez. Wert	128	64	32	16	8	4	2	1
Beispiel	1	0	1	0	0	1	0	0

Tabelle 1.3: Die Zuordnung der Wertigkeiten im dualen Zahlensystem und die beispielhafte Darstellung der dezimalen Zahl 164

Die Einsen und Nullen werden in digitalen Schaltungen jeweils durch einen bestimmten Spannungspegel dargestellt. Für die gebräuchlichste Logik – die Transistor-Transistor-Logik (TTL) – sind die Pegel wie folgt definiert:

Ein High-Signal wird mit »1« oder »HIGH« bezeichnet und entspricht einem TTL-Pegel von typisch 2 bis 5 V.

Ein Low-Signal wird mit »0« oder »LOW« bezeichnet und entspricht einem TTL-Pegel von typisch 0 bis 0,8 V.

[Signale, welche bei einem Low-Pegel als aktiv zu verstehen sind (negative Logik), werden in diesem Buch mit einem vorangestellten '/'-Zeichen vor dem Signalnamen bezeichnet.]

Weitere duale Einheiten sind die folgenden, wobei ein Kilobyte als 1024 Bit und nicht als 1000 (wie im dezimalen System) definiert ist.

1 Byte = 8 Bit
1 Kbyte = 1024 Byte
1 Mbyte = 1024 Kbyte = 1.048.576 Byte
1 Gbyte = 1024 Mbyte = 1.073.741.824 Byte
1 Tbyte = 1024 * 1 Gbyte = 1024 * 1024 Mbyte

Tabelle 1.4:
Beispiele für die Zahlendarstellungen im dualen System

Neben der dualen Darstellung wird das Hexadezimalsystem verwendet, welches Potenzen zur Basis 16 verwendet. Die Tabellen 1.5 und 1.6 zeigen diesen Zusammenhang beispielhaft auf.

	MSB							LSB
Bit Nr.	8	7	6	5	4	3	2	1
Wertigkeit	2^7	2^6	2^5	2^4	2^3	2^2	2^1	2^0
Dez. Wert	128	64	32	16	8	4	2	1
Beispiel	1	0	1	0	0	1	0	0
Hexadezimal	A				4			

Tabelle 1.5: Die Zuordnung der Wertigkeiten im dualen und hexadezimalen Zahlensystem und die beispielhafte Darstellung der dezimalen Zahl 164

Dezimal	Hexadezimal	Dual
0	0	00000000
1	1	00000001
2	2	00000010
3	3	00000011
4	4	00000100
5	5	00000101
6	6	00000110
7	7	00000111
8	8	00001000
9	9	00001001
10	A	00001010
11	B	00001011
12	C	00001100
13	D	00001101
14	E	00001110
15	F	00001111
16	10	00010000
17	11	00010001
18	12	00010010
19	13	00010011
20	14	00010100
21	15	00010101
22	16	00010110
23	17	00010111
24	18	00011000
25	19	00011001
26	1A	00011010
27	1B	00011011
28	1C	00011100
29	1D	00011101

Fortsetzung siehe nächste Seite

Dezimal	Hexadezimal	Dual
30	1E	00011110
31	1F	00011111
32	20	00100000

Tabelle 1.6:
Beispiele für die
unterschiedliche Zahlen-
darstellung

1.3 Der ASCII-Code

Der Datenaustausch zwischen digitalen Einheiten erfolgt in binärer Form. Der ASCII-Code (**A**merican **S**tandard **C**ode for **I**nformation **I**nterchange) stellt dabei die »gebräuchlichste gemeinsame Sprache« (Codierung) dar.

				b7	0	0	0	0	1	1	1	1
	Bits			b6	0	0	1	1	0	0	1	1
				b5	0	1	0	1	0	1	0	1
b4	b3	b2	b1	Spalte:	0	1	2	3	4	5	6	7
				Zeile:								
0	0	0	0	0	NUL	DLE	SP	0	@	P	`	p
0	0	0	1	1	SOH	DC1	!	1	A	Q	a	q
0	0	1	0	2	STX	DC2	"	2	B	R	b	r
0	0	1	1	3	ETX	DC3	#	3	C	S	c	s
0	1	0	0	4	EOT	DC4	$	4	D	T	d	t
0	1	0	1	5	ENQ	NAK	%	5	E	U	e	u
0	1	1	0	6	ACK	SYN	&	6	F	V	f	v
0	1	1	1	7	BEL	ETB	'	7	G	W	g	w
1	0	0	0	8	BS	CAN	(	8	H	X	h	x
1	0	0	1	9	HT	EM	)	9	I	Y	i	y
1	0	1	0	10	LF	SUB	*	:	J	Z	j	z
1	0	1	1	11	VT	ESC	+	;	K	[	k	{
1	1	0	0	12	FF	FS	,	<	L	\	l	|
1	1	0	1	13	CR	GS	-	=	M	]	m	}
1	1	1	0	14	SO	RS	.	>	N	^	n	~
1	1	1	1	15	SI	US	/	?	O	_	o	DEL

Tabelle 1.7: Der Standard-ASCII-Zeichensatz

Neben den darzustellenden Zeichen (große und kleine Buchstaben, Zahlen und Sonderzeichen) werden Steuerzeichen definiert, von denen – je nach Gerätehersteller – eine Untermenge aus dem ASCII-Zeichensatz implementiert ist und die nicht dargestellt werden.

Darüber hinaus existieren eine Reihe von erweiterten Zeichensätzen (z.b. IBM-Grafik-Zeichensatz), für deren Adressierung 8 Bit notwendig sind. Diese Zeichensätze stellen in vielen Fällen einen Standard dar. Da sie jedoch nicht genormt sind, existiert eine Vielzahl von solchen erweiterten ASCII-Zeichensätzen.

Zeichen	Bedeutung	Funktion
SOH (Hex 01)	Start Of Heading	Anfang einer Zeichenfolge mit Adreß- oder Steuerinformation.
STX (Hex 02)	Start Of Text	Anfang einer zusammengehörigen Zeichenfolge, die an einen Empfänger gesendet werden soll.
ETX (Hex 03)	End Of Text	Ende der mit STX eingeleiteten Zeichenfolge.
EOT (Hex 04)	End Of Transmission	Ende der Übertragung eines Textes.
ENQ (Hex 05)	Enquiry	Anforderung einer Antwort (Status, Adresse) von einer Datenstation.
ACK (Hex 06)	Acknowledge	Bestätigung für einen Datenempfang von einer Empfangsstation.
DLE (Hex 10)	Data Link Escape	Einleitung einer Codefolge, welche eine Übertragungssteuerfunktion repräsentiert.
SYN (Hex 16)	Synchronous Idle	Bei einer synchronen Übertragung werden die Datenstationen mit diesem Zeichen synchronisiert. Es wird auch als Füllzeichen verwendet.
NAK (Hex 15)	Not Acknowledge	Negative Bestätigung (vergl. ACK) für einen Datenempfang von einer Empfangsstation. Die Daten wurden nicht korrekt übernommen.
ETB (Hex 17)	End Of Transmission Block	Ende eines Übertragungsblockes.

Tabelle 1.8: Die Übertragungssteuerzeichen (Transmission Control) des ASCII-Codes steuern die Kommunikation zwischen den einzelnen Einheiten

Zeichen	Bedeutung	Funktion
BS (Hex 08)	Back Space	Einen Zeichenschritt rückwärts.
HT (Hex 09)	Horizontal Tabulator	Vorwärtsschritte horizontal bis zur folgenden Tabulatorposition.
LF (Hex 0A)	Line Feed	Einen Zeilenvorschub ausführen.
VT (Hex 0B)	Vertical Tabulator	Vorwärtsschritte vertikal bis zur folgenden Tabulatorposition.
FF (Hex 0C)	Form Feed	Vorschub um eine Seite auf dieselbe Schreibposition.
CR (Hex 0D)	Carriage Return	Zeichenrücklauf an den Anfang derselben Zeile.

Tabelle 1.9: Mit den Formatsteuerzeichen (Format Effector) des ASCII-Codes wird die Position des Cursors oder eines Druckkopfes gesteuert

Zeichen	Bedeutung	Funktion
FS (Hex 1C)	File Seperator	Hauptgruppentrennzeichen
GS (Hex 1D)	Group Seperator	Gruppentrennzeichen
RS (Hex 1E)	Record Seperator	Untergruppentrennzeichen
US (Hex 1F)	Unit Seperator	Teilgruppentrennzeichen

Tabelle 1.10: Die Informationstrennzeichen (Information Seperator) dienen der logischen Gliederung von Daten

Zeichen	Bedeutung	Funktion
SO (Hex 0E)	Shift Out	Dauerumschaltung auf einen vereinbarten 2. Zeichensatz.
SI (Hex 0F)	Shift In	Zurückschalten auf den ursprünglichen Zeichensatz.

Fortsetzung siehe nächste Seite

Zeichen	Bedeutung	Funktion
ESC (Hex 1B)	Escape	In Verbindung mit weiteren Zeichen zur Generierung zusätzlicher, hersteller- spezifischer Steuerzeichen (Escape- Sequenzen). Für einen Epson-FX80- Drucker gilt beispielsweise, daß »ESC+G« den Fettdruck einschaltet und »ESC +f+1+n« n-Leerzeilen druckt.
NUL (Hex 00)	Null	Ein Füllzeichen ohne inhaltliche Bedeutung, z.b. zum Überschreiben von Zeichen.
BEL (Hex 07)	Bell	Erzeugen eines Klingel-/Signaltons.
CAN (Hex 18)	Cancel	Die vorangegangenen Zeichen werden als ungültig gekennzeichnet.
EM (Hex 19)	End of Medium	Ende einer Aufzeichnung oder eines Datenträgers.
SUB (Hex 1A)	Substitute Character	Fehlerhaft übertragene Zeichen werden durch dieses Zeichen ersetzt (substituiert).
SP (Hex 20)	Space	Ausführen eines Vorwärtsschrittes um ein Zeichen.
DC1-DC4 (Hex 11-14)	Device Control	Die Gerätesteuerzeichen sind hersteller- spezifisch und nicht allgemein gültig. Sie dienen der Steuerung der Peripherie und können Funktionen wie »Drucker On-Line« oder »Auto-Feed« auslösen.
DEL (Hex 7F):	Delete	Löschen oder Überschreiben von fehler- haften Zeichen. Wird auch wie NUL als Füllzeichen verwendet.

Tabelle 1.11: Die »Sonstigen Steuerzeichen« des ASCII-Codes sind für unterschiedliche Funktionen zuständig

Des weiteren gibt es nationale Unterschiede im Standard-ASCII-Code, die sich auf die folgenden Zeichen beschränken.

amerikanisch	deutsch
@	§
[	Ä
\	Ö
]	Ü
{	ä
|	ö
}	ß

Tabelle 1.12:
Nationale Varianten des ASCII-Codes

Einer der am häufigsten verwendeten erweiterten ASCII-Zeichensätze ist der IBM-Zeichensatz, der auch als Amerikanischer ASCII-Zeichensatz (Zeichensatz Nr. 437). bezeichnet wird.

HEXA-DECIMAL	0	1	2	3	4	5	6	7
0	0 BLANK (NULL)	16 ►	32 BLANK (SPACE)	48 0	64 @	80 P	96 `	112 p
1	1 ☺	17 ◄	33 !	49 1	65 A	81 Q	97 a	113 q
2	2 ☻	18 ↕	34 "	50 2	66 B	82 R	98 b	114 r
3	3 ♥	19 ‼	35 #	51 3	67 C	83 S	99 c	115 s
4	4 ♦	20 ¶	36 $	52 4	68 D	84 T	100 d	116 t
5	5 ♣	21 §	37 %	53 5	69 E	85 U	101 e	117 u
6	6 ♠	22 ▬	38 &	54 6	70 F	86 V	102 f	118 v
7	7 •	23 ↨	39 ´	55 7	71 G	87 W	103 g	119 w
8	8 ◘	24 ↑	40 (	56 8	72 H	88 X	104 h	120 x
9	9 ○	25 ↓	41)	57 9	73 I	89 Y	105 i	121 y
A	10 ◙	26 →	42 *	58 :	74 J	90 Z	106 j	122 z
B	11 ♂	27 ←	43 +	59 ;	75 K	91 [	107 k	123 {
C	12 ♀	28 ∟	44 ,	60 <	76 L	92 \	108 l	124 ¦
D	13 ♪	29 ↔	45 —	61 =	77 M	93]	109 m	125 }
E	14 ♫	30 ▲	46 •	62 >	78 N	94 ^	110 n	126 ~
F	15 ☼	31 ▼	47 /	63 ?	79 O	95 —	111 o	127 △

HEXA-DECIMAL VALUE	8	9	A	B	C	D	E	F
0	128 Ç	144 É	160 á	176 ▒	192 └	208 ╨	224 α	240 ≡
1	129 ü	145 æ	161 í	177 ▓	193 ┴	209 ╤	225 β	241 ±
2	130 é	146 Æ	162 ó	178 █	194 ┬	210 ╥	226 γ	242 ≥
3	131 â	147 ô	163 ú	179 │	195 ├	211 ╙	227 π	243 ≤
4	132 ä	148 ö	164 ñ	180 ┤	196 ─	212 ╘	228 Σ	244 ⌠
5	133 à	149 ò	165 Ñ	181 ╡	197 ┼	213 ╒	229 σ	245 ⌡
6	134 å	150 û	166 ª	182 ╢	198 ╞	214 ╓	230 μ	246 ÷
7	135 ç	151 ù	167 º	183 ╖	199 ╟	215 ╫	231 τ	247 ≈
8	136 ê	152 ÿ	168 ¿	184 ╕	200 ╚	216 ╪	232 Φ	248 °
9	137 ë	153 Ö	169 ⌐	185 ╣	201 ╔	217 ┘	233 θ	249 •
A	138 è	154 Ü	170 ¬	186 ║	202 ╩	218 ┌	234 Ω	250 ·
B	139 ï	155 ¢	171 ½	187 ╗	203 ╦	219 █	235 δ	251 √
C	140 î	156 £	172 ¼	188 ╝	204 ╠	220 ▄	236 ∞	252 ⁿ
D	141 ì	157 ¥	173 ¡	189 ╜	205 ═	221 ▌	237 φ	253 ²
E	142 Ä	158 Pt	174 »	190 ╛	206 ╬	222 ▐	238 ∈	254 ■
F	143 Å	159 ƒ	175 «	191 ┐	207 ╧	223 ▀	239 ∩	255 BLANK (FF)

Tabelle 1.13: Der ASCII-Zeichensatz, wie er als amerikanischer ASCII-Zeichensatz definiert ist

1.4 Der ANSI-Zeichensatz

Einige (ältere) Programme verlangen die Unterstützung des ANSI-Codes, der neben den darzustellenden Zeichen auch erweiterte Bildschirm- und Tastatursteuer-Codes enthält.

1 |	23 |	45 -	67 C	89 Y	111 o	133 |	155 |	177 ±	199 Ç	221 Ý	243 ó
2 |	24 |	46 .	68 D	90 Z	112 p	134 |	156 |	178 ²	200 È	222 Þ	244 ô
3 |	25 |	47 /	69 E	91 [	113 q	135 |	157 |	179 ³	201 É	223 ß	245 õ
4 |	26 |	48 0	70 F	92 \	114 r	136 |	158 |	180 ´	202 Ê	224 à	246 ö
5 |	27 |	49 1	71 G	93]	115 s	137 |	159 |	181 µ	203 Ë	225 á	247 ÷
6 |	28 |	50 2	72 H	94 ^	116 t	138 |	160	182 ¶	204 Ì	226 â	248 ø
7 |	29 |	51 3	73 I	95 _	117 u	139 |	161 ¡	183 ·	205 Í	227 ã	249 ù
8 |	30 |	52 4	74 J	96 `	118 v	140 |	162 ¢	184 ¸	206 Î	228 ä	250 ú
9 |	31 |	53 5	75 K	97 a	119 w	141 |	163 £	185 ¹	207 Ï	229 å	251 û
10 |	32	54 6	76 L	98 b	120 x	142 |	164 ¤	186 º	208 Ð	230 æ	252 ü
11 |	33 !	55 7	77 M	99 c	121 y	143 |	165 ¥	187 »	209 Ñ	231 ç	253 ý
12 |	34 "	56 8	78 N	100 d	122 z	144 |	166 ¦	188 ¼	210 Ò	232 è	254 þ
13 |	35 #	57 9	79 O	101 e	123 {	145 '	167 §	189 ½	211 Ó	233 é	255 ÿ
14 |	36 $	58 :	80 P	102 f	124 |	146 '	168 ¨	190 ¾	212 Ô	234 ê	
15 |	37 %	59 ;	81 Q	103 g	125 }	147 |	169 ©	191 ¿	213 Õ	235 ë	
16 |	38 &	60 <	82 R	104 h	126 ~	148 |	170 ª	192 À	214 Ö	236 ì	
17 |	39 '	61 =	83 S	105 i	127 |	149 |	171 «	193 Á	215 ×	237 í	
18 |	40 (	62 >	84 T	106 j	128 |	150 |	172 ¬	194 Â	216 Ø	238 î	
19 |	41)	63 ?	85 U	107 k	129 |	151 |	173	195 Ã	217 Ù	239 ï	
20 |	42 *	64 @	86 V	108 l	130 |	152 |	174 ®	196 Ä	218 Ú	240 ð	
21 |	43 +	65 A	87 W	109 m	131 |	153 |	175 ¯	197 Å	219 Ü	241 ñ	
22 |	44 ,	66 B	88 X	110 n	132 |	154 |	176 °	198 Æ	220 Û	242 ò	

Tabelle 1.14: Die Zeichen des ANSI-Codes

1.5 Der UNICODE

Der Standard-ASCII-Code definiert lediglich 128 Zeichen, die in den sechziger Jahren von amerikanischen Informatikern festgelegt wurden und daher für englischsprachige Computeranwender bestimmt sind. Er ignoriert die Tatsache, daß auf der Welt eine Vielzahl von Schriftzeichen existieren, und daher sind zahlreiche länderspezifische Sonderzeichen nötig, die die Universalität des Codes wieder aufheben. Für die Darstellung von nicht-lateinischen Alphabeten wie kyrillisch, arabisch und hebräisch ist der Zeichensatz überhaupt nicht vorgesehen.

Ein universeller Code ist demgegenüber der UNICODE, der als »Universal Multiple-Octet Coded Character Set« oder kurz UCS aufgebaut ist. Die ersten 128 Zeichen entsprechen dem Standard-ASCII-Code, und für weitere Sprachen, die gemeinsame Wurzeln besitzen, wie beispielsweise japanisch, chinesisch und koreanisch wurde jeweils ein vereinheitlichter Zeichensatz festgelegt.

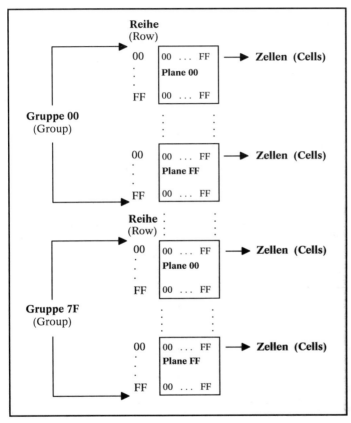

Bild 1.1: Der UNICODE ist in 128 Gruppen aufgeteilt. 256 Planes, die jeweils in Zellen und Reihen aufgeteilt sind, bilden eine Gruppe.

Der UNICODE ist in 128 Zeichengruppen (00-7F) aufgeteilt. Eine Gruppe besteht wiederum aus 256 Reihen mit 256 Zeilen. Jeder UCS-Code bezeichnet mit seinen 32 Byte eine Position innerhalb der möglichen 2 147 483 647 Positionen. Ein Abdruck des UNICODES würde ein komplettes Buch füllen, so daß im folgenden lediglich die wesentlichen implementierten Zeichensätze aufgezählt werden. Windows NT war im übrigen das erste PC-Betriebssystem, welches den UNICODE komplett unterstützte.

ZEICHENSÄTZE
ASCII-Zeichen
Latin 1/ANSI
Extended Latin
Griechische Zeichen
Kyrillische Zeichen
Armenische Zeichen
Hebräische Zeichen
Arabische Zeichen
Diverse südostasiatische Zeichen
Diverse Symbole
Währungssymbole
Pfeile
Zahlzeichen
Geometrische Formen
Mathematische Symbole
Dingbats

Tabelle 1.15:
Die im UNICODE implementierten
Zeichensätze

1.6   Länder- und Tastatur-Codes

DOS – wie auch andere Betriebssysteme – unterstützt unterschiedliche länderspezifische Schreibweisen, die durch einen Länder- und einen Tastatur-Code sowie durch verschiedene Zeichensätze festgelegt werden.

Sprache/Land	Länder-Code	Tastatur-Code	Bevorzugter Zeichensatz	Alternativer Zeichensatz
Belgisch	031	be	850	437
Dänisch	045	dk	850	865
Deutsch	049	gr	850	437
Deutsch (Schweiz)	041	sg	850	437
Englisch (Großbritannien)	044	uk	437	850
Englisch (International)	061	-	437	850
Englisch (USA)	001	us	437	850
Finnisch	358	su	850	437
Frankokanadisch	002	cf	850	863
Französisch (Frankreich)	033	fr	850	437
Französisch (Schweiz)	041	sf	850	437
Italienisch	039	it	850	437
Kroatisch Serbisch, Slowenisch	038	yu	852	850
Niederländisch	031	nl	850	437
Norwegisch	047	no	850	865
Polnisch	048	pl	852	850
Portugiesisch (Portugal)	351	po	850	860
Portugiesisch (Brasilien)	055	br	850	437
Slowakisch	042	sl	852	850
Spanisch (Spanien)	034	sp	850	437
Spanisch (Latein-Amerika)	003	la	850	437
Schwedisch	046	sv	850	437
Tschechisch	042	cz	852	850
Ungarisch	036	hu	852	850

Tabelle 1.16: Die Codes und Zeichensätze für verschiedene Länder

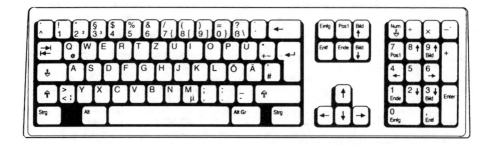

Bild 1.2: Das Layout der deutschen und der amerikanischen Tastaturbelegung

In Abhängigkeit von der verwendeten Tastatur (PC, AT, Multifunktion) arbeiten die Tastatur und der steuernde Microcontroller mit unterschiedlichen Scan-Codes, die vom Tastaturtreiberprogramm entsprechend weiterverarbeitet werden.

Taste	SET 1	SET 2	SET 3	Taste	SET 1	SET 2	SET 3
1	29	0E	0E	53	33	41	41
2	02	16	16	54	34	49	49
3	03	1E	1E	55	35	4A	4A
4	04	26	26	57	36	59	59
5	05	25	25	58	1D	14	11
6	06	2E	2E	60	38	11	19
7	07	36	36	61	39	29	29
8	08	3D	3D	62	E0, 38	E0, 11	39
9	09	3E	3E	64	E0, 1D	E0, 14	58
10	0A	46	46	75	E0, 52	E0, 70	67
11	0B	45	45	76	E0, 53	E0, 71	64
12	0C	4E	4E	79	E0, 4B	E0, 6B	61
13	0D	55	55	80	E0, 47	E0, 6C	6E
15	0E	66	66	81	E0, 4F	E0, 69	65
16	0F	0D	0D	83	E0, 48	E0, 75	63
17	10	15	15	84	E0, 50	E0, 72	60
18	11	1D	1D	85	E0, 49	E0, 7D	6F
19	12	24	24	86	E0, 51	E0, 7A	6D
20	13	2D	2D	89	E0, 4D	E0, 74	6A
21	14	2C	2C	90	45	77	76
22	15	35	35	91	47	6C	6C
23	16	3C	3C	92	4B	6B	6B
24	17	43	43	93	4F	69	69
25	18	44	44	95	E0, 35	E0, 4A	77
26	19	4D	4D	96	48	75	75
27	1A	54	54	97	4C	73	73
28	1B	5B	5B	98	50	72	72
29*	2B	5D	5C	99	52	70	70
30	3A	58	14	100	37	7C	7E
31	1E	1C	1C	101	49	7D	7D
32	1F	1B	1B	102	4D	74	74
33	20	23	23	103	51	7A	7A
34	21	2B	2B	104	53	71	71
35	22	34	34	105	4A	7B	84
36	23	33	33	106	4E	79	7C
37	24	3B	3B	108	E0, 1C	E0, 5A	79
38	25	42	42	110	01	76	08
39	26	4B	4B	112	3B	05	07
40	27	4C	4C	113	3C	06	0F
41	28	52	52	114	3D	04	17
42**	2B	5D	53	115	3E	0C	1F
43	1C	5A	5A	116	3F	03	27
44	2A	12	12	117	40	0B	2F
45**	56	61	13	118	41	83	37
46	2C	1A	1A	119	42	0A	3F
47	2D	22	22	120	43	01	47
48	2E	21	21	121	44	09	4F
49	2F	2A	2A	122	57	78	56
50	30	32	32	123	58	07	5E
51	31	31	31	124	E0, 2A, E0, 37	E0, 12, E0, 7C	57
52	32	3A	3A	125	46	7E	5F
* nur Tastatur mit 101-Tasten		** nur Tastatur mit 102-Tasten		126	E1, 1D, 45, E1, 9D, C5	E1, 14, 77, E1, F0, 14, F0, 77	62

Tabelle 1.17: Die Scan-Codes für den PC-Mode (Set 1), den AT-Mode und den Multifunktions-Mode

1.7 Normungen, Standards und Empfehlungen

Eine ganze Reihe von Gremien beschäftigt sich mit Empfehlungen, Standards und Normungen, die die PC-Technik ganz allgemein maßgeblich beeinflussen. In der folgenden Tabelle sind die wichtigsten Organisationen angegeben. Die Firmenvereinigungen, die generell keinerlei Normungsbefugnis haben, erarbeiten in der Regel

Standards, die sie dann einem nationalen oder internationalen Ausschuß zur Verabschiedung einer verbindlichen Norm vorlegen. Diese Vorgänge laufen in der Regel über so lange Zeitabstände ab, daß man es im PC-Bereich eher selten mit international genormten Komponenten zu tun hat. Statt dessen schaffen die (großen) Hersteller Quasi-Standards, an denen sich andere beteiligen (müssen).

Organisation	Bedeutung	Typ
ANSI	American National Standards Institute	Zusammenschluß von amerikanischen Organisationen, die Standards wie den ANSI-Zeichensatz festlegen oder Empfehlungen aussprechen, die in vielen Fällen als IEEE-Standard verabschiedet werden.
CCITT	Comité Consultatif International Télégrafique et Téléfonique	Internationaler beratender Ausschuß für den Telegraphen- und Fernsprechdienst. Es werden beispielsweise Empfehlungen für V.- , X.- und I-Schnittstellen gegeben.
DIN	Deutsche Industrie Norm	Nationales Normungsgremium
ECMA	European Computer Manufactures Association	Zusammenschluß europäischer Computerfirmen, die in Zusammenarbeit mit CCITT und ISO Empfehlungen aussprechen.
EIA	Electronic Industry Association	Amerikanisches nationales Normungsinstitut. Diese Normen sind ähnlich wie die DIN-Normen in Deutschland zu interpretieren.
IEEE	Institute of Electrical and Electronic Engineers	Konsortium von amerikanischen Firmen, die Standards festlegen.
IEC	International Electro-technical Commission	Internationale Kommission, die Normen festlegt.

Fortsetzung siehe nächste Seite

Organisation	Bedeutung	Typ
ISO	International Standard Organisation	Internationaler Ausschuß, der von der UNESCO eingerichtet worden ist und Empfehlungen ausspricht, sowie seit 1972 auch Normen festlegt.
GHA	Gigabit Highway Alliance	Firmenvereinigung für die Standardisierung von schnellen Bussystemen.
PCI SIG	Peripheral Component Interconnect Special Interest Group	Firmenorganisation, die sich mit Standardisierungen für den PCI-Bus beschäftigt.
PCMCIA	Personal Computer Memory Card Association	Vereinigung von Firmen, die sich mit der Herstellung von Produkten für die PCMCIA-Schnittstelle befassen.
SFF	Small Form Factor Committee	Vereinigung von Firmen, die sich mit der Standardisierung von Plattenlaufwerken, deren Protokollen und Schnittstellen befassen.
TIA	Telecommunications Industry Association	Nationales amerikanisches Normungsinstitut, welches ähnlich wie die EIA arbeitet, aber auf die Telekommunikation beschränkt ist.
VESA	Video Electronics Standard Association	Organisation von Firmen, die sich mit Hard- und Software für Grafiksysteme im weiteren Sinne beschäftigt.

Tabelle 1.18: Organisationen und Normungsinstitute

1.8 Das OSI-Schichtenmodell

Einen internationalen Standard für Kommunikationssysteme stellt das OSI-Modell. (**O**pen **S**ystem **I**nterconnection) der **I**nternational **S**tandard **O**rganisation (ISO) dar. Anhand dieses Basisreferenzmodells (definiert in ISO 7498) werden in einem Protokoll

Schnittstellen festgelegt, wodurch die Unabhängigkeit von Hard- und Software und die Kommunikation zwischen unterschiedlichsten Systemen ermöglicht werden soll.

Das OSI-Modell besteht aus sieben Schichten oder auch Ebenen (Layers), die eindeutig festgelegte Aufgaben wahrnehmen. Die Schichten werden während eines Kommunikationsvorganges der Reihe nach von unten nach oben (Sender) bzw. umgekehrt von oben nach unten (Empfänger) durchlaufen. Die Informationen werden grundsätzlich nur zwischen benachbarten Schichten ausgetauscht. Eine Schicht dient der darüberliegenden als Transportmedium, denn sie stellt ihr bestimmte Dienste zur Verfügung und nimmt wiederum die Dienste der darunterliegenden Schicht in Anspruch.

Schicht Nr.	Bezeichnung	englische Bezeichnung	Funktion
7	Anwendungsschicht	Application Layer	Anwendung
6	Darstellungsschicht	Presentation Layer	Darstellung
5	Sitzungsschicht	Session Layer	Steuerung
4	Transportschicht	Transport Layer	Transport
3	Vermittlungsschicht	Network Layer	Vermittlung
2	Sicherungsschicht	Link Layer	Sicherung
1	physikalische Schicht	Physical Layer	Bitübertragung

Tabelle 1.19: Das OSI-Schichtenmodell

Das OSI-Modell befaßt sich lediglich mit dem Datenaustausch zwischen einzelnen Kommunikationspartnern, es sagt nichts über die eigentliche Anwendersoftware aus, denn die befindet sich praktisch über der Schicht 7. In der Minimalausführung besteht ein nach OSI spezifiziertes System aus den untersten beiden Schichten.

Physikalische Schicht (Schicht 1)

Dies ist die Ebene der Bitübertragung. Hier werden die elektrischen, mechanischen und funktionalen Eigenschaften der Schnittstelle festgelegt. Übliche Schnittstellen sind RS232, RS485, V.24 und ISDN.

Als Übertragungsmedium sind Koaxialkabel, verdrillte Kupferleitungen, Lichtwellenleiter und Richtfunkstrecken anzutreffen. Da das Übertragungsmedium im Prinzip noch unter der ersten Schicht liegt, sagt das OSI-Modell darüber nichts aus.

Sicherungsschicht (Schicht 2)

Die Sicherungsschicht regelt die Synchronisation zwischen den Teilnehmern und beinhaltet die Fehlererkennung und die Korrekturmechanismen. Als Fehlerabsicherung sind Parity-Check und CRC üblich, als Protokolle, die selbst die Korrekturfunktion beinhalten, BSC, HDLC oder SDLC. Bei Netzwerken sind in dieser Schicht ferner die Zugriffsmechanismen wie Token-Passing und CSMA/CD definiert.

Vermittlungsschicht (Schicht 3)

Hier erfolgt der Aufbau der Verbindung zwischen den Kommunikationspartnern. Auch die Adressierung, die Vermittlung und der Verbindungsauf- und -abbau werden in dieser Schicht realisiert.

In einem Netzwerk (Packet Switching Network) dient die Schicht 3 der Direktadressierung (Routing). Damit wird die Auswahl eines Datenwegs durch ein Netz von Knoten bezeichnet. Ein Protokoll für diese Schicht ist beispielsweise X.25 (Datex-P, ISO 8473), welches für die Datenpaketvermittlung bei der Telekom verwendet wird.

Transportschicht (Schicht 4)

Der Datentransport zwischen den angewählten Endteilnehmern (Schicht 1-3) erfolgt über die Transportschicht. In dieser Schicht werden Fehlerkontrollen zwischen den Endteilnehmern vorgenommen und die Nachrichten – wenn nötig – in kleinere Einzelpakete zerlegt. Sind Daten verfälscht worden oder verlorengegangen, reagiert diese Schicht auf Wiederholungsanforderungen einer Station und bringt durcheinandergeratene Pakete wieder in die richtige Reihenfolge. Die Schichten 1 bis 4 werden auch als netzorientierte Protokolle bezeichnet und übernehmen die Transportfunktionen. Die Schichten 5 bis 7 werden als anwendungsorientierte Schichten bezeichnet und gehen von einem fehlerfrei funktionierenden Transportsystem aus.

Sitzungsschicht (Schicht 5)

Die Schicht 5 – auch als Kommunikationssteuerschicht bezeichnet – ist für die Synchronisation und Organisation von Daten- und Steuerinformationen für die sich im Dialog befindenden Stationen zuständig. So stellen beispielsweise X.215/ISO 8326 und X.225/ISO 8327 geeignete Protokolle zur Verfügung.

Zu den Aufgaben der Sitzungsschicht gehören die Datenflußsteuerung, die Dialogkontrolle und -koordination und die Datenzwischenspeicherung. Die Zeitspanne zwischen dem Aufbau und dem Abbau einer Verbindung wird als Session oder Sitzung bezeichnet und von der Sitzungsschicht gesteuert, die in der Regel eng mit dem Host-Betriebssystem zusammenarbeitet.

Darstellungsschicht (Schicht 6)

In der Darstellungsschicht werden die Daten für die Anwendungsschicht aufbereitet und nach Bedarf umgeformt. Dies umfaßt die Kontrolle der Datenein- und -ausgabe, die Durchführung von Datenkonvertierungen wie auch Datenverschlüsselungen und die Formatanpassung für Drucker und Bildschirme. Als Grundlage dient für PC-Anwendungen der ASCII-Zeichensatz.

Anwendungsschicht (Schicht 7)

Die Anwender- oder Verarbeitungsschicht regelt den Zugriff auf die Anwenderprogramme (File Transfer) und stellt im Prinzip keine eigenen Dienste zur Verfügung. Ihre Aufgabe ist vielmehr die Bereitstellung von anwenderspezifischen Protokollen wie die Identifizierung der Teilnehmer und die Überprüfung der Zugriffsberechtigung. In der Praxis werden jedoch nicht alle Schichten in der beschriebenen Art und Weise implementiert. Dann übernimmt die Schicht 7 Aufgaben der darunterliegenden Schichten.

1.9 Datenfernübertragungs-Standards

Die Grundlage der Modem-Steuerung bilden die AT-Befehle (AT = Attention), die ursprünglich von der Firma Hayes entwickelt wurden, und an die sich zahlreiche Hersteller halten.

KOMMANDO	BEDEUTUNG / FUNKTION
	Allgemeine Kommandos
AT	Es folgt ein Kommando
A/	Wiederholt die letzte Kommandozeile (ohne AT)
+++	Schaltet vom Online-Status in den Kommandostatus
00	Schaltet in den Online-Status

Fortsetzung siehe nächste Seite

36

KOMMANDO	BEDEUTUNG / FUNKTION
Wählkommandos	
A	Anruf beantworten
D	Wählen
HO	»Hörer« auflegen
H1	»Hörer« abheben
Wählattribute (mit D-Kommando)	
P	Pulswahl (altes Vermittlungsverfahren)
R	Wählen und in Antwort-Modus schalten
T	Tonwahl
W	Auf Freizeichen warten
,	Pause von zwei Sekunden
!	Flash, besondere Art der Amtsholung
/	Pause von 1/8 Sekunde
@	Wartet auf 5 Sekunden Stille
;	Schaltet nach dem Wählen in den Kommando-Status
Lautsprecher-Kommandos	
L0	Lautstärke sehr leise
L1	Lautstärke leise
L2	Lautstärke mittel
L3	Lautstärke laut
M0	Lautsprecher ausschalten
M1	Lautsprecher einschalten, schaltet bei erfolgter Verbindung aus
M2	Lautsprecher immer ein
Steuerung der Modem-Antworten	
Q0	Sende Antworten
Q1	Sende keine Antworten
V0	Sende numerische Antworten

Fortsetzung siehe nächste Seite

KOMMANDO	BEDEUTUNG / FUNKTION
V1	Sende Klartext-Antworten
S-Register-Kommandos (vergl. Tabelle 1.21)	
Sn?	Der im Register Sn gespeicherte Wert wird ausgegeben
Sn=m	Register auf den Wert m setzen
Weitere Kommandos	
B0	ITU-Standard verwenden, nur für 300 und 1200 BPS
B1	Bell-Standard verwenden, nur für 300 und 1200 BPS
E0	Echo ausschalten
E1	Echo einschalten
F0	Halb-Duplex wählen
F1	Voll-Duplex wählen
X0	Nicht auf Freizeichen warten und nicht auf Besetztzeichen reagieren
X1	Wie X0, aber mit detaillierteren Antwort-Strings
X2	Auf Freizeichen warten und nicht auf Besetztzeichen reagieren
X3	Nicht auf Freizeichen warten und auf Besetztzeichen reagieren
X4	Auf Freizeichen warten und auf Besetztzeichen reagieren
Y0	Automatisches Auflegen ausschalten
Y1	Automatisches Auflegen einschalten
Z	Modem in Normalzustand schalten
Einige erweiterte AT-Kommandos	
&C0	DCD-Signal einschalten
&C1	DCD-Signal nur bei Verbindung einschalten
&D0	DTR-Signal ignorieren
&D1	Bei DTR-Signal in den Kommando-Status schalten
&D2	Bei DTR-Signal auflegen und in Kommando-Status schalten
&D3	Bei DTR-Signal das Modem zurücksetzen
&F	Modem zurücksetzen (Default)

Fortsetzung siehe nächste Seite

KOMMANDO	BEDEUTUNG / FUNKTION
&R0	CTS-Signal setzen, wenn RTS-Signal gesetzt ist
&R1	CTS-Signal immer setzen
&S0	DSR-Signal immer setzen
&S1	DSR-Signal nur setzen, wenn Modem Online
&W	Konfiguration im Modem abspeichern
&Z	Modemeinstellung auf die zuvor gespeicherten Werte setzen

Tabelle 1.20: Die AT-Befehle

Register	Funktion
S0	Anzahl der Klingelzeichen, bevor das Modem automatisch abhebt. Steht hier 0, antwortet das Modem nicht.
S1	Signal-Qualität/Anzahl der Klingelzeichen. Zeigt bei einer bestehenden Verbindung deren Qualität an. Bei Anrufeingang enthält das Register die Anzahl der empfangenen Klingelzeichen.
S2	Escape-Zeichen (ASCII 43)
S3	»Wagenrücklauf«-Zeichen (ASCII 13)
S4	Zeilenvorschub-Zeichen (ASCII 10)
S5	Lösch-Zeichen (ASCII 8)
S6	Anzahl der Sekunden, so lange soll auf ein Freizeichen gewartet werden
S7	Anzahl der Sekunden, solange soll auf das Zustandekommen der Verbindung gewartet werden
S8	Pausen-Zeit für ein Komma (2 Sekunden)
S9	Zeit in 1/10 Sekunden, die ein Carrier vorhanden sein muß, bevor das Signal erkannt wird
S10	Zeit in 1/10 Sekunden, bevor das Modem nach Carrier-Verlust auflegt
S11	Zeit in ms für Tondauer und Pausen bei der Tonwahl
S12	Guard-Time in 1/50 Sekunden für das Escape-Zeichen

Tabelle 1.21: Die wichtigsten S-Register

Bezeichnung	Typ	Maximale Geschwindigkeit
Bell 103J	US-Standard	300 BPS
Bell 212A	US-Standard	1200 BPS
V.21	Europäischer Standard	300 BPS
V.22	Europäischer Standard	1200 BPS
V.22bis	Europäischer Standard	2400 BPS
V.23	Europäischer Standard	1200/75 BPS
V.32bis	Europäischer Standard	14400/1200 BPS
V.32ter	V.32bis-Erweiterung der Firma AT&T	23300 BPS
V.34 Fast Class	Europäischer Standard, Vorstufe zu V.34 Fast	24000 BPS
V.34 Fast	Europäischer Standard	28800 BPS
PEP	eigenes Protokoll der Firma Telebit	14400 BPS
Turbo PEP	eigenes Protokoll der Firma Telebit	23000 BPS
HST	eigenes Protokoll der Firma US Robotics	verschiedene
Zyxel	eigenes Protokoll der Firma Zyxel	verschiedene

Tabelle 1.22: Datenfernübertragungsprotokolle in der Übersicht

Gruppe	Bedeutung/Funktion
1	CCITT-Standard aus dem Jahre 1968 Übertragung einer DIN-A4-Seite in ca. 6 Minuten
2	CCITT-Standard aus dem Jahre 1976 Übertragung einer DIN-A4-Seite in ca. 3 Minuten
3	Standard im Analog-Telephonnetz aus dem Jahre 1980 Auflösung: 200 DPI Abwärtskompatibel zur Gruppe 2
4	Standard für das ISDN-Netz Übertragungsrate: 64400 BPS Auflösung: 400 DPI Nicht kompatibel zur Gruppe 3

Tabelle 1.23: Die Fax-Gruppen in der Übersicht

Die Fax-Kommandos stellen eine Erweiterung des AT-Befehlssatzes dar, beginnen immer mit »AT+F« und dienen allein der Steuerung des Faxteils eines Modems. Es wird in zwei Klassen unterschieden. Der Klasse-1-Befehlssatz setzt sich aus einigen wenigen Befehlen zusammen, die universell einzusetzen sind, kompatible Modems aber voraussetzt. Die Klasse-2-Befehle bieten demgegenüber vielfältigere Konfigurationsmöglichkeiten.

Befehl	Bedeutung/Funktion
AT+FTS=n	Übertragung unterbrechen und »n * 10 ms« warten
AT+FRS=n	Empfang unterbrechen und »n * 10 ms« warten
AT+FTM=m	Daten mit Modulationsart »m« übertragen
AT+FRM=m	Daten mit Modulationsart »m« empfangen
AT+FTH=m	Daten mit Modulationsart »m« und HDLC-Rahmen übertragen
AT+FRH=m	Daten mit Modulationsart »m« und HDLC-Rahmen empfangen

Tabelle 1.24: Die Fax-Kommandos der Klasse 1

Parameter	Typ	Bits per Second
3	V.21	300
24	V.27ter	2400
48	V.27ter	4800
72	V.29	7200
74	V.17	7200 (lange Sequenz)
73	V.17	7200 (kurze Sequenz)
96	V.29	9600
97	V.17	9600 (lange Sequenz)
98	V.17	9600 (kurze Sequenz)
121	V.17	12000 (lange Sequenz)
122	V.17	12000 (kurze Sequenz)
145	V.17	14400 (lange Sequenz)
146	V.17	14400 (kurze Sequenz)

Tabelle 1.25: Die Modulationsarten für die Fax-Klasse 1

Befehl	Bedeutung / Funktion
	Aktions-Kommandos
AT+FDT	Fortsetzung oder Einleitung des Sendevorganges
AT+FET=n	Abschluß einer Seite, eines Dokumentes oder der gesamten Übertragung 0 neue Seite 1 neues Dokument 2 keine weiteren Seiten 3 Fortsetzung der Seite 4 wie 0, aber mit Interrupt 5 wie 1, aber mit Interrupt 6 wie 2, nach Interrupt
AT+FDR	Fortsetzung oder Einleitung des Empfangs
AT+FK	Verbindung beenden
AT+H0	Verbindung unvermittelt beenden
	Parameter-Kommandos
AT+FCLASS= n	Übertragungsart einstellen 0 Datenmodus 1 Fax-Klasse 1 2 Fax-Klasse 2
AT+FMFR	Modem-Hersteller
AT+FMDL	Gerätetyp
AT+FREV	Versionsnummer
AT+FDCC = n	Verfahren und Auflösung festlegen VR Vertikale Auflösung 0 98 DPI 1 196 DPI BR Bitrate 0 2400 BPS (V.27ter) 1 4800 BPS (V.27ter) 2 7200 BPS (V.17 oder V.29) 3 9600 BPS (V.17 oder V.29) 4 12000 BPS (V.17) 5 14400 BPS (V.17)

Fortsetzung siehe nächste Seite

Befehl	Bedeutung / Funktion
	WD Seitenbreite 0 1728 Pixel auf 215 mm 1 2048 Pixel auf 255 mm 2 2432 Pixel auf 3030 mm 3 1216 Pixel auf 151 mm 4 864 Pixel auf 107 mm LN Seitenlänge 0 A4 1 B4 2 unbeschränkt DF Datenformat (Komprimierung) 0 modifizierte Huffmann-Codierung 1 modifizierte READ-Codierung 2 nicht komprimiert ECM (Fehlerkorrektur) 0 aus 1 an, 64 Byte-Rahmen 2 an, 256 Byte-Rahmen BF (binäre Übertragung) 0 aus 1 an ST Scan-Zeit pro Zeile 0 0 0 ms 1 5 5 ms 2 5 10 ms 3 10 10 ms 4 10 20 ms 5 20 20 ms 6 20 40 ms 7 40 40 ms
AT+FDIS = n	Parameter für momentane Übertragung setzen, wie bei AT+FDCC
AT+FDCS = n	Lesen der Parameter für momentane Übertragung, wie bei AT+FDCC

Fortsetzung siehe nächste Seite

Befehl	Bedeutung/Funktion
AT+FLID = n	Kennung der Station
AT+FCIG	Kennung der Station beim Fernabruf
AT+FSPL = n	Fernabruf zulassen 0 nein 1 ja
AT+FLPL = n	Dokument zum Fernabruf verfügbar 0 nein 1 ja
AT+FPTS	Seitenübertragungsstatus 0 partielle Seitenfehler 1 Seite in Ordnung 2 Seite fehlerhaft, Retrain erwünscht 3 Seite in Ordnung, Retrain erwünscht 4 Seite fehlerhaft, Interrupt erwünscht 5 Seite in Ordnung, Interrupt erwünscht 6 bei ECM-Fehlerkorrektur sind 4 Empfangsversuche gescheitert 7 CTC-Nachricht empfangen
AT+FCR = n	Fähigkeit zum Faxempfang 0 nein 1 ja
AT+FAA = n	Antwortmodus 0 nur als Faxmodem mit FCLASS 1 als Fax- oder Datenmodem
AT+FBOR = n	Bitreihenfolge in Phase C 0 direkt 1 gedreht

Tabelle 1.26: Die Fax-Kommandos der Klasse 2

1.10 Multimedia-Empfehlungen

Vom »Multimedia PC Marketing Council«, bei dem die Firma Microsoft eine führende Rolle spielt, sind Multimedia-Empfehlungen festgelegt worden, die bestimmen, ob ein PC als Multimedia-PC bezeichnet werden darf. Die Anforderungen sind für die Praxis aber eher zu tief gegriffen.

Komponente	Daten
Prozessor	286, 10 MHz Taktfrequenz wurde später auf 386SX, 16 MHz geändert
RAM	2 Mbyte
Festplatte	30 Mbyte
Diskettenlaufwerk	3,5 Zoll, 1.44 Mbyte
Soundkarte	8-Bit-CODEC
CD-ROM-Laufwerk	Multisession- und XA-fähig Übertragungsrate: 150 Kbyte/s Zugriffszeit: unter 1 s Lautstärkeregler
Grafikkarte	16 Farben mit 640 x 480 Pixeln
Sonstiges	Tastatur mit 101 Tasten 2 Button-Maus Parallel-Schnittstelle Serielle Schnittstelle Joystick-Anschluß MIDI-Schnittstelle
Software	DOS 5.0 und Windows 3.0 mit Multimedia-Extensions, CD-ROM-Treiber kompatibel zu MSCDEX

Tabelle 1.27: Die PC-Mindestvoraussetzungen für den Multimedia-Standard MPC-1 (1989)

Komponente	Daten
Prozessor	486SX, 25 MHz
RAM	4 Mbyte
Festplatte	160 Mbyte
Diskettenlaufwerk	3,5 Zoll, 1.44 Mbyte
Soundkarte	16-Bit-CODEC
CD-ROM-Laufwerk	Multisession- und XA-fähig Übertragungsrate: 300 Kbyte/s Zugriffszeit: unter 400 ms Lautstärkeregler
Grafikkarte	65565 Farben bei 640 x 480 Pixeln Videoauflösung: 320 x 240 Pixel mit 15 Frames/s
Sonstiges	Tastatur mit 101 Tasten 2 Button-Maus Parallel-Schnittstelle Serielle Schnittstelle Joystick-Anschluß MIDI-Schnittstelle
Software	DOS 5.0 und Windows 3.0 mit Multimedia-Extensions, CD-ROM-Treiber kompatibel zu MSCDEX

Tabelle 1.28: Die PC-Mindestvoraussetzungen für den Multimedia-Standard MPC-2 (1993)

1.11 Der Soundblasterstandard

Die Firma Creative-Labs hat mit ihrer Soundblasterkarte einen Quasi-Standard geschaffen, an dem sich andere Soundkartenhersteller orientieren (müssen). Die Soundblasterkompatibilität ist insbesondere für die Unterstützung von DOS-Spielen wichtig.

Merkmal	Daten
Einstellungen	I/O-Basisadresse: 220h DMA-Kanal: 1 Interrupt-Kanal: 5

Fortsetzung siehe nächste Seite

Merkmal	Daten
Audio	Auflösung: 8 Bit Abtastrate 15 kHz in Mono ADPCM-Komprimierung
MIDI/Synthesizer	Chip:OPL2 MIDI Port: 330h Kombinierte MIDI/Joystick-Schnittstelle für optionale MIDI-Box

Tabelle 1.29: Die Daten für die Soundblaster-Kompatibilität

Merkmal	Daten
Einstellungen	I/O-Basisadresse: 220h DMA-Kanal: 1 oder 5. Interrupt-Kanal: 5 (per Jumper und/oder Software zu verändern)
Audio	Auflösung: 8 Bit Abtastrate 22 kHz in Stereo, 44,1 kHz in Mono ADPCM-Komprimierung
MIDI/Synthesizer	Chip: OPL3 MIDI Port: 330 Kombinierte MIDI/Joystick-Schnittstelle für optionale MIDI-Box
CD-ROM-Schnittstelle	Optional, für Laufwerke verschiedener Hersteller (z.B. Mitsumi, Philips)

Tabelle 1.30: Die Daten für die Soundblaster-Pro-Kompatibilität (ab Soundblaster Pro 2)

1.12 Der MIDI-Standard

Den MIDI-Standard (**M**usical **I**nstrument **D**igital **I**nterface) gibt es bereits seit 1983, und mit der General-MIDI-Spezifikation der **I**nternational **MIDI A**ssociation (IMA) wurde ein allgemein verbindlicher Standard geschaffen. Er wird beispielsweise standardmäßig von Windows unterstützt, ist Bestandteil der Mulitmedia-Funktionen (Kapitel 1.10) und trifft die folgenden Festlegungen:

- General MIDI Sound Set: definiert 128 Melodie-Sounds
- General MIDI-Percussion Set: definiert 46 Schlagzeug-Sounds
- Die vorgeschriebenen MIDI-Messages werden verarbeitet

Die Signale der MIDI-Schnittstelle sind in der Tabelle 8.19 angegeben. Die software-technischen Vereinbarungen werden getroffen, damit beispielsweise eine Trompete immer unter der Nummer 56 (Tabelle 1.31) angesprochen wird. Gleichwohl kann die Trompete (abhängig von der Qualität des Soundchips OP2-OPL4, Wavetable) auf zwei General-MIDI-Synthesizern völlig unterschiedlich klingen. Es sind insgesamt 16 MIDI-Kanäle verfügbar.

Piano		Bass		Reed		Synth Effects	
0	Acoustic Grand Piano	32	Acoustic Bass	64	Soprano Sax	96	FX 1 (rain)
1	Bright Acoustic Piano	33	Elektric Bass (finger)	65	Alto Sax	97	FX2 (soundtrack)
2	Electric Grand Piano	34	Electric Bass (pick)	66	Tenor Sax	98	FX3 (crystal)
3	Honky-tonk Piano	35	Fretless Bass	67	Baritone Sax	99	FX4 (atmosphere)
4	Rohdes Piano	36	Slap Bass 1	68	Oboe	100	FX 5 (brightness)
5	Chorused Piano	37	Slap Bass 2	69	English Horn	101	FX 6 (globlins)
6	Harpsichord	38	Synth Bass 1	70	Bassoon	102	FX 7 (echoes)
7	Clavinet Chromatic	39	Synth Bass 2	71	Clarinet	103	FX8 (sci-fi)
Percussion		**Strings**		**Pipe**		**Ethnic**	
8	Celesta	40	Violin	72	Piccolo	104	Sitar
9	Glockenspiel	41	Viola	73	Flute	105	Banjo
10	Music box	42	Cello	74	Recorder	106	Shamisen
11	Vibraphone	43	Contrabass	75	Pan Flute	107	Koto
12	Marimba	44	Tremolo Strings	76	Bottle Blow	108	Kalimba
13	Xylophone	45	Pizzicato Strings	77	Shakuhachi	109	Bagpipe
14	Tubular Bells	46	Orchestral Harp	78	Whistle	110	Fiddle
15	Dulcimer	47	Timpani	79	Ocarina	111	Shanai
Organ		**Ensemble**		**Synth Lead**		**Percussive**	
16	Hammond Organ	48	String Ensemble 1	80	Lead 1 (square)	112	Tinkle Bell
17	Percussive Organ	49	String Ensemble 2	81	Lead 2 (sawtooth)	113	Agogo
18	Rock Organ	50	SynthStrings 1	82	Lead 3 (caliope lead)	114	Steel Drums
19	Church Organ	51	SynthStrings 2	83	Lead 4 (chiff lead)	115	Woodblock
20	Reed Organ	52	Choir Aahs	84	Lead 5 (charang)	116	Taiko Drum
21	Accordion	53	Voice Oohs	85	Lead 6 (voice)	117	Melodic Tom
22	Harmonica	54	Synth voice	86	Lead 7 (fifths)	118	Synth Drum
23	Tango Accordion	55	Orchestra Hit	87	Lead 8 (brass + lead)	119	Reverse Cymbal
Guitar		**Brass**		**Synth Pad**		**Sound Effects**	
24	Acoustic Guitar (nylon)	56	Trumpet	88	Pad 1 (new age)	120	Guitar Fret Noise
25	Acoustic Guitar (steel)	57	Trombone	89	Pad 2 (warm)	121	Breath Noise
26	Electric Guitar (jazz)	58	Tuba	90	Pad 3 (polysynth)	122	Seashore
27	Electric Guitar (clean)	59	Muted Trumpet	91	Pad 4 (choir)	123	Bird Tweet
28	Electric (muted)	60	French Horn	92	Pad 5 (bowed)	124	Telephone
29	Overdriven Guitar	61	Brass Section	93	Pad 6 (metallic)	125	Helicopter
30	Distortion Guitar	62	Synth Brass 1	94	Pad 7 (halo)	126	Applaus
31	Guitar Harmonics	63	Synth Brass 2	95	Pad 8 (sweep)	127	Gunshot

Tabelle 1.31: Der General MIDI Sound Set gilt für alle Kanäle bis auf den Kanal 10

MIDI Note #/Drum Sound	MIDI Note #/Drum Sound
35 Acoustic Bass Drum	59 Ride Cymbal 2
36 Bass Drum 1	60 High Bongo
37 Side Stick	61 Low Bongo
38 Acoustic Snare	62 Mute High Conga
39 Hand Clap	63 Open High Conga
40 Electric Snare	64 Low Conga
41 Low Floor Tom	65 High Timbale
42 Closed High Hat	66 Low Timbale
43 Hi Floor Tom	67 High Agogo
44 Pedal High Hat	68 Low Agogo
45 Low Tom	69 Cabasa
46 Open Hi Hat	70 Maracas
47 Low-Mid Tom	71 Short Whistle
48 High-Mid Tom	72 Long Whistle
49 Crash Cymbal 1	73 Short Guiro
50 High Tom	74 Long Guiro
51 Ride Cymbal 1	75 Claves
52 Chinese Cymbal	76 High Wood Block
53 Ride Bell	77 Low Wood Block
54 Tambourine	78 Mute Cuica
55 Splash Cymbal	79 Open Cuica
56 Cowbell	80 Mute Triangle
57 Crash Cymbal 2	81 Open Triangle
58 Vibraslap	

Tabelle 1.32: Der General MIDI Percussion Set für den Kanal 10

1.13 Book-Standards (CD-ROM)

Für CD-ROMs gibt es unterschiedliche Formate. Die Entwickler der ursprünglichen Audio-CD (Philips, Sony) haben die Spezifikationen in einem Buch mit rotem Einband festgehalten, welches später als *Red Book* bezeichnet wurde. Die danach erfolgten Festlegungen wurden ebenfalls in »farbigen Büchern« veröffentlicht, wonach diese Standards ihren Namen erhalten haben.

Standard	Inhalt
Red Book	Beschreibt das Format der Audio-CD (CD-DA, Compact Disk Digital Audio). Sektoren: 2352 Byte Fehlererkennung/-Korrektur: 784 Byte Kontrolle: 98 Byte Kapazität: 74 Minuten Musik bei maximal 98 Titeln

Fortsetzung siehe nächste Seite

Standard	Inhalt
Yellow Book	Beschreibt das Format für die CD als Datenträger. Mode 1: (übliche Daten-CD) Datensektoren: 2048 Byte Fehlerkorrektur: 784 Byte Fehlererkennung: 280 Byte Kontrolle: 98 Byte Synchronisierung:12 Byte Header: Sektoradresse aus 4 Byte Übertragungsrate: 150 Kbyte/s (Single Speed) Kapazität: 682 Mbyte Mode 2: Datensektoren: 2336 Byte Fehlerkorrektur: 784 Byte Kontrolle: 98 Byte Synchronisierung:12 Byte Header: Sektoradresse aus 4 Byte Übertragungsrate: 171 Kbyte/s (Single Speed) Kapazität: 778 Mbyte
Green Book	Beschreibt das Format für die CD-I (interactive) Daten wie Mode 2 beim Yellow Book plus CD-I-Subheader (8 Byte) Normal Resolution: 384 x 280 Pixel Double Resolution: 768 x 280 Pixel High Resolution: 768 x 560 Pixel
Orange Book	Beschreibt das Format für beschreibbare Single/Multi-Session-CDs CD Recordable (CD-R) CD Write Once (CD-WO)CD Magneto-Optisch (CD-MO) maximale Kapazität : 1,3 Gbyte
White Book	Beschreibt das Format für Videodaten nach MPEG (Motion Picture Expert Group) Kapazität: 75 Minuten Video in VHS-Qualität

Tabelle 1.33: Die wichtigsten Daten der »Colored Books«

Begriff/Standard	Bedeutung
CDTV	Commodore Dynamic Total Vision, Erweiterung des ISO9660-Formats durch die Firma Commodore
Extended Architecture (XA)	Audio/Video- und Computerdaten liegen in gemischter Form vor, geringfügige Änderung gegenüber dem Yellow Book
High-Sierra-Format	Definiert ein einheitliches Datenformat für CDs zur Unterstützung unterschiedlicher Computersysteme
ISO9660	Nachfolger des High-Sierra-Formats
Multisession	Die CD wird in mehreren Arbeitsgängen beschrieben (z.B. Photo-CD)
Photo-CD	Sonderformat der Firma Kodak für die Photoverarbeitung, enthält Elemente von ISO9660, XA, CD-I und benötigt die Multisession-Fähigkeit
Single Session	Die CD wird in einem Arbeitsgang beschrieben

Tabelle 1.34: Wichtige Begriffe der CD-ROM-Technik

Typ	Bezeichnung	Auflösung = Pixel	Kompri- mierung	Dateigröße
Base/16	Thumbnail	128 x 192 = 24576	nein	19 Kbyte
Base/4	Preview	256 x 384 = 98304	nein	74 Kbyte
Base	VGA	512 x 768 = 383216	nein	290 Kbyte
4 Base	HDTV	1024 x 1536 = 1572864	ja	1,2 Mbyte
16 Base	Photo	2048 x 3072 = 6291456	ja	4,8 Mbyte

Tabelle 1.35: Die Formate der Photo-CD

51

Adressen, Register und Kanäle

Für die Erweiterung eines PC mit zusätzlichen Einsteckkarten ist es wichtig, über die bereits belegten System-Ressourcen informiert zu sein, damit nicht aus Unkenntnis mehreren Peripherieeinheiten die selben zugewiesen werden. Dies würde auf jeden Fall zu einem Fehlverhalten führen, wenn nicht sogar zu einem Absturz des PC: Die wichtigsten festzulegenden Adressen bzw. Kanäle sind die folgenden:

- I/O-Adresse
- Memory-Adresse
- Interrupt-Kanal
- DMA-Kanal

Es hängt natürlich von der jeweiligen Ausstattung des PC ab, welche Ressourcen bereits belegt sind und welche noch zur Verfügung stehen.

2.1 I/O-Adressen und Register

Jeder PC-Typ (PC-Bus, ISA, EISA, MCA, PCI) verfügt über einen I/O-Bereich, welcher praktisch parallel zum Speicherbereich liegt und mit Hilfe spezieller Steuer- (/IOR, /IOW) und den Adreßleitungen adressiert wird.

2.1.1 I/O-Adressen in einem PC

Die Verwendung des I/O-Bereiches erfolgt bei den verschiedenen PC-Typen teilweise recht unterschiedlich, insbesondere was den Bereich oberhalb von 400h anbelangt. Zunächst wird daher die Tabelle mit den I/O-Adressen angegeben, wie sie für den ursprünglichen PC (den Original-IBM-PC) festgelegt worden sind, denn diese bilden gewissermaßen den kleinsten gemeinsamen Nenner der verschiedenen PC-Typen. Alle Nachfolgemodelle dürfen aus Kompatibilitätsgründen die Adressen 000h-1FFh, die für die Mainboard-Komponenten reserviert sind, nicht anderweitig verwenden oder aber nur die »Lücken« in den jeweiligen Adreßbereichen.

Adresse in Hex	Verwendung in einem PC
000-01F	DMA-Controller (8237)
020-03F	Interrupt-Controller (8259)
040-05F	Timer 8253
060-06F	PIO 8255
070-07F	Frei
080-08F	DMA-Seitenregister (Page Register)
090-09F	Frei
0A0-0A1	NMI-Mask-Register
0A2-0FF	Frei
100-1EF	Reserviert
1F0-1FF	Frei
200-20F	Game-Port (Joystick)
210-217	Erweiterungseinheit (u.U. frei)
220-27F	Frei
280-2FF	Meist frei oder Netzwerkkarte
300-31F	Prototypkarte oder auch Netzwerkkarte
320-32F	Festplatten-Controller
330-377	Frei
378-37F	Druckerschnittstelle (Centronics)
380-38F	Frei oder zweite SDLC-Karte
390-39F	Frei
3A0-3AF	Frei oder erste SDLC-Karte
3B0-3BB	Monochrome Grafikkarte (MDA) oder Hercules-Grafikkarte
3BC-3BF	Druckerschnittstelle (Centronics), wie 378h
3C0-3CF	EGA-Grafikkarte
3D0-3DF	CGA-Grafikkarte
3E0-3EF	Frei
3F0-3F7	Controller für Diskettenlaufwerke
3F8-3FF	Serielle Schnittstelle (COM1)

Tabelle 2.1: Die I/O-Adressen und ihre Verwendung beim ursprünglichen PC-Design

2.1.2 I/O-Adressen in einem ISA-PC

Einige (ältere) ISA-PCs (ab 80286) können I/O-Adressen oberhalb 400h nicht verwenden, was für den Einsatz von Einsteckkarten eine Einschränkung darstellen kann, und MCA sowie EISA-PCs besitzen hier zusätzliche Register, welche sie für die gegenüber ISA erweiterten Funktionen benötigen. Des weiteren können sich zwischen den in der Tabelle 2.2 angegebenen Adressen spezielle Konfigurationsregister für den jeweiligen auf dem Mainboard verwendeten Chipsatz befinden. In der Regel kann man jedoch davon ausgehen, daß die Adressen, wie in der folgenden Tabelle angegeben, verwendet werden und der Bereich von 200h bis 3FFh – in Abhängigkeit von den bereits installierten Karten – noch für Erweiterungen eingesetzt werden kann, von denen in der Tabelle gleich einige mit angegeben (z.B. Soundblaster-Karte) sind.

Adresse in Hex	Verwendung in einem ISA-PC
000-01F	Erster DMA-Controller (Master)
020-021	Erster Interrupt-Controller (Master)
022	Chip-Set-Data-Port (Index)
023	Chip-Set-Data-Port (Data)
026	Power-Management-Port (Index)
027	Power-Management-Port (Data)
040-05F	Timer 8254
060-06F	Tastatur-Controller 8042
070-07F	CMOS-RAM, Real Time Clock 70h: Index-Port, 71h: Data Port
080-08F	DMA-Seitenregister (Page Register)
090-097	Frei
0A0-0BF	Zweiter Interrupt-Controller (Slave)
0C0-0DF	Zweiter DMA-Controller (Slave)
0F0-0FF	Coprozessor (80287-80387)
100-1EF	Frei oder 170h-177h: 2. Festplatten-Controller 178h: Power-Management-Port (Index) 179h: Power-Management-Port (Data)

Fortsetzung siehe nächste Seite

Adresse in Hex	Verwendung in einem ISA-PC
1F0-1F7	Festplatten-Controller
1F8	Gate-A20-Control
1F9-1FF	Frei
200-20F	Game-Port (Joystick)
210-217	Erweiterungseinheit (u.U. frei)
220-22F	Soundblasterkarte
22F-277	Frei
278-27F	Zweite Druckerschnittstelle (Centronics)
280-2EF	Meist frei oder Netzwerkkarte
2F8-2FF	Zweite serielle Schnittstelle (COM2)
300-31F	Prototypkarte oder Netzwerkkarte
320-32F	Frei
330-337	MPU401 (MIDI-Standard)
338-377	Frei
378-37F	Erste Druckerschnittstelle (Centronics)
380-387	Frei
388-38B	AdLib-Standard-Karte (FM-Sound-Chip)
38C-3AF	Frei
3B0-3BF	Monochrome Grafikkarte (MDA), 1. parallele Druckerschnittstelle oder Hercules-Grafikkarte
3C0-3CF	EGA/VGA-Grafikkarte
3D0-3DF	CGA-Grafikkarte
3E0-3EF	Frei
3F0-3F7	Controller für Diskettenlaufwerke
3F8-3FF	Erste serielle Schnittstelle (COM1)
400-FFFF	Nicht vorhanden oder nicht näher spezifiziert

Tabelle 2.2: Die I/O-Adressen eines ISA-PC

2.1.3 Plug & Play-Register

Für PCs mit Plug & Play-Funktionen, wie sie Microsoft und Intel definiert haben, sind für P&P-fähige ISA-Karten drei zusätzliche Register (Tabelle 2.3) von jeweils 8-Bit-Breite festgelegt worden.

Über diese drei Register wird die gesamte P&P-Konfigurierung absolviert, und dem Betriebssystem (Windows 95) werden die von jeder P&P-Karte benötigten Ressourcen bekannt gegeben, woraufhin es die entsprechenden Treiberprogramme lädt.

Port Name	Adresse	ISA-Funktion	Type
Address	0279h	Printer-Status-Port	W
Write_Data	0A79h	Printer-Status-Port + 0800h	W
Read_Data	0203-03FFh	verschiedene Ports	R

Tabelle 2.3: Die Register für die automatische P&P-Konfigurierung von ISA-Karten

Alle ISA-P&P-Karten verwenden zur Konfigurierung ausschließlich diese drei Register. Der Printer-Status-Ports, wie er bei ISA verwendet wird, und die um 800h höhere Adresse werden für P&P als Schreibregister verwendet, so daß Kompatibilitätsprobleme vermieden werden. Um die Daten der P&P-Karte lesen zu können, wird vom P&P-BIOS irgend eine als frei erkannte Adresse im Bereich 0203h-03FFh ausgewählt.

Jede P&P-Karte verfügt über drei Registersätze: Card-Control, Logical-Device-Control und Logical-Device-Configuration (Tabelle 2.4).

Adresse/Hex	Funktion
0x00-0x07	**Card Control**
0x08-0x1F	Card Level (reserviert)
0x20-0x2F	Card Level (herstellerspezifisch)
0x30-0x31	**Logical Device Control**
0x32-0x37	Logical Device Control (reserviert)
0x38-0x3F	Logical Device Control (herstellerspezifisch)
0x40-0x75	**Logical Device Configuration**
0x76-0xEF	Logical Device Configuration (reserviert)
0xF0-0xFE	Logical Device Configuration (herstellerspezifisch)
0xFF	Reserviert

Tabelle 2.4: Die Plug & Play-Register in der Übersicht

Über die Card-Control-Register werden globale Funktionen für die Steuerung der Karte festgelegt. Die Logical-Device-Control-Register sind für jedes logische Gerät einmal vorhanden und bestimmen, ob der betreffende Schaltungsteil (z.B. bei Multifunktionskarten) für den ISA-Bus aktiv ist, und dienen zudem der Überprüfung eines I/O-Konflikts. Die Logical-Device-Configuration-Register sind ebenfalls für jedes logische Gerät einmal vorhanden und bestimmen die Speicher-, I/O-, Interrupt- und DMA-Einstellungen. Es sind ebenfalls einige herstellerspezifische Register möglich, die es den Herstellern erlauben, eigene Funktionen über den P&P-Mechanismus zu integrieren.

2.1.4 Das CMOS-RAM

Mit den ATs (286-CPU) ist das CMOS-RAM eingeführt worden, in welchem die Daten, die im BIOS-Setup festgelegt worden sind, gespeichert werden. Des weiteren beinhaltet der CMOS-RAM-Baustein eine Echtzeituhr. In der Regel wird das CMOS-RAM, welches eine Größe von 64 Byte aufweist, über die I/O-Adressen 70h (Index-Port) und 71h (Data-Port) angesprochen. EISA- PS/2- und Plug & Play-konforme PCs verwenden demgegenüber ein erweitertes CMOS-RAM (typ. 128 Byte) zur Speicherung der zusätzlichen Konfigurationsparameter. Das bekannte AMI-HI-FLEX-BIOS verwendet ebenfalls ein erweitertes CMOS-RAM für spezielle Erweiterungen. In der folgenden Tabelle ist der Aufbau des CMOS-RAMs gezeigt, wie es für viele PCs gilt.

Byte	Bedeutung
00h	Sekunden der Uhr, Bit 7 nur lesbar
01h	Sekunden der Alarmzeit
02h	Minuten der Uhr
03h	Minuten der Alarmzeit
04h	Stunden der Uhr: 00-23: 24 Stunden-Anzeige 01-12: AM-Anzeige 81-92: PM-Anzeige
05h	Stunden der Alarmzeit
06h	Wochentag (01=Sonntag)
07h	Tag des Monats (01-31)
08h	Monat (01-12)

Fortsetzung siehe nächste Seite

Byte	Bedeutung
09h	Jahr (00-99)
0Ah	Statusregister A: Bit 7: Time Update (nur lesbar) Bit 6-4: Time Base (010b = 32,755 kHz) Bit 3-0: Interrupt Rate Selection 0000b: keine 0011b: 122 µs 0110b: 976,56 µs 1111b: 500 µs
0Bh	Statusregister B: Bit 7: Cycle Update Enable (1) Bit 6: Periodic Interrupt Enable (1) Bit 5: Alarm Interrupt Enable (1) Bit 4: Update Ended Interrupt Enable (1) Bit 3: Square Wave Output Enable (1) Bit 2: Data Mode, 0: BCD, 1: binär (1) Bit 1: 24/12 Hour Selection, 1: 24h (1) Bit 0: Daylight Saving Enable (1)
0Ch	Statusregister C (nur lesbar): Bit 7: Interrupt Request Flag (IRQ8) Bit 6: Periodic Interrupt Flag Bit 5: Alarm Interrupt Flag Bit 4: Update Ended Flag
0Dh	Statusregister D (nur lesbar): Bit 7: Battery Good Status (1)
0Eh	Diagnostic Status Byte
0Fh	Reset Code
10h	Diskettenlaufwerke: Bit 7-4: erstes Laufwerk Bit 3-0: zweites Laufwerk 0h: kein LW 1h: 360 Kbyte, 5.25" 2h: 1.2 Mbyte, 5.25" 3h: 720 Kbyte, 3.5" 4h: 1.44 Mbyte, 3.5" 5h: 2.88 Mbyte, 3.5"

Fortsetzung siehe nächste Seite

Byte	Bedeutung
11h	Reserviert (PS/2) oder AMI-BIOS: Keyboard Typematic Data Bit 7: 1-Enable Typematic Bit 6-5: Typematic Delay 00b: 250ms 01b: 500 ms 10b: 750 ms 11b: 100 ms Bit 4-0: Typematic Rate 00000b: 300 char/s -11111b: 20 char/s
12h	Festplatten-Daten: Bit 7-4: Erste Festplatte Bit 3-0: Zweite Festplatte 00h: keine 01-0Eh: Type 1-14 0Fh: Type 16-255
13h	Reserviert (PS/2) oder AMI-BIOS: Advanced Setup Bit 7: Mouse Enabled Bit 6: Memory Test > 1MB Bit 5: Clicks during Memory Test Enable Bit 4: Enable Memory Parity Check Bit 3: Display KEY FOR SETUP Bit 2: User Data (IDE) at Memory Top Bit 1: F1 Keypressed on Boot Error
14h	Geräte-Byte: Bit 7-6: Anzahl der Diskettenlaufwerke 00b: 1 LW 01b: 2 LW 10b: 3 LW (nicht immer) 11b: 4 LW (nicht immer) Bit 5-4: Grafikkartentyp 00h: EGA,VGA 01b: 40 x 25 CGA 10b: 80 x 25 CGA 11b: MDA Bit 3: Display Enabled

Fortsetzung siehe nächste Seite

Byte	Bedeutung
	Bit 2: Keyboard Enabled Bit 1: Co-Prozessor Enabled Bit 0: Diskettenlaufwerke Enabled
15h	Base Memory Size Low Byte in Kbyte
16h	Base Memory Size High Byte in Kbyte
17h	Extended Memory Size Low Byte in Kbyte
18h	Extended Memory Size High Byte in Kbyte
19h	Erster Festplattentyp (Extended) 0-Fh: Nicht verwendet 10-FFh: Type 16-255 oder MCA-Slot 1 ID (PS/2)
1Ah	Zweiter Festplattentyp (Extended) 0-Fh: Nicht verwendet 10-FFh: Type 16-255 oder MCA-Slot 0 Adapter ID (PS/2)
1Bh	Erste Festplatte Type 47 (LSB), Zylinder oder MCA-Slot 1 Adapter ID (PS/2)
1Ch	Erste Festplatte Type 47 (MSB), Zylinder oder MCA-Slot 1 Adapter ID (PS/2)
1Dh	Erste Festplatte Type, Kopfanzahl oder MCA-Slot 2 Adapter ID (PS/2)
1Eh	Erste Festplatte Type 47, Write Precompensation (LSB) oder MCA-Slot 2 Adapter ID (PS/2)
1Fh	Erste Festplatte Type 47, Write Precompensation (MSB) oder MCA-Slot 2 Adapter ID (PS/2)
20h	Erste Festplatte Typ 47, Control Byte Bit 7-6: immer 1 Bit 5: Bad Sector Map Bit 4: immer 0 Bit 3: mehr als 8 Köpfe Bit 2-0: immer 0 oder Phoenix-BIOS: erste Festplatte Typ 48, Zylinder (LSB) oder MCA-Slot 3 Adapter ID (PS/2)

Fortsetzung siehe nächste Seite

Byte	Bedeutung
21h	AMI-BIOS: erste Festplatte Type 47, Landing Zone (LSB) oder PHOENIX-BIOS: erste Festplatte Typ 48, Zylinder (MSB) oder POS Byte 2 (PS/2)
22h	AMI-BIOS: erste Festplatte Type 47, Landing Zone (MSB) oder PHOENIX-BIOS: erste Festplatte Typ 48, Kopfanzahl oder POS Byte 3 (PS/2)
23h	AMI-BIOS: erste Festplatte Type 47, Anzahl Sectors per Track oder PHOENIX-BIOS: erste Festplatte Typ 48, Write Precompensation (LSB) oder POS Byte 4 (PS/2)
24h	AMI-BIOS: zweite Festplatte Type 47, Zylinderanzahl (LSB) oder PHOENIX-BIOS: erste Festplatte Typ 48, Write Precompensation (MSB) oder POS Byte 5 (PS/2)
25h	AMI-BIOS: zweite Festplatte Type 47, Zylinderanzahl (MSB) oder PHOENIX-BIOS: erste Festplatte Typ 48, Parking Zone (LSB)
26h	AMI-BIOS: zweite Festplatte Type 47, Kopfanzahl oder PHOENIX-BIOS: erste Festplatte Typ 48, Parking Zone (MSB)
27h	AMI-BIOS: zweite Festplatte Type 47, Write Precompensation (LSB) oder PHOENIX-BIOS: erste Festplatte Typ 48, Sectors per Track
28h	AMI-BIOS: zweite Festplatte Type 47, Write Precompensation (MSB)
29h	AMI-BIOS: zweite Festplatte Type 47, Control Byte
2Ah	AMI-BIOS: zweite Festplatte Type 47, Landing Zone (LSB)
2Bh	AMI-BIOS: zweite Festplatte Type 47, Landing Zone (MSB)
2Ch	AMI-BIOS: zweite Festplatte Type 47, Sectors per Track
2Dh	AMI-BIOS: Configuration Options Bit 7: Weitek installed (1) Bit 6: Floppy Drive Seek Bit 5: Boot Order, 0: C dann A 1: A dann C Bit 4: Boot Speed, 0: Low, 1: High

Fortsetzung siehe nächste Seite

Byte	Bedeutung
	Bit 3: External Cache Enable (1) Bit 2: Internal Cache Enable (1) Bit 1 Fast Gate A20 after Boot (1) Bit 0: Turbo Switch On (1)
2Eh	Standard CMOS Checksum (MSB)
2Fh	Standard CMOS Checksum (LSB)
30h	Extended Memory Size in Kbyte (LSB) (festgestellt durch POST)
31h	Extended Memory Size in Kbyte (MSB) (festgestellt durch POST)
32h	Jahrhundert (Uhr) in BCD (19) oder Configuration CRC (LSB), PS/2
33h	Information Flag oder Configuration CRC (MSB), PS/2
34h	AMI-BIOS: Shadow RAM & Password Bit 7-6: Password 00b: Disable 01b: Enable 10b: Reserviert 11b: On Boot Bit 5: C8000 Shadow (1) Bit 4: CC000 Shadow (1) Bit 3: D0000 Shadow (1) Bit 2: D4000 Shadow (1) Bit 1: D8000 Shadow (1) Bit 0: DC000 Shadow (1)
35h	AMI-BIOS: Shadow RAM Bit 7: E0000 Shadow (1) Bit 6: E4000 Shadow (1) Bit 5: E8000 Shadow (1) Bit 4: EC000 Shadow (1) Bit 3: F0000 Shadow (1) Bit 2: C0000 Shadow (1) Bit 1: C4000 Shadow (1)

Fortsetzung siehe nächste Seite

Byte	Bedeutung
	Bit 0: Reserviert oder Phoenix-BIOS: zweite Festplatte Typ 48, Zylinderanzahl (LSB)
36h	Phoenix-BIOS: zweite Festplatte Typ 48, Zylinderanzahl (MSB)
37h	Phoenix-BIOS: zweite Festplatte Typ 48, Kopfanzahl oder Jahrhundert (Uhr), PS/2
38h-3Dh	AMI-BIOS: verschlüsseltes Password
38h	Phoenix-BIOS: zweite Festplatte Typ 48, Write Precompensation (LSB)
39h	Phoenix-BIOS: zweite Festplatte Typ 48, Write Precompensation (MSB)
3Ah	Phoenix-BIOS: zweite Festplatte Typ 48, Parking Zone (LSB)
3Bh	Phoenix-BIOS: zweite Festplatte Typ 48, Parking Zone (MSB)
3Ch	Phoenix-BIOS: zweite Festplatte Typ 48, Sectors per Track
3Eh	AMI-BIOS: Extended CMOS Checksum (MSB)
3Fh	AMI-BIOS: Extended CMOS Checksum (LSB)
	Ende des Standard-64-Byte-Bereiches. Die folgenden Adressen gelten für das AMI-Hi-Flex BIOS
40h	Reserviert
41h	Bit 7-6: IOR/IOW Wait States Bit 5-4: 16 Bit DMA Wait States Bit 3-2: 8 Bit DMA Wait States Bit 1: EMR Bit Bit 0: DMA Clock Source
42h-43h	Reserviert
44h	Bit 4: NMI Power Fail Bit 3: NMI Local Timeout
45h	Bit 7-6: AT Bus 32 Bit Delay Bit 5-4: AT Bus 16 Bit Delay Bit 3-2: AT Bus 8 Bit Delay Bit 1-0: AT Bus I/O Delay

Fortsetzung siehe nächste Seite

Byte	Bedeutung
46h	Bit 7-6: AT Bus 32 Bit Wait States Bit 5-4: AT Bus 16 Bit Wait States Bit 3-2: AT Bus 8 Bit Wait States Bit 1-0: AT Bus Clock Source
47h-50h	Reserviert
51h	Bit 7: Bank 0/1 RAS Precharge Bit 6: Bank 0/1 Access Wait States Bit 7: Bank 0/1 Wait States
52h	Reserviert
53h	Bit 7: Bank 2/3 RAS Precharge Bit 6: Bank 2/3 Access Wait States Bit 7: Bank 2/3 Wait States

Tabelle 2.5: Die Register des CMOS-RAMs

2.1.5 I/O-Adressen in einem EISA-PC

Aus Kompatibilitätsgründen dürfen sich die ISA-Adressen in einem EISA-System unterhalb 400h nicht von denen in einem ISA-System unterscheiden und nur dort eine abweichende Funktion aufweisen, der bei ISA nicht verwendet wird. Der Memory-Bereich wird bei EISA prinzipiell auf die gleiche Art und Weise verwendet wie bei ISA (vergl. Kapitel 2.3).

Die gegenüber ISA erweiterterten DMA-Funktionen werden im EISA-I/O-Bereich mit mehreren Registern bestimmt, die ab der Adresse 401h beginnen.

Die Interrupt-Controller in einem EISA-PC können nicht nur mit einer Flanken-triggerung wie ISA arbeiten, sondern auch mit einer Pegeltriggerung, die durch die Register an den Adressen 4D0h und 4D1h für die einzelnen Einheiten festgelegt wird.

Jedem EISA-Slot ist ein bestimmter Adreßbereich zugeordnet. Der Adreßbereich von 000h-3FFh ist mehrere Male im EISA-I/O-Bereich abgebildet, damit von jedem EISA-Slot auf die PC-ISA-Ressourcen zugegriffen werden kann.

Für die automatische Konfigurierung werden einige Register benötigt, in denen Iden-tifizierungs-Bytes abgelegt werden können. Das Mainboard entspricht immer dem Slot 0, und die Herstellerdaten hierfür befinden sich unter den Adressen C80-C83 (Mainboard-Identification-Register). Die Identifizierungs-Bytes für die Slots 1-8 be-finden sich unter den Adressen 1C80-1C83, 2C80-2C83 usw.

Adresse in Hex	Verwendung in einem EISA-PC
48-4B	Timer 2, Watchdog
84h	Synchronize-EISA-Bus-Register
400	Reserviert
401-40B	DMA-Controller für Kanäle 0-3
40C	EISA-Bus-Master-Control-Register
40D-460	Reserviert
461-462	NMI-Status/Control-Register
463	Nicht definiert
464-465	EISA-Busmaster-Register
466-480	Reserviert
481-4CE	DMA-Register-Page und Count-Register
4D0	Interrupt-Controller-1 (Kanal 0-7), Pegel-Einstellung
4D1	Interrupt-Controller-2 (Kanal 8-15), Pegel-Einstellung
4D4	EISA-DMA-Controller, Chaining-Mode-Status-Register
4D6	EISA-DMA-Controller für Kanäle 4-7
4E0-4EF	EISA-DMA-Stop-Register
4FF-7FF	Reserviert
800-8FF	Extended-CMOS-Register (CMOS-RAM)
900-BFF	Adressen 100h-3FFh
C00	EISA-CMOS-Page-Register
C01-C02	Nicht definiert
C03	Cache-Control-Port
C04-C39	Nicht definiert
C40	EISA-Status-Register (FDD, HDD, LPT, RS232)
C41	Serielle Schnittstelle
C42	Reserviert
C43-C79	Nicht definiert
C80-C83	Mainboard-Identification-Register
1000-10FF	EISA-Slot 1

Fortsetzung siehe nächste Seite

Adresse in Hex	Verwendung in einem EISA-PC
1100-13FF	Adressen 100h-3FFh
1400-14FF	EISA-Slot 1
1500-17FF	Adressen 100h-3FFh
1800-18FF	EISA-Slot 1
1900-1BFF	Adressen 100h-3FFh
1C00-1CFF	EISA-Slot 1
1D00-1FFF	Adressen 100h-3FFh
2000-20FF	EISA-Slot 2
2100-23FF	Adressen 100h-3FFh
2400-24FF	EISA-Slot 2
2500-27FF	Adressen 100h-3FFh
2800-28FF	EISA-Slot 2
2900-2BFF	Adressen 100h-3FFh
2C00-2CFF	EISA-Slot 2
2D00-2FFF	Adressen 100h-3FFh
3000-30FF	EISA-Slot 3
....	....
....	....
8000-80FF	EISA-Slot 8
8100-83FF	Adressen 100h-3FFh
8400-84FF	EISA-Slot 8
8500-87FF	Adressen 100h-3FFh
8800-88FF	EISA-Slot 8
8900-8BFF	Adressen 100h-3FFh
8C00-8CFF	EISA-Slot 8
8D00-8FFF	Adressen 100h-3FFh
9C80-9C83	EISA-Board ID (Slot 8)
9C84-FFFF	Nicht definiert

Tabelle 2.6: Die I/O-Adressen eines EISA-PC

2.1.6 I/O-Adressen in einem PS/2-PC

Auch die PS/2-PCs mit Microchannel der Firma IBM verwenden aus Kompatibilitäts-gründen im wesentlichen die gleichen I/O-Adressen wie ein ISA-PC.

Einige I/O-Adressen sind für die erweiterten Funktionen hinzugefügt worden. Die Tabelle 2.7 zeigt die Verwendung der gegenüber einem ISA-PC anderweitig verwendeten I/O-Adressen in einem PS/2-PC mit Microchannel.

Adresse in Hex	Verwendung in einem PS/2-PC
018-01A	Extended-Function-Register
090	Arbitration-Control-Register
091	Card-Selected-Feedback-Register
092	Control-Port-Register
094	System-Setup-Register
095	Reserviert
096	Adapter-Setup-Register
097	Reserviert
0E0-0E7	Memory-Encoding-Register
100	LSB-Adapter-Identifikations-Byte, POS Register 0
101	MSB-Adapter-Identifikations-Byte,POS-Register 1
102	POS-Datenbyte 1, POS-Register 2
103	POS-Datenbyte 2, POS-Register 3
104	POS-Datenbyte 3, POS-Register 4
105	POS-Datenbyte 4, POS-Register 5
106	LSB-Subadreßbereich, POS-Register 6
107	MSB-Subadreßbereich, POS-Register 7
680	POST-Code-Port
3220-3227	3. serielle Schnittstelle
3228-322F	4. serielle Schnittstelle
4220-4227	5. serielle Schnittstelle
4228-422F	6. serielle Schnittstelle

Fortsetzung siehe nächste Seite

Adresse in Hex	Verwendung in einem PS/2-PC
5220-5227	7. serielle Schnittstelle
5228-522F	8. serielle Schnittstelle

Tabelle 2.7: Die gegenüber einem ISA-PC anderweitig verwendeten Adressen bei einem PS/2-PC (Microchannel-PC)

Der grundlegende Unterschied in den I/O-Adressen ergibt sich durch die automatische Konfigurationsmöglichkeit (ähnlich wie bei EISA). Hierfür ist auf dem Mainbord und auf den Einsteckkarten eine Hardware vorgesehen, die als POS (**P**rogrammable **O**ption **S**elect) bezeichnet wird und die Adressen 100h-107h belegt. Damit es nicht zu einem Adressenkonflikt zwischen den MCA-Karten kommt, ist jedem Slot ein Wert zugeordnet, der auf die I/O-Adresse 96h geschrieben wird.

MCA-Slot	Wert für I/O-Adresse 96h
1	08h
2	09h
3	0Ah
4	0Bh
5	0Ch
6	0Dh
7	0Eh
8	0Fh

Tabelle 2.8:
Die Identifizierung der Slots und damit der MCA-Einsteckkarten erfolgt im Setup-Mode über das Adapter-Setup-Register.

Nicht nur die Einsteckkarten, sondern auch das Mainboard selbst muß konfiguriert werden. Die Speichergröße und die Tatsache, ob ein Coprozessor und welche Controller und Schnittstellen installiert worden sind, müssen dem System mitgeteilt werden. Dies geschieht ebenfalls über ein POS-Register und nicht über DIP-Schalter wie bei einem ISA-System. Hierfür werden das Mainboard-Setup-Register (94h) und das POS-Register-2 verwendet.

Für die Speicherkonfigurierung, wie Bereichsaufteilung und Shadow-RAM-Einrichtung, werden – je nach Modell – die Memory-Encoding-Register (0E0-0E1) verwendet.

Zu jeder MCA-Karte wird eine Adapterdefinitionsdatei (ADF, **A**dapter **D**efinition **F**ile) geliefert, in der die notwendigen Informationen über die Verwendung von Adressen, Interrupt- und DMA-Kanälen und die Busmasterfähigkeit abgelegt sind.

Während der Konfigurierung werden die Daten in einem statischen RAM (SRAM) auf dem Mainboard abgelegt und während der Systeminitialisierung (POST) mit den Daten in den Registern auf den MCA-Karten verglichen. Dadurch wird das System entsprechend eingestellt.

In den POS-Registern 0 und 1 wird eine 16-Bit-Nummer abgelegt, anhand der die MCA-Karte identifiziert wird. Die MCA-Karte muß so aufgebaut sein, daß die Nummer innerhalb einer Sekunde identifiziert werden kann. Gelingt dies nicht, wird die Karte nicht erkannt und kann vom System nicht verwendet werden.

2.2 Peripheral Component Interconnect

Peripheral Component Interconnect (PCI) definiert für PCI-Einheiten – womit sowohl Komponenten auf dem Mainboard selbst (z.b. Onboard SCSI) als aber auch auf PCI-Einsteckkarten gemeint sein können – einen Konfigurationsbereich (Configuration Space) von 256 Byte. Hiermit soll eine automatische Konfigurierung der PCI-Einsteckkarten erreicht werden, den zahlreichen Jumpern und DIP-Schaltern auf den Karten ein Ende bereitet und der Anwender von der genauen Kenntnis der jeweiligen Systemressourcen entbunden werden. In der Praxis ist dies jedoch nicht immer gegeben, da zahlreiche Hersteller die PCI-Spezifikation nicht sehr genau nehmen und trotzdem wieder Jumper auf den PCI-Karten vorsehen, was damit auch dem Plug & Play-Konzept (Kapitel 2.1.3) zuwider läuft, welches von PCI unterstützt wird.

2.2.1 PCI-Devices

Der Adreßraum für PCI-Einheiten wird in einen Header-Bereich und in einen geräteabhängigen Bereich unterteilt. PCI-Geräte müssen nur diejenigen Register unterstützen, die für ihre Funktion benötigt werden. Der Gerätekonfigurationsbereich (Device Configuration Space) muß dabei zu jeder Zeit und nicht nur beim Booten adressierbar sein. Vorgeschrieben ist für jedes PCI-Device der Header-Bereich von 64 Byte, und die übrigbleibenden 192 Byte sind geräteabhängig. In diesem Bereich befinden sich beispielsweise bei einem PCI-Mainboard die Register für die Cache- und die DRAM-Speichersteuerung, für die Bridges (ISA, EISA) und zahlreiche weitere (siehe unten).

00h	Device ID (02-03h)		Vendor ID (00h-01h)	
04h	Status-Register (06h-07h)		Command-Register (04h-05h)	
08h	Class Code (0Ah-0Bh)			Revision ID (08h)
0Ch	BIST (0Fh)	Header Type(0Eh)	Latency Timer (0Dh)	Cache Line Size (0Ch)
10h	Base Address Register			
14h	Base Address Register			
18h	Base Address Register			
1Ch	Base Address Register			
20h	Base Address Register			
24h	Base Address Register			
28h	Reserviert			
2Ch	Reserviert			
30h	Expansion ROM Base Address (Erweiterungs-ROM)			
34h	Reserviert			
38h	Reserviert			
3Ch	Max-Lat	Min-Gnt	Interrupt Pin	Interrupt Line

Tabelle 2.9: Die Verwendung des 64-Byte-PCI-Headers im Gerätekonfigurationsbereich (Device Configuration Space)

Alle PCI-Geräte müssen die Vendor- (Herstellerkennung) und Device ID (Geräte-kennung) sowie das Status- und Kommando-Feld unterstützen, alle anderen Felder sind optional und können auch in Abhängigkeit von der jeweiligen Gerätefunktion als RESERVIERT angesehen werden.

Für die Hersteller-Identifizierung (Vendor ID) wird von der PCI Special Interest Group (SIG) eine eindeutig identifizierbare Nummer vergeben, während die Nummern für die Geräte-Identifizierung und die Revisionsnummer vom Hersteller des PCI-Gerätes selbst festgelegt werden können.

Die Class-Code-Register (ab 0Ah) können nur gelesen werden und geben Aufschluß über die grundsätzliche Funktion des PCI-Gerätes, wie es in der Tabelle 2.10 als Übersicht angegeben ist.

Base Class	Bedeutung
00h	Rückwärtskompatibilität für Geräte, die vor der Festlegung eines Class Codes hergestellt worden sind
01h	Massenspeicher
02h	Netzwerk-Controller
03h	Display-Controller
04h	Multimedia-Gerät
05h	Memory-Controller
06h	Bridge
07h-FEh	Reserviert
FFh	Alle Geräte, die sich nicht zuordnen lassen

Tabelle 2.10: Die Class-Code-Register informieren über die grundsätzliche Funktion eines PCI-Gerätes

Die Base-Class-Register werden jeweils in drei 8-Bit-Felder (Upper, Middle, Lower) aufgeteilt, wobei die Register-Level-Programming-Interface-Felder (Offset 09h in Tabelle 2.11) für die folgenden Betrachtungen keine Rolle spielen, da diese für die Kommunikation von geräteunabhängiger Software (Treiber) mit den PCI Devices genutzt werden können.

Byte	Offset	Typ	Bedeutung
Upper	0Bh	Base Class	Identifizierung des Gerätetyps
Middle	0Ah	Sub Class	Definiert spezielle Unterklassen
Lower	09h	Register Level Programming Interface	Optionale geräteunabhängige Software-Funktionen

Tabelle 2.11: Die Unterteilung der Class-Code-Register

Base Class 00h (Kompatibilität)

Sub Class	Bedeutung
00h	Alle Geräte außer VGA
01h:	VGA-kompatibles Gerät

Base Class 01h (Laufwerks-Controller)

Sub Class	Bedeutung
00h	SCSI-Bus-Controller
01h	IDE-Controller
02h	Floppy-Disc-Controller
03h	IPI-Bus-Controller
80h	anderer Laufwerks-Controller

Base Class 02h (Netzwerk-Controller)

Sub Class	Bedeutung
00h	Ethernet-Controller
01h	Token-Ring-Controller
02h	FDDI-Controller
80h	anderer Netzwerk-Controller

Base Class 03h (Display-Controller)

Sub Class	Bedeutung
00h	VGA-Controller
01h	XGA-Controller
80h	anderer Display-Controller

Base Class 04 (Multimedia-Geräte)

Sub Class	Bedeutung
00h	Video
01h	Audio
80h	anderes Multimedia-Gerät

Base Class 05h (Memory-Controller)

Sub Class	Bedeutung
00h	RAM-Controller
01h	FLASH-Controller
80h	anderer Memory-Controller

Base Class 06h (Bridge-Devices)

Sub Class	Bedeutung
00h	Host Bridge
01h	ISA Bridge
02h	EISA-Controller
03h	MCA-Controller
04h	PCI-to-PCI-Bridge
05h	PCMCIA Bridge
80h	anderer Bridge-Baustein

2.2.2 PCI-Bus-Kommunikation

Die Kommunikation mit PCI-Einheiten findet über zwei »neue« Adressen im I/O-Bereich (vergl. Kapitel 2.1.2) statt, die jeweils eine Größe von 4 Byte aufweisen.

I/O-Adresse	Bezeichnung	Funktion
0CF8h	Config-Address	Adresse
0CFAh	Config-Data	Daten

Tabelle 2.12:
Die Register für die
PCI-Bus-Kommunikation

Zunächst wird die Adresse an 0CF8h übergeben, und ein Schreiben auf die Adresse 0CFAh überträgt daraufhin den gewünschten Wert an die jeweilige Stelle im Geräte-konfigurationsbereich (s.o.). Ein Lesezyklus funktioniert nach dem gleichen Prinzip. Das 32 Bit breite Config-Address-Register hat die folgende Belegung:

Config-Address-Register (0CF8h)

Bit 31	Bit 30-24	Bit 23-16	Bit 15-11	Bit 10-8	Bit 7-2	Bit 1	Bit 0
Enable	Reserviert	Bus-Nr.	Geräte-Nr.	Funktion	Register	0	0

Mit einer »1« im Enable-Bit wird ein Konfigurations-Zyklus eingeleitet. Mit einer 0 wird ein »normaler« I/O-Zyklus (kein PCI-spezifischer) durchgeführt.

Die Bits 30-24 sind für das Lesen reserviert und liefern immer 0. Mit den Bits 23-16 wird einer von 256 theoretisch möglichen PCI-Bussen (in der Regel einer für ein übliches Mainboard mit Intel-Prozessor) ausgewählt.

Die Auswahl einer PCI-Einheit erfolgt mit »Geräte-Nr.«, und die Bits 10-8 selektieren eine spezielle Funktion bei einer PCI-Multifunktions-Einheit.

Mit den Bits 7-2 wird das gewünschte Register im Configuration-Space selektiert.

Wie diese Zuordnung – als veranschaulichendes Beispiel – für ein Mainboard mit Intel-Triton-Chipsatz (Pentium) aussieht, zeigt die folgende Tabelle.

Bus-Nr.	Geräte-Nr.	Funktion	Verwendung
00	00	00	82437 (System-Controller)
00	07	00	82371 (PCI-ISA-Bridge)
00	07	01	82371 (IDE Bus Master)
00	0E	-	PCI-Slot 1
00	0F	-	PCI-Slot 2
00	10	-	PCI-Slot 3

Tabelle 2.13: PCI-Bus-Geräteadressen und ihre Funktionen bei einem Intel-Triton-Chipsatz

Neben der prinzipiell CPU-unabhängigen Kommunikation über Config-Address und Config-Data (über Bridges) – denn PCI kann beispielsweise auch für Alpha- oder Power-PC-Prozessoren verwendet werden – ist es bei der Verwendung von PC-Prozessoren möglich, den Konfigurationsbereich im I/O-Bereich C000h-CFFFh eines

PCI-PCs einzublenden. In diesem Fall stellt sich das Register unter der I/O-Adresse 0CF8h wie folgt dar.

Configuration-Space-Enable-Register (0CF8h)

Bit 7-4	Bit 3-1	Bit 0
Key	Funktion	Special Cycle Enable

Die Einblendung des Konfigurationsbereichs erfolgt nach dem Schreiben eines von 0 verschiedenen Wertes in die Key-Positionen, bei nicht aktiviertem (0) Special-Cycle-Enable-Signal. Die Bits 3-1 legen bei Multifunktions-Einheiten die jeweilige Funktionsnummer fest, bzw. geben sie durch einen Lesezugriff bekannt.

2.2.3 Command-Register

Mit dem Kommando-Register (Command, Tabelle 2.9) wird die Steuerung des jeweiligen PCI-Gerätes beeinflußt. Hier wird festgelegt, wie es auf PCI-Zyklen zu reagieren hat. Nach dem Schreiben einer »0« in dieses Register wird die PCI-Einheit vom Bus logisch abgekoppelt und reagiert dann nur noch auf Konfigurationszugriffe.

Command-Register

15-10	9	8	7	6	5	4	3	2	1	0
Reserviert	Fast Back-to Back	/SERR Enable	Wait Cycle	Parity Error	VGA Palette Snoop	Memory Write	Special Cycle	Bus Master	Memory Space	I/O-Space

Bit 0: I/O-Space

Mit einer 1 wird es dem Gerät ermöglicht, auf den I/O-Bereich zuzugreifen, eine 0 hingegen unterbindet dies.

Bit 1: Memory Space

Mit einer 1 wird es dem Gerät ermöglicht, auf den Memory-Bereich zuzugreifen, eine 0 hingegen unterbindet dies.

Bit 2: Bus Master

Mit einer 1 wird das Gerät als Master des Systems konfiguriert, eine 0 bewirkt die passive Teilnahme des Gerätes an PCI-Buszyklen.

Bit 3: Special Cycle

Eine 1 erlaubt die Teilnahme des Gerätes am »Special Cycle Mode« (Sonderzyklen), eine 0 bewirkt dessen Ausschluß.

Bit 4: Memory Write-Invalidate Enable

Ist dieses Bit gleich 1, darf der jeweils aktuelle PCI-Master des Systems ein Memory-Schreib-Kommando mit »Invalidate« (Ungültigkeitserklärung) ausführen, andernfalls (0) wird ein konventioneller Speicherzugriff ausgeführt.

Bit 5: VGA Palette Snoop

Steuert den Zugriff auf das Paletten-Register einer VGA-kompatiblen Grafikkarte. Mit einer 1 wird der Zugriff ignoriert.

Bit 6: Parity Error

Ist dieses Bit gleich 0, reagiert das Gerät generell nicht auf Parity-Fehler, andernfalls (1) wird eine festgelegte (gerätespezifische) Funktion ausgeführt.

Bit 7: Wait Cycle Control

Kann ein Gerät Wartezyklen in den PCI-Bus-Datenverkehr einfügen, wird dies mit einer 1 festgelegt.

Bit 8: /SERR Enable

Mit einer 1 wird festgelegt, daß das Gerät die »System-Error-Funktion« (/SERR) ausführen kann. Nach einem Reset ist dieses Bit gleich 0, und falls das Gerät die »System-Error-Funktion« nicht verwenden soll, wird es auf 0 belassen.

Bit 9: Fast Back-to Back Cycle

Bei gesetztem Bit (1) ist festgelegt, daß ein PCI-Master schnelle Zyklen auf mehrere PCI-Devices ausführen kann.

Bit 10-15: Reserviert

In der PCI-Version 2.0 werden diese Bits nicht für PCI-Einheiten verwendet.

2.2.4 Status-Register

Das Status-Register einer PCI-Einheit informiert über den aktuellen Stand der PCI-Übertragung. Welche Bits im einzelnen unterstützt werden, ist von der jeweiligen PCI-Gerätefunktion abhängig.

15	14	13	12	11	10	9	8	7	6-0
Parity Error	System Error	Master Abort	Target Abort	Signaled Target Abort	DEVSEL Timing 1	DEVSEL Timing 0	Data Parity	Fast Back-to-Back	Reserviert

Bit 0-6: Reserviert

Die Bits sind reserviert und werden bis zur PCI-Version 2.0 nicht für PCI-Einheiten verwendet.

Bit 7: Fast Back-to-Back

Das Bit signalisiert, ob Fast Back-to-Back-Zyklen unterstützt werden (1) oder nicht (0).

Bit 8: Data Parity

Dieses Bit wird nur von PCI-Bus-Mastern verwendet und ist dann gesetzt, wenn Parity Error (PERR) aktiviert worden ist.

Bit 9, 10: DEVSEL Timing

Die beiden Bits definieren das Timing des /DEVSEL-Signals (Device Select).

DEVSEL Timing 1	DEVSEL Timing 0	Timing
0	0	Fast
0	1	Medium
1	0	Fast

Bit 11: Signaled Target Abort

Falls ein Bus-Zyklus vom PCI-Target abgebrochen worden ist, setzt es dieses Bit.

Bit 12: Target Abort

Alle PCI-Master müssen dieses Bit unterstützen und setzen es dann, wenn ein Target eine Übertragung abgebrochen hat.

Bit 13: Master Abort

Entspricht der Funktion des Bit 12 mit dem Unterschied, daß mit diesem Bit gekennzeichnet wird, daß ein Master eine Übertragung abgebrochen hat.

Bit 14: System Error

Dieses Bit wird immer dann von einer PCI-Einheit gesetzt, wenn ein System Error (Signal /SERR) aufgetreten ist.

Bit 15: Parity Error

Beim Auftreten eines Paritätsfehlers setzt die PCI-Einheit dieses Bit, wenn dies zuvor mittels Command-Register ermöglicht worden ist.

2.2.5 Weitere PCI-Register

Die nachfolgend kurz erläuterten Funktionen (vergl. Tabelle 2.9) sind geräteunabhängig und müssen aber nur dann implementiert sein, wenn die jeweilige Funktion auch genutzt werden soll.

BIST: Built In Self Test

Das Register steuert den Selbsttest der PCI-Einheit. Falls keiner implementiert ist, liefert das Register immer 0. Bei der Ausführung des Tests nimmt die Einheit nicht am PCI-Datenverkehr teil.

Header Type

Das Header-Byte identifiziert in den Bits 0-6 die Belegung der Bytes 10h-3Fh im PCI-Configuration-Space und gibt an, ob es sich um eine Einheit mit mehreren Funktionen (Multifunction) handelt. Bit 7 informiert mit einer 1, daß es sich um eine Multifunktions-Einheit handelt.

Cache Line Size

Dieses Register definiert die Cache-Line-Größe des Systems in Einheiten zu jeweils 32 Bit.

Latency Timer

Legt die Zeit für einen PCI-Master-Busvorgang fest. Hierfür findet sich oftmals im BIOS-Setup (vergl. Kapitel 4) ein entsprechender Eintrag mit einem vorgegebenen Wert, der immer zu den üblichen PCI-Taktzyklen addiert wird.

Max-Lat

Gibt einen gerätespezifischen Wert in Einheiten von 0,25 µs für den Latency-Timer vor.

Min-Gnt

Spezifiziert die Zeit für eine Burst-Periode der PCI-Einheit, bezogen auf einen Takt von 33 MHz.

Interrupt Pin

Dieses Register informiert über den verwendeten PCI-Interrupt-Kanal der PCI-Einheit.

Wert	Kanal
0	keiner
1	INTA
2	INTB
3	INTC
4	INTD

Tabelle 2.14:
Der Zusammmenhang zwischen dem Interrupt-Pin-Register und dem verwendeten PCI-Interrupt-Kanal

Interrupt Line

Jede PCI-Einheit, welche Interrupts verarbeiten kann, verfügt über dieses 8-Bit-Register. Hier ist angegeben, über welchen ISA-IRQ-Anschluß der PCI-Interrupt abgebildet wird.

2.2.6 PC-Mainboard-Adressen

Wie eingangs erwähnt, ist lediglich der Header des Configuration-Space eindeutig definiert. Wie die übrigen 192 Byte verwendet werden (40h-FFh), hängt von den jeweiligen PCI-Einheiten ab. Im folgenden sind die Register angegeben, die bei den PCI-Chipsätzen Saturn, Mercury und dem PCI-EISA-Chipsatz (82374/82375) der Firma Intel verwendet werden.

Offset	Abkürzung	Register	Zugriff
40h	PCICON	PCI Control	R/W
41h-43h	-	Reserviert	-
44h	HDEVCON	Host Device Control	R/W
45h-47h	-	Reserviert	-
48h-49h	LBIDE	PCI Local Bus IDE Control	R/W
4Ah-4Bh	-	Reserviert	-
4Ch	IORT	ISA I/O Recovery Timer	R/W
4Dh	PREV	Part Revision Identification	R/W
4Eh	XBCSA	X-Bus Chip Select Enable A	R/W
4Fh	-	Reserviert	-
50h	HOSTSEL	Host Bus Select	R/W
51h	DFC	Deturbo Frequency Control Register	R/W
52h-53h	SCC	Secondary Cache Control	R/W
54h-55h	-	Reserviert	-
56h-57h	DRAMC	DRAM Control	R/W
58h	-	Reserviert	-
59h-5Fh	PAM	Programmable Attribute Registers	R/W
60h-64h	DRB	DRAM Row Boundary Registers	R/W
65h	-	Reserviert	-
66h	PIRQ0RC	PIRQ0 Route Control	R/W
67h	PIRQ1RC	PIRQ1 Route Control	R/W
68h	DMH	DRAM Memory Hole	R/W

Fortsetzung siehe nächste Seite

Offset	Abkürzung	Register	Zugriff
69h	TOM	Top of Memory	R/W
6Ah-6Fh	-	Reserviert	-
70h	SMRAMCON	SMRAM Control	R/W
71h-9Fh	-	Reserviert	-
A0h	SMICNTL	SMI Control	R/W
A1h	-	Reserviert	-
A2h-A3h	SMIEN	SMI Enable	R/W
A4h-A7h	SEE	System Event Enable	R/W
A8h	FTMR	Fast Off Timer	R/W
A9h	-	Reserviert	-
AAh-ABh	SMIREQ	SMI Request	R/W
ACh	CTLTMRL	Clock Trottle STPCLK Low Timer	R/W
ADh	-	Reserviert	-
AEh	CTLTMRH	Clock Trottle STPCLK High Timer	R/W
AFh-FFh	-	Reserviert	-

Tabelle 2.15: Die PCI-Register, die in dem Intel Saturn-Chipsatz für 486-Systeme (82420EX) verwendet werden

Offset	Abkürzung	Register	Zugriff
40h	PCICON	PCI Control	R/W
41h	ARBCON	PCI Arbiter Control	R/W
42h	ARBPRI	PCI Arbiter Priority Control	R/W
43h	ARBPRIX	PCI Arbiter Priority Control Extension	R/W
44h	MCSCON	MEMCS Control	R/W
45h	MCSBOH	MEMCS Bottom of Hole	R/W
46h	MCSTOH	MEMCS Top of Hole	R/W
47h	MCSTOM	MEMCS Top of Memory	R/W
48h-49h	EADC1	EISA Address Decode Control 1	R/W

Fortsetzung siehe nächste Seite

Offset	Abkürzung	Register	Zugriff
4Ah-4Bh	-	Reserviert	-
4Ch	IORTC	ISA I/O Recovery Time Control	R/W
4Dh-53h	-	Reserviert	-
54h	MAR1	MEMCS Attribute Register 1	R/W
55h	MAR2	MEMCS Attribute Register 2	R/W
56h	MAR3	MEMCS Attribute Register 3	R/W
57h	-	Reserviert	-
58h	PDCON	PCI Decode Control	R/W
59h	-	Reserviert	-
5Ah	EADC2	EISA Address Decode Control 2	R/W
5Bh	-	Reserviert	-
5Ch	EPMRA	EISA-to-PCI Memory Region Attributes	R/W
5Dh-5Fh	-	Reserviert	-
60h-6Fh	MEMREGN [4:1]	EISA-to-PCI Memory Region Address	R/W
70h-77h	IORGEN [4:1]	EISA-to-PCI I/O Region Attributes	R/W
80h-81h	BTMR	BIOS Timer Base Address	R/W
84h	ELTCR	EISA Latency Timer Control Register	R/W
85h-8Bh	-	Reserviert	-
88h-8Bh	PTCR	PCEB Test Control Register	R
8Ch-FFh	-	Reserviert	-

Tabelle 2.16: Die PCI-Register, die für PCI/EISA-Designs (Intel 82374/82375) verwendet werden

Offset	Abkürzung	Register	Zugriff
40-4Fh	-	Reserviert	-
50h	HOSTSEL	Host Bus Select	R/W
51h	DFC	Deturbo Frequency Control Register	R/W

Fortsetzung siehe nächste Seite

Offset	Abkürzung	Register	Zugriff
52h	SCC	Secondary Cache Control	R/W
53h	HBC	Host Read/Write Buffer Control	R/W
54h	PBC	PCI Read/Write Buffer Control	R/W
55h-56h	-	Reserviert	-
57h	DRAMC	DRAM Control	R/W
58h	DT	DRAM Timing	R/W
59h-5Fh	PAM [6:0]	Programmable Attribute Map	R/W
60h-65h	DRB [5:0]	DRAM Row Boundary	R/W
66h-6Fh	-	Reserviert	-
70h	ERRCMD	Error Command	R/W
71h	ERRSTS	Error Status	R/W
72h	SMRS	SM RAM Space	R/W
73h-77h	-	Reserviert	-
78h-79h	MSG	Memory Space Gap	R/W
7Ch-7Fh	FBR	Frame Buffer Range	R/W
80h-FFh	-	Reserviert	-

Tabelle 2.17: Die PCI-Register beim Intel Mercury-Chipsatz (82430) für Pentium-Systeme

2.3 Memory-Bereich

Mit dem Betriebssystem DOS kann lediglich ein Speicherbereich von bis zu 1 Mbyte direkt angesprochen werden, auch wenn noch so viel Speicher im PC installiert worden ist. Dies liegt daran, daß DOS nur im Real Mode der Prozessoren arbeitet und sich in dieser Betriebsart selbst ein Pentium-PC nur wie ein schneller 8088/86-Prozessor verhält. Erst durch die Verwendung von Speichermanager-Programmen (HIMEM=Extended-Memory-Manager, EMM386=Expanded-Memory-Manager) kann Speicher oberhalb 1 Mbyte adressiert werden, und seit der DOS-Version 5.0 ist es möglich, Programme oder Teile davon in einen freien Bereich oberhalb 640 Kbyte auszulagern (nach oben laden, hochladen). Dieser Bereich, der als »Adaptersegment«

bezeichnet wird, ist außerdem für das System-BIOS (ROM-BIOS), die Grafikkarte und für Systemerweiterungen reserviert. Je nach Computerausstattung sind im Adapter-segment noch ein paar Lücken zu finden, in denen sich diese Treiber- und speicherre-sidenten Programme unterbringen lassen, was beispielsweise der Speichermanager (HIMEM.SYS) selbständig durchführt.

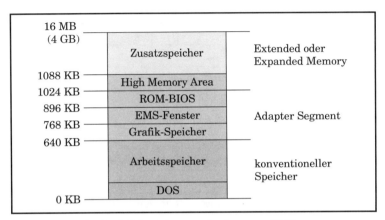

Bild 2.1: Die übliche PC-Speicherorganisation unter DOS

Mit Betriebssystemen wie OS/2, Windows NT oder Windows 95 ist die Aufhebung der berüchtigten 640-Kbyte-Speichergrenze beseitigt, denn dieser Bereich sollte für DOS und dementsprechend auch für Windows bis zur Version 3.1 möglichst nicht mit Treiberprogrammen (z.B. Maus, CD-ROM, Soundkarte) belegt werden, da sonst die Programme aus Speichermangel nicht starten.

Das System-BIOS-ROM beginnt immer an der Adresse FFFFFh. Ist ein ROM oder EPROM vom Typ 2764 auf dem Mainboard eingebaut, lautet die untere Adresse FE000h, während bei Verwendung eines 27512-(E)ROMS (64k x 8) die unterste Adresse F0000h lautet, was heute die übliche Belegung ist, wenn kein Flash-PROM eingesetzt wird (s.u.).

Der für den Anwender wichtige Bereich ist der von 00600h-9FFFFh, in welchem Teile des DOS und die Anwenderprogramme abgelegt werden.

Teilbereiche des Adaptersegments (ab Adresse A0000h) können als Shadow-RAM konfiguriert werden, wenn der Chipsatz des PC diese Option zur Verfügung stellt. Die folgende Tabelle zeigt die übliche Verwendung des Speicherbereichs, wie sie prinzi-piell für die unterschiedlichen Typen (ISA, EISA, MCA, PCI) gilt.

Adressen/Hex	Verwendung
00000-0003C	Allgemeine und Hardware-Interrupt-Vektoren
00040-0007F	BIOS-Interrupt-Vektoren
00080-000FF	DOS-Interrupt-Vektoren
00100-003FF	Allgemeine und Hardware-Interrupt-Vektoren
00400-004FF	BIOS-Datenbereich
00500-005FF	DOS-Datenbereich
00600-09FFF	Frei für Anwender-Programme
A0000-AFFFF	EGA/VGA-Grafik-RAM
B0000-B7FFF	Monochrom-Grafik-RAM (MDA) oder EGA/VGA-Grafik-RAM
B8000-BFFFF	CGA/Hercules-Grafik-RAM oder EGA/VGA-Grafik-RAM
C0000-C7FFF	EGA/VGA-BIOS
C8000-C9FFF	RAM oder ROM von Erweiterungen (z.B. BIOS für SCSI)
CA000-DFFFF	RAM (z.B. auch EMS-Fenster) oder BIOS von Erweiterungen
E0000-EFFFF	RAM oder BIOS von Erweiterungen (z.B. BOOT-ROM für Netzwerkkarte)
F0000-FFFFF	System-BIOS-ROM (EPROM 27512)
100000-?·	RAM bis theoretisch maximal 4 Gbyte, praktisch bis 128 Mbyte (8000000h)

Tabelle 2.18: Die allgemeine Aufteilung des Speicherbereichs in einem PC

Befindet sich im PC ein Flash-PROM (Kapitel 6) wie der Intel-Standard-Typ 28F001BXT, der als 128k x 8 (1 Mbyte) organisiert ist, stellt sich der Speicherbereich von F0000h-E0000h wie in der Tabelle 2.19 angegeben dar. Die sonst freien Bereiche können in diesem Fall nicht anderweitig z.B. für Shadow-RAM oder für die Auslagerung von Treibern verwendet werden.

Adressen/Hex	Anwendung
F0000-FFFFF	System-BIOS
EE000-EFFFF	Boot-Block, nicht löschbar
ED000-EDFFF	Plug & Play-Speicherbereich
EC000-EDFFF	OEM-Logo für Anzeige während der Programmierung
E0000-EBFFF	Reserviert für BIOS

Tabelle 2.19: Die Belegung des Speicherbereichs durch ein Flash-PROM (128k x 8)

2.4 Direct Memory Access

In jedem PC ist ein spezieller Baustein für den Datentransfer zwischen Speicher und Peripherie vorhanden. Dieser Baustein versetzt den PC in die Lage, Daten mit relativ hohen Geschwindigkeiten zu übertragen. Diese Betriebsart wird als **D**irect **M**emory **A**ccess (DMA), also direkter Speicherzugriff, bezeichnet. Nicht mehr der Prozessor hat in dieser Betriebsart den Zugriff auf die Daten-, Adreß- und Steuerleitungen (Systembus), sondern der DMA-Controller.

Die Anforderung für eine DMA-Übertragung wird durch eine Peripherie eingeleitet, welche an die entsprechende DREQ-Leitung ein HIGH-Signal legt. Da den einzelnen Kanälen eine bestimmte Priorität zugeordnet ist, wird die Anforderung mit der höchsten Priorität verarbeitet. DRQ0 hat die höchste und DRQ7 die niedrigste Priorität.

Ab einem PC mit mindestens einem 286-Prozessor werden zwei DMA-Controller verwendet. Dies ist – wie so vieles im PC-Bereich –traditionell bedingt, denn mit dem ursprünglichen AT (286-CPU) der Firma IBM, der als kompatibler, aber leistungsfähigerer Nachfolger des Original-PCs auf dem Markt erschien, wurde die Kaskadierung der beiden Bausteine und die Datenbreite für die unteren Kanäle (0-3) auf 8-Bit-Breite festgelegt. Selbst ein EISA- oder PCI-PC bildet daher die Kaskadierung nach.

Der DMA-Controller befindet sich zumeist mit anderen Baugruppen (Interrupt-Controller, CMOS-RAM usw.) in einem einzigen Baustein auf dem Mainboard.

DMA-Kanal	Verwendung
0	Frei
1	Frei
2	Diskettenlaufwerkscontroller
3	Festplattencontroller oder Parallel Port (IEEE1284)
4	Kaskadierung
5	EIDE-Controller, zweiter Kanal
6	Frei
7	Festplattencontroller

Tabelle 2.20: Die übliche Verwendung der DMA-Kanäle in einem PC

Welcher DMA-Kanal für den Festplattencontroller verwendet wird, ist nicht eindeutig definiert. In den meisten Fällen wird es jedoch der DMA-Kanal 7 und für den zweiten Kanal eines EIDE-Controllers der Kanal 5 sein. Unter Umständen wird überhaupt kein DMA-Kanal vom Festplattencontroller verwendet, und die Datenübertragung erfolgt in einem (schnelleren) PIO-Mode (Kapitel 7).

Einige ISA-PCs (auch 486-PCs) können die unteren Kanäle (0-3) nur in 8-Bit-Breite nutzen, während die oberen generell in 16-Bit-Breite zu verwenden sind, was einer Blockgröße von 128 Kbyte statt 64 Kbyte entspricht.

Falls man sich nicht sicher ist, ob auch die unteren DMA-Kanäle in 16-Bit-Breite arbeiten können, sollte man sich generell für die oberen entscheiden, was insbesondere für Soundkarten, die recht regen Gebrauch von der DMA-Übertragung machen, sinnvoll ist.

Falls nicht sichergestellt ist, daß die DMA-Datenübertragung auf den Kanälen 0-3 in 16-Bit-Breite erfolgt, sollte für eine schnelle Datenübertragung sicherheitshalber einer der oberen (5-7) gewählt werden.

Die Festlegung der DMA- sowie auch der Interrupt-Kanäle erfolgt auf den Einsteckkarten und dem Mainboard – wenn sich hier entsprechende On-Board-Komponenten befinden – in vielen Fällen über Jumper. Bei neueren Systemen (PCI, Plug & Play) erfolgt die Konfiguration ausschließlich per Software.

2.4.1 DMA-Register

Für den ersten DMA-Controller ist der I/O-Bereich 000h-01Fh und für den zweiten (Slave) der Bereich von 0C0h-0DFh reserviert. Es werden von den Controllern selbst jedoch nur jeweils 16 I/O-Adressen belegt, so daß in diesen »verschenkten« Bereichen auch Chipsatz-spezifische oder andere Register (z.b. bei PS/2-PCs) implementiert werden.

Adresse	Funktion DMA-Controller1/2
Basisadresse	DMA-Kanal-0-Address-Register (R/W) DMA-Kanal-4-Address-Register (R/W)
Basisadresse + 1	DMA-Kanal-0-Word-Count-Register (R/W) DMA-Kanal-4-Word-Count-Register (R/W)
Basisadresse + 2	DMA-Kanal-1-Address-Register (R/W) DMA-Kanal-5-Address-Register (R/W)
Basisadresse + 3	DMA-Kanal-1-Word-Count-Register (R/W) DMA-Kanal-5-Word-Count-Register (R/W)
Basisadresse + 4	DMA-Kanal-2-Address-Register (R/W) DMA-Kanal-6-Address-Register (R/W)
Basisadresse + 5	DMA-Kanal-2-Word-Count-Register (R/W) DMA-Kanal-6-Word-Count-Register (R/W)
Basisadresse + 6	DMA-Kanal-3-Address-Register (R/W) DMA-Kanal-7-Address-Register (R/W)
Basisadresse + 7	DMA-Kanal-3-Word-Count-Register (R/W) DMA-Kanal-7-Word-Count-Register (R/W)
Basisadresse + 8	DMA-Status-Register (R):Bit 7: DRQ3, DRQ7 Bit 6: DRQ2, DRQ6 Bit 5: DRQ1, DRQ5 Bit 4: DRQ0, DRQ 4 Bit 3: Terminal Count DMA 3/7 (1) Bit 2: Terminal Count DMA 2/6 (1) Bit 1: Terminal Count DMA 1/5 (1) Bit 0: Terminal Count DMA 0/4 (1)

Fortsetzung siehe nächste Seite

Adresse	Funktion DMA-Controller1/2
Basisadresse + 8	DMA-Command-Register (W): Bit 7: DACK-Pegelbit (0) Bit 6: DRQ-Pegelbit (0) Bit 5: Extended Write (0) Bit 4: Priorität (0: rotierend, 1: fest) Bit 3: Takt (0: normal) Bit 2: Controller-Aktivierung (1) Bit 1: Address Hold (0) Bit 0: Speicher/Speicher-Transfer (0)
Basisadresse + 9	DMA-Request-Register (W): Bit 7-3: Reserviert (0) Bit 2: Request-Bit setzen (1) Bit 1 Bit 0 Kanalwahl 0 0 0, 4 0 1 1, 5 1 0 2, 6 1 1 3, 7
Basisadresse + A	DMA-Channel-Mask-Register (R/W): Bit 7-3: Reserviert Bit 2: Maskenbit freigeben (0) Bit 1 Bit 0 Kanalwahl 0 0 0, 4 0 1 1, 5 1 0 2, 6 1 1 3, 7
Basisadresse + B	Mode-Register (W): Bit 7 Bit 6 Mode 0 0 Demand 0 1 Single 1 0 Block 1 1 Cascade Bit 5: Adreßzähler inkrementieren (0) Bit 4: Autoinitialize (1)

Fortsetzung siehe nächste Seite

Adresse	Funktion DMA-Controller1/2
	Bit 3 Bit 2 Transfer 0 0 Verify 0 1 Write to Memory 1 0 Read to Memory 1 1 Reserviert Bit 1 Bit 0 Kanal 0 0 0, 4 0 1 1, 5 1 0 2, 6 1 1 3, 7
Basisadresse + C	Pointer-Flip-Flop löschen (W), Befehl
Basisadresse + D	DMA-Master-Clear (W), Befehl
Basisadresse + E	Mask-Register-Clear (W), Befehl
Basisadresse + F	DMA-Write-Mask-Register (W): Bit 7-4: Reserviert (0) Bit 3-0: Maskenbit für DMA-Kanal setzen/löschen (1, 0)

Tabelle 2.21: Die Register der beiden DMA-Controller (Master: Kanäle 0-3, Slave: Kanäle 4-7)

2.5 Interrupts

Durch einen Interrupt (Programm-Unterbrechung) wird der Prozessor in seiner momentanen Arbeit unterbrochen (interrupted). Dies könnte beispielsweise gerade beim Darstellen von Zeichen auf dem Bildschirm passieren, damit er ein Zeichen von der Tastatur einliest. Damit der Prozessor erkennt, mit welcher Arbeit er vor dem Auftreten des Interrupts beschäftigt war, werden zuvor mit Hilfe des BIOS der Zustand des Prozessors und die Inhalte der Register abgespeichert. Sie werden auf einen Stapel-Speicher (Stack) gelegt und später wieder automatisch eingelesen.

In einem PC unterscheidet man dabei grundsätzlich zwei verschiedene Arten von Interrupts: Hardware- und Software-Interrupts.

Die Hardware-Interrupts sind für bestimmte Hardware-Komponenten vorgesehen, während Software-Interrupts (BIOS und DOS-Interrupts) für bestimmte Funktionen vorgesehen sind. Der BIOS-Software-Interrupt Nummer 13 ist beispielsweise für die Kommunikation mit Laufwerken vorgesehen, während durch die Tastenbetätigung

CTRL BREAK der DOS-Interrupt Nummer 23 ausgelöst wird. Nach dem Auftreten eines Interrupts verzweigt die Software zu der entsprechenden Interrupt-Vektor-Adresse im RAM, wo sie wiederum die Adresse der dazugehörigen Interrupt-Routine findet, welche daraufhin ausgeführt wird.

In der folgenden Tabelle sind die definierten BIOS- (00h-1Fh) und DOS-Interrupts (20h-40h) sowie die übliche Verwendung der Anwender-Interrupts (40h-FF) angegeben, die in Abhängigkeit von der jeweiligen PC-Ausstattung (Netzwerkkarte, SCSI-Karte) eingesetzt werden.

Nummer	Funktion
INT 00	DIVIDE ERROR (Division durch 0)
INT 01	SINGLE STEP; (80386+), DEBUGGING
INT 02	NON-MASKABLE INTERRUPT
INT 03	BREAKPOINT (CPU)
INT 04	INTO DETECTED OVERFLOW (CPU-Überlauf)
INT 05	PRINT SCREEN
INT 06	INVALID OPCODE (80286+)
INT 07	PROCESSOR EXTENSION, reserviert (80286+)
INT 08	IRQ0, SYSTEM TIMER (80286+)
INT 09	IRQ1, KEYBOARD DATA READY (80286+)
INT 0A	IRQ2, LPT2/EGA,VGA, IRQ9 (80286+)
INT 0B	IRQ3, COM2 (80286+)
INT 0C	IRQ4, COM1 (80286+)
INT 0D	IRQ5, HARDDISK, LPT2 (80286+)
INT 0E	IRQ6, DISC CONTROLLER (80286+)
INT 0F	IRQ7 , PARALLEL PRINTER
INT 10	GRAPHIC (80286+)
INT 11	BIOS, GET EQUIPMENT LIST (80486+)
INT 12	BIOS, GET MEMORY SIZE
INT 13	LAUFWERKSEIN-/AUSGABE
INT 14	SERIELLE SCHNITTSTELLEN

Fortsetzung siehe nächste Seite

Nummer	Funktion
INT 15	CASSETTEN RECORDER (8088), erweiterte Aufrufe
INT 16	KEYBOARDEIN-/AUSGABE
INT 17	PRINTEREIN-/AUSGABE
INT 18	DISKLESS BOOT HOOK (START CASSETTE BASIC), diverse Funktionen
INT 19	SYSTEM, BOOTSTRAP LOADER
INT 1A	TIMEEIN-/AUSGABE
INT 1B	KEYBOARD, CONTROL-BREAK HANDLER
INT 1C	TIMER, SYSTEM TIMER TICK
INT 1D	SYSTEM DATA, GRAPHIC PARAMETERS
INT 1E	SYSTEM DATA, DISKETTE PARAMETERS
INT 1F	SYSTEM DATA, 8x8 GRAPHICS FONT
INT 20	DOS , TERMINATE PROGRAM
INT 21	DOS, FUNCTION CALLS
INT 22	DOS, PROGRAM TERMINATION ADDRESS
INT 23	DOS, CONTROL-C/CONTROL-BREAK HANDLER
INT 24	DOS, CRITICAL ERROR HANDLER
INT 25	DOS, ABSOLUTE DISK READ
INT 26	DOS, ABSOLUTE DISK WRITE
INT 27	DOS, TERMINATE AND STAY RESIDENT
INT 28	DOS, DOS IDLE INTERRUPT
INT 29	DOS, FAST CONSOLE OUTPUT
INT 2A	NETBIOS
INT 2B-INT 2D	DOS, RESERVED
INT 2E	DOS, PASS COMMAND TO COMMAND INTERPRETER
INT 2F	MUTLIPLEXER
INT 30	DOS, FAR JMP INSTRUCTION
INT 33	MOUSE

Fortsetzung siehe nächste Seite

Nummer	Funktion
INT 34-INT 3F	FLOATING POINT EMULATION
INT 40	DISKETTE
INT 41	SYSTEM DATA, HARD DISK 0 PARAMETER TABLE
INT 42	GRAPHIC SERVICES (EGA,VGA)
INT 43	GRAPHIC DATA (EGA,MCGA,VGA)
INT 44	NOVELL NETWARE
INT 46	SYSTEM DATA, HARD DISK 1 DRIVE PARAMETER TABLE
INT 47-INT 4E	diverse Funktionen
INT 4F	SCSI, Common Access Method
INT 50	umgeleiteter IRQ0
INT 51	umgeleiteter IRQ1
INT 52	umgeleiteter IRQ2
INT 53	umgeleiteter IRQ3
INT 54	umgeleiteter IRQ4
INT 55	umgeleiteter IRQ5
INT 56	umgeleiteter IRQ6
INT 57	umgeleiteter IRQ7
INT 58	umgeleiteter IRQ8/0
INT 59	umgeleiteter IRQ9/1
INT 5A	umgeleiteter IRQ10/2
INT 5B	umgeleiteter IRQ11/3
INT 5C	umgeleiteter IRQ12/4
INT 5D	umgeleiteter IRQ13/5
INT 5E	umgeleiteter IRQ14/6
INT 5F	diverse Funktionen
INT 60-INT 66	reserviert für Interrupt-Verarbeitung diverses
INT 67	LIM EMS, diverse Funktionen

Fortsetzung siehe nächste Seite

Nummer	Funktion
INT 68-INT 6C	diverse Funktionen
INT 6D	On Board VGA
INT 6E	Netzwerk API
INT 6F	Novell NetWare
INT 70	IRQ8, CMOS REAL-TIME CLOCK
INT 71	IRQ9, umgeleitet vom BIOS zu INT 0A
INT 72	IRQ10, reserviert
INT 73	IRQ11, reserviert
INT 74	IRQ12, diverse Funktionen
INT 75	IRQ13, MATH COPROCESSOR EXCEPTION (286+)
INT 76	IRQ14, HARD DISK CONTROLLER (286+)
INT 77	IRQ15, diverse Funktionen
INT 78	DOS Extender; diverse Funktionen
INT 79	diverse Funktionen
INT 7A	Novell NetWare, diverse Funktionen
INT 7B-INT 7F	diverse Funktionen
INT 80-INT F0	reserviert IBM-BASIC; diverse Funktionen
INT F1-INT FF	reserviert für User Interrupt

Tabelle 2.22: Die Software-Interrupts im Überblick

Für die Interrupt-Verarbeitung ist ein spezieller Baustein nötig – ein Interrupt-Controller –, der sich meist zusammen mit dem DMA-Controller und dem CMOS-RAM in einem einzigen Chip (z.B. 82C206) befindet. Die Ausführung einer Hardware-Interrupt-Anforderung wird durch eine ansteigende Signalflanke (Flankensteuerung) an einem der IRQ-Anschlüsse eingeleitet. Die Interrupts werden entsprechend ihrer Priorität verarbeitet. Bei EISA-, MCA- und PCI-PCs ist demgegenüber eine Pegelsteuerung (Level Trigger) der Interrupts implementiert, die generell nicht in dem Maße störanfällig ist wie die Flankensteuerung in einem ISA-PC, denn dort können Störimpulse für die fälschliche Auslösung eines Interrupts verantwortlich sein. Durch die Pegelsteuerung ist es außerdem möglich, daß sich mehrere Peripherie-Komponenten einen Interrupt teilen (Shared Interrupt).

Die höchste Priorität hat in der Regel der nicht maskierbare Interrupt (NMI). Er kann nicht wie die anderen Interrupts durch eine Maskierung per Software gesperrt werden und wird beispielsweise bei einem Paritätsfehler ausgelöst. Bei einigen PC-Typen sind die Stromsparfunktionen der Priorität nach noch über dem NMI angeordnet.

Die zweithöchste Priorität (IRQ0) hat der Timer auf dem Mainboard, während die erste parallele Schnittstelle (Centronics) die niedrigste (IRQ7) innehat. Die übliche Verwendung der Interrupts – nach der Priorität geordnet – ist in der Tabelle 2.23 angegeben.

IRQ	Verwendung
0	Timer (Mainboard)
1	Tastatur (Mainboard)
2	Kaskadierung
8	Echtzeituhr (Mainboard)
9	Frei oder SCSI-Controller (PCI-Mainboard)
10	Frei
11	Frei
12	Frei oder Maus-Port
13	Frei oder Coprozessor (80287/387)
14	Erster Festplattencontroller (IDE)
15	Frei oder zweiter Festplattencontroller (EIDE)
3	COM2
4	COM1
5	LPT2
6	Controller für Disketten-Laufwerke
7	LPT1

Tabelle 2.23: Die übliche Verwendung der Hardware-Interrupts ab einem 286-PC

Da der Original-IBM-PC nur über 8 Interrupt-Kanäle verfügt, wofür ein Controller (8259) verwendet wird, ist mit dem AT – wie beim DMA-Controller (8237), Kapitel 2.4 – ein zweiter Baustein eingeführt worden. Ein Controller ist dann der Master-

Controller und der andere (der neue) der Slave-Controller. Mit Hilfe des Interrupts »2« spricht der erste Controller (Master) den zweiten Controller (Slave) an. Der ursprüngliche Interrupt 2 wird auf den Interrupt 9 des Slaves umgeleitet. An der ursprünglichen Prioritätenreihenfolge hat sich dadurch nichts verändert, da die neuen Interrupts vor dem »alten« Interrupt 3 plaziert werden, wie es in der obigen Tabelle gezeigt ist.

Abgesehen von der Verwendung der Pegel- statt der Flankensteuerung gibt es weder in der Handhabung noch in der Anzahl der Interrupts bei ISA-, EISA- und MCA-PCs irgendwelche relevanten Unterschiede. Anders sieht es hingegen bei PCI-PCs aus. Näheres hierzu findet sich im übernächsten Kapitel.

2.5.1 Interrupt-Register

Für den ersten Interrupt-Controller (Master) ist der I/O-Bereich 020h-03Fh und für den zweiten (Slave) der Bereich 0A0h-0BFh reserviert. Auch hier (vergl. DMA-Controller) wird nicht der komplette reservierte Bereich ausschließlich für die Interrupt-Controller verwendet, denn sie benötigen nur jeweils zwei Register. Die Steuerung der Controller erfolgt durch spezielle Befehle, die als »Initialisation Control Words« (ICWs) und »Operation Command Words« (OCWs) bezeichnet werden. Die Reihenfolge wie die Register beschrieben werden, signalisiert den Controllern dabei die Interpretationsweise der Daten.

Adresse	Funktion Interrupt-Controller 1/2
Basisadresse	**Initialisation Control Word 1 (W):** Bit 7-5: Reserviert Bit 4: Immer 1 Bit 3: Flanken/Pegel-Trigger (0, 1) Bit 2: Immer 0 Bit 1: Kaskadierung oder nur Master (0, 1) Bit 0: ICW4 wird benötigt (1) **Interrupt-Request-Register (R):** (aktiviert durch OCW 3) Bit 7-0: Request vom korrespondierenden IRQ (1) **Interrupt-Service-Register (R):** (aktiviert durch OCW 3) Bit 7-0: Korrespondierender Request bedient (1)

Fortsetzung siehe nächste Seite

Adresse	Funktion Interrupt-Controller 1/2
	Operation Command Word 2 (W):

Operation Command Word 2 (W):

Bit 7	Bit 6	Bit 5	Funktion
0	0	0	Im Auto-EOI rotieren (Clear)
0	0	1	Kein spezifischer EOI
0	1	0	Kein Vorgang
0	1	1	Spezifischer EOI
1	0	0	Im Auto-EOI rotieren (Set)
1	0	1	Rotieren beim nicht spezif. EOI
1	1	0	Priorität setzen
1	1	1	Rotieren beim spezifischen EOI

Bit 4-3: Reserviert
Bit 2-0: IRQ zu dem das Kommando gehört

Operation Command Word 3 (W):
Bit 7: Reserviert (0)

Bit 6	Bit 5	Funktion
0	x	Keine
1	0	Spezifische Maske zurücksetzen
1	1	Spezifische Maske setzen

Bit 4-3: Reserviert (0)
Bit 2: Polling (0: kein)

Bit 1	Bit 0	Funktion
0	x	Keine
1	0	Interrupt-Request-Register lesen
1	1	Interrupt-Service-Register lesen

Basisadresse + 1

Initialisation Control Word 2 (W):
Bit 7-4: Offset-Adresse des Interrupt-Vektors
Bit 3-0: Reserviert (0)

Initialisation Control Word 3 (W):
Bit 7-3: Reserviert (0)
Bit 2-0: Slave mit IRQ2 verbunden (0, 1, 0)

Initialisation Control Word 4 (W):
Bit 7-5: Reserviert
Bit 4: Normaler Nested Mode (0)

Fortsetzung siehe nächste Seite

Adresse	Funktion Interrupt-Controller 1/2
	Bit 3 Bit 2 Mode 0 x Non bufferd 1 0 Bufferd Slave 1 1 Bufferd Master Bit 1: Normal/Auto EOI (0, 1) Bit 0: 8085/8086-Mode (1) **Operation Command Word 1 (R/W):** Bit 7: Enable IRQ7, IRQ 15 (1) Bit 6: Enable IRQ6, IRQ 14 (1) Bit 5: Enable IRQ5, IRQ 13 (1) Bit 4: Enable IRQ4, IRQ 12 (1) Bit 3: Enable IRQ3, IRQ 11 (1) Bit 2: Enable IRQ2, IRQ 10 (1) Bit 1: Enable IRQ1, IRQ 9 (1) Bit 0: Enable IRQ0, IRQ 8 (1)

Tabelle 2.24: Die Register der Interrupt-Controller

2.5.2 Interrupts in PCI-PCs

Ein PCI-Mainboard enthält neben den ISA-Slots des weiteren üblicherweise drei oder vier PCI-Slots, wovon in einem speziell gekennzeichneten Slot (Masterslot) eine master-fähige Einsteckkarte eingesetzt werden kann. Dieser Master, beispielsweise auf einer SCSI-Controller- oder Netzwerkkarte, kann anstelle des Mikroprozessors eine PCI-Datenübertragung initiieren und durchführen.

Die oben erläuterten Interrupts können sowohl für die ISA- als auch für die PCI-Slot-Karten verwendet werden. Zur Unterscheidung, ob der jeweilige Interrupt für ISA- oder PCI-Einsteckkarten eingesetzt wird, bezeichnet man ISA-Interrupts mit IRQ und PCI-Interrupts mit INT. Die PCI-Interrupts werden generell über den ISA-Interrupts abgebildet. Die Mainbaord-Hersteller praktizieren dies jedoch recht unterschiedlich.

Auf den vielen PCI-Mainboards können die Interrupts Nr. 5, 9, 14 und 15 einer Systemkomponente (Einsteckkarte, On-Board-Controller) zugeordnet werden. Befindet sich auf dem Mainboard bereits ein SCSI-Controller, ist diesem meist der Interrupt 9, der auf einem konventionellen ISA-Mainboard nicht zugänglich ist, fest zugewiesen.

Jedem PCI-Slot und jeder PCI-Einsteckkarte kann nun einer von vier INTs (INTA, INTB, INTC, INTD) per Jumper und/oder BIOS-Setup zugeordnet werden. Da dies leider von den Mainboard-Herstellern unterschiedlich gehandhabt wird, reicht es in einigen Fällen nicht aus, nur Jumper zu stecken, sondern im BIOS-Setup muß dies ebenfalls angegeben werden. Der jeweilige INT muß dabei sowohl auf dem Mainboard als auch auf der Einsteckkarte identisch eingestellt sein.

Welcher INT nun letztendlich welchem IRQ entsprechen kann, ist vom Design des Mainboards her vorgegeben, so daß beliebige Kombinationen nicht möglich sind. Eine übliche Zuordnung ist in der Tabelle 2.25 angegeben. Wenn sich in einem PCI-Slot keine Einsteckkarte befindet, muß diesem natürlich auch kein Interrupt zugeordnet werden.

Slot	INT	IRQ
PCI-Slot 1	INTA	5 oder 14
PCI-Slot 2	INTB	11 oder 14
PCI-Slot 3	INTC	15
PCI-SCSI	INTD	9

Tabelle 2.25:
Zur Verarbeitung der PCI-Interrupts (INTx)
werden diese auf den üblichen IRQ-Leitungen
(ISA) abgebildet

Daß die PCI-Interrupt-Zuordnung eine relativ uneinheitliche und zudem unübersichtliche Angelegenheit ist, haben mittlerweile auch die Hersteller erkannt und verwenden auf neueren Mainbaords für alle PCI-Slot-Devices den INTA über den die verschiedenen IRQs abgebildet werden (siehe auch PCI SLOT CONFIGURATION in Kapitel 4.4).

Bei vielen PCI-PCs müssen sowohl im BIOS-Setup als auch auf dem Mainboard per Jumper die PCI-Interrupts konfiguriert werden.

Neuere PCI-PCs verwenden ausschließlich den PCI-Interrupt INTA gemeinsam für alle PCI-Slot-Devices.

Systeminformationen

In diesem Kapitel finden sich Angaben und Spezifikationen, wie sie insbesondere für den Umbau und das Aufrüsten eines PC benötigt werden: mechanische Abmessungen für PC-Gehäuse und Mainbaords sowie eine Orientierung im Dschungel der verschiedenen Prozessortypen und wie sie getaktet werden.

3.1 Gehäuseabmessungen

Die Anzahl der verschiedenen Gehäusetypen und -hersteller ist sehr groß, dementsprechend differieren die Abmessungen selbst in den bekannten Kategorien Desktop, Tower, und wie sie noch alle bezeichnet werden, voneinander. Zur Orientierung sind hier die Werte für die äußeren Abmessungen der gebräuchlichsten Typen angegeben, die aber keineswegs standardisiert sind.

Gehäusetyp	Höhe	Breite	Tiefe
Desktop	160	430	395
Slimline	100	434	427
Super-Slimline	76	406	387
Mini-Tower	350	175	430
Middle-Tower	475	170	400
Tower (Big)	680	230	450

Tabelle 3.1: Die wichtigsten PC-Gehäuseabmessungen in Millimeterangaben

Optimal für eventuelle Erweiterungen ist auf jeden Fall ein Tower-Gehäuse, und auch ein konventionelles Desktop-Gehäuse bietet in der Regel mindestens drei Aussparungen für Laufwerke. Zudem kann die Wärme, die in jedem PC mehr oder weniger stark entsteht, in einem relativ großen Gehäuse besser abgeführt werden als in einem flachen Slim-Line-Gehäuse. Wichtiger als die Außenmaße sind für den Einbau eines neuen

Mainbaords und der weiteren Komponenten jedoch die Innenmaße der Gehäuse. Falls ein neues Mainboard nicht mit den Bohrlöchern im Gehäuse harmoniert, sollte man lieber ein neues Gehäuse erwerben, denn falls man anfangen muß, zusätzliche Bohrungen anzubringen, kann ein Umbau zu einer mühseligen Angelegenheit werden.

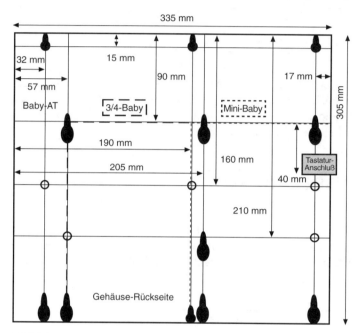

Bild 3.1: *Die mechanischen Gegebenheiten für die Montage unterschiedlicher Main-boardtypen, wie sie bei Desktop- und Towergehäusen üblich sind*

3.2 Mainboard-Maße

Insbesondere für den Austausch eines Mainboards spielt neben der Gehäusegröße auch die Größe des Mainboards eine wichtige Rolle, denn es ist unbedingt darauf zu achten, daß das Mainboard auch problemlos in das Gehäuse hineinpaßt (s.o.). Die Boards haben verschiedene Größen und sind im Laufe der Jahre aufgrund der verwendeten hochintegrierten Bauelemente immer kleiner geworden. Mainboards in der ursprünglichen Größe, wie sie mit dem AT-Computer eingeführt wurden, sind nicht mehr üblich, statt dessen dominieren die sogenannten Baby- oder Mini-Baby-Boards. In der Tabelle 3.2 bezieht sich das Maß der Breite auf die Seite mit dem Tastaturanschluß, der damit die Lage des Mainboards im PC-Gehäuse bestimmt.

Mainboard-Typ	Abmessungen in mm (Breite x Länge)	Übliche Anwendungen (PC-Typen)
AT-Board	305 x 335	alte 8088-486-PCs, EISA-PCs
Baby-Board	220 x 330	ISA-, EISA-, PCI-PCs
3/4 Baby	220 x 275	ISA-, PCI-, VLB-PCs
Mini-Baby	220 x 220	ISA-, VLB-PCs

Tabelle 3.2: Die Abmessungen der üblichen Mainboards

Mainboards in der AT-Board-Größe sind oftmals unpraktisch zu handhaben, da sich die Steckplätze für die Speicherbausteine (z.B. SIMMs) unter dem Netzteil des PCs befinden, was eine einfache Speichererweiterung nicht gerade erleichtert. Unter Umständen sind zuvor neben dem Netzteil weitere Komponenten (z.B. Festplatte) auszubauen. Das gleiche Problem kann im übrigen auch generell bei den kleinen Gehäusetypen auftreten.

3.3 CPUs für PCs

Die Mikroprozessoren für Personalcomputer werden in immer kürzeren Zeitintervallen immer leistungsfähiger, was eine höhere Taktfrequenz und Komplexität bedeutet und sich in einer Vielzahl an verwendeten Transistoren niederschlägt. Die Tabelle 3.3 mag davon einen Eindruck vermitteln.

Prozessor	Anzahl der Transistoren	Erscheinungsjahr
80286	130.000	1982
80386SX	275.000	1987
80386DX	280.000	1985
80486DX	1,2 Mio	1989
486DX4	1,6 Mio	1994
Pentium	3,1 Mio	1993

Tabelle 3.3: Die Anzahl der verwendeten Transistoren in einigen Prozessoren verdeutlicht deren Komplexität

Alle PC-Prozessoren sind grundsätzlich abwärtskompatibel. Das bedeutet, daß ein Programm für einen 8088 auch auf einem Pentium funktionieren wird, nur schneller, man jedoch nicht die Features, wie z.b. neue Befehle, des leistungsfähigeren Prozessors nutzen kann. Die Verarbeitungsgeschwindigkeit einer CPU wird generell von zwei Faktoren bestimmt: durch die Taktfrequenz und des weiteren davon, wie viele Befehle die CPU pro Takt verarbeiten kann.

Bei einem 386DX-Prozessor benötigt ein Befehl in der Regel 5 Takte, bei einem 486DX durchschnittlich 1 bis 2 Takte, und eine Pentium-CPU schafft bis zu drei Befehle in einem Takt.

Die folgende Tabelle zeigt die wichtigsten Kenndaten der Original-Intel-Prozessoren, von denen eine Vielzahl von »Ablegern« der unterschiedlichen Hersteller existiert.

Merkmal	8088	8086	80286	80386SX	80386DX	80486SX	80486DX	Pentium
internes Datenformat	16 Bit	16 Bit	16 Bit	32 Bit	32 Bit	32 Bit	32 Bit	32 Bit
externe Datenbusbreite	8 Bit	16 Bit	16 Bit	16 Bit	32 Bit	32 Bit	32 Bit	64 Bit
Adreßbusbreite	20 Bit	20 Bit	24 Bit	24 Bit	32 Bit	32Bit	32 Bit	32 Bit
physikalischer Adreßbereich in Mbyte	1	1	16	16	4000	4000	4000	4000
Software	8088 8086	8088 8086	8088 8086 80286	8088 8086 80286 80386	8088 8086 80286 80386	8088 8086 80286 80386 80486	8088 8086 80286 80386 80486	8088 8086 80286 80386 80486 Pentium
virtueller Adreßbereich			4 Gb	4 Gb	64 Tb	64 Tb	64 Tb	64 Tb
Coprozessor	8087	8087	80287	80287 80387SX	80387SX	80487SX (80486DX)	Intern	Intern
Cache				Extern	Extern	Intern	Intern	Intern
Interne Cache-Größe				8 Kb	8 Kb	8 Kb	8 Kb	16 Kb

Tabelle 3.4: Die wichtigsten Daten der Intel-Prozessoren im Überblick.

Cache-Speicher gibt es auf Mainboards ab 386DX mit mindestens einer Taktfrequenz von 25 MHz. Die dynamischen RAMs des Hauptspeichers sind mit ihren typischen Zugriffszeiten von 80-60 ns noch zu langsam, um die Kommunikation mit einer relativ schnellen CPU ohne zahlreiche zusätzliche Wartezyklen absolvieren zu können.

Der Cache-Controller und die Cache-RAMs werden bei 386DX-Systemen generell durch einzelne Bausteine realisiert, während der Cache ab dem 486DX bereits im Chip (interner Cache, First Level Cache) integriert ist. Er kann in der Regel durch zusätzliche externe Cache-RAMs auf 256 Kbyte (Second Level Cache) oder mehr erweitert werden.

Standardmäßig arbeiten die meisten Cache-fähigen CPUs in der Write-Through-Betriebsart, bei der die Daten immer sowohl im DRAM als auch Cache-Speicher aktualisiert werden. Der leistungsfähigere Write-Back-Mode, der nur dann Daten in das DRAM schreibt, wenn sie sich verändert haben, wird erst standardmäßig von einem Pentium unterstützt.

Ausnahmen bei den 486-CPUs sind beispielsweise der Intel Typ »i486-Write-Back-Enhanced« (P24D), der sich äußerlich nur durch eine Aufschrift wie &EW5 von einer normalen 486DX-CPU unterscheidet und der Cyrix-486DX-Typ. Beide unterstützen auch standardmäßig den Write-Back-Mode.

Bei den anderen CPUs hängt es vom Design des Mainboards (Chipsatz) ab, ob der Write-Back-Mode per BIOS-Setup eingeschaltet und auch verwendet werden kann.

Mathematische Coprozessoren sind erst ab der 486DX-Version standardmäßig im Chip integriert. Die Rechenleistung eines anderen PC-Typs, beispielsweise mit einem 80386-Mikroprozessor, kann durch Hinzufügen eines entsprechenden Coprozessors gesteigert werden. In den meisten Fällen ist hierfür auf dem Mainboard ein weiterer Sockel vorgesehen, der den zusätzlichen Prozessor aufnimmt. Selbstverständlich kann natürlich auch die normale CPU die Rechenarbeit übernehmen. Dazu setzt sie die verschiedenen mathematischen Operationen in ganzzahlige Teilrechnungen um und berechnet dann Schritt für Schritt das Endergebnis, während ein mathematischer Coprozessor bereits entsprechende Rechenfunktionen in »Silizium gegossen« auf dem Chip enthält. Er kann daher wesentlich schneller als die »normale« CPU, die lediglich eine Integer- statt einer Floating-Point-Einheit besitzt, Berechnungen durchführen. Es profitieren also nur diejenigen Programme vom zusätzlichen Prozessor, die intensive mathematische Berechnungen bewältigen. Bei einer Textverarbeitung wird man daher keinen Geschwindigkeitsgewinn feststellen können, bei einem CAD-Programm (z.B. AutoCAD) hingegen schon. Mathematische Coprozessoren sind im Prinzip »aus der Mode« gekommen, da ein 486DX mittlerweile schon als Einstiegsmodell gilt.

Eine weitere Neuerung, die erstmalig mit dem i486DX verwirklicht wurde, betrifft den Taktsignaleingang des Prozessors (CLK). Während beispielsweise ein 386DX-25 einen externen Takt von 50 MHz verlangt, weil die Frequenz intern um den Faktor zwei reduziert wird, verwendet ein 486DX auch exakt die externe Frequenz als »Arbeitstakt«.

Der Grund für die Taktreduzierung bei den Vorgängerprozessoren liegt darin, daß sie die Taktfrequenz – je nachdem, auf welchen internen Bus (z.B. Memory-Bus, Peripherie-Bus) zugegriffen wird – selbsttätig reduzieren können müssen, damit die Speicherbausteine (DRAMs) und beispielsweise die Peripherie-Controller (DMA-, InterruptController) dem ansonsten relativ schnellen Prozessorzyklus überhaupt folgen können. Daher finden sich auch in den BIOS-Setups der älteren PCs teilweise sehr verwirrende Einstellungsmöglickeiten für die unterschiedlich einzustellenden Takte (z.B. CLK2IN, ATCLK, SCLK, SYSCLK), die sich letztendlich aus der externen Taktfrequenz ableiten.

Bei Intel ist es bewährte Praxis, aus einem leistungsfähigeren Prozessor nach einiger Zeit eine preisgünstigere, aber damit »abgespeckte« CPU-Version auf den Markt zu bringen. Die Tabelle 3.5 zeigt hier die verbreitetsten Beispiele und deren wichtigste Merkmale.

Ursprünglicher Typ	Ableger	Änderung gegenüber ursprünglichem Typ
8086	8088	nur 8-Bit-Datenbus
i386DX	i386SX	nur 16-Bit-Datenbus
i486DX	i486SX	kein Coprozessor
i486DX/2	i486SX/2	kein Coprozessor

Tabelle 3.5: Die Original-Prozessoren und ihre Ableger

Overdrive-Prozessoren

Auf vielen 486SX-Mainboards, bei denen sich der Prozessor im PQFP-Gehäuse befindet und daher festgelötet ist, findet sich neben dem 486SX oftmals ein sogenannter Overdrive-Sockel, der 169 Anschlüsse besitzt. Dieser Sockel kann einen 487SX, einen Overdrive 486SX oder einen Overdrive 486SX/2 aufnehmen. Da der 486SX keinen mathematischen Coprozessor enthält (Tabelle 3.5), wird von Intel ein Zusatzprozessor angeboten. In der Tradition der Coprozessoren (Kennzeichnung X87) trägt er die Bezeichnung 487SX. Doch diese Bezeichnung trügt, denn es handelt sich dabei um einen kompletten 486DX, der den 486SX einfach abschaltet und statt dessen all seine Funktionen übernimmt.

Durch eine (unverständliche) Veränderung der Anschlußbelegung ist es aber nicht möglich, eine 486SX- einfach gegen eine leistungsfähigere 486DX-CPU auszutauschen, sondern auf dem Mainboard muß hierfür ein Jumper vorhanden sein, der die Leitungen entsprechend umschaltet, und den besitzen leider nicht alle Mainboards.

Die Pinbelegung der Prozessoren 486DX, 486SX und 487SX ist unterschiedlich!

Der 487SX definiert die Belegung des Overdrive-Sockels!

Der 487SX verfügt wie der 486SX über eine abweichende Pinbelegung gegenüber dem Original (486DX). Die Pinbelegung des 487SX definiert somit die Belegung des Overdrive-Sockels, was für alle Prozessoren, die jemals ihren Platz in diesem Sockel finden sollen, von ausschlaggebender Bedeutung ist.

Der von Intel eingeführte 169polige Upgrade- oder Overdrive-Sockel, bzw. sein 237poliger Nachfolger, der seinen Platz neben der bereits auf dem Mainboard befindlichen CPU findet, wurde eingeführt, damit der Kunde selbst leicht eine Prozessoraufrüstung durchführen kann (offizielle Begründung). Man mochte es dem Kunden nicht zumuten, eine CPU aus einem bis dahin als Standard geltenden PGA-Sockel herauszuhebeln. Ein Overdrive-Sockel (ZIF-Sockel, **Z**ero **I**nsertion **F**orce) besitzt demgegenüber an der Seite einen Hebel mit dessen Hilfe die CPU ohne große Mühe aus der Fassung entfernt werden kann.

Mit diesem Upgrade-Sockel und der dafür extra geänderten Sockelbelegung für den 487SX – dem ersten hierfür vorgesehenen Upgrade-Prozessor – wurde einiges an Verwirrung gestiftet. Denn da der 486DX hier eben nicht hineinpaßt, hat Intel die Overdrive-Prozessoren ersonnen, die aber genauso wie die DX2-Prozessoren intern mit einer Taktverdopplung arbeiten.

Bis auf die unterschiedliche Pinbelegung gibt es keinen Unterschied zwischen einem 486-Overdrive und einem 486DX2 !

Overdrive Replacement

Um die Verwirrung komplett zu machen, sind von Intel nicht nur DX2- und Overdrive-Prozessoren erhältlich, die mit einer internen Taktverdopplung arbeiten, sondern auch noch Overdrive-Replacement-Typen. Dies sind aber nichts anderes als DX2-Prozessoren für den PC-Endkunden.

Aber Achtung! Da die Replacement-Typen mit dem Original-486DX pinkompatibel sind, funktionieren sie nur dann in einem Overdrive-Sockel, der ja das 487SX-Layout hat, wenn der Mainboard-Hersteller entsprechende Jumper für die Signalumschaltung vorgesehen hat.

Prozessor On Board	Overdrive-Sockel ?	Overdrive-Typ
486SX	Ja	ODP486SX
486SX	Nein	ODPR486DX
486DX	Ja	ODP486DX
486DX	Nein	ODPR486DX

Tabelle 3.6: Overdrive-Prozessoren für Mainboards mit und ohne Overdrive-Sockel

Taktvervielfachende Prozessoren

Im Jahre 1992 führte Intel den 486DX2 ein, wiederum eine Variante des 486DX, der jedoch zu ihm völlig pinkompatibel ist. Mit diesem Typ wurde eine Takterhöhung auf dem CPU-Chip eingeführt. Das bedeutet für die DX2-Typen, daß der interne Arbeitstakt der CPU um den Faktor 2 höher ist als der extern angelegte. DX4-Prozessoren verdreifachen demgegenüber intern den externen Takt. Die Mainboard-Elektronik, wie in der Regel auch der Bustakt für VLB und PCI, arbeiten jedoch mit der externen (geringeren) Taktfrequenz.

Daher ist es leicht möglich, die Leistung eines 486-PC, der beispielsweise mit 33 MHz läuft, zu steigern: Der Prozessor wird gegen einen 486DX2/66 (Tabelle 3.7), ausgetauscht, was – je nach Anwendung – eine Leistungssteigerung von 50-95% zur Folge haben kann. Da das Bus-Interface einer 486DX2-CPU nicht mit dem doppelten externen Takt arbeitet, erscheint der Prozessor für die übrige Elektronik wie ein normaler 486DX, allerdings mit dem wichtigen Unterschied, daß er Befehle zweimal so schnell ausführt.

DX/2-CPU-Typ	ersetzt 486DX	Hersteller
40 MHz	16, 20 MHz	Intel
50 MHz	25 MHz	Intel, AMD, Cyrix
66 MHz	33 MHz	Intel, AMD, Cyrix
80 MHz	40 MHz	AMD (DXL)

Tabelle 3.7: Mögliche CPU-Aufrüstungen

Die übrige Hardware des PC bleibt bei der Umrüstung unverändert, und es ist auch kein Overdrive-Sockel nötig (s.o.). Der ausgetauschte alte Prozessor kann dann in einem anderen PC weiterverwendet werden und liegt nicht etwa auf dem Mainboard neben dem neuen Prozessor brach. Nach der Umrüstung brauchen keine Jumperstellungen verändert zu werden.

Das in früheren Jahren vorhandene Quasi-Monopol der Firma Intel ist für PC-Prozessoren mittlerweile nicht mehr gegeben, und die Tabelle 3.8 zeigt einen Überblick aus der CPU-Vielfalt, wobei Typen vor dem 386SX hier nicht mehr berücksichtigt sind.

CPUs mit dem Kürzel LV (Low Voltage) und generell alle neueren Versionen (DX4) werden mit einer Spannung von 3,3 V betrieben und nicht mit der üblichen von 5 V. Hierauf ist bei der Umrüstung des Prozessors auf jeden Fall zu achten. Auch das Handbuch zum Mainboard ist dahingehend zu konsultieren, ob eine Umschaltung der Betriebsspannung (per Jumper) möglich ist.

Hersteller/Chip	int. Cache	Coprozessor	pinkompatibel
Intel 386SX		387SX	386SX
Intel 386DX		387DX	386DX
Intel 386SL		387SX	386SX
Intel 486SX	8 Kbyte	487SX	486SX
Intel 486SX2+	8 Kbyte	487SX	486SX
Intel 486DX	8 Kbyte	intern	486DX
Intel 486DX2+	8 Kbyte	intern	486DX
Intel 486DX4+	16 Kbyte	intern	486DX
Intel 486SX-SL	8 Kbyte	intern	486SX
Intel 486DX-SL	8 Kbyte	intern	486DX
Intel 486DX2-SL	8 Kbyte	intern	486DX
Intel Pentium	16 Kbyte	intern	Pentium
Intel Pentium Overdrive (P24T)+	32 Kbyte	intern	
AMD 386SX/SXL		387SX	i386SX
AMD 386DX/DXL		387DX	i386DX
AMD 386SXLV		387SX	i386SX

Fortsetzung siehe nächste Seite

Hersteller/Chip	int. Cache	Coprozessor	pinkompatibel
AMD 386DXLV		387DX	i386DX
AMD 486SX	8 Kbyte	487SX	i486SX
AMD 486SX2+	8 Kbyte	487SX	i486SX
AMD 486DX	8 Kbyte	intern	i486DX
AMD 486DX2+	8 Kbyte	intern	i486DX
AMD 486SXLV	8 Kbyte	487SX	i486SX
AMD 486DXLV	8 Kbyte	intern	i486DX
AMD 486DX4+	8 Kbyte	intern	i486DX4
Cyrix 486SLC	1 Kbyte	CX387SLC	i386SX
Cyrix 486DLC	1 Kbyte	CX487DLC	i386DX
Cyrix 486DR2+	1 Kbyte	intern	i386DX
Cyrix 486S	2 Kbyte	CX487S	i486SX
Cyrix 486S-(L)V	2 Kbyte	CX487S	i486SX
Cyrix 486S2+	2 Kbyte	CX487S	i486SX
Cyrix 486DX	8 Kbyte	intern	i486DX
Cyrix 486DX2+	8 Kbyte	intern	i486DX
Cyrix 486DX-(L)V	8 Kbyte	intern	i486DX
Cyrix 486DX2-(L)V+	8 Kbyte	intern	i486DX
IBM 386SLC	8 Kbyte	387SX	i386SX
IBM 486BL3+ (3,3V)	16 Kbyte	387DX	i386DX
IBM 486SLC2+	16 Kbyte	387SX	i386SX
IBM 486SXSL	8 Kbyte		i486SX
IBM 486DX2+	8 Kbyte	intern	i486DX
IBM 486DLC3+	16 Kbyte	387DX	AMD 386DXLV

Tabelle 3.8: Prozessoren für Personalcomputer. Die mit »+« gekennzeichneten Prozessoren arbeiten intern mit einer Takterhöhung.

Neben den in der Tabelle angegebenen CPU-Typen existieren auch noch Prozessoren der Firmen Texas Instruments, SGS Thomson und einige weitere, die jedoch im Grunde nichts Neues darstellen, sondern nur Variationen der Bausteine sind, die oben angeführt sind. Eine Ausnahme ist vielleicht der Typ NX586 der Firma NexGen, der als Konkurrenz zum Pentium gedacht ist, jedoch zu keinem anderen Typ pinkompatibel ist.

Diese Prozessor-Vielfalt bringt für den PC-Kunden aber nicht nur Vorteile, wie den des möglichen Preisvergleichs unter den verschiedenen Herstellern. Damit ein Mainboard für möglichst viele unterschiedliche CPUs verwendet werden kann, sind hier oftmals eine fast unüberschaubare Menge an Jumpern zu konfigurieren.

3.4 CPU-Taktgeneratoren

Eine CPU benötigt einen Takt, der ihr quasi das Arbeitstempo vorgibt. Des weiteren werden Taktsignale für unterschiedliche weitere Komponenten wie für den DMA- oder den Timer-Chip und auch für den Bus (z. B. ISA, PCI) auf dem Mainboard benötigt. In den meisten Fällen werden alle diese Signale schaltungstechnisch gesehen aus einem oder mehreren der folgenden Bauelemente abgeleitet:

- Quarzoszillator
- SMD-Baustein
- PLL-Baustein

Die in früheren Zeiten standardmäßig eingesetzten Quarzoszillatoren – erkennbar an ihrem rechteckigen Blechgehäuse – werden zunehmend durch spezielle SMD- oder auch PLL-Bausteine abgelöst, da sie in der Handhabung einfacher und zudem kleiner und auch preiswerter sind.

Von den speziellen Bausteinen im SMD-Gehäuse gibt es – wie für Quarzoszillatoren auch – zahlreiche verschiedene Typen, bei denen die Taktfrequenz auf dem Gehäuse direkt angegeben ist. Möchte man den Takt für die CPU erhöhen, da keine entsprechenden Einstellungen per Jumper möglich sind, muß man den Chip gegen einen schnelleren austauschen. Dies ist jedoch oftmals nur sehr schwer oder gar nicht zu realisieren, wenn die Chips direkt auf dem Mainboard eingelötet und nicht gesockelt sind.

Praktischer ist es hingegen, wenn auf dem Mainboard ein PLL-Baustein (**P**hase **L**ocked **L**oop) eingesetzt wird. Als Eingangssignal erhält er die auf jedem Mainboard vorgesehene Frequenz von 14,318 MHz, welche für den internen Timer und von einigen Grafikkarten auch als Referenz (über den OSC-Anschluß des ISA-Bus, B30) verwendet und meist durch einen Quarzoszillator erzeugt wird.

Über Jumper können dann unterschiedlichste Ausgangsfrequenzen für den PLL-Baustein festgelegt werden. Sehr verbreitet ist der PLL-Baustein AV9107-5 der Firmen ICS oder AVASEM.

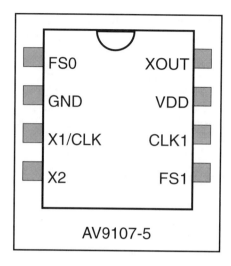

AV9107-5

Bild 3.3:
Die Anschlußbelegung des AV9107

Damit man auch selbst bei eingelötetem Baustein ohne Jumpermöglichkeit Veränderungen vornehmen kann, ist die Anschlußbelegung des AV9107-5 im Bild 3.3 gezeigt. Ein geübter Löter kann sicherlich die entsprechenden Leitungen durchtrennen und neu verdrahten, wenn dies nötig sein sollte.

An den Kontakt X1/ICLK ist der 14,318-MHz-Oszillator angeschlossen, an VDD die 5-V-Betriebsspannung, an GND die Masse, und CLK1 liefert das Ausgangssignal. REFCLK liefert das Eingangssignal in signalverstärkter Form (höher belastbar) und wird an die anderen Bauelemente auf dem Mainboard geführt.

Die interessanten Anschlüsse sind in diesem Fall FS0 und FS1, mit denen die Frequenz eingestellt wird, wie es in der Tabelle 3.9 gezeigt ist. Befindet sich der jeweilige Anschluß auf GND, entspricht dies der »1«, befindet er sich auf 5 V, entspricht dies einer »0« (negative Logik), da im Design des Chips Pull-Up-Widerstände vorgesehen sind. Diese Pegel ergeben sich dann auch bei einer direkten Messung am Chip auf dem Mainboard.

FS1	FS0	Frequenz
0	0	40 MHz
0	1	50 MHz
1	0	66,6 MHz
1	1	80 MHz

Tabelle 3.9:
Die Einstellung der Ausgangsfrequenz
bei einem AV9107-5-PLL-Baustein

Es sind natürlich auch verschiedene PLL-Bausteine anderer Hersteller (MaxCom, International Microcircuits, VIA) auf Mainboards zu finden. Oftmals sind sie 14polig und bieten eine Fülle an Einstellungsmöglichkeiten, die auf dem Mainboard in der Regel jedoch nicht alle genutzt werden.

Pin Nr.	AV9107-3	AV9107-4	MX8315PC	IMI425 VT8225
1	FS1	FS1	AGND	TS
2	FS2	FS2	X2	X1
3	FS3	FS3	X1	X2
4	AGND	AGND	XOUT	FS0
5	GND	GND	CLK1	FS1
6	PD(5V)	PD(5V)	PD(5V)	PD(5V)
7	X1	X1	DGND	GND
8	X2	X2	CLK2	CLK1
9	OE(XOUT)	OE(CLK2)	DVDD	FS3
10	OE(CLK1)	OE(CLK1)	DGND	FS2
11	CLK1	CLK1	FS0	/PWDN
12	VDD	VDD	FS1	XOUT
13	XOUT	XOUT	FS2	XOUT
14	FS0	FS0	AVDD	VDD

Tabelle 3.10: Die Anschlußbelegung verschiedener PLL-Bausteine

Der Typ AV9107-4 kann an CLK1 auch die doppelte Frequenz ausgeben, wenn der Output-Enable-Anschluß OE(CLK2) auf 5 V gelegt wird. Das gleiche liefert der MX8315PC direkt am Anschluß CLK2 (Pin 8). Ob das Ausgangssignal beim AV9107 an XOUT (Pin 13) oder CLK1 erscheinen soll, wird ebenfalls mit entsprechenden Output-Enable-Anschlüssen festgelegt. In der Tabelle 3.11 ist angegeben, wie man die Ausgangsfrequenz bei den verschiedenen PLL-Bausteinen einstellen kann.

FS3	FS2	FS1	FS0	AV-9107-3	AV-9107-4	MX-8315PC	IMI425 VT8225
0	0	0	0	16	40/80	10/20	
0	0	0	1	40	33,3/66,6	12,5/25	
0	0	1	0	50	25/50	30/60	
0	0	1	1	80	20/40	40/80	50
0	1	0	0	66,6	50/100	25/50	
0	1	0	1	100	16,7/33,3	33,3/66,6	66,6
0	1	1	0	8	16/32	20/40	80
0	1	1	1	4	12,5/25	16,7/33,3	
1	0	0	0	8	32/64		12
1	0	0	1	20			16
1	0	1	0	25			20
1	0	1	1	40			25
1	1	0	0	33,3			40
1	1	0	1	50			
1	1	1	0	4			33,3
1	1	1	1	2			PD

Tabelle 3.11: Die Festlegung der Ausgangsfrequenzen in MHz bei verschiedenen PLL-Bausteinen, wie sie auf vielen Mainboards zu finden sind

4 BIOS-Setup-Parameter

Jeder PC mit mindestens einem 286-Prozessor besitzt ein CMOS-RAM, in welchem Systemparameter des PC abgelegt sind. Da der Inhalt von RAMs flüchtig ist – nach dem Ausschalten des PC gehen die darin deponierten Daten verloren – wird für das CMOS-RAM eine Batterie oder häufiger ein Akku verwendet, der für den Datenerhalt bei ausgeschaltetem PC Sorge trägt.

Als Systemparameter werden beispielsweise die Anzahl und die Laufwerkstypen (Diskettenlaufwerke, Festplatten), der Grafikkartentyp (Monochrome, VGA) oder auch der Bustakt und die Cache-Speichergröße verstanden. Die jeweiligen Parameter werden durch den BIOS-Setup festgelegt und müssen natürlich mit der hardwaretechnischen Ausstattung des PC übereinstimmen.

Doch nicht nur diese grundlegenden Einstellungen, die der PC-Hersteller in der Regel bereits vorgenommen hat, finden sich im BIOS-Setup, sondern es bietet auch zahlreiche Möglichkeiten zur Leistungssteigerung eines PC, wie die Festlegung von Shadow-RAM-Bereichen oder von Wartezyklen (Waitestates) für die optimale Kommunikation der einzelnen PC-Komponenten untereinander. Diese Festlegungen sind in den meisten Fällen vom PC-Hersteller eben nicht optimal vorgenommen worden. Dies liegt zum einen darin begründet, daß sich der Hersteller grundsätzlich Arbeit ersparen möchte und zum anderen daran, daß sich die intern verwendeten PC-Bestandteile (Mainboardtyp, Controller-, Grafikkarte) des öfteren in Abhängigkeit davon, was gerade am Markt günstig erhältlich ist, ändern. Daher wird er solche Einstellungen wählen, die relativ sicher (immer) funktionieren, und keineswegs auf eine optimale Performance des PC achten. Es soll auch Hersteller geben, die anders verfahren, doch die sind mit Sicherheit die Ausnahme und nicht die Regel.

Der fortgeschrittene Anwender wird sich daher selbst mit dem BIOS-Setup beschäftigen müssen, spätestens dann, wenn das CMOS-RAM gelöscht wurde, weil der Akku zu »schwach« geworden ist. Dies kommt gar nicht einmal so selten vor und kann insbesondere nach einer längeren Ausschaltzeit (Wochen) eines PC auftreten. Auch wenn man selbst Erweiterungen am PC vornehmen oder ihn einfach generell optimieren möchte, ist der Zeitpunkt für den BIOS-Setup gekommen.

Welche Einstellungsmöglichkeiten sich im Setup überhaupt finden lassen, hängt vom Chipsatz des Mainboards und dem BIOS-Hersteller ab. Bekannte BIOS-Hersteller sind beispielsweise American Megatrends Incorporated (AMI), Award oder Phoenix, um nur einige zu nennen. Die Bezeichnungen für die einzelnen Funktionen sind leider nicht einheitlich und die gegebenenfalls implementierten Hilfetexte tragen oftmals eher zu Verwirrung bei, als daß sie sie beseitigen. Aus diesem Grunde werden in diesem Kapitel die in den BIOS-Setups üblichen Bezeichnungen verwendet und näher beschrieben. Zunächst sollen jedoch Erläuterungen zum Aufruf und allgemeine Angaben zum BIOS-Setup folgen.

4.1   Aufruf des BIOS-Setups

Nach dem Einschalten des PC erscheint in den meisten Fällen zunächst eine Meldung der Grafikkarte oder genauer vom BIOS der Grafikkarte, und danach wird der detektierte RAM-Speicher des PC»hochgezählt«, was durch ein akustisches Ticken begleitet wird. Dieser Vorgang kann bei einem relativ langsamen PC und einem großen RAM-Speicher etwas Zeit in Anspruch nehmen.

Falls einem das Hochzählen des Speichers zu lange dauert, kann während der Initialisierung des PC bei jeden AMI- und fast jedem anderen BIOS der Vorgang durch die Taste [ESC] *abgebrochen werden.*

Das Hochzählen des RAM-Speichers ist Bestandteil des Selbsttests, der auch als POST (**P**ower **O**n **S**elf **T**est) bezeichnet wird und je nach BIOS-Hersteller unterschiedliche Informationen am Bildschirm anzeigt. Bei einem Award-BIOS werden neben der RAM-Speichergröße detaillierte Angaben über einzelne Komponenten wie die Interrupt- und die DMA-Controller geliefert, wie es bei dem im Bild 4.1 gezeigten BIOS für einen Pentium-PC der Fall ist: Dies ist recht nützlich und läßt Fehlfunktionen bereits unmittelbar nach dem Einschalten erkennen.

```
#481A0-0201


    BIOS Shadow RAM...............................Enabled

    Video Shadow RAM..............................Enabled

    Check 1st DMA Channel..........................Passed

    Check 2nd DMA Channel..........................Passed

    Check DMA Page Registers.......................Passed

    Check Timer 2..................................Passed

    Check 1st Interrupt Controller.................Passed

    Check 2nd Interrupt Controller.................Passed

    Check Interrupt Functions......................Passed

    CPU Clock.....................................60 MHz

    Sizing System Memory.......................640K Found

    Sizing Extended Memory...................31744K Found

    Testing System Memory at .....................640K OK

    Testing Extended Memory at Address ..........32768K OK
```

```
             Award Modular BIOS v4.50

                    (Pentium)

        Copyright © 1984-93, Award Software, Inc.

          PRESS ESC TO SKIP MEMORY TEST

          03/21/94-Mercury-P/I-5MP3-001
```

Bild 4.1: Das Ergebnis des Selbsttests bei einem BIOS der Firma Award

Der Aufruf des BIOS-Setup-Programms, welches sich im BIOS-ROM auf dem Mainboard befindet, erfolgt durch die Anwahl einer bestimmten Taste bzw. einer Tastenkombination (Tabelle 4.1), die gleichzeitig betätigt werden muß. Sie ist von Hersteller zu Hersteller unterschiedlich und erscheint während des Selbsttests (POSTs) meist kurzzeitig auf dem Monitor. Nur zu diesem Zeitpunkt kann das Setup-Programm aufgerufen werden.

BIOS-Hersteller	Taste oder Tastenkombination
AMI	ENTF
Award	STRG+ALT+ESC oder ENTF
Mr. BIOS	STRG+ALT+ESC oder ESC
Phoenix	STRG+ALT+S

Tabelle 4.1: Der Aufruf des BIOS-Setup-Programms bei den verschiedenen Herstellern

Wird während des Selbsttests eine Fehlfunktion festgestellt, wird im günstigsten Fall – je nach BIOS-Version und Hersteller – eine Fehlermeldung ausgegeben, anhand derer sich ein eventuell vorhandener Fehler eingrenzen läßt. Bei einigen BIOS-Typen, beispielsweise der Firma AMI, erhält man bei einem (scheinbaren) Defekt, beispielsweise des Interrupt-Controllers o.ä. jedoch keine Fehlermeldung. Der Rechner ist irgendwo »hängengeblieben«.

Vorausgesetzt, daß die Versorgungsspannungen vorhanden sind und der Lautsprecher ebenfalls in Ordnung ist, kann ein Fehler oft anhand eines Tonsignals ermittelt werden oder mit Hilfe der POST-Codes, auf die in Kapitel 11 noch näher eingegangen wird.

Das BIOS der Firma AMI zeigt in der Regel nicht die Ergebnisse des POSTs in der detaillierten Form vergleichbar mit denjenigen der Firma Award an, sondern statt dessen den Typ der Festplatte, der Diskettenlaufwerke und die ermittelten Schnittstellen, was wiederum nicht von älteren Award-BIOS-Versionen (< 4.0) geleistet wird. Die BIOS-Anzeige eines AMI-BIOS kann, wie in Bild 4.2 angegeben, aussehen.

```
   AMIBIOS System Configuration (c) 1985-1994, American Megatrends In.,

   Main Processor      : 486DX or 487SX    Base Memory Size   : 640 KB
   Numeric Processor   : Present           Ext. Memory Size   : 3328 KB
   Floppy Drive A:     : 1.44 MB, 3 1/2"   Hard Disk C: Type  : 47
   Floppy Drive B:     : None              Hard Disk D: Type  : None
   Display Type        : VGA/PGA/EGA       Serial Port(s)     : 3F8,2F8
   AMIBIOS Date        : 06/06/93          Parallel Port(s)   : 378

   128 KB CACHE MEMORY
   50MHz DX2 CPU
   Starten von MS-DOS...

   DOSKey installiert.
   C: \>
```

Bild 4.2: Die BIOS-Anzeige während des Bootens bei einem AMI-BIOS

Durch das Festhalten der Taste INS *bzw.* EINFG *während des Einschaltens werden die BIOS-Voreinstellungen aktiviert.*

Eine sehr nützliche Eigenschaft weisen die BIOS-Versionen der Firma AMI auf. Hat man im Setup einmal falsche Werte eingegeben, so daß der Bildschirm dunkel bleibt, hält man die INS-Taste Einfg während des nochmaligen Einschaltens des PC gedrückt, wodurch die Voreinstellungen des BIOS automatisch aktiviert werden. Dadurch stimmen dann zwar die Angaben für die Laufwerke und einige andere Dinge nicht, aber der PC meldet sich wenigstens und die korrekten Einstellungen können daraufhin vorgenommen werden.

Aber keine Regel ohne Ausnahme: das Zurücksetzen der Werte auf die vom Hersteller vorgegebenen funktioniert nicht mit BIOS-Versionen, bei denen ein Password vergeben werden kann, denn es würde dann gelöscht werden, was sicher nicht im Sinne dieses Schutzmechanismus wäre.

Der Aufruf des BIOS-Setup-Programms erfolgt in den meisten Fällen durch die Taste DEL, bzw. Entf auf einer deutschen Tastatur, wenn die folgende Meldung nach dem Einschalten des PC erscheint:

```
Press <DEL> If you want to run SETUP
```

Hat man die Entf-Taste nicht zum richtigen Zeitpunkt gedrückt, kann gegebenenfalls auch diese Bildschirmanzeige erscheinen:

```
Keyboard error

Press <F1> to RESUME
```

Der Setup-Bildschirm erscheint entweder jetzt oder erst nach der Betätigung der F1-Taste. Für ein AMI-BIOS gilt generell, daß die einzelnen Menüpunkte mit den Cursorsteuertasten (Pfeiltasten) angewählt und durch die Eingabetaste bestätigt werden. Zwischen den verschiedenen Einstellungsmöglichkeiten wird dabei mit den Tasten PgUp und PgDn bzw. den Bild-Tasten auf einer deutschen Tastatur umgeschaltet. Alle neueren BIOS-Versionen der anderen Hersteller halten sich ebenfalls an diese mittlerweile zum Standard erhobene Bedienung. Oftmals läßt sich ein Hilfetext durch die Betätigung der F1-Taste zu den einzelnen Menüpunkten aufrufen.

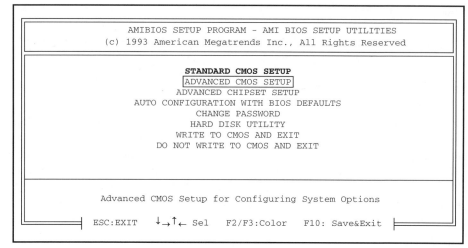

```
        AMIBIOS SETUP PROGRAM - AMI BIOS SETUP UTILITIES
        (c) 1993 American Megatrends Inc., All Rights Reserved

                       STANDARD CMOS SETUP
                      ┌─────────────────────┐
                      │ ADVANCED CMOS SETUP │
                      └─────────────────────┘
                       ADVANCED CHIPSET SETUP
                 AUTO CONFIGURATION WITH BIOS DEFAULTS
                          CHANGE PASSWORD
                         HARD DISK UTILITY
                       WRITE TO CMOS AND EXIT
                     DO NOT WRITE TO CMOS AND EXIT




            Advanced CMOS Setup for Configuring System Options

        ESC:EXIT    ↓→↑←  Sel    F2/F3:Color    F10: Save&Exit
```

Bild 4.3: Der Eröffnungsbildschirm (Hauptmenü) beim AMI-Hi-Flex-BIOS

Der BIOS-Setup erstreckt sich in den meisten Fällen über mehrere Bildschirmseiten. Die grundlegenden Einstellungen finden sich im »Standard CMOS Setup« und je nach PC-Typ existieren erweiterte Setup-Funktionen im »Advanced CMOS Setup«, wie er bei AMI bezeichnet wird, oder im »BIOS Features Setup«, wie er bei Award genannt wird. Chipspezifische Festlegungen, die sich entsprechend dem verwendeten Chipsatz auf dem Mainboard voneinander unterscheiden, werden unter dem »Advanced Chipset Setup« (AMI) bzw. unter »Chipset Features Setup« (Award) angeboten. Des weiteren finden sich bei PCI-PCs hierfür außerdem noch spezielle Einstellungsmöglichkeiten, für die es entweder eine spezielle Seite gibt oder die in einem »Advanced Setup« mit abgelegt sind.

```
                    ROM PCI/ISA BIOS (P/I-4SP3)
                        CMOS SETUP UTILITY
                      AWARD SOFTWARE., INC.

    STANDARD CMOS SETUP              PASSWORD SETTING

    BIOS FEATURES SETUP             IDE HDD AUTO DETECTION

    CHIPSET FEATURES SETUP          SAVE & EXIT SETUP

    PCI SLOT CONFIGURATION          EXIT WITHOUT SAVING

    LOAD BIOS DEFAULTS
    LOAD SETUP DEFAULTS

    ESC  : Quit              ↑ ↓ →    : Select Item
    F10  : Save & Exit Setup  (Shift)F2 :Change Color

              Time, Date, Hard Disk Type ...
```

Bild 4.4: Der Setup-Bildschirm bei einem PC mit Award-BIOS

121

4.2   Standard-CMOS-Setup

Im Standard-CMOS-Setup finden sich die grundlegenden Einstellungsmöglichkeiten für den BIOS-Setup. Es ist daher für die korrekte Funktion des PC unabdingbar, daß die hier getroffenen Festlegungen mit der tatsächlichen Hardware-Ausstattung des Computers übereinstimmen.

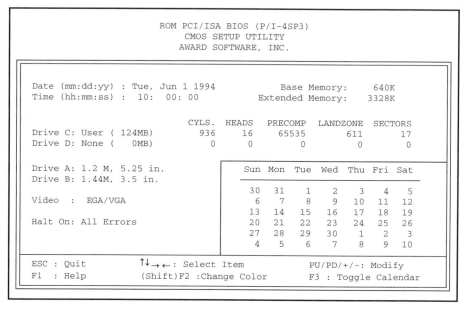

Bild 4.5: Der Standard-Setup ist für die grundlegenden Einstellungen zuständig (hier bei einem AWARD BIOS)

Date (Datum)

Das Datum und die Uhrzeit sollten mit den tatsächlichen Zeiten übereinstimmen, da diese Angaben zusammen mit Daten und Programmen gespeichert werden und sich jedes Programm, welches in irgendeiner Form Zeitinformationen verarbeitet, sich auf die Echtzeituhr des PC bezieht, die mit Date und Time gestellt wird. Dabei dient ein Kalenderbild in der rechten Ecke als Orientierung für die Datumsfestlegung. Die entsprechenden Einstellungen werden, nachdem der jeweilige zu verändernde Eintrag mit den Pfeiltasten angewählt wurde, über die »Bild«-Tasten vorgenommen. Bei einigen BIOS-Versionen (Award) können auch direkt die entsprechenden Zahlenwerte eingegeben werden.

Time (Uhrzeit)

Die Uhrzeit wird ebenfalls durch die Betätigung der oben genannten Tasten einge-stellt. Das Datum und die Uhrzeit können auch zu einem späteren Zeitpunkt mit den DOS-Befehlen DATE und TIME festgelegt werden und werden dann genauso wie beim BIOS-Setup im CMOS-RAM abgespeichert.

Floppy Drives, Drive A, Drive B (Diskettenlaufwerke)

Für die Diskettenlaufwerke A und B können die folgenden Parameter eingestellt werden:

- 360 Kbyte 5.25"
- 720 Kbyte 3.5"
- 1.2 Mbyte 5.25"
- 1.44 Mbyte 3.5"
- 2.88 Mbyte 3.5"
- Not Installed

Der üblichste Laufwerkstyp ist sicherlich das 1.44-Mbyte-Laufwerk. Der 2.88-Mbyte-Laufwerkstyp findet in der Praxis seltener Verwendung, und die großen 5.25"-Lauf-werke werden bei neuen PCs nur auf speziellen Wunsch hin eingebaut.

Falls kein zweites Diskettenlaufwerk installiert ist, muß hierfür natürlich »Not Installed« angegeben werden.

Hard Disk C, Drive C (erstes Festplattenlaufwerk)

In jedem BIOS der bekannten Firmen ist eine Liste mit verschiedenen Festplatten-typen implementiert. Hier kann man sich den passenden Typ heraussuchen, der mit der im PC eingebauten Festplatte übereinstimmt und diesen dann mit der Eingabetaste bestätigen. Selbst in den neuesten PCs findet man merkwürdigerweise noch diese eher veralteten Listen, obwohl die dort vorgeschlagenen Typen kaum mehr den heutigen Ansprüchen an die Speicherkapazität einer Festplatte genügen. Die hier zu findenden Typen sind MFM-Festplatten mit 17 Sektoren oder manchmal auch RLL-Festplatten mit 26 Sektoren.

Type	Cyln	Head	Wpcom	Lzone	Sect	Size
Not Installed	-	-	-	-	-	-
1	306	4	128	305	17	10 MB
2	615	4	300	615	17	21 MB
3	615	6	300	615	17	31 MB
4	960	8	512	940	17	62 MB
..	.....	...	...	....	...	......
43	830	7	512	830	17	48 MB
44	830	10	65535	830	17	69 MB
45	917	15	65535	918	17	114 MB
46	1224	15	65535	1223	17	152 MB
47=USER TYP	.....	...	...	....	...	......

Tabelle 4.2: Ein Ausschnitt aus einer Festplattenliste des AMI-BIOS

Der Standardtyp bei IDE-Festplatten ist der sogenannte USER-Typ, der sich unter der Nummer 47 befindet und bei dem die Festplattenparameter einzeln angegeben werden können. Die Festplattenparameter haben im einzelnen die folgenden Bedeutungen:

❏ **CYLN, CYLS**

Es wird die Angabe der Zylinder verlangt.

❏ **HEADS**

Angabe der Kopfanzahl.

❏ **WPCOM oder PRECOMP**

Write-Precompensation, hier wird derjenige Zylinder angegeben, ab dem die Schreibvorkompensation für die Festplatte wirken soll. Die zu schreibenden Daten werden so umgesetzt, daß möglichst wenige Flußwechsel auf der magnetischen Schicht der Festplatte stattfinden, was die Datensicherheit für MFM-Festplatten erhöht. Sofern vom Festplattenhersteller nicht anders angegeben, ist bei IDE-Festplatten hier meist keine Angabe nötig, da sie mit einem anderen Verfahren (Zone-Bit-Recording) arbeiten.

❏ LZONE, LANDZONE

Die »Landezone« ist die Parkzone, auf die die Festplatte nach dem Abschalten abgesenkt wird. Bei IDE-Festplatten ist hier ebenfalls keine Angabe nötig.

❏ SECTORS, SECT

Angabe der Sektorenanzahl. Aus der Angabe der Zylinderanzahl, der Köpfe und der Sektoren wird mit der Sektorgröße von 512 Byte automatisch die verfügbare Speicherkapazität der Festplatte errechnet und ganz rechts in dieser Zeile (Size) dargestellt. Falls man die einzelnen Parameter einer IDE-Festplatte nicht kennt, kann man sich in vielen Fällen durch einen Menüpunkt des BIOS wie AUTO DETECT HARD DISK die Parameter aus der Festplattenelektronik herauslesen lassen. Es gibt auch einige Utilities, die dies mehr oder weniger zuverlässig erledigen. Denn erstens stimmen die automatisch ermittelten Werte nicht immer und zweitens entsprechen die im Setup anzugebenden Parameter nicht der tatsächlichen Festplatten-Organisation.

Es können nahezu beliebige Kombinationen eingestellt werden. Wichtig ist dabei nur, daß die maximale Anzahl der »Logischen Sektoren« insgesamt nicht überschritten wird, die sich durch die Multiplikation der einzelnen Werte ergibt. Die IDE-Festplatten verwenden einen Translation-Mode, der die logischen Daten in physikalische (tatsächliche) umsetzt. Die bestmögliche Ausnutzung der Kapazität ergibt sich jedoch bei der Verwendung der vom Hersteller spezifizierten Daten. Sind diese aus irgend einem Grunde aber nicht bei der Erstinstallation der Festplatte verwendet worden, kann man theoretisch bis in alle Ewigkeit herumprobieren, bis man die zu Grunde gelegten Daten wieder ermittelt hat. Unter Umständen kann die Festplatte zwar auch mit abweichenden Werten verwendet werden, aber man kann nicht von ihr booten. Es gibt durchaus PC-Hersteller, die dieses Verfahren gern praktizieren, damit der Kunde nach einem verkonfigurierten PC oder, falls das CMOS-RAM sein Gedächnis verloren hat, mal wieder kostenpflichtig im Laden vorbeischaut.

Man kann daher nur immer wieder die Empfehlung geben, sich einen Ausdruck vom BIOS-Setup unmittelbar nach dem Kauf eines PC anzufertigen oder die einzelnen Werte zu notieren. »Das Ausdrucken der BIOS-Seiten funktioniert doch gar nicht !?« habe ich schon oft vernehmen können. Doch es funktioniert, wenn der PC erst einmal gebootet hat und der Drucker somit freigegeben worden ist. Danach betätigt man die Tastenkombination $\boxed{\text{STRG}}$-$\boxed{\text{Alt}}$-$\boxed{\text{Entf}}$ oder den Reset-Knopf am PC und ruft den BIOS-Setup auf (z.B. ENTF), woraufhin man sich von den einzelnen BIOS-Seiten eine Hardcopy (Print Screen) anfertigen kann.

Der Ausdruck der BIOS-Setup-Seiten ist erst dann möglich, wenn der Drucker vom PC freigegeben worden ist.

Hard Disk D, Drive D
(Zweites Festplattenlaufwerk)

Wenn keine zweite Festplatte (D) im PC installiert ist, wird bei der Angabe »Hard Disk D:Type« oder »Drive D« NOT INSTALLED angegeben. Diese Angabe ist im übrigen auch generell bei SCSI-Festplatten nötig, da der SCSI-Controller ein eigenes BIOS besitzt, die Festplattenparameter selbsttätig aus der Plattenelektronik liest und die Harddisk daraufhin entsprechend verwendet.

Bei vorhandener IDE-Festplatte kann eine SCSI-Festplatte immer nur als zweite des Systems konfiguriert werden, da in diesem Fall nicht von ihr gebootet werden kann. Bei den ESDI-Festplatten, die mittlerweile veraltet sind, wird immer der Typ 1 selektiert, und das BIOS des ESDI-Controllers überlagert diese Werte.

Hard Disk E-F (weitere Festplattenlaufwerke, EIDE)

Bei neueren PCs mit Enhanced-IDE-Controller (EIDE) und entsprechendem BIOS können zwei weitere Festplattenlaufwerke (E, F) und die jeweils zu verwendende Betriebsart (Mode) angegeben werden. Der EIDE-Controller besitzt im Gegensatz zu einem Standard-IDE-Controller zwei »Laufwerks-Kanäle«. Wie bei IDE wird dabei jeweils die erste Festplatte immer als Master und die zweite als Slave »gejumpert«. Da an den (E)IDE-Controller ebenfalls CD-ROM-Laufwerke (ATAPI, Kapitel 7.5.3) angeschlossen werden können, wofür im BIOS-Setup aber keine Einstellungen vorgenommen werden (Einstellung: None), ist darauf zu achten an welchem Kanal und in welcher Konfiguration (Master/Slave) es verwendet wird, damit keine unzulässige Übereinstimmung mit den Festplattenfestlegungen gegeben ist.

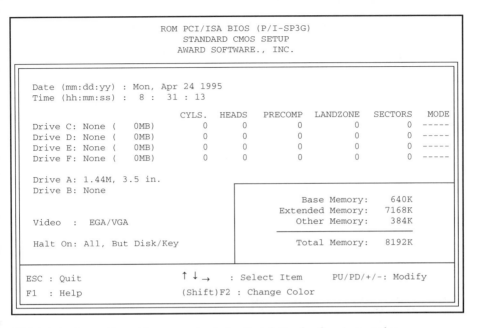

```
                    ROM PCI/ISA BIOS (P/I-SP3G)
                    STANDARD CMOS SETUP
                    AWARD SOFTWARE., INC.

   Date (mm:dd:yy) : Mon, Apr 24 1995
   Time (hh:mm:ss) :  8 :  31 : 13

                      CYLS.  HEADS  PRECOMP  LANDZONE  SECTORS  MODE
   Drive C: None (  0MB)      0      0        0         0        0    -----
   Drive D: None (  0MB)      0      0        0         0        0    -----
   Drive E: None (  0MB)      0      0        0         0        0    -----
   Drive F: None (  0MB)      0      0        0         0        0    -----

   Drive A: 1.44M, 3.5 in.
   Drive B: None
                                    Base Memory:     640K
                                Extended Memory:    7168K
   Video  : EGA/VGA                Other Memory:     384K

   Halt On: All, But Disk/Key     Total Memory:     8192K


   ESC : Quit          ↑ ↓ →   : Select Item     PU/PD/+/-: Modify
   F1  : Help               (Shift)F2 : Change Color
```

Bild 4.6: In diesem Setup können maximal vier Festplatten konfiguriert werden,
und es sind unterschiedliche Betriebsarten einstellbar

Enhanced IDE erlaubt die Unterstützung von Festplatten mit einer Kapazität größer als 528 Mbyte (504 Mbyte in echten Bytes). Hierfür sind im BIOS-Setup in der Regel drei verschiedene Modi (Bild 4.6) einstellbar:

- **Normal oder Standard CHS** (Cylinder Heads Sectors): Für Festplatten mit einer maximalen Kapazität kleiner als 528 Mbyte.

- **Large oder Extended CHS** (ECHS): Für Festplatten mit einer Kapazität größer als 528 Mbyte, die nicht den LBA-Mode unterstützen. Diese Betriebsart ist eher ungewöhnlich und ausschließlich für DOS vorgesehen.

- **LBA oder Logical Block**: **L**ogical **B**lock **A**ddressing ist der Standard-Mode für Festplatten mit einer Kapazität größer als 528 Mbyte.

In diesem Zusammenhang kann es für die einwandfreie Funktion der Festplatten wichtig sein, von welchem Bussystem der Festplattencontroller auf dem Mainboard angesteuert wird. Bei PCI-PCs sind prinzipiell zwei Möglichkeiten gegeben: entweder wird der Controller über den ISA-Bus (über die PCI/ISA-Bridge) oder aber direkt über den 32-Bit-breiten PCI-Bus angesteuert, was aus Performance-Gründen (PIO-Mode 3, Kapitel 7.5.4) günstiger erscheint. Auf einigen Mainboards (z.B. Intel Plato) befinden sich beide Lösungen in Form zweier Controller. Der erste Kanal (Laufwerke C:, D:) wird dann durch den Controller am PCI-Bus realisiert und der zweite (Laufwerke E:, F:) durch den am ISA-Bus.

Dieser Zusammenhang ist sowohl beim Anschluß der Festplattenlaufwerke als auch beim BIOS-Setup zu beachten. Des weiteren »verträgt« sich nicht jede (E)IDE-Festplatte und erst recht nicht jedes CD-ROM-Laufwerk mit dem Controller am PCI-Bus. Die folgende Tabelle zeigt die üblichen Konfigurationsmöglichkeiten mit den beiden Controllern.

Nur PCI-IDE-Interface	
Master	C:
Slave	D:
Nur ISA-IDE-Interface	
Master	C:
Slave	D:
ISA- und PCI-Interface für 3 Festplatten	
PCI-Master	C:
PCI-Slave	D:
ISA-Master	E:
oder	
PCI-Master	C:
PCI-Slave	D:
ISA-Slave	E:
ISA- und PCI-Interface für 4 Festplatten	
PCI-Master	C:
PCI-Slave	D:
ISA-Master	E:
ISA-Slave	F:

Tabelle 4.3:
Die Konfigurationsmöglichkeiten mit PCI-IDE- und Standard-IDE-Controllern

Primary Display, Video (Grafikkartentyp)

Für die Bildschirmkarte sind in der Regel die folgenden Einstellungen möglich:

● Monochrome   (Hercules, MDA)

● Color 40 x 25   (CGA40)

● Color 80 x 25   (CGA80)

● VGA/PGA/EGA   (Farbe)

● Not Installed...   (keine Karte installiert)

Der angegebene Grafikkartentyp ist lediglich für die Initialisierung nötig und bedeutet keineswegs, daß die Grafikkarte daraufhin etwa als Standard-VGA-Karte (640x480 Bildpunkte) verwendet werden muß, wenn diese selektiert worden ist, denn es werden im nachhinein in den meisten Fällen sicherlich leistungsfähigere Grafiktreiber (z.b. via CONFIG.SYS) geladen.

Keyboard (Tastatur)

Die Überprüfung der Tastatur wird beim Booten ausgeschlossen, wenn hierfür NOT INSTALLED im Setup eingestellt wird. Gleichwohl geht das BIOS davon aus, daß eine Tastatur angeschlossen ist. Da der Test sehr schnell abläuft, stört er nicht und sollte durch INSTALLED eingeschaltet sein.

Base Memory, Extended Memory (Hauptspeicher)

Unter diesen beiden »Menüpunkten« kann nichts eingestellt werden, sondern die Speichergröße wird vom BIOS automatisch ermittelt und hier angezeigt. Der Hauptspeicher (Base Memory) wird normalerweise (siehe auch SHADOW und RELOCATION) immer mit 640 Kbyte angezeigt, wenn sich mindestens diese Kapazität im PC befindet, und die darüberhinausgehende Kapazität als EXTENDED MEMORY. Die Summe von BASE und EXTENDED MEMORY sollte natürlich die tatsächlich installierte RAM-Speichergröße ergeben. Wie dem Bild 4.5 zu entnehmen ist, bei dem der PC über einen Speicher von 4 Mbyte (4 * 1024 Kbyte = 4096 Mbyte) verfügt, wird der Gesamtspeicher aber um 128 Kbyte niedriger als tatsächlich vorhanden (640 Kbyte + 3328 Kbyte = 3968 Kbyte) angezeigt, was eine durchaus übliche, wenn auch nicht ganz verständliche Praxis ist und entsprechend auch für größeren installierten DRAM-Speicher gilt.

Nach einer Veränderung der RAM-Speichergröße (Aufrüstung) wird beim erstmaligen Booten des PC eine Fehlermeldung wie

```
Memory Size Error Run Setup
```

erscheinen. Dann ist es nötig, den Setup aufzurufen und zu kontrollieren, ob vom BIOS die richtige Speichergröße ermittelt worden ist. In diesem Fall verläßt man den Setup wieder ohne irgendwelche Änderungen vorgenommen zu haben, über einen Menüpunkt wie

```
WRITE TO CMOS AND EXIT
```

Neben diesen grundsätzlichen Festlegungen finden sich – meist in PCs bei denen kein erweiterter Setup möglich ist – oft noch die im folgenden angegebenen Konfigurationsmöglichkeiten.

Halt On (anhalten, wenn...)

Der PC hält normalerweise während der Initialisierung bei der Detektierung eines Fehlers mit einer Fehlermeldung an, wenn »All Errors« eingestellt ist. Es kommt aber durchaus vor, daß eine Tastatur oder ein Diskettenlaufwerk fälschlicherweise als defekt detektiert wird und nach dem Bootvorgang einwandfrei funktioniert. In solch einem Fall kann man eine entsprechende Umschaltung vornehmen, wodurch eine Fehlermeldung unterdrückt wird und der PC dennoch gestartet werden kann.

- All Errors
- No Errors
- All, But Keyboard
- All, But Diskette
- All, But Disk/Key

In der Regel wird man jedoch »All Errors« eingestellt lassen. Es kann aber auch sinnvoll sein (Schutz von Vireneinschleusung), daß der PC nicht startet, wenn das Diskettenlaufwerk verriegelt ist, sich also im Laufwerk A eine Diskette befindet (All, But Disk/Key).

Video BIOS Shadow (Schatten-RAM für Grafik-BIOS)

Diese Eintragung findet sich nur dann im Standard-Setup (wie die folgenden im übrigen auch), wenn kein erweitertes Setup-Menü (Advanced Setup oder BIOS Features Setup o.ä.) verfügbar ist. Der Speicherbereich von 640 Kbyte bis 1 Mbyte (Adaptersegment, siehe auch Kapitel 2.3) ist für das System-BIOS, die Grafikkarten und für allgemeine Systemerweiterungen vorgesehen. Ein (Teil-) Bereich kann davon als Schatten-RAM konfiguriert werden, wenn hier von DISABLED auf ENABLED umgeschaltet wird. Oftmals (ab 386SX-PCs) ist es möglich, diesen Bereich in kleinere Teilbereiche zu unterteilen, damit nicht das komplette Adaptersegment – oder ein übermäßig großer Teil davon – für das Shadow-RAM reserviert wird und dort auch noch Teile des DOS (ab DOS 5) abgelegt werden können. Dadurch kann der Speicherbereich bis 640 Kbyte optimaler ausgenutzt werden, und es bleibt dann mehr Platz für die eigentlichen Programme im Hauptspeicher frei.

Der Inhalt des BIOS einer VGA-Grafikkarte wird bei eingeschalteter Video-BIOS-Shadow-Funktion vom ROM in das praktisch parallel liegende RAM geladen, welches dann als Shadow-RAM fungiert. Der Vorteil ist dabei die schnellere Zugriffsmöglichkeit (Faktor 3 bis 4) auf die BIOS-Routinen, die dann aus den schnelleren RAMs statt aus den ROMs gelesen werden, was besonders unter DOS zum Tragen kommt.

Normalerweise wird der als Shadow-RAM festgelegte Bereich vom BIOS automatisch schreibgeschützt. Dies ist jedoch nicht immer der Fall (ältere Modelle, z.B. NEAT-PCs), so daß man gegebenenfalls noch nach einer Eintragung wie »Segment Write Protect On/Off« Ausschau halten sollte und den als Shadow-RAM festgelegten Bereich so zusätzlich als schreibgeschützt definiert. Dies ist deswegen absolut notwendig, damit in diesem Bereich nicht etwa Teile des DOS »nach oben geladen werden« und es daraufhin zu einem unvermeidlichen Systemabsturz kommt.

Scratch RAM Option (RAM-Bereich für IDE-Parameter)

Die Festplattenparameter des User-Typs (IDE-Festplatte) werden in einem hierfür reservierten RAM-Bereich (Scratch RAM Option) abgelegt. Das Scratch-RAM hat mindestens zwei Einstellungsmöglichkeiten: Entweder wird ab der RAM-Adresse 0:300 ein 256 Byte großer Bereich für die Parameter verwendet, oder aber es wird im Hauptspeicher (bis 640 Kbyte) hierfür ein Bereich von 1 Kbyte reserviert. Bei Verwendung des User-Typs (Nr. 47) sollte man die erste Möglichkeit wählen, damit der Hauptspeicher nicht belegt wird.

Main BIOS Shadow (Schatten-RAM für System-BIOS)

Das Shadow-RAM kann ebenfalls für das System-BIOS des PC eingeschaltet werden (vergl. Video BIOS Shadow), was für die Geschwindigkeit des PC ebenfalls von Bedeutung sein kann. Daher sollte hier auf ENABLED statt auf DISABLED geschaltet werden. Oftmals (bei älteren PCs) spielt es keine Rolle, ob nur das Main-BIOS oder nur das Video-BIOS oder beide ein Shadow-RAM verwenden. Es wird auf jeden Fall der komplette Bereich des Adaptersegments hierfür reserviert, wenn auch nur eine einzige Shadow-RAM-Funktion eingeschaltet wird. Bei PCs mit mindestens einem 386DX-Prozessor sind hier »feinere« Einstellungen möglich.

Fast I/O-Bus Speed (Schnellerer Buszugriff)

Diese Option sollte man einmal probeweise einschalten (ENABLED), denn in diesem Fall wird der Standard-ISA-Bustakt von 8,3 MHz auf einen höheren Wert wie 10, 12 oder sogar 16 MHz geschaltet. Ob alle Einsteckkarten mit diesem außerhalb der ISA-Spezifikation liegenden Wert zurechtkommen, kann man wirklich nur ausprobieren. Für IDE-Controller empfehlen die Hersteller einen Wert von nicht mehr als 10 MHz, andernfalls könnte die Festplatte nicht mehr korrekt arbeiten.

Wait State Option (Wartezyklen-Einstellung)

Mit dieser Option können zusätzliche Wartezyklen für den Zugriff der CPU auf den Hauptspeicher (DRAM) festgelegt werden, die auf Kosten der Verarbeitungsgeschwindigkeit gehen. Im einfachsten Fall findet sich hier lediglich die Möglichkeit, zwischen DISABLED oder ENABLED umzuschalten. Ob ohne zusätzliche Wartezyklen gearbeitet werden kann, hängt nicht nur von der Zugriffszeit der DRAMs, sondern auch vom jeweiligen Chipsatz ab. Die folgende Tabelle kann hier aber als Orientierungshilfe nützlich sein, wobei hier der Einfluß eines eventuell vorhandenen Cache-Speichers unberücksichtigt bleibt (dann sind ggf. langsamere DRAMs zulässig).

CPU-Takt	DRAM-Zugriffszeit
4.7 MHz	150 ns
8 MHz	120 ns
10-12 MHz	100 ns
16-20 MHz	80 ns
25 MHz	70 ns
33 MHz und höher	60 ns

Tabelle 4.4:
Typische Werte für den Zusammenhang zwischen der CPU-Taktfrequenz und der DRAM-Zugriffszeit

Memory Relocation (Extended Memory)

Durch diese Funktion, welche des öfteren auch als »Remapping« bezeichnet wird, kann der Bereich des Adaptersegmentes (384 Kbyte) als Extended Memory konfiguriert werden, was jedoch dazu führt, daß kein Shadow-RAM (siehe oben) verwendet werden kann. Sinnvoll kann diese Funktion insbesondere bei älteren PCs mit einem Speicher von 1 Mbyte sein, wenn ein Programm Extended Memory verlangt, welches nur – weil kein Speicher oberhalb 1 Mbyte existiert – auf diese andere Art und Weise zur Verfügung gestellt werden kann.

4.3 Setup abschließen

Nachdem die Einstellungen durchgeführt worden sind, müssen die Parameter im CMOS-RAM abgespeichert werden. Dies geschieht automatisch, wenn man den entsprechenden Menüpunkt (vergl. Bilder 4.3, 4.4) aktiviert oder die [ESC]-Taste betätigt, woraufhin eine Abfrage wie

```
Write data into CMOS and exit (Y/N)?
```

erscheint. Damit die Daten gespeichert werden und der BIOS-Setup verlassen wird, ist nun das Zeichen »Z« einzugeben, da dies dem »Y« -Zeichen auf der amerikanischen Tastatur entspricht, denn ein deutscher Tastaturtreiber ist ja noch nicht geladen. Bei einigen (älteren) BIOS-Versionen kommt man aus dem Setup nicht heraus, wenn nicht explizit die Bestätigung für die Speicherung angegeben wird. Es ist also wichtig, daß die Angaben tatsächlich stimmen, damit der PC daraufhin einwandfrei bootet. Die Betätigung der [ESC]-Taste führt bei einigen BIOS-Versionen (z.B. AMI Hi-Flex BIOS) wieder in das BIOS-Setup-Hauptmenü zurück, von wo aus man den Extended-Setup anwählen oder das Programm auch ohne die Durchführung einer Datenspeicherung verlassen kann.

Fatal ist es, wenn der PC »verkonfiguriert« worden ist und man nicht mehr an den Setup herankommt. Dann hat man hoffentlich eine BIOS-Version (siehe oben), die automatisch die vom Hersteller im BIOS-ROM abgelegten Voreinstellungen aktiviert. Je nach BIOS-Version kann man diese Voreinstellungen auch vom BIOS-Setup-Programm aus aktivieren (Load BIOS Defaults, Load Setup Defaults, Bild 4.5) Diese voreingestellten Parameter bieten zwar nie eine optimale Konfiguration und daher sollte man sie nur im Notfall einschalten, aber sie sorgen zumindest dafür, daß der PC wieder »hochläuft«.

4.4 Erweiterte Setups

Wie bereits oben zu lesen war, verfügt ein PC oftmals über erweiterte Setup-Funktionen, die als Advanced Setup, Extended Setup , Chipset Features Setup oder auch noch anders bezeichnet werden. Hier finden sich allgemein diejenigen Funktionen, die über die Einstellungsmöglichkeiten des Standard Setups hinausgehen. Für eine optimale PC-Performance ist es unablässig, sich hiermit näher auseinanderzusetzen. Welche Funktionen sich im jeweiligen BIOS-Setup wiederfinden lassen, hängt – wie bereits erwähnt – von mehreren Gegebenheiten ab, wie dem BIOS, dem Chipsatz, dem Mainboard und dem PC-Typ. Daher sind im folgenden eine Reihe von Einträgen der erweiterten Setups in alphabetischer Reihenfolge angegeben. Sie sind weder nach PC-, Mainboard- oder BIOS-Herstellern sortiert und gelten somit für eine Vielzahl von PCs (286-Pentium, Local Bus, ISA, EISA, PCI).

```
                    BIOS SETUP PROGRAM - ADVANCED CMOS SETUP
                 (C) American Megatrends Inc., All Rights Reserved

Typematic Rate Programming : Disabled    Adaptor ROM Shadow D800,32K: Disabled
Typematic Rate Delay (msec): 250         Adaptor ROM Shadow E000,32K: Disabled
Typematic Rate (Char/Sec)  : 10          Adaptor ROM Shadow E800,32K: Disabled
Above 1 MB Memory Test     : Disabled    System  ROM Shadow F000,64K: Enabled
Memory Test Tick Sound     : Enabled
Memory Parity Error Check  : Enabled
Hit <DEL> Message Display  : Enabled
Hard Disk Type 47 RAM Area : 0:300
Wait For <F1> If Any Error : Enabled
System Boot Up Num Lock     : On
Weitek Processor           : Absent
Floppy Drive Seek At Boot  : Disabled
System Boot Up Sequence    : C:, A:
External Cache Memory      : Enabled
Password Checking Option   : Always
Video  ROM Shadow C000,32K: Enabled
Adaptor ROM Shadow C800,32K: Disabled
Adaptor ROM Shadow D000,32K: Disabled

       ESC:Exit  ↓ → ↑ Sel  (Ctrl)Pu/Pd:Modify  F1:Help F2/F3:Color
       F5:Old Values  F6:BIOS Setup Defaults  F7:Power-On Defaults
```

Bild 4.7: Ein typisches Advanced-CMOS-Setup-Programm der Firma AMI

Above 1 MB Memory Test (DRAM-Speichertest)

Normalerweise wird der RAM-Speicher nach dem Einschalten des PC komplett bis zur maximal installierten Größe überprüft. Soll der Bereich oberhalb 1 Mbyte nicht überprüft werden, weil einem dies zu lange dauert oder aus welchen Gründen auch immer, kann man diesen Punkt auf DISABLED schalten. Der Nachteil ist dabei jedoch, daß bei der späteren Benutzung des PC eventuell ein Systemabsturz auftreten kann, weil dann auf einen defekten DRAM-Baustein zugegriffen wird, der zuvor nicht identifiziert worden ist. Es gibt jedoch auch Fälle, bei denen fälschlicherweise DRAM-Fehler detektiert werden, die sich im laufenden Betrieb nicht auswirken.

Adaptor ROM Shadow (Schatten-RAM einschalten)

Das Shadow-RAM kann unter diesem Menüpunkt in den meisten Fällen für mindestens zwei Bereiche eingeschaltet werden. Dabei ist jedoch Vorsicht angebracht, denn die unter dieser Bezeichnung angegebenen Bereiche (C800, CC00) sind weder für das System- noch das Grafikkarten-BIOS (siehe auch Shadow RAM Option) zuständig, sondern für das BIOS von Erweiterungskarten, wie beispielsweise das von einem SCSI-Controller, vorgesehen, für den oftmals der Bereich C800 verwendet wird. Falls man nicht sicher ist, ob sich in diesen Bereichen (Adaptersegment) überhaupt »BIOSe« befinden, schaltet man diese Punkte auf DISABLED, damit dieser Bereich statt dessen für das »Hochladen« von Treiber- oder Betriebssystemroutinen verwendet werden kann.

Address 16 Mbyte Access (Speicherzugriff)

Der Speicher ab 16 Mbyte kann bei einigen Mainboard-Designs in verschiedenen Zugriffsarten angesprochen werden, was sich in der Praxis selten bewährt hat. In den meisten Fällen wird »Address 16 Mbyte Access« daher in der Voreinstellung (NORMAL) belassen.

AT Bus Clock Select (Bustaktfrequenz festlegen)

Der Bustakt bestimmt die Geschwindigkeit der Datenübertragung über den AT- oder den ISA-Bus, wie er auch bezeichnet wird. Laut ISA-Spezifikation beträgt er standardmäßig 8,3 MHz, was in Anbetracht der CPU-Taktfrequenzen relativ niedrig erscheint. Doch mit dieser Einstellung funktionieren die Einsteckkarten auf jeden Fall, wobei einige jedoch durchaus einen höheren Takt verkraften könnten, was dann zu einer Beschleunigung der Datenübertragung zwischen Mainboard und Einsteckkarten (z.B. (E)IDE-Controller, Grafikkarte) führen würde. Es kann leider nicht allgemein festgestellt werden, welche Einsteckkarten bis zu welchem Bustakt noch funktionieren, so daß man die optimale Einstellung ausprobieren muß, damit einerseits die maximale Datenübertragungsrate erreicht wird und andererseits noch alle Einsteckkarten funktionieren.

Der Bustakt wird im Setup in vielen Fällen als »heruntergeteilter« Wert im Verhältnis zum **externen** CPU-Takt wie folgt angegeben:

- CPUCLK/8
- CPUCLK/6 (50 MHz-CPU)
- CPUCLK/5
- CPUCLK/4 (33 MHz-CPU)
- CPUCLK/3 (25 MHz-CPU)
- CPUCLK/2 (16 MHz-CPU

Auto Configuration Function (automatische PC-Konfigurierung)

Ist hier »Enabled« eingeschaltet, stellt das BIOS selbst die Konfiguration fest und ignoriert die getroffenen Setup-Festlegungen, was oftmals total danebengeht. Die IDE-Festplatte läuft dann u.U. noch nicht einmal an, und der PC legt ein Schneckentempo vor. Diesen gefährlichen Punkt sollte man daher – wie generell alle Auto-Funktionen (Load BIOS Defaults o.ä) – nur im Notfall einschalten, wenn man nicht mehr weiter weiß.

Block-0-Functions (Speicherkonfiguration)

Wird mehr RAM-Speicher benötigt, als hierfür SIMM-Steckplätze auf dem Mainboard vorhanden sind, muß er über eine zusätzliche Einsteckkarte hinzugefügt werden. Dieser Speicher wird dann als »Non-Local« bezeichnet, was auch der Voreinstellung des Punktes »Block-0 Functions Select« entspricht. Die Größe des zusätzlichen Speichers wird über »Block-0 Size Select« angegeben, was so lange keine Rolle spielt, bis eben zusätzlicher Speicher (z.B. > 32 Mbyte) benötigt wird.

- Block-0 Functions Select
- Block-0 Size Select
- Block-0 Base Address Select

Die Adresse, bei welcher der zusätzliche Speicher beginnt, ist oftmals mit 32640 Kbyte angegeben (Block-0 Base Address Select). Hier kann theoretisch auch ein anderer Wert (< 32 Mbyte) angegeben werden, der dann dem Block-0 zugeordnet wird, was jedoch in der Regel keinen Sinn macht. Diese Werte sind relevant, wenn Speicher größer 32 Mbyte über eine Speichererweiterungskarte realisiert werden soll. Entsprechendes gilt für externe Speichererweiterungen anderer Kapazität.

BootSector Virus Protection (Viruscheck einschalten)

Der Bootsektor der Festplatte oder einer Diskette ist besonders durch Virenbefall gefährdet, da hier abgelegte Viren den Datenträger total zerstören können, so daß dann oftmals nichts anders als eine Neuformatierung übrig bleibt, was bei einer großen Festplatte natürlich sehr ärgerlich sein kann. Einen gewissen Schutz vor diesem Virentypus bietet die »BootSector Virus Protection«, die man deshalb auch einschalten sollte. Da ständig neue Virentypen erfunden werden, reicht dieser Schutz allein aber nicht aus, zumal auch nicht klar ist, welche Boot-Sektor-Viren-Typen hier überhaupt getestet werden können. Es kann durchaus passieren, daß das BIOS fälschlicherweise einen Virenbefall meldet, obwohl dies gar nicht der Fall ist. Das BIOS-Virenerkennungsprogramm oder auch eines der zahlreichen zusätzlich zu erwerbenden Viren-Scanner-Programme kann sich beispielsweise dann melden, wenn Speichermanager-Programme oder Netzwerksoftware installiert oder ausgeführt werden. Auch bei der Installation von DOS 6.2 kommt dies durchaus vor. Die Meldung des BIOS-Virus-Checkers sieht aus wie folgt:

```
BootSector Write !!!
Possible VIRUS: Continue (Y/N)?
```

Cache Read Hit Burst (Cache-Lesezugriff)

Hiermit wird in Abhängigkeit von der CPU-Taktfrequenz und der Geschwindigkeit der eingesetzten Cache-RAM-Bausteine (SRAMs) der Datenübertragungs-Zyklus für den Burst-Mode festgelegt, wie es unter »SRAM Read Burst Control«, was dasselbe bedeutet, beschrieben ist.

Cache Update Policy (Cache-Strategie)

Die am häufigsten in PCs verwendete Cache-Betriebsart wird als »Write-Through« bezeichnet. Die Daten werden vom Mikroprozessor sowohl in das RAM als auch gleichzeitig in den Cache geschrieben (durchschreiben). Beim Lesen der Daten überprüft der Cache-Controller dann anhand eines Vergleichs der im RAM mit denen im Cache-Tag-RAM abgelegten Adressen, ob sich die Daten bereits im Cache befinden. Ist dies der Fall, erfolgt ein schneller Lesezugriff aus dem Cache-RAM, andernfalls werden die Daten aus dem langsameren RAM gelesen.

Die zweite Cache-Arbeitsweise wird als »Write-Back« bezeichnet, bei der eine Leseoperation im Prinzip wie beim Write-Through-Cache absolviert wird. Bei einer Schreiboperation hingegen werden zuerst die Daten im Cache-RAM aktualisiert, nicht aber automatisch die im Hauptspeicher. Ein Write-Back-Cache ist demnach in puncto Performance einem Write-Through überlegen, da die Zeit für Schreibzugriffe minimiert wird und nur dann Daten im Hauptspeicher aktualisiert werden, wenn sie sich verändert haben. Im BIOS-Setup eines PC sollte daher – wenn möglich – »Write-Back« eingestellt werden.

Standardmäßig kann erst eine Pentium-CPU im leistungsfähigeren Write-Back-Modus arbeiten. Bei den meisten 486DX-PCs hängt es davon ab, wie der externe Cache vom Mainboardhersteller implementiert wurde. Aus diesem Grunde gibt es einige PCs, bei denen eine Umschaltung vom BIOS her möglich ist, und andere, bei denen es unmöglich ist. 386-PCs können in der Regel ausschließlich die Write-Through-Betriebsart verwenden.

Ausnahmen bei den 486DX-CPUs bilden der Cyrix 486DX-66 MHz-Typ, der von Hause aus Write-Back unterstützt und der Intel-Typ »i486DX2-66-Write-Back-SL-Enhanced« (P24D). Selbst wenn einer dieser Prozessoren eingebaut ist, benötigt er vom BIOS her entsprechende Unterstützung, denn manchmal ist zwar im Setup ein entsprechender Menüpunkt zu finden, der beispielsweise eine Umschaltung zwischen den beiden verschiedenen Cache-Betriebsarten ermöglichen soll, doch versucht man die Umschaltung, passiert gar nichts, da dieser Punkt zwar als Text erscheint, von der Funktion her jedoch einfach gesperrt ist.

Cache Write Hit Wait State (Cache-Schreibzugriff)

Das Prinzip dieser Einstellung richtet sich ebenfalls nach der CPU-Taktfrequenz und der Zugriffszeit der eingesetzten SRAMs für den externen Cache (siehe »SRAM Read Burst Control«), denn es kann nötig sein, mit dieser Option zusätzliche Wartezyklen (0-2 WS) festzulegen, damit der Cache-Speicher fehlerfrei verwendet werden kann.

Change Password oder Password Setting (Password festlegen)

Wurde im CMOS-Setup die Password-Funktion eingeschaltet, muß noch ein Password vergeben werden, damit man den PC vor fremden Zugriffen schützt. Ruft man diese Funktion bei einem AMI-BIOS auf, so erscheint:

```
Enter CURRENT Password
```

Nun kann man beim ersten Aufruf dieser Funktion sein Codewort, bestehend aus maximal 6 Zeichen, eingeben oder aber RETURN (Enter) betätigen, wenn keines vergeben werden soll. Ist bereits zuvor eines vergeben worden, muß man es kennen und erst einmal eingeben, bevor man ein neues vergeben kann. Am Bildschirm wird es nicht angezeigt!

Nach der Eingabe erscheint nun:

```
Enter NEW Password
```

Jetzt wird das neue Codewort eingegeben, und es erfolgt eine nochmalige Überprüfung:

```
Re-Enter NEW Password
```

Gibt man jetzt nicht dasselbe wie zuvor ein, erhält man eine Fehlermeldung, und die Installation des neuen Wortes wird beendet:

```
ERROR, Press Any Key...
```

Stimmt das Password, erscheint hingegen die Meldung:

`NEW Password Installed`

Ganz wichtig ist es nun, sich das Password zu merken, besser noch aufzuschreiben und gut wegzulegen, denn wenn man es vergessen hat, ist es schwierig, wieder an den PC heranzukommen. Eine Möglichkeit ist die Verwendung des Programms KILLCMOS (Shareware), welches den kompletten CMOS-RAM-Inhalt löscht.

COM3 & COM4 Port Address (Adressen der seriellen Schnittstellen)

Bei PCI-PCs befinden sich oftmals zwei serielle Schnittstellen (COM1, COM2) mit auf dem Mainboard (siehe auch Onboard Devices), und zwei weitere können über übliche Einsteckkarten realisiert werden. Die Basis-Adressen müssen natürlich unterschiedlich sein und können mit dieser Option des BIOS-Setup festgelegt werden. Übliche Adressen für COM3 und/oder COM4 sind die folgenden:

COM3	COM4	
3E8h	2E8h	→ meist Voreinstellung
2E8h	2E0h	
220h	228h	
338h	238h	

Tabelle 4.5: Die typischen Basis-Adressen für die dritte und vierte serielle Schnittstelle

CPU Frequency Select (CPU-Takt festlegen?)

Hier wird die Taktfrequenz für die CPU festgelegt, so scheint es zumindest. Der Prozessor-Typ und seine Taktfrequenz wird aber auf dem Mainboard über Jumper bestimmt, und deshalb kommt es einem doch merkwürdig vor, daß hierfür manchmal noch ein Eintrag im Setup zu finden ist. Es ist aber in den meisten Fällen völlig egal, welchen Eintrag man hier wählt, es gilt auf jeden Fall die jeweilige Jumpereinstellung und der Chipsatz des PC ignoriert die Setup-Einstellung.

Bei Mainboards, wo dieser Eintrag auch vom Chipsatz unterstützt wird, kann es notwendig sein hier den Prozessortakt herunterzuschalten, wenn sich z.B. Probleme mit Local-Bus-Einsteckkarten zeigen, denn sie werden mit dem Prozessortakt gesteuert.

Daylight Saving (Zeitumschaltung)

Mit DAYLIGHT SAVING wird die automatische Umschaltung der Uhr um eine Stunde vor bzw. zurück für die Sommer- und Winterzeit eingestellt. Diese Angabe bezieht sich jedoch auf die amerikanische Definition, die nicht einheitlich ist und keineswegs auf die in Europa gebräuchliche zutrifft. Aus diesem Grunde sollte dieser Punkt auf DISABLED geschaltet werden.

DMA Wait States (Wartezyklen für DMA-Übertragung)

Peripherie, die die DMA-Übertragung unterstützt (Festplatte, Diskettenlaufwerke, Soundkarte), kann in einigen Fällen nicht den vom Mainboard-Design vorgegebenen Zyklen folgen, was sich durch eine fehlerhafte Datenübertragung bemerkbar macht. Beispielsweise sind die Daten nicht komplett vom Speicher auf die Festplatte kopiert worden, oder die Soundwiedergabe gerät ins Stocken. In solchen Fällen ist es nützlich, wenn im Setup zusätzliche Wartezyklen für die DMA-Übertragung festgelegt werden können. Am besten ist es natürlich, wenn überhaupt keine (0 WS) spezifiziert werden müssen. Oftmals ist es sogar möglich, getrennte Einstellungen für die 8-Bit- (DRQ0-DRQ3) und die 16-Bit-breiten Kanäle (DRQ4-DRQ7) vorzunehmen.

DRAM Paged Mode Type (Page-Mode konfigurieren)

Der Page-Mode ist eine spezielle Betriebsart für DRAMs, die ebenfalls der Beschleunigung von Speicheroperationen dient. Da alle heutzutage erhältlichen DRAMs (SIM-Module) den speziellen Page-Mode unterstützen, sollte man die Einstellung FAST oder besser noch FASTEST wählen.

DRAM Speed (DRAM-Zugriffszeit)

Unter DRAM Speed kann in Abhängigkeit von den eingesetzten DRAMs (SIMMs) eine Einstellung für deren Zugriffszeit (siehe auch Tabelle 4.5) vorgenommen werden. Die bestmögliche Performance ergibt sich natürlich in der FASTEST-Stellung, die man zumindest einmal probeweise einschalten sollte.

DRAM Write und Read Wait State (DRAM-Wartezyklen)

Die Wartezyklen können bei einigen BIOS-Versionen getrennt für das DRAM-Schreiben und das DRAM-Lesen eingestellt werden (siehe auch Waite State Option im Standard Setup). Oftmals sind für das Lesen höhere Werte als für das Schreiben voreingestellt. Beide Eintragungen können in der Regel (bei 60 oder 70 ns-RAMs) auf »0 W/S« geändert werden. Die Werte für die Wartezyklen entsprechen nicht den tatsächlichen, sondern stellen eine zusätzliche Verzögerung dar, die zu der automatisch durchgeführten addiert wird.

External Cache Memory (Externer Cache-Speicher)

Der externe Cache-Speicher verfügt in der Regel über eine Größe von 256 Kbyte, ist durch einzelne statische RAM-Bausteine (SRAMs) aufgebaut und wird durch den in der CPU (ab 486) integrierten Cache-Controller gesteuert, der sich ebenfalls für die Verwaltung des internen Cache (siehe Internal Cache Memory) verantwortlich zeigt.

Bei Mainboards mit einem 386DX-Prozessor gibt es lediglich einen externen Cache, für den auf dem Mainboard ein spezieller Cache-Controller (z.B. Intel Typ 82385 oder Chips & Technologies Typ 82C307) eingebaut ist. Cache-Speicher sind auf Mainboards ab einem 386DX-25-MHz-Prozessor zu finden und sorgen für die beschleunigte Kommunikation der CPU mit dem Arbeitsspeicher (DRAM). Die Speichergröße des Cache wird in den meisten Fällen durch Jumper auf dem Mainboard festgelegt und – je nach Mainboard-und BIOS-Typ – ist eine zusätzliche Angabe im BIOS-Setup (Cache Memory Size o.ä.) nötig, wobei beide Angaben übereinstimmen müssen.

Nach Möglichkeit (Cache bestückt) sollte natürlich auch der externe Cache eingeschaltet werden. Doch in der Praxis treten im Zusammenhang mit dem Cache immer wieder Probleme in Form eines Fehlverhaltens des PC auf. Es kommt durchaus vor, daß die vom Hersteller propagierte Cache-Speichergröße gar nicht in Bausteinen bestückt ist, und es hat auch Mainboards gegeben, die statt der Cache-Bausteine »leere Bauelemente« (Placebo-Cache) beherbergen.

Vorausgesetzt, daß der externe Cache auch korrekt installiert und konfiguriert worden ist, kommen defekte Cache-Bausteine (starke Hitzeentwicklung auf dem Mainboard) übermäßig häufig vor oder aber die Bausteine weisen nicht die korrekte Zugriffszeit auf. Das Fehlverhalten kann sich dann so äußern, daß Programme einfach unvermittelt abstürzen, Software nicht installiert werden kann oder der PC partout nicht im Netzwerk arbeiten will. Tritt solch ein Phänomen einmal auf, sollte man erst einmal den externen Cache im Setup abschalten (DISABLED) und den Vorgang wiederholen. Diese Probleme treten im übrigen auch im Zusammenhang mit dem Shadow-RAM auf, und man denkt an alles Mögliche (auch an Viren), bloß eben nicht an den Cache oder das Shadow-RAM. Leider existieren auch (ältere) Chipsätze, bei denen bestimmte Software (Netzwerksoftware, Gerätetreiber) generell nicht mit eingeschaltetem Cache und/ oder Shadow-RAM funktioniert.

Des weiteren kann es auch für die Performance des PC durchaus förderlich sein, den Cache abzuschalten. Dies ist beispielsweise bei der Bildverarbeitung gegeben, wenn die Bilder mehrere Mbyte groß sind. Da das Bild nicht komplett in den Cache »hinein-paßt« wird es quasi zerlegt und muß sich immer aus Teilen, die sich im Cache und im DRAM befinden, zusammensetzen. Bei Bildmanipulationen (drehen, spiegeln o.ä.) macht sich dieser Umstand dann in einem langsameren Bildaufbau bemerkbar, als wenn die Daten ausschließlich im DRAM vorliegen würden.

Fast Gate A20 Control
(Adressendarstellung umschalten)

Aus Kompatibilitätsgründen zum Original-PC, der ausschließlich im Real Mode ar-beiten kann und mindestens einem 80286-Prozessor, welcher auch im Protected Mode zu arbeiten vermag, ist auf den Mainboards eine Gate-A20-Schaltung realisiert. Die Adressendarstellung ist in beiden Betriebsarten unterschiedlich und die Gate-A20-Schal-tung sorgt für eine entsprechende Umschaltung. Bei älteren Designs wird diese Um-schaltung mit Hilfe des Tastaturcontrollers realisiert. Bei neueren Modellen sorgt ein extra Baustein für eine schnellere Umschaltung. Dieser »Fast Gate A20 Control« soll-te mit ENABLED eingeschaltet werden, sofern nicht Probleme mit Nicht-DOS-Be-triebssystemen wie OS/2 oder Windows NT auftauchen.

Floppy Drive Seek At Boot
(Disketten-Boot ausschließen)

Wenn dieser Punkt auf OFF statt auf ON gestellt wird, wird generell verhindert, daß das Diskettenlaufwerk beim Booten angesprochen wird. Dies spart etwas Zeit, da das BIOS dann nicht auf die Antwort des Laufwerks warten muß. Bei einem Defekt der Festplatte ist dann aber nicht automatisch das Booten vom Diskettenlaufwerk mög-lich, sondern dies muß im Setup erst wieder eingeschaltet werden.

Hard Disk Type 47 Area
(Speicherbereich für IDE-Parameter)

Für die Speicherung der Werte (Zylinder, Köpfe, Sektoren usw.) einer IDE-Festplatte (User-Typ Nr. 47) wird ein Speicherbereich benötigt, der entweder bei 300h oder am oberen Ende des Hauptspeichers (639 Kbyte) oder auch im Shadow-RAM liegen kann (siehe auch Scratch RAM Option im Standard Setup). Hat man per Setup ein Shadow-

RAM eingeschaltet, werden die Parameter automatisch hier abgelegt, egal welchen Bereich man zuvor ausgewählt hat. Diese dritte Möglichkeit ist auch die beste, da dieser Bereich in der Regel automatisch schreibgeschützt wird, kein Hauptspeicherplatz belegt wird und im Gegensatz zum Bereich ab 300h hier garantiert kein anderes Programm irgend etwas speichern wird.

Harddisk-Utilities

In vielen BIOS-Versionen sind Hilfsprogramme für Festplatten zu finden.

- Auto Detect Hard Disk
- Hard Disk Utility
- Hard Disk Format
- Auto Interleave
- Media Analysis

Die Harddisk-Funktionen halten jedoch in der Regel nicht, was sie versprechen, und stellen sich wie auch die Festplattenliste im BIOS (Tabelle 5.4) oftmals als Relikt aus der Zeit der mittlerweile veralteten MFM-Festplatten dar.

»Auto Detect Hard Disk« soll automatisch die IDE-Festplattenparameter aus der Festplatte lesen, was sicherlich nützlich ist, wenn man sie nicht kennt. Doch in vielen Fällen funktioniert dies überhaupt nicht, und der PC hängt sich vielleicht sogar auf, oder aber die ermittelten Werte sind schlichtweg falsch. Versucht man dann, die Festplatte mit diesen Werten zum Laufen zu bringen, ist dieses Vorhaben meist zum Scheitern verurteilt. Klappt es dennoch, sind die dabei verwendeten Parameter nicht unbedingt mit denen identisch, die der Hersteller empfiehlt (siehe auch Hard Disk C:).

Richtig gefährlich kann für eine Festplatte die HARD DISK UTILITY werden. Hier findet sich als erste Möglichkeit »Hard Disk Format«, womit die Festplatte low-level-formatiert wird und die darauf befindlichen Daten verlorengehen.

(E)IDE- und SCSI-Festplatten sollte man nie ohne triftigen Grund, wie etwa, daß sie virenverseucht sind oder aber der Hersteller dies ausdrücklich empfiehlt, Low-Level-formatieren, da der Hersteller eine derartige Formatierung bereits vorgenommen hat. Formatiert man diese Festplatte dennoch, gibt man möglicherweise die bei der Herstellung der Festplatte gesperrten, defekten Sektoren der Festplatte frei. Greift man dann irgendwann auf diese defekten Stellen zu, können natürlich Datenfehler auftreten.

Über den dritten Menüpunkt »Media Analysis« kann man derartige Defekte ermitteln und sperren, was bei neuen Festplatten aber keineswegs notwendig ist.

Ähnliches gilt für die Einstellung des Interleaves (Festplattenzugriffsoptimierung), die bereits ebenfalls vom Hersteller der Festplatte optimal durchgeführt worden ist und eigentlich nur für alte (MFM)-Festplatten einzusetzen ist.

Die Hard Disk Utilities im BIOS-Setup sind mit äußerster Vorsicht und nur im absoluten Notfall anzuwenden.

Bei neuen (E)IDE- und SCSI-Festplatten sollte man die BIOS-Harddisk-Funktionen überhaupt nicht einsetzen.

Für alle Funktionen der Hard Disk Utility gilt: Alle Daten der Festplatte werden gelöscht!

Hit ‹DEL› Message Display (Setup-Anzeige)

Die Meldung während der Initialisierungsphase »PRESS DEL IF YOU WANT TO RUN SETUP« erscheint nicht am Monitor, wenn dieser Punkt auf DISABLED geschaltet wird.

IDE-Translation Mode (Festplattenmode)

Mit diesem Menüpunkt wird festgelegt, welche Betriebsart die (E)IDE-Festplatte unterstützt, wie es unter HARD DISK E-F beschrieben ist. Dieser Eintrag ist nur dann vorhanden, wenn die Mode-Einstellung nicht im Standard-Setup bei den Festplattenparametern erfolgt (Bild 4.6).

Internal Cache Memory (interner Cache-Speicher)

Prozessoren ab dem Typ 486DX verfügen über einen internen Cache-Speicher von mindestens 8 Kbyte, den man mit diesem Menüpunkt für eine optimale Performance einschalten (ENABLED) sollte. Der interne Cache arbeitet in Verbindung mit einem externen Cache (siehe External Cache Memory).

I/O-Recovery Time Delay (I/O-Verzögerung)

Dieser Menüpunkt, der zuweilen auch als »I/O Cycle Command Recovery« bezeichnet wird, erlaubt die Festlegung von zusätzlichen Wartezyklen in den I/O-Datenverkehr, also zu den Einsteckkarten. Am besten ist es, wenn man hier überhaupt keine Wartezyklen (Einstellung: 0 W/S) angeben muß, was sich jedoch leider nicht immer umgehen läßt, wenn man im Besitz von (älteren) Einsteckkarten ist, die mit einem ungebremsten I/O-Zyklus eben nicht zurechtkommen.

Local Bus Ready # Delay (Verzögerung für den Local Bus)

Einstellungen für den VESA Local Bus (VLB) findet man generell recht selten im BIOS-Setup. Bei einem BIOS der Firmen Phoenix oder Award ist jedoch dieser Eintrag mitunter zu finden, mit dem eine zusätzliche Verzögerung für den Local-Bus-Zugriff durch ENABLED eingeschaltet werden kann. Dies sollte man immer dann durchführen, wenn eine Local-Bus-Karte nicht funktioniert. Alternativ dazu kann man – ebenfalls mit Performance-Verlust – die CPU-Taktfrequenz reduzieren, die ebenfalls für den Takt des Local Bus zuständig ist. Dies erfolgt aber meist mit einem Jumper auf dem Mainboard, wie auch üblicherweise die Festlegung von Verzögerungen für den Local Bus, denn was nützt ein BIOS-Setup-Eintrag – wie dieser –, wenn eine Local-Bus-Grafikkarte nicht funktioniert und man an den Setup gar nicht herankommt.

Main Memory Relocation (Speicherkonfiguration)

Der Speicherbereich des Adaptersegments (oberhalb 640 Kbyte) kann in Teilbereichen als Shadow-RAM verwendet werden. Des weiteren kann durch das »Remapping« oder das »Main Memory Relocating«, wie es oftmals auch bezeichnet wird, ein Teilbereich des Adaptersegments als Extended Memory genutzt werden. Wie groß dieser Bereich ausfällt, hängt generell davon ab, wieviel Shadow-RAM eingeschaltet ist und in welchen Stufen der Chipsatz bzw. das BIOS diese Einstellungsmöglichkeit vorsehen. Der zusätzliche Extended-Memory-Bereich unterhalb 1 Mbyte kann meist maximal 256 Kbyte betragen. Gibt man hier »Enabled« an, wird automatisch der nicht als Shadow-RAM genutzte Bereich für Extended Memory verwendet, indem er sich quasi an den Speicher oberhalb 1 Mbyte »anhängt«.

Memory 1 MB Memory Test (verkürzter Speichertest)

Der Test für den Speicher über 1 Mbyte kann durch DISABLED am Menüpunkt MEMORY 1 MB MEMORY TEST ausgeschaltet werden. Damit verkürzt sich die Initialisierungsphase während des POSTs (Power On Self Test).

Memory Parity Error Check (Paritätstest einschalten)

Die Paritätsprüfung ist ein zusätzlicher Schutzmechanismus für den DRAM-Speicher. Der Parity-Check sollte mit MEMORY PARITY ERROR CHECK immer dann eingeschaltet sein, wenn die SIM-Module und das BIOS dies unterstützen. Bei einem Speicherdefekt – die errechnete Checksumme stimmt dann nicht mit dem zusätzlich verarbeiteten Parity-Bit überein – wird eine Fehlermeldung auf dem PC-Monitor erscheinen. Andernfalls stürzt der PC kommentarlos ab, und man weiß nicht, warum. Neuere Mainboards (z.b. mit Intel-Triton-Chipsatz) unterstützen nicht mehr die Paritätsprüfung.

Memory Test Tick Sound (akustischer Speichertest)

Soll während des Speichertests ein Klicken zu hören sein, was sicherlich Geschmackssache ist, wird MEMORY TEST TICK SOUND auf ENABLED geschaltet.

Non Cache Area (Speicherbereiche konfigurieren)

Generell wird als »Non Cache Area« derjenige Bereich des RAM-Speichers bezeichnet, der auf keinen Fall als Cache-Bereich oder deutlicher Shadow-RAM-Bereich verwendet werden darf. Hiermit kann – je nach BIOS-Version – eine optimale Abstimmung zwischen Shadow-RAM-Bereichen und denjenigen Bereichen, die für die Auslagerung von Treiberprogrammen oder Betriebssystemroutinen verwendet werden sollen, erzielt werden. Damit diese Einstellungen fehlerfrei vorgenommen werden können, müssen natürlich die Adressen der zu »cachenden« (BIOS)-Bereiche genau bekannt sein, was nicht immer einfach zu ermitteln ist, so daß hier in der Regel die jeweiligen Voreinstellungen übernommen werden. Des weiteren existieren spezielle I/O-Karten, die einen Teil des Hauptspeichers als Arbeitsspeicher benötigen und ebenfalls über diese Funktion konfiguriert werden, die üblicherweise über drei Einträge im BIOS-Setup verfügt:

- Area Enable/Disable (Ein- oder Ausschalten des Shadow/Cache-Bereiches)
- Base Cache Area (Basis-Bereich, ab 0 Kbyte bis ab 16 Kbyte)
- Size Non Cache Area (Größe des Bereiches, ab 4 Kbyte bis 16 Mbyte)

Non-Cacheable Block (Speicherbereiche konfigurieren)

Die Funktion ist die gleiche, wie unter »Non Cache Area« beschrieben. Es wird hier jedoch nicht von »Areas«, sondern von Blöcken (Blocks) gesprochen, von denen meist zwei (Block1, Block2) konfiguriert werden können.

Num Lock (Nummernblock-Konfiguration)

Die Funktion ist unter SYSTEM BOOT UP NUM LOCK beschrieben.

Onboard Devices (Komponenten auf dem Mainboard)

Mit den PCI-Mainboards ist es üblich geworden, daß sich zahlreiche Komponenten, die sonst über Einsteckkarten in das System integriert werden, gleich mit auf dem Mainboard befinden. Es ist sinnvoll, daß diese Onboard-Komponenten auch abgeschaltet (DISABLED) werden können. Im Fehlerfall benötigt man dann nicht gleich ein neues Mainboard, sondern ersetzt diese Komponente per Einsteckkarte und schaltet sie im BIOS-Setup ab. In einigen Fällen muß jedoch auf dem Mainboard dafür noch ein entsprechender Jumper gesteckt werden. Übliche Onboard-Komponenten, für die sich Einträge im Setup finden lassen, sind die folgenden:

- Onboard FDC Controller (Disketten Laufwerks-Controller)
- Onboard IDE Controller (IDE-Festplatten-Controller)
- Onboard Serial Port 1 (erste serielle Schnittstelle)
- **(Voreinstellung 3F8h)**
- Onboard Serial Port 2 (zweite serielle Schnittstelle)
- **(Voreinstellung 2F8h)**
- Onboard Parallel Port (parallele, Centronics-Schnittstelle)
- Onboard SCSI Controller (Controller für SCSI-Bus-Geräte)

Um einem Fehlverhalten des PC vorzubeugen, sollten nur diejenigen Onboard-Komponenten, welche auch tatsächlich verwendet werden, im Setup eingeschaltet sein.

Für den Parallel Port sind bei neueren BIOS-Versionen weitere Einstellungsmöglichkeiten gegeben, wie für die Basis-Adresse (voreingestellt 378h), den Interrupt-Kanal (voreingestellt IRQ7) und die Betriebsart (siehe Onboard LPT Port Mode).

Es sollten grundsätzlich nur diejenigen Onboard-Komponenten eingeschaltet werden, die man auch verwendet, andernfalls kann es durchaus zu einem Fehlverhalten des PC kommen.

Onboard LPT Port Mode
(Betriebsart der parallelen Schnittstelle)

Standardmäßig dient der Parallel- oder LPT- oder auch Centronics-Port zur Steuerung eines Druckers. Die Funktionen dieser Schnittstelle sind im Jahre 1994 (IEEE1284, Kapitel 8.1.3) erweitert worden, und falls das BIOS des PC diese Erweiterungen auch unterstützt, finden sich im Setup in der Regel die folgenden Einstellungsmöglichkeiten:

- Normal   (Centronics Mode)
- EPP 1.7   (Extended Parallel Port Version 1.7)
- EPP 1.9   (Extended Parallel Port Version 1.9)
- ECP   (Enhanced Capability Mode)

Die erweiterten Funktionen der parallelen Schnittstelle sind für den Anwender nicht leicht zu durchschauen, da hier die unterschiedlichsten Herstellervorstellungen eingeflossen sind, was sich gleich in mehreren Spezifikationen niederschlägt, die jedoch alle in IEEE1284 festgeschrieben sind. Gemeinsam ist sowohl bei EPP als auch beim ECP, daß die Schnittstelle bidirektional und mit höheren Datenübertragungsraten (2 Mbyte) arbeiten kann und für mehrere Geräte (max. 256) ausgelegt ist. Je nach eingestellter Betriebsart werden die Signalleitungen unterschiedlich verwendet. Einige Hersteller wie Hewlett Packard bieten Drucker mit bidirektionaler Parallel-Schnittstelle an, die dort jedoch als BITRONICS bezeichnet wird und dem EPP-Mode entspricht. Der Vorteil ist dabei die PC-gesteuerte und komfortable Konfigurationsmöglichkeit des Druckers, denn es sind keine Einstellungen direkt am Gerät nötig. Der Anwender muß genau wissen, welche Betriebsart das anzuschließende Gerät unterstützt, um die richtige Betriebsart im Setup einstellen zu können. Im einfachsten Fall wird dieser Punkt auf NORMAL geschaltet, womit alle Drucker unidirektional anzusprechen sind.

Wenn man nicht genau weiß, welche parallele Betriebsart die Peripherie unterstützt, ist im Setup NORMAL einzustellen.

Password Checking Option (Password zulassen)

Soll der PC vor fremden Zugriffen durch ein Password geschützt werden, ist diese Möglichkeit bei einem üblichen AMI-BIOS am Menüpunkt PASSWORD CHECKING OPTION einstellbar. Mit ALWAYS wird nach jedem Einschalten nach dem Password gefragt, bei Angabe von SETUP jedoch nur, wenn das CMOS-SETUP-Programm aufgerufen wird (siehe auch Change Password).

Wird PASSWORD CHECKING eingeschaltet, ist noch die Angabe eines neuen Passwords unter dem Menüpunkt CHANGE PASSWORD nötig, sonst ist bei einem AMI-BIOS automatisch das Password AMI eingeschaltet.

PCI Memory Burst Write (PCI Burst Mode konfigurieren)

Für die Datenübertragung zwischen PCI-Komponenten (z.B. SCSI-Controller) und dem Speicher des PC kann der schnelle Burst-Mode für das Schreiben ein- oder ausgeschaltet werden. Aus Performance-Gründen ist es natürlich empfehlenswert, den Burst-Mode zu verwenden (ENABLED), da dann Datenübertragungsraten bis zu 132 Mbyte/s bei einem PCI-Bustakt von 33 MHz zu erreichen sind. In der Praxis fällt dieser Wert jedoch geringer aus, hängt vom jeweiligen Chipsatz ab und ist daher auch eher als theoretischer Wert zu betrachten. Es kommt jedoch vor, daß einige Grafikkarten, insbesondere der ersten PCI-Generation, damit nicht zurechtkommen. Falls dies der Fall sein sollte, wird vom BIOS (hoffentlich – je nach Hersteller und Typ –) automatisch eine Abschaltung des Burst-Write-Modus vorgenommen oder aber die Grafikkarte erledigt dies selbständig, was häufiger der Fall ist und im Setup (leider) nicht überprüft werden kann.

```
                    ROM PCI/ISA BIOS (P/I-SP3G)
                        CMOS SETUP UTILITY
                      CHIPSET FEATURES SETUP

 DRAM Write Page Mode      : Enabled    Memory Hole Start Address: 1000000H
 DRAM Code Read Page Mode  : Enabled    Memory Hole Size         : Disabled
 DRAM Refresh Mode         : Normal     NCR SCSI Firmware         : Enabled
 DRAM Wait State           : 0 WS
                                        Onboard FDC Controller    : Enabled
 CPU To DRAM write buffer  : Enabled    Onboard IDE Controller    : Enabled
 CPU To PCI write buffer   : Enabled    Onboard FDC Swap A: B:    : Disabled
 PCI To DRAM write buffer  : Enabled    Onboard Serial Port 1     : COM1
 PCI Memory Burst Write    : Enabled    Onboard Serial Port 2     : COM2
                                        COM3 & COM4 Address       : 3E8H,2E8H
 System BIOS Cacheable     : Enabled    Onboard LPT Port Address  : 378H/IRQ7
 Video  BIOS Cacheable     : Enabled    Onboard LPT Port Mode     : Normal
 External Cache Wait State : 0 WS
 Cache Update Policy       : Wr-Back
 PCI Posted Write Buffer   : Enabled
                                        ESC : Quit         ↑↓→ : Select Item
                                        F1  : Help         PU/PD/+/- : Modify
                                        F5  : Old Values   (Shift)F2 : Color
                                        F6  : Load BIOS Defaults
                                        F7  : Load Setup Defaults
```

Bild 4.8:   In diesem erweiterten Setup der Firma Award für einen PCI-PC befinden sich auch Einstellungsmöglichkeiten für die Kommunikation mit PCI-Devices

PCI Buffer und CPU Buffer (Zwischenspeicher)

Bei PCs mit PCI-Bus sind im Setup in den meisten Fällen mehrere mit »buffer« bezeichnete sogenannte Zwischenspeicher ein- oder abschaltbar (Bild 4.8). Diese Zwischenspeicher dienen der Kommunikation zwischen der CPU, dem RAM und den PCI-Komponenten untereinander und sollten nach Möglichkeit eingeschaltet werden.

● CPU To DRAM write buffer (Zwischenspeicher für Daten von der CPU zum DRAM)

● CPU To PCI write buffer (Zwischenspeicher für Daten von der CPU zum PCI-Bus)

● PCI To DRAM write buffer (Zwischenspeicher für Daten vom PCI-Bus zum DRAM)

● PCI Posted Write Buffer (Zwischenspeicher für die PCI-Bus-Kommunikation)

Soll die CPU beispielsweise Daten zum PCI-Bus senden, legt sie die Daten im dazugehörigen Write Buffer (CPU to PCI write buffer) ab und kann sofort weiterarbeiten, ohne darauf warten zu müssen, daß die Daten auch vom PCI-Device (z.b. Grafikkarte, SCSI-Controller) übernommen worden sind. Dies erledigt das PCI-Device dann selbständig.

Bei einigen PCI-BIOS-Versionen, insbesondere für Mainboards mit Intel Saturn Chipsatz, können nicht alle angeführten Buffer-Einstellungsmöglichkeiten auch tatsächlich verwendet werden. Die entsprechenden Einträge sind zwar im Setup vorhanden, jedoch für die Konfigurierung gesperrt. Dies betrifft vor allem den Punkt »PCI to DRAM write buffer«. Dies ist natürlich keineswegs wünschenswert, liegt jedoch im Mainboard-Design begründet.

Damit ein PCI-PC seine Leistungsfähigkeit zeigen kann, müssen sowohl der Burst-Mode als auch alle Write-Buffer vom BIOS her eingeschaltet sein.

PCI Slot Configuration (Konfigurierung der PCI-Slots)

Auf einem Mainboard mit PCI-Bus sind in den meisten Fällen drei PCI-Steckplätze (Slots) für Einsteckkarten vorhanden, die in einem eigenen Menü konfiguriert werden können. Mindestens ein Slot ist masterfähig und die anderen sind für Slave-Karten vorgesehen. Ein Master kann generell anstelle des Microprozessors auf dem Mainboard die Systemsteuerung übernehmen.

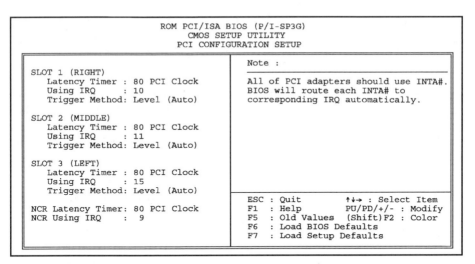

```
                    ROM PCI/ISA BIOS (P/I-SP3G)
                       CMOS SETUP UTILITY
                      PCI CONFIGURATION SETUP

                                        Note :
  SLOT 1 (RIGHT)
     Latency Timer : 80 PCI Clock       All of PCI adapters should use INTA#.
     Using IRQ     : 10                 BIOS will route each INTA# to
     Trigger Method: Level (Auto)       corresponding IRQ automatically.

  SLOT 2 (MIDDLE)
     Latency Timer : 80 PCI Clock
     Using IRQ     : 11
     Trigger Method: Level (Auto)

  SLOT 3 (LEFT)
     Latency Timer : 80 PCI Clock
     Using IRQ     : 15
     Trigger Method: Level (Auto)
                                        ESC : Quit          ↑↓→ : Select Item
  NCR Latency Timer: 80 PCI Clock       F1  : Help          PU/PD/+/- : Modify
  NCR Using IRQ    : 9                   F5  : Old Values  (Shift)F2 : Color
                                        F6  : Load BIOS Defaults
                                        F7  : Load Setup Defaults
```

*Bild 4.9: PCI-spezifische Einstellungsmöglichkeiten finden sich im
PCI CONFIGURATION SETUP*

In diesem Menü ist im wesentlichen jeweils ein Interrupt-Kanal für jeden PCI-Slot festzulegen, was leider von den Herstellern recht unterschiedlich praktiziert wird. Oftmals reicht die alleinige Festlegung im Setup nicht aus, sondern es müssen auf dem Mainboard noch die korrespondierenden Jumper gesteckt werden.

Die PCI-Interrupts werden generell über die ISA-Interrupts im System abgebildet (siehe auch Kapitel 2.5.2). Welche Kanäle hierfür vorgesehen sind, ist ebenfalls herstellerabhängig. Entweder werden aber die IRQs als Standard-ISA-Interrupts oder aber indirekt für die PCI-Interrupts, welche üblicherweise als INTA-INTD bezeichnet werden, verwendet. Befindet sich ein SCSI-Controller »On Board«, ist ihm in den meisten Fällen der INTD fest zugeordnet.

Die meisten PCI-Karten – und das sind sicherlich Grafikkarten – benutzen überhaupt keinen Interrupt. Die PCI-Karte braucht nur in einen beliebigen PCI-Slot eingesteckt zu werden, woraufhin sie automatisch vom BIOS erkannt wird.

Bei Controller- und Netzwerkkarten für den PCI-Bus ist die Konfigurierung hingegen nicht so einfach, da sie generell einen Interrupt-Kanal verwenden. Im Setup aus Bild 4.9 ist eine beispielhafte Zuordnung der PCI-Interrupts zu erkennen. Hier ist gegenüber den PCI-PCs der ersten Generation (Tabelle 2.25) eine Vereinfachung der Konfigurierung vorgenommen worden, denn für alle PCI-Slots und damit für alle PCI-Devices (z.B. Grafik-, Netzwerkkarte) wird der PCI-Interrupt INTA verwendet, der sich wiederum unterschiedlicher ISA-Interrupts »bedient«. Dies ist möglich, da die

PCI-Interrupts im Gegensatz zu den ISA-Interrupts mit einer Pegel- (Level) statt mit einer Flankentriggerung (Edge Triggering) arbeiten und daher mehrere ISA-Interrupts über ein und denselben PCI-Interrupt (z.b. INTA) abgebildet werden können.

Als Triggermethode ist standardmäßig LEVEL voreingestellt, und den PCI-Slots sind die IRQs 10, 11 und 15 zugeordnet. Soll hingegen eine Flankentriggerung (EDGE) für die Interrupts erfolgen, ist der entsprechende Menüpunkt auf EDGE einzustellen, und auf dem Mainboard muß ein Jumper auf die gleiche IRQ-Einstellung, wie hier festgelegt, gesetzt werden. Die Flankentriggerung ist jedoch für PCI-Karten völlig ungewöhnlich, so daß man die Voreinstellungen in den meisten Fällen sicherlich übernehmen kann.

Für jeden der drei PCI-Slots und auch für den eventuell vorhandenen SCSI-Controller kann jeweils ein Wert für den »Latency Timer« festgelegt werden. Diese Einstellung legt eine zusätzliche Verzögerung in bezug auf den PCI-Takt fest. Die Werte sind vom Hersteller meist zu hoch bemessen, damit die Einstellung problemlos mit unterschiedlichen PCI-Karten funktioniert. Setzt man den Wert beispielsweise auf 40h herunter, kann dies einen Geschwindigkeitszuwachs für die Datenübertragung zur Folge haben. Wird hingegen ein zu kleiner Wert gewählt, kann es passieren, daß die betreffende PCI-Karte nicht mehr erkannt wird. Mit 40h funktionieren die meisten Karten jedoch noch einwandfrei.

Plug & Play Configuration
(automatische Konfigurierung)

Besitzt der PC ein BIOS mit Plug & Play-Unterstützung (siehe auch Kapitel 2.1.3 und 10.6), findet sich im Setup auch ein entsprechender Menüpunkt, der meist über die folgenden Punkte verfügt:

- **Use Setup Utility:** Dies ist die Voreinstellung für die automatische Konfigurierung der Plug & Play-Einheiten (PCI). Es wird keine ICU und kein Konfigurationsmanager verwendet. Befinden sich im PC ausschließlich konventionelle – keine explizit als Plug & Play ausgewiesene – Karten, ist dies ebenfalls die richtige Einstellung.

- **Use ICU:** Werden im PCI-PC neben den P&P-Karten konventionelle ISA-Karten verwendet, erhält das BIOS keine Information darüber, welche PC-Ressourcen von diesen Karten belegt werden. Daher wird mit der **ISA** Configuration Utility (ICU), die nach dem gleichen Prinzip wie die ECU (EISA Configuration Utility) bei einem EISA-PC arbeitet, entsprechende Festlegungen getroffen. Ist USE ICU im Setup eingeschaltet, sucht das BIOS auf der Festplatte nach den entsprechenden Konfigurationsdateien, die mit einem Konfigurationsmanager verwaltet werden.

● **Boot With PnP OS:** Dieser Punkt kann auf ENABLED oder DISABLED geschaltet werden. Ist er freigegeben, werden nur diejenigen Komponenten (Grafikkarte, Festplatte) aktiviert, die zum Booten des P&P-Betriebssystems (Windows 95) nötig sind. Die weitere Konfigurierung wird dann durch das Betriebssystem durchgeführt. Diese Einstellung ist sowohl mit »Use Setup Utility« als auch mit »Use ICU« möglich.

Power Management (Stromsparfunktionen)

Die Einstellungsmöglichkeiten für Stromsparfunktionen eines PC – mitunter auch als Green PC-Functions bezeichnet – unterscheiden sich sehr stark bei den verschiedenen Herstellern, und es hängt auch davon ab, welche Komponenten des PC in einzelnen »stromspargeeignet« sind, um eine möglichst optimale Konfiguration zu ermöglichen.

Die Power-Management-Funktionen zielen allgemein darauf ab, daß bei eingeschaltetem, aber momentan nicht benutztem PC einige PC-Komponenten ganz ab- oder in einen Stromsparmode geschaltet werden können. Um ein hohes Maß an Strom einsparen zu können, müssen zahlreiche Komponenten wie das Netzteil des PC, der Monitor, die CPU, die Festplatte und das Mainboard mit dem BIOS extra dafür ausgelegt sein. Nach der Betätigung einer Taste oder Auftreten eines Events (siehe unten) schaltet der PC wieder auf Normalbetrieb um.

Der in Bild 4.10 gezeigte Setup realisiert die einfachste Stufe eines Power Managements, der bei einem AMI-BIOS beispielsweise über den Menüpunkt POWER MANAGEMENT TOOLS vom Setup-Hauptbildschirm aus aufgerufen werden kann.

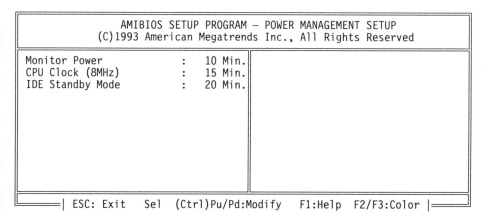

```
            AMIBIOS SETUP PROGRAM - POWER MANAGEMENT SETUP
          (C)1993 American Megatrends Inc., All Rights Reserved

  Monitor Power        :    10 Min.
  CPU Clock (8MHz)     :    15 Min.
  IDE Standby Mode     :    20 Min.




      | ESC: Exit   Sel   (Ctrl)Pu/Pd:Modify   F1:Help   F2/F3:Color |
```

Bild 4.10: Ein einfacher Setup-Bildschirm für das Power Management

Die CPU wird nach der festgelegten Zeit »heruntergetaktet«. Der normale Prozessortakt (z.B. 33 MHz) wird auf 8 MHz reduziert, denn geringerer Takt bedeutet auch geringere Stromaufnahme der CPU. Dieses Verfahren funktioniert mit jeder CPU, da sie nicht selbst über einen Stromsparmode verfügen muß. Alle Prozessoren ab dem 486, die seit dem Jahre 1993 von den unterschiedlichen CPU-Herstellern wie Intel, Cyrix und AMD angeboten werden, besitzen darüber hinaus einen eingebauten Stromsparmode, der demgegenüber noch wirkungsvoller ausfällt.

Die (E)IDE-Festplatte erhält nach der festgelegten Zeit einfach vom BIOS den definierten »IDE-Power-Down-Befehl«, wodurch sie sich automatisch in den Standby-Mode schaltet. Die Spannungsversorgung der Festplatte hingegen wird nur dann abgeschaltet, wenn sich ein spezielles Netzteil im PC befindet. Alle IDE-Festplatten (ab 1993) sollten aber in der Lage sein, den IDE-Power-Down-Befehl auszuführen, was in der Praxis jedoch leider nicht immer der Fall ist.

Die Stromreduzierung für den Monitor kann eigentlich nur bei einem hierfür ausgelegten Typ mit Power-Saving-Funktion effektiv ausfallen. Dabei werden nach der im Setup festgelegten Zeit die Synchronisierungssignale (V-Sync, H-Sync) vom BIOS über die Grafikkarte kurzzeitig abgeschaltet, woraufhin sich der Monitor entweder komplett abschaltet (s.o.) oder seine Stromaufnahme reduziert. Solch ein Monitor sollte jedoch auf jeden Fall DPMS-kompatibel sein (**D**evice **P**ower **M**anagement **S**ystem), denn ein einfacher Monitor kann durch das Pulsen der Synchronisierungssignale beschädigt werden.

Auf einigen Mainboards muß die Stromsparfunktion zusätzlich mit einem Jumper, der mit »Enable/Disable Green PC« oder ähnlich bezeichnet ist, eingestellt werden. Eine weitere übliche Menüanzeige für die Power-Management-Funktionen im Setup ist die folgende, wobei nach dem gleichen Prinzip wie oben geschildert, verfahren wird.

- System Power Down Timer
- IDE HDD Spin Down Timer
- DPMS Monitor Power Saving

Ein effektiverer und vielfältig einzustellender Setup (Firma Award) für Stromsparfunktionen ist im Bild 4.11 (siehe nächste Seite) gezeigt.

Der Power-Management-Eintrag im Bild 4.11 stellt den »Hauptkontrollschalter« für die Stromsparfunktionen dar. Es können hier vier verschiedene Grundeinstellungen gewählt werden.

- **Disable:** Die Stromsparfunktionen sind ausgeschaltet.
- **Max Saving:** Maximaler Stromspareffekt, da die vier Power-Modi (Doze bis HDD Power Down) nach relativ kurzer Zeit einsetzen (Zeitvorgaben durch BIOS).

● **Min Saving:** Minimaler Stromspareffekt, da die vier Power-Modi nach relativ langer Zeit einsetzen (Zeitvorgaben durch BIOS).

● **User Defined:** Die Abschaltzeiten werden einzeln durch den Anwender festgelegt.

Ist am PC ein DPMS-Monitor angeschlossen, sollte der Menüpunkt »VGA Adaptor Type« auf GREEN, andernfalls sicherheitshalber (s.o.) auf NON-GREEN gesetzt werden. In den folgenden Zeilen des Setups können drei verschiedene Power Management-Stufen und die Abschaltzeit der Festplatte festgelegt werden.

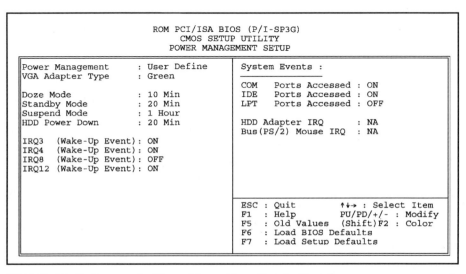

```
                    ROM PCI/ISA BIOS (P/I-SP3G)
                          CMOS SETUP UTILITY
                        POWER MANAGEMENT SETUP

Power Management    : User Define    System Events :
VGA Adapter Type    : Green
                                     COM    Ports Accessed : ON
Doze Mode           : 10 Min         IDE    Ports Accessed : ON
Standby Mode        : 20 Min         LPT    Ports Accessed : OFF
Suspend Mode        : 1 Hour
HDD Power Down       : 20 Min         HDD Adapter IRQ      : NA
                                     Bus(PS/2) Mouse IRQ  : NA
IRQ3  (Wake-Up Event): ON
IRQ4  (Wake-Up Event): ON
IRQ8  (Wake-Up Event): OFF
IRQ12 (Wake-Up Event): ON




                                     ESC : Quit       ↑↓→ : Select Item
                                     F1  : Help        PU/PD/+/- : Modify
                                     F5  : Old Values  (Shift)F2 : Color
                                     F6  : Load BIOS Defaults
                                     F7  : Load Setup Defaults
```

Bild 4.11: Für die Stromsparfunktionen können hier zahlreiche Einstellungen vorgenommen sowie jeweils ein Interrupt-Kanal für die Festplatte (HDD) und für eine PS/2-Maus festgelegt werden

● **Doze Mode:** Die Stromaufnahme der CPU wird nach Ablauf der eingestellten Zeit um ungefähr 80% reduziert.

● **Standby Mode:** Die Stromaufnahme der CPU wird nach Ablauf der eingestellten Zeit um ungefähr 92% reduziert. Bei Einstellung GREEN für den Monitor wird die Stromaufnahme des Monitors in Abhängigkeit vom jeweiligen Typ verringert.

● **Suspend Mode:** Die Stromaufnahme der CPU wird nach Ablauf der eingestellten Zeit um ungefähr 99% reduziert, und bei Einstellung GREEN für den Monitor wird die Stromaufnahme des Monitors in Abhängigkeit vom jeweiligen Typ reduziert. Des weiteren wird die Festplatte in den Sleep-Mode versetzt oder, wenn das Mainboard und das Netzteil hierfür ausgerüstet sind, komplett abgeschaltet.

● **HDD Power Down:** Nach der festgelegten Zeit (1 Minute bis zu einer Stunde) wird die IDE-Festplatte, wenn sie nicht angesprochen wird, »heruntergeschaltet«. Der Suspend-Mode übernimmt die hier festgelegte Einstellung, die im übrigen nicht für SCSI-Festplatten gilt.

Der PC kann nicht nur durch die Betätigung einer Taste auf der Tastatur in die »normale« Betriebsart zurückversetzt werden, sondern ebenfalls durch extern auftretende Ereignisse (Events). Eine Maus ist entweder an die Schnittstelle COM1 oder COM2 angeschlossen, der in der Regel der Interrupt 4 bzw. 3 zugeordnet ist. Für eine PS/2-Maus ist hingegen der IRQ 12 standardmäßig zuständig. Nach Aktivierung des entsprechenden Wake-Up Events (ON) im Setup kann der PC daraufhin durch den dazugehörigen Interrupt, der durch die Bewegung der Maus ausgelöst wird, wieder »zum Leben erweckt« werden.

Darüber hinaus kann sich, wenn dies am entsprechenden Menüpunkt zugelassen worden ist (ON), der PC generell bei einem Zugriff auf einen Port (COM; IDE, LPT) wieder einschalten. Nur wenn hier »COM Ports Accessed« auf ON steht, können auch die obigen Interrupt-Events verarbeitet werden. Dementsprechend kann auch nur dann die IDE-Festplatte in den Stromsparmodus schalten, wenn »IDE Ports Accessed« auf ON steht. Externe Events für die LPT-Schnittstelle können nur dann verarbeitet werden, wenn sie für den bidirektionalen Betrieb (EPP; EPC) konfiguriert ist und nicht die NORMAL-Einstellung festgelegt wurde (siehe auch Onboard LPT Port Mode). Als externe Events für die COM-Ports sind neben einer Mausbetätigung auch eingehende Anrufe von einem Modem denkbar.

Die Interrupt-Kanäle für die PS/2-Maus und die Festplatte können an den beiden letzten Menüpunkten dieses Setups festgelegt oder aber abgeschaltet (NA, No Access) werden.

Monitore, die nicht explizit als DPMS-kompatibel bezeichnet sind, können durch das kurzzeitige Abschalten der Synchronisierungssignale beschädigt werden. In dem Fall ist DPMS MONITOR POWER SAVING auf DISABLED bzw. VGA ADAPTER TYPE auf NON-GREEN zu schalten.

PS/2 Mouse Interrupt (zusätzlicher Maus-Interrupt)

Der Interrupt (IRQ 12) für eine PS/2-Maus ist nur dann einzuschalten, wenn auch tatsächlich eine dieses Typus vorhanden ist, was eher die Ausnahme ist, denn in den meisten Fällen wird eine Maus über eine der seriellen Schnittstellen angeschlossen. Der Anschluß für eine PS/2-Maus befindet sich direkt auf dem Mainboard und ist nicht kompatibel mit dem einer »normalen« seriellen Schnittstelle.

Security Option (Paßwortabfrage)

Dieser Eintrag zur Festlegung der Paßwortabfrage findet sich in dieser Form bei einem Award-BIOS (vergl. Password Checking Option des AMI-BIOS). Die Abfrage eines Passwords kann entweder dann stattfinden, wenn der Setup aufgerufen wird (Einstellung: SETUP) oder nach jedem Einschalten des PC (Einstellung SYSTEM). Diese Festlegung ist jedoch nur dann von Bedeutung, wenn im Hauptmenü des Setups (Bild 4.4, PASSWORD SETTING) überhaupt ein Password festgelegt worden ist.

Shadow RAM Option (Schatten-RAM einschalten)

Hier können das Shadow-RAM für das System und das BIOS der Grafikkarte eingeschaltet werden (Punkt: Both). In einem Advanced-Chipset-Setup findet sich manchmal unter der Rubrik BIOS IS CACHEABLE die gleiche Einstellungsmöglichkeit. Diese Konfigurationsmöglichkeit des Shadow-RAMs ist dann im Prinzip zweimal vorhanden, was schon für etwas Verwirrung sorgen kann, wenn man diesen Zusammenhang nicht kennt und CACHEABLE fälschlicherweise mit dem Cache-Speicher in Verbindung bringt.

Typische Shadow-RAM-Bereiche (Basisadressen)
Main-BIOS: F0000h
Video-BIOS: C0000h, C4000h
SCSI-BIOS: DC000h, C8000h
Netzwerkkarten-BIOS: D8000h

SRAM Read Burst Control (Cache-Lesezugriff)

Das SRAM ist ein statisches RAM (daher das »S« im Gegensatz zu den normalen dynamischen RAMs, DRAMs), welches als Programmspeicher verwendet wird. DRAMs benötigen in gewissen Zeitabständen einen Impuls (Refresh), damit sie nicht ihre Daten verlieren. Statische RAMs hingegen verlieren ihre Daten erst dann, wenn der PC abgeschaltet wird. Der Cache-Speicher im PC, der wesentlich schneller arbeitet als die DRAMs, ist grundsätzlich als statisches RAM (SRAM) ausgeführt und benötigt demnach auch keinen Refresh-Impuls.

Mit »SRAM Read Burst Control« kann der Zugriffzyklus für den Burst-Mode im Lesebetrieb festgelegt werden. Ein normaler Speicherzugriff läuft prinzipiell folgendermaßen ab:

1. Adresse → Daten 1

2. Adresse → Daten 2

3. Adresse → Daten 3

   usw.

Ein Burst-Mode zeichnet sich im Gegensatz zu einem normalen Speicherzugriff grundsätzlich dadurch aus, daß nur einmal die Adresse gesendet wird und danach nicht nur ein einziger Wert, sondern gleich ein Datenblock (DMA-Transfer), der in drei Zyklen übertragen wird. Gekennzeichnet wird dies beispielsweise so:

	Adresse	Daten (Block)
	3	2-2-2
oder	3	1-1-1
oder	2	1-1-1
oder	?	?-?-?

Die vier Zahlen stehen dabei für die Anzahl der Zyklen, die jeweils für einen Burst-Mode benötigt werden. Also beispielsweise 3 für die Übertragung der Adresse und jeweils 2 für einen Datenzyklus. Je geringer diese Werte im Setup eingestellt werden können, desto besser, denn dann wird die Übertragung schneller durchgeführt.

Oftmals kann die Voreinstellung für die Cache-RAM-Bausteine problemlos auf einen besseren Wert (z.B. von 3-2-2-2 auf 2-1-1-1) eingestellt werden.

Für den Cache-Speicher sind – je nach PC-Typ – noch weitere Einstellungen möglich, wie beispielsweise die Umschaltung zwischen der Write-Through- und der leistungsfähigeren Write-Back-Cache-Betriebsart.

SRAM Write Wait States (Cache-Wartezyklen)

Waitstates sind Wartezyklen, die gegebenenfalls von einem PC-Baustein eingelegt werden müssen, da die benötigten Daten noch nicht zur Verfügung stehen. Bei Cache-RAMs, die im Verhältnis zum Prozessortakt relativ langsam arbeiten, können »SRAM Write Wait States« festgelegt werden. Besser ist es jedoch, wenn man mit der Einstellung »0 W/S« arbeiten kann, wodurch die maximale Performance erreicht wird.

System BIOS is Cacheable (Schatten-RAM für System-BIOS)

Die Bezeichnungen SHADOW und CACHEABLE gehen bei den BIOS-Setup-Programmen in bezug auf das Einschalten von Shadow-RAM für ein oder mehrere ROMs, und nichts anderes ist mit diesen Bezeichnungen gemeint, des öfteren durcheinander. Mit diesem Menüpunkt kann demnach das Shadow-RAM (Bereich F0000h-FFFFFh) für das System-BIOS eingeschaltet werden.

System Boot Up Num Lock (Nummernblock-Konfiguration)

Der rechte Block der Tastatur kann entweder für die Eingabe von Zahlen verwendet werden oder aber zur Cursorsteuerung mit den Pfeil- und Bildtasten. Die Umschaltung zwischen beiden Betriebsarten erfolgt über die NUM-Taste auf der Tastatur. Ist NUM (Number) eingeschaltet, leuchtet die entsprechende Anzeige auf der Tastatur, und der Tastenblock dient zur Zahleneingabe. Wird es gewünscht, daß diese Betriebsart sofort nach dem Booten eingestellt wird, die natürlich mit der NUM-Taste jederzeit wieder rückgängig gemacht werden kann, wird der Menüpunkt »System Boot Up Num Lock« auf ON geschaltet.

System Boot Up Sequence (Boot-Reihenfolge)

Hier wird festgelegt, in welcher Reihenfolge das BIOS auf den Laufwerken nach dem Betriebssystem suchen soll. Ist eine Festplatte eingebaut, sollte hier »C:, A:« angegeben werden. Damit wird von der Festplatte aus gebootet, und erst wenn dies aus irgendwelchen Gründen fehlschlägt, wird auf das Diskettenlaufwerk A: zugegriffen, um dann von dort aus das System zu laden. Sinnvoll ist diese Reihenfolge auf jeden Fall, damit der PC nicht von unbefugten Personen »hochgefahren« werden kann und der Verbreitung von Viren gewissermaßen Tür und Tor geöffnet ist.

Typematic (Tastaturparameter)

Für die Einstellung der Tastatur sind meist drei Menüpunkte im erweiterten Setup vorhanden. Sie sehen aus wie folgt:

- Typematic Rate Programming : Enabled
- Typematic Rate Delay (msec): 500
- Typematic Rate (Chars/Sec) : 30

Ist der Menüpunkt »Typematic Rate Programming« auf DISABLED geschaltet, haben die beiden folgenden Angaben keine weitere Bedeutung, da sie dann nicht aktiviert sind. Erst mit ENABLED werden die unter »Typematic Rate Delay« (msec) und »Typematic Rate (Chars/Sec)« anzugebenden Parameter aktiviert.

»Typematic Rate Delay« ist diejenige Zeit in Millisekunden, die bei einem Tastendruck verstreichen muß, bis das gedrückte Zeichen wiederholt dargestellt wird.

»Typematic Rate« legt die Geschwindigkeit der Zeichenwiederholung in Zeichen pro Sekunde fest. Diese Tastatureinstellungen erfolgen generell nach Belieben und sind abhängig von der verwendeten Tastatur und den persönlichen Tippgewohnheiten.

Video BIOS is Cacheable (Schatten-RAM für Grafikkarte)

Wie auch unter »System BIOS is Cacheable« erläutert, kann mit diesem Menüpunkt ein Schatten-RAM, hier für das BIOS der Grafikkarte (typischer Bereich C0000h-C7FFFh) eingeschaltet werden, was in den meisten Fällen jedoch nur unter DOS merkliche Auswirkungen zur Folge hat.

Wait For ‹F1› If Any Error (Error-Anzeige)

Wird im System ein Fehler festgestellt, hält der PC normalerweise an, und es erscheint die Meldung PRESS F1. Soll diese Meldung nicht ausgegeben werden, kann dies mit DISABLED im WAIT FOR F1 IF ANY ERROR-Menüpunkt eingestellt werden.

Weitek Processor (zusätzlicher Coprozessor)

Verfügt das Mainboard über einen Stecksockel für einen WEITEK-Coprozessor (z.B. Typ 4167), wird sich im BIOS-Setup ein entsprechender Eintrag finden lassen. Soll der Coprozessor, der vom System selbsttätig erkannt wird, aus irgendwelchen Gründen abgeschaltet werden oder aber er ist nicht vorhanden, wird bei WEITEK PROCESSOR der Eintrag ABSENT gewählt.

5 Grafikkarten

Zur Ansteuerung des Monitors ist eine Grafikkarte nötig, die in der Regel in einen Slot des PC eingesteckt wird. Es gibt aber auch PC-Typen, bei denen sich der Grafikchip mit auf dem Mainboard befindet, was die Umrüstung eines PCs erschweren oder gar unmöglich machen kann, wenn sich der integrierte Adapter nicht per Jumper abschalten läßt. Die Treiberaktualisierung ist ein weiteres Problem des integrierten Grafikadapters, was aber bei mobilen PCs (Laptops, Notebooks) nicht derartig ins Gewicht fällt wie bei konventionellen PCs, die aufgrund ihres Slotkonzeptes für vielfältige Aufgaben eingesetzt werden können und nicht wie die mobilen PCs eher für Textverarbeitung oder Tabellenkalkulation verwendet werden.

Im Laufe der Jahre sind eine Reihe von verschiedenen Grafikkarten am Markt erschienen (und teilweise auch wieder verschwunden), von denen im folgenden die wichtigsten erläutert werden.

5.1 Die Monochrom-Karte

Die erste für den Original-IBM-PC aus dem Jahre 1981 verwendete Bildschirmkarte ist die MDA-Karte (**M**onochrome **D**isplay **A**dapter), die ausschließlich für die Textausgabe vorgesehen ist und einen Monitor mit TTL-Eingang benötigt. Die Signale sind auf eine 9polige Anschlußbuchse geführt.

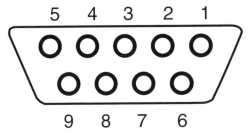

Bild 5.1:
Die Numerierung der 9poligen
DSUB-Buchse

Kontakt-Nr.	Signalbezeichnung
1	Masse
2	Masse
3	Nicht belegt
4	Nicht belegt
5	Nicht belegt
6	Intensität
7	TTL-Bild-Signal
8	Horizontale Synchronisation (18,432 kHz)
9	Vertikale Synchronisation (50 Hz)

Tabelle 5.1: Die Signale der MDA-Karte

Ein Steuersignal erzeugt die Bildwechselfrequenz (vertikale Synchronisation), die angibt, wie oft das Bild pro Sekunde aufgebaut wird. Je höher diese Frequenz ist, desto ruhiger erscheint das Bild.

Das zweite Steuersignal ist die Zeilenfrequenz (horizontale Synchronisation). Diese Frequenz gibt an, wie schnell eine Bildzeile durchlaufen wird. Je schneller dies geschieht, desto mehr Zeilen können in einer bestimmten Zeit untereinander dargestellt werden.

Ein weiteres Signal steuert die Intensität (hoch oder niedrig) der Bilddarstellung.

Die MDA-Karte verwendet einen 4 Kbyte großen Bildspeicher (ab Memory-Adresse B0000h) und liefert eine maximale Auflösung von 25 Zeilen mit je 80 Zeichen.

Parameter	Daten
Textmodus	25 Zeilen x 80 Zeichen
Zeichenmatrix	8 x 14 Pixel
Grafikmodus	nicht vorhanden
Speichergröße	4 Kbyte
Adreßbereich	B0000h-B0FFFh
Grafik-BIOS	im System-BIOS

Tabelle 5.2:
Daten der MDA-Karte

5.2 Die CGA-Karte

Die Weiterentwicklung der MDA-Karte und erste farbige Grafikkarte für den PC ist die CGA-Karte (Color Graphic Adapter), die sowohl Text als auch Grafik darstellen kann und ebenfalls über eine 9polige DSUB-Buchse verfügt. Zuweilen besitzen einige CGA- wie auch andere ältere Bildschirmkarten zusätzlich einen Chinch-Anschluß, der mit einem passenden Monitor über Koax-Kabel verbunden werden kann. Dieses Signal ist ein BAS- (Bild-Austast-Synchron) oder für einen Farbmonitor, ein FBAS-Signal und enthält die komplette Bildinformation.

Wie bei der MDA-Karte werden auch von der CGA-Karte digitale Signale zur Bildschirmansteuerung verwendet. Das TTL-Signal ist hier jedoch in drei Signale für die einzelnen Elektronenstrahlen (Rot, Grün, Blau) aufgeteilt. Die Intensität (z.B. hellblau oder dunkelblau) wird über den Anschluß 6 ein- oder ausgeschaltet.

Kontakt-Nr.	Signalbezeichnung
1	Masse
2	Masse
3	Rot
4	Grün
5	Blau
6	Intensität
7	Nicht belegt
8	Horizontale Synchronisation (15,75 kHz)
9	Vertikale Synchronisation (60 Hz)

Tabelle 5.3: Die Signale der CGA-Karte

Die CGA-Karte hat einen 16 Kbyte großen Bildspeicher (ab Memory-Adresse B8000h) und stellt entweder eine Textauflösung von 80 x 25 Zeichen zur Verfügung, was der Auflösung der MDA-Karte entspricht, oder eine Textauflösung von 40 x 25 Zeichen.

Im Textmodus (Alphanumerischer Mode) werden die Zeichen aus einzelnen Bildpunkten (Pixels) zusammengesetzt. Für MDA und CGA besteht ein Zeichen immer aus 8 x 8 Pixeln (Zeichenmatrix). In der grafischen Betriebsart setzt sich das Bild ebenfalls aus den einzelnen Punkten zusammen.

CGA hat zwei verschiedene Grafikauflösungen von 640 x 200 oder 320 x 200 Punkten. Die Darstellung in der hohen Auflösung erfordert insgesamt 128000 Punkte (640 x 200), und jeder Punkt wird mit einem Bit abgespeichert. Dies sind dann 128000 dividiert durch 8 (8 Bit = 1 Byte), also 16 Kbyte, womit der Bildspeicher voll belegt ist.

Farbe kann mit einem CGA-Adapter nur in der geringeren Auflösung von 320 x 200 Bildpunkten dargestellt werden, wodurch nur 8 Kbyte Speicher belegt werden, so daß für jeden Bildpunkt zwei Bit verwendet werden können. Mit zwei Bit gibt es 4 Kombinationsmöglichkeiten (00,10,10,11), was bedeutet, daß jeder Punkt in einer von 4 Farben dargestellt werden kann.

Parameter	Daten
Textmodus	25 Zeilen x 80 Zeichen
	25 Zeilen x 40 Zeichen
Zeichenmatrix	8 x 8 Pixel
Grafikmodus	640 x 200 in 2 Farben
	320 x 200 in 4 Farben
Speichergröße	16 Kbyte
Adreßbereich	B8000h-BBFFFh
Grafik-BIOS	im System-BIOS

Tabelle 5.4:
Daten der CGA-Karte

5.3 Die Hercules-Karte

Zeitgleich zur CGA-Karte wurde die Hercules-Karte (HGC, Hercules Graphic Card) entwickelt, die zusätzlich eine parallele Schnittstelle für den Druckeranschluß besitzt. Eine sinnvolle Kombination für damalige Zeiten (1983), als ein PC nicht standardmäßig mit einem Druckeranschluß versehen war. Die Anschlußbuchse und die Signale entsprechen denen der MDA-Karte.

Kontakt-Nr.	Signalbezeichnung
1	Masse
2	Masse
3	Nicht belegt
4	Nicht belegt
5	Nicht belegt
6	Intensität
7	TTL-Bild-Signal
8	Horizontale Synchronisation (18,432 kHz)
9	Vertikale Synchronisation (50 Hz)

Tabelle 5.5: Die Signale der Hercules-Karte

Der Bildspeicher hat eine Kapazität von 64 Kbyte und beginnt wie der der MDA-Karte ab der Memory-Adresse B0000h. Er reicht jedoch bis zur Adresse BFFFFh, da der Speicher auf zwei Grafikseiten aufgeteilt ist, was einen schnelleren Zugriff (Bank Switching) auf die Daten erlaubt.

Der Grafikspeicher ist bei einer Hercules-Karte völlig anders organisiert als bei einer MDA- oder CGA-Karte und ist hierzu nicht kompatibel.

Die Hercules-Karte liefert eine Auflösung von 720 x 348 Punkten und ist sowohl im Text- als auch im Grafik-Modus zu betreiben.

Die Zeichen in der Textdarstellung werden in einer Matrix von 9 x 14 Punkten dargestellt, was eine Verbesserung gegenüber MDA und CGA bedeutet.

Die Grafikdarstellung ist jedoch nur monochrom und wird nicht vom IBM-System-
BIOS unterstützt, da die Karte nicht wie die anderen von IBM entwickelt wurde, sondern von der Firma Hercules. Es ist also immer ein Anwenderprogramm nötig, welches auch explizit den Hercules-Mode unterstützt.

Parameter	Daten
Textmodus	25 Zeilen x 80 Zeichen
Zeichenmatrix	9 x 14
Grafikmodus	720 x 348 in 2 Farben
Speichergröße	64 Kbyte
Adreßbereich	B0000h-BFFFFh
Grafik-BIOS	Nicht vorhanden

Tabelle 5.6:
Daten der Hercules-Grafikkarte

5.4 Die EGA-Karte

Die EGA-Karte (Enhanced Graphic Adapter) ist die Weiterentwicklung der CGA-Karte, verwendet ebenfalls eine 9polige Anschlußbuchse und stellt den Vorgänger der VGA-Karte dar. Für jede Farbe sind zwei Anschlüsse (LSB, MSB) vorhanden. Die Farbe wird über den einen Anschluß ein- oder ausgeschaltet, während der andere Anschluß jeweils die Intensität der Farbe bestimmt.

Kontakt-Nr.	Signalbezeichnung
1	Masse
2	Rot LSB
3	Rot MSB
4	Grün MSB
5	Blau MSB
6	Grün LSB
7	Blau LSB
8	Horizontale Synchronisation (maximal 21,8 kHz, je nach Mode)
9	Vertikale Synchronisation (60 Hz)

Tabelle 5.7: Die Signale der EGA-Karte

Eine EGA-Karte besitzt eine maximale Auflösung von 640 x 350 Bildpunkten und kann gleichzeitig 16 Farben aus einer Palette von 64 Farben darstellen, wofür sich – je nach Kartentyp und Ausstattung – ein 64-256 Kbyte großer Bildspeicher (ab A0000h) auf der Karte befindet. Er wird als maximal 128 Kbyte großes Fenster im Adaptersegment des PC eingeblendet.

Der Controller der EGA-Grafikkarte benötigt ein eigenes BIOS (Graphic-BIOS), welches sich im Adaptersegment (C0000h bis C3FFFh) befindet, da das System-BIOS hierfür keine Unterstützung bietet.

Die EGA-Karte kann die CGA-, MDA- und Hercules-Auflösungen emulieren (nachbilden). Ist der CGA-Mode eingestellt, wird auch nur der Speicher für CGA verwendet (ab B8000h), bei Verwendung der MDA- oder Hercules-Auflösung der Bereich ab B0000h. Der Adreßbereich ab A0000h wird immer nur dann benutzt, wenn der EGA-Mode eingeschaltet ist.

TEXT-MODI

Punktauflösung	Textauflösung	Farben	Modus
320 x 200	40 x 25	2	CGA
320 x 200	40 x 25	16	CGA
640 x 200	80 x 25	2	CGA
640 x 200	80 x 25	16	CGA
720 x 348	80 x 25	2	HGC, MDA

GRAFIKMODI

Punktauflösung	Textauflösung	Farben	Modus
320 x 200	40 x 25	2	CGA
320 x 200	40 x 25	4	CGA
640 x 200	80 x 25	2	CGA
320 x 200	40 x 25	16	EGA
640 x 200	80 x 25	16	EGA
640 x 350	80 x 25	2	EGA
640 x 350	80 x 25	16 aus 64	EGA

WEITERE DATEN

Zeichenmatrix	8 x 14 Pixel im EGA-Modus
Speichergröße	maximal 256 Kbyte
Adreßbereich	A0000h-BFFFFh (maximal)
Grafik-BIOS	C0000h-C3FFFh

Tabelle 5.8: Daten der EGA-Karte

5.5 Die VGA-Karte

Für die »IBM Personal System 2 PCs« mit Microchannel war ursprünglich die VGA-Karte (**V**ideo **G**raphics **A**rray) gedacht, die alsbald auch mit ISA-Bus-Anschluß auf den Markt kam. Eine Besonderheit der VGA-Karte ist, daß sie nicht wie die bereits beschriebenen Karten mit digitalen Signalen den Monitor ansteuert, sondern mit analogen. Der Grund für diese analoge Signalübergabe ist die damit verbundene erheblich verbesserte Darstellung der Farbinformation, wie es mit praktisch allen Karten ab dem VGA-Standard praktiziert wird.

Die Farben werden auf einer VGA-Karte von einem Digital/Analog-Wandler (DAC) in 64 verschiedene Stufen für jeweils Rot, Grün und Blau umgesetzt. Damit sind theoretisch $64^3 = 262144$ Farben möglich.

Der VGA-Anschluß kann zwei verschiedene Ausführungen haben: einen 15poligen Anschluß und/oder einen 9poligen Anschluß, der auf neueren Karten jedoch nicht mehr zu finden ist. Ein Adapterkabel kann man sich nach der Tabelle 5.12 anfertigen. Viele VGA-Karten besitzen beide Anschlüsse, wobei dann in den meisten Fällen über einen DIP-Schalter die gewünschte Betriebsart (CGA, EGA, VGA) eingestellt werden kann, so daß am entsprechenden Anschluß dann die Bildsignale zur Verfügung stehen.

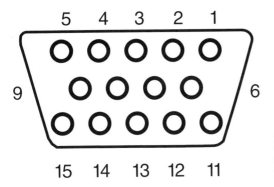

Bild 5.2:
Der übliche 15polige DSUB-Anschluß,
wie er für die meisten Grafikkarten
verwendet wird.

Die Monitor-Identifikations-Bit-Leitungen entfallen bei dem kleinen Anschluß und dienen generell zur Identifizierung des angeschlossenen Monitor-Typs (z.B. Farbe, Monochrom, VGA, SVGA). Der Monitor zieht die jeweiligen ID-Leitungen auf Masse, woraufhin die VGA-Karte die entsprechenden Bildsignale (Auflösung, Frequenz) liefert. Nicht jede VGA-Karte verwendet jedoch immer alle Identifizierungs-Bits.

169

Kontakt-Nr.	Signalbezeichnung
1	Rot
2	Grün
3	Blau
4	Monitor Identifikations-Bit 2
5	Digitale Masse
6	Rot-Masse
7	Grün-Masse
8	Blau-Masse
9	Nicht belegt
10	Synchronisations-Masse (digital)
11	Monitor Identifikations-Bit 0
12	Monitor Identifikations-Bit 1
13	Horizontale Synchronisation (31,5 kHz)
14	Vertikale Synchronisation (70 Hz)
15	Monitor-Identifikations-Bit 3

Tabelle 5.10: Die Signale der Standard-VGA-Karte

Kontakt-Nr.	Signalbezeichnung
1	Nicht belegt
2	Monochrom-Signal
3	Nicht belegt
4	Nicht belegt
5	Nicht belegt oder auch für Selbsttest
6	Nicht belegt
7	Monochrom-Masse-Signal
8	Nicht belegt
9	Nicht belegt

Fortsetzung siehe nächste Seite

Kontakt-Nr.	Signalbezeichnung
10	Masse
11	Nicht belegt
12	Masse
13	Horizontale Synchronisation (31,5 kHz)
14	Vertikale Synchronisation (70 Hz)
15	Nicht belegt

Tabelle 5.11: Die Signale für die monochrome VGA-Ansteuerung

15polig	9polig
1	1
2	2
3	3
4 (frei)	-(s.u.)
5 (frei)	-(s.u.)
6	6
7	7
8	8
9 (frei)	-
10	9
11	9
12 (frei)	-
13	4
14	5
15 (frei)	-

Tabelle 5.12:
Die Verbindungen von einem 15- auf einen 9poligen
VGA-Anschluß

Auf den VGA-Karten befindet sich – wie auch bei der EGA-Karte – ein Speicherbaustein, der das BIOS der VGA-Karte enthält, welches zudem die Registerkompatibilität zu EGA wahrt. Das BIOS beginnt ebenfalls bei C0000h, reicht jedoch bis zur Adresse C7FFFh.

Der Bildspeicher beginnt ebenfalls ab A0000h. Die kleinste übliche VGA-Bildspeichergröße beträgt 256 Kbyte und belegt damit den gleichen Bereich wie eine EGA-Karte. Damit sind 640 x 480 Bildpunkte in 16 Farben möglich. Im Textmodus besteht ein Zeichen aus einer Matrix von 9 x 16 Bildpunkten. Der Bildspeicher wird, wie bei der EGA-Karte erwähnt, durch ein maximal 128 Kbyte großes Fenster im Adaptersegment abgebildet. Näheres zur Auflösung bei verschiedenen Grafikspeichergrößen findet sich im Kapitel 5.8.

TEXT-MODI

Punktauflösung	Textauflösung	Farben	Modus
320 x 200	40 x 25	2	CGA
320 x 200	40 x 25	16	CGA
640 x 200	80 x 25	2	CGA
640 x 200	80 x 25	16	CGA
720 x 348	80 x 25	2	HGC, MDA

GRAFIKMODI

Punktauflösung	Textauflösung	Farben	Modus
320 x 200	40 x 25	2	CGA
320 x 200	40 x 25	4	CGA
640 x 200	80 x 25	2	CGA
320 x 200	40 x 25	16	EGA
640 x 200	80 x 25	16	EGA
640 x 350	80 x 25	2	EGA
640 x 350	80 x 25	16 aus 64	EGA
320 x 200	80 x 25	256	VGA
640 x 480	80 x 25	2 aus 16	VGA
640 x 480	80 x 25	16 aus 256	VGA
640 x 480	80 x 25	256 aus 64k	VGA

Fortsetzung siehe nächste Seite

WEITERE DATEN

Zeichenmatrix	9 x 16 Pixel im VGA-Modus
Speichergröße	typisch 256 Kbyte - 1 Mbyte
Adreßbereich	A0000h-BFFFFh
Grafik-BIOS	C0000h-C7FFFh

Tabelle 5.13: Daten der VGA-Karte

5.6 VESA-Modi

Zahlreiche Hersteller haben Grafikkarten mit höheren Auflösungen und mehr möglichen Farben, als VGA sie bietet, auf den Markt gebracht, welche auch als SuperVGA (SVGA) oder auch VGA-Deluxe oder ähnlich bezeichnet werden. Eine fehlende Standardisierung der unterschiedlichen Grafikkarten, die mehr als VGA bieten, führte zu einem Treiber-Wirrwarr, welches erst durch das VESA-Konsortium (**V**ideo **E**lectronics **S**tandard **A**ssociation) entschärft wurde. Diese Vereinigung von Firmen, die Hard- und Software für Grafik- und Videosysteme herstellt, definierte eine einheitliche BIOS-Schnittstelle, wie der RAM-Speicher der Grafikkarten anzusprechen ist und hat die zu verwendenden Synchronisations-Frequenzen spezifiziert. Es ist daher ratsam, bei Auflösungen größer Standard-VGA, generell darauf zu achten, daß der Monitor und die Grafikkarte über VESA-Modi verfügen, da diese von den meisten Programmen unterstützt werden. Je nach Grafikkartentyp stehen die VESA-Modi (Tabelle 5.14) direkt durch das Grafik-BIOS zur Verfügung, oder aber es muß vor der Ausführung eines Programms ein speicherresidenter Treiber, welcher dementsprechend VESA-Betriebsarten verwendet, geladen werden.

VESA-Modus	Farben	Zeichen x Zeile	Pixel	Zeichen-größe	Horizontal-Frequenz	Vertikal-Frequenz
10A (54h)	16/256	132 x 43	1056 x 350	8 x 8	31,5 kHz	70 Hz
109 (55h)	16/256	132 x 25	1056 x 350	8 x 14	31,5 kHz	70 Hz
102 (58h)	16/256	100 x 37	800 x 600	8 x 16	35,2 kHz	56 Hz
102 (58h)	16/256	100 x 37	800 x 600	8 x 16	37,8 kHz	60 Hz
102 (58h)	16/256	100 x 37	800 x 600	8 x 16	48,1 kHz	72 Hz
103 (5Ch)	256/256	100 x 37	800 x 600	8 x 16	35,2 kHz	56 Hz
103 (5Ch)	256/256	100 x 37	800 x 600	8 x 16	37,9 kHz	60 Hz
103 (5Ch)	256/256	100 x 37	800 x 600	8 x 16	48,1 kHz	72 Hz
104 (5Dh)	16/256	128 x 48	1024 x 768	8 x 16	35,5 kHz	87 Hz (i)
104 (5Dh)	16/256	128 x 48	1024 x 768	8 x 16	48,3 kHz	60 Hz
104 (5Dh)	16/256	128 x 48	1024 x 768	8 x 16	56 kHz	70 Hz
104 (5Dh)	16/256	128 x 48	1024 x 768	8 x 16	58 kHz	72 Hz
101 (5Fh)	256/256	80 x 30	640 x 480	8 x 16	31,5 kHz	60 Hz
101 (5Fh)	256/256	80 x 30	640 x 480	8 x 16	37,9 kHz	72 Hz
105 (60h)	256/256	128 x 48	1024 x 768	8 x 16	35,5 kHz	87 Hz (i)
105 (60h)	256/256	128 x 48	1024 x 768	8 x 16	48,3 kHz	60 Hz
105 (60h)	256/256	128 x 48	1024 x 768	8 x 16	56 kHz	70 Hz
105 (60h)	256/256	128 x 48	1024 x 768	8 x 16	58 kHz	72 Hz
111 (64h)	64k/64k		640 x 480		31,5 kHz	60 Hz
111 (64h)	64k/64k		640 x 480		37,9 kHz	72 Hz
114 (65h)	64k/64k		800 x 600		35,2 kHz	56 Hz
114 (65h)	64k/64k		800 x 600		37,8 kHz	60 Hz
110 (66h)	32k/32k		640 x 480		31,5 kHz	60 Hz
110 (66h)	32k/32k		640 x 480		37,9 kHz	72 Hz
113 (67h)	32k/32k		800 x 600		31,5 kHz	56 Hz
102 (6Ah)	16/256	100 x 37	800 x 600	8 x 16	35,2 kHz	56 Hz
102 (6Ah)	16/256	100 x 37	800 x 600	8 x 16	37,8 kHz	60 Hz
102 (6Ah)	16/256	100 x 37	800 x 600	8 x 16	48,1 kHz	72 Hz
106 (6Ch)	16/256		1280 x 1024		48 kHz	87 Hz (i)
107 (6Dh)	256/256		1280 x 1024		48 kHz	87 Hz (i)
10E (6Fh)	64k/64k		320 x 200		31,5 kHz	70 Hz
10F (70h)	16M/16M		320 x 200		31,5 kHz	70 Hz
112 (71h)	16M/16M		640 x 480		31,5 kHz	60 Hz
117 (74h)	64k/64k		1024 x 768		35,5 kHz	87 Hz (i)

Tabelle 5.14: Die Standard- und Extended VESA-Modi ((i) steht für Interlaced)

*Bei Auflösungen größer als Standard-VGA sollte man generell
darauf achten, daß sowohl die Grafikkarte als auch der Monitor über
VESA-Modi verfügen, da diese von den meisten Programmen
unterstützt werden.*

5.7 Beschleuniger-Karten

Die üblichen Standard-VGA-Karten wurden im Laufe der Zeit durch Acceleratorkarten vom Markt verdrängt. Diese Beschleunigerkarten sind insbesondere durch Windows und andere grafische Oberflächen nötig geworden, da diese immer wieder ganz bestimmte Grafikoperationen durchführen. Während herkömmliche VGA-Karten hierfür zahlreiche (zeitaufwendige) CPU- und Speicherzyklen durchführen müssen, enthält eine Beschleunigerkarte quasi die wichtigsten Funktionen bereits in Hardware implementiert. Sie benötigt von der CPU lediglich ein spezielles Kommando mit den entsprechenden Parametern und führt die Funktion daraufhin selbständig aus.

Diese grundsätzlich anders aufgebaute Hardware ändert jedoch nichts an der eigentlichen Verwendung einer derartigen Grafikkarte. Die Signale für den Monitor und die 15polige Anschlußbuchse sind identisch mit dem VGA-Anschluß (siehe Tabelle 5.10), und es gibt Beschleunigerkarten auch für verschiedene Bussysteme. Die folgende Tabelle zeigt hierfür einige Beispiele.

Grafik-Chip	Speichertyp	Busbreite (extern)	mögliche PC-Bus-Anbindung
ATI Mach 32 (688AX00)	RAM/VRAM	32/64 Bit	ISA,PCI,MCA,VLB
ATI MACH 64 (888GX00)	DRAM/VRAM	64 Bit	ISA,PCI,MCA,VLB
C&T Wingine DGX	DRAM(Cache)	32 Bit	CPU-Local Bus
Cirrus Logic GD5426	DRAM	32 Bit	ISA,EISA,MCA,VLB
Cirrus Logic GD5443	DRAM	32/64 Bit	ISA,VLB,PCI
Cirrus Logic GD5452	VRAM	64 Bit	ISA,VLB,PCI
IIT-AGX-015	VRAM	32 Bit	ISA,EISA,MCA,VLB
NCR 77C22E	DRAM	32 Bit	ISA,EISA,MCA
Matrox MGA (9405KK700)	VRAM	64 Bit	PCI,ISA,EISA
Oak Spitfire	DRAM	64 Bit	ISA
S3 86C801	DRAM	32 Bit	ISA
S3 86C805	DRAM	32 Bit	EISA,VLB
S3 86C805i	DRAM Interleave	32 Bit	ISA,EISA,VLB

S3 Vision864	DRAM	64 Bit	PCI,VLB
S3 86C928	VRAM	32 Bit	ISA,EISA,VLB
S3 86C928PCI	VRAM	32 Bit	PCI
S3 Vision968	VRAM	64 Bit	PCI,VLB
Tseng Labs ET4000/W32P	DRAM	32 Bit	ISA,EISA,MCA, VLB,PCI
Tseng Labs ET4000/W32V	VRAM	32 Bit	ISA,EISA,MCA, VLB,PCI
Tseng Labs ET4000/W32i	DRAM Interleave	32 Bit	ISA,EISA,MCA, VLB,PCI
Weitek Power 9000	VRAM Interleave	32 Bit	ISA,EISA,MCA, VLB,PCI
Western Digital WD35	DRAM/VRAM	32/64 Bit	ISA,EISA,MCA,VLB

Tabelle 5.15: Einige verbreitete Grafikbeschleuniger-Chips in der Übersicht

5.8 Grafikspeicher

Wie bereits erwähnt, sind neuere Grafikkarten in der Regel mit mindestens 1 Mbyte Speicher bestückt, und sie lassen sich teilweise weiter aufrüsten. Inwieweit dies überhaupt sinnvoll ist und welche Auflösungen sich hierdurch erreichen lassen, zeigt die folgende Tabelle.

Der Grafikspeicher läßt sich nicht in beliebigen Stufen aufrüsten, sondern – wenn überhaupt – oftmals in 512-Kbyte- oder 1-Mbyte-Schritten. Dies hängt jeweils vom Typ der Grafikkarte ab.

Auflösung	Farben	Grafikspeicher (Minimum)
640 x 480	16	256 Kbyte
640 x 480	256	512 Kbyte
640 x 480	65536	1 Mbyte
640 x 480	16,7 Mio.	1 Mbyte
800 x 600	16	256 Kbyte
800 x 600	256	512 Kbyte
800 x 600	65536	1 Mbyte
800 x 600	16,7 Mio.	1,5 Mbyte
1024 x 768	16	512 Kbyte
1024 x 768	256	1 Mbyte
1024 x 768	65536	2 Mbyte
1024 x 768	16,7 Mio.	2,5 Mbyte
1280 x 1024	16	1 Mbyte
1280 x 1024	256	1,5 Mbyte
1280 x 1024	65536	3 Mbyte
1280 x 1024	16,7 Mio.	4 Mbyte

Tabelle 5.16: Der Grafikspeicherbedarf in üblichen Abstufungen für verschiedene Auflösungen

Der Speicherbedarf einer Grafikkarte läßt sich nach der folgenden Formel berechnen:

$$Speicherbedarf = \frac{Auflösung * Bitbreite\ für\ die\ Farbanzahl}{8}$$

Die »Bitbreite für die Farbanzahl« gibt hier an, wie viele Bits nötig sind, um jeweils die gewünschte Anzahl der Farben zu erhalten (siehe auch Tabelle). Beispielsweise werden zur Darstellung von 65536 Farben 16 Bit benötigt.

5.9   VESA Feature Connector

Zahlreiche VGA- aber auch bereits einige EGA-Karten verfügen über einen Feature-Connector. Die Steckverbindung wird benötigt, um beispielsweise die VGA-Signale auf eine andere Grafikkarte oder auch Video-Karte durchzuschleifen, welche selbst keine VGA-Unterstützung bietet. Beispiele sind hierfür einige TIGA-Karten der Firma Texas Instruments oder auch 8514-Grafikadapter der Firma IBM. Des weiteren ist er sinnvoll für einige Video-Karten (z.B. Video Blaster Plus) einzusetzen. Die Feature-Signale der EGA/VGA-Grafikkarte werden per Flachbandkabel auf die Video- oder Grafikkarte, die natürlich einen hierfür passenden Anschluß haben muß, geführt und der Monitor wird statt an die VGA- an die zweite Karte (nicht die Standard-EGA/VGA) angeschlossen.

Der Feature-Connector ist prinzipiell in zwei Ausführungen anzutreffen: Als 26polige (2reihige) Stiftleiste oder als Platinenstecker, wie er auch in verlängerter Form (34polig) für 5,25-Zoll-Diskettenlaufwerke verwendet wird. Da die Feature-Connector-Kabel mit den passenden Steckern nicht immer leicht erhältlich sind, kann man sich auch mit den üblichen Laufwerkskabeln behelfen, wobei der Platinenstecker (34polig für Diskettenlaufwerke) einfach um ca. 1 cm abgesägt wird, damit er in den entsprechenden Platinenausschnitt der Karte hineinpaßt.

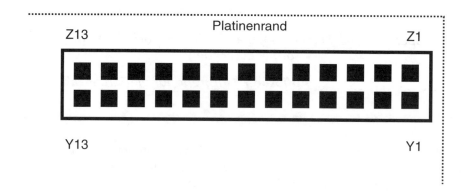

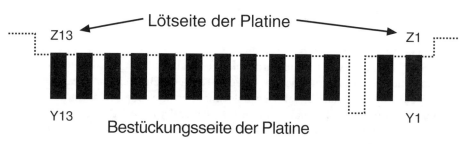

Bild 5.3: Die beiden Ausführungen des Feature-Connectors

Es sei noch darauf hingewiesen, daß sich nicht alle Hersteller an die in der Tabelle 5.16 angegebene Signalbelegung halten (z.B. einige SPEA-VEGA-Karten). Die Reihen Z und Y sind dann gegeneinander vertauscht. In der Regel ist bei einer derartigen »Verpolung« der Anschlüsse keine elektrische Beschädigung zu befürchten, die Karte wird nur nicht entsprechend funktionieren.

Pin-Nr.	Funktion	Pin-Nr.	Funktion
Z1	Masse	Y1	Pixeldaten 0
Z2	Masse	Y2	Pixeldaten 1
Z3	Masse	Y2	Pixeldaten 2
Z4	Enable (Low) Externe Pixeldaten	Y3	Pixeldaten 3
Z5	Enable (Low) Externe Synchr.	Y5	Pixeldaten 4
Z6	Enable (Low) Externer Pixeltakt	Y6	Pixeldaten 5
Z7	Frei	Y7	Pixeldaten 6
Z8	Masse	Y8	Pixeldaten 7
Z9	Masse	Y9	Pixeltakt
Z10	Masse	Y10	Schwarzstellen
Z11	Masse	Y11	Horizontal Synchr.
Z12	Frei	Y12	Vertikal Synchr.
Z13	Kein Pin	Y13	Masse

Tabelle 5.16: Die Signale am Feature-Connector

6 Speicherbausteine

Der Arbeitsspeicher eines PC ist aus RAM-Bausteinen (**R**andom **A**ccess **M**emory) aufgebaut, die auch als DRAMs (**D**ynamic **R**andom **A**ccess **M**emory) bezeichnet werden, da sie im Gegensatz zu SRAMs (**S**tatic **R**andom **A**ccess **M**emories) in bestimmten Zeitintervallen (z.b. 15µs) einen Impuls zur Auffrischung (Refresh) benötigen, damit sie nicht ihre Dateninformation verlieren. SRAMs benötigen demgegenüber keinen Refresh, sind schneller, dafür aber auch teurer, und werden für den externen Cache-Speicher eingesetzt.

Die DRAMs befinden sich heutzutage meist auf kleinen Steckplatinen, den SIM-Modulen (**S**ingle **I**nline **M**emory **M**odul), welche in spezielle Steckfassungen auf dem Mainboard eingesteckt werden. Bei älteren PC-Modellen oder auch auf Grafikkarten werden hingegen einzelne Bausteine für den Speicher verwendet.

6.1 PC-Speicherausstattungen

Die DRAMs sind in Bänken organisiert, wobei immer nur eine komplette Bank bestückt sein darf. Eine Bank-Teilbestückung ist nicht zulässig und führt während des Speichertests nach dem Einschalten des PC zu einem Nichterkennen (Memory Error) der teilbestückten Bank.

Eine Speicherbank darf immer nur komplett bestückt werden, dabei werden zuerst immer die Bank 0 und daraufhin die Bank 1 sowie dann die folgenden bestückt.

PC-Typ	maximaler Speicher
8086	640 Kbyte
8088	640 Kbyte
80286	4 Mbyte
80286 NEAT	8 Mbyte
80386SX	16 Mbyte
80386	32 Mbyte
80486	32 Mbyte
80486 EISA	64 Mbyte
80486 PCI	128 Mbyte
Pentium	128 Mbyte

Tabelle 6.1:
Typische maximale Speichergrößen für
verschiedene Mainboard-Typen

Der Speicher auf Mainboards mit einem 286-Prozessor wird in 16-Bit-Breite und der bei einem Mainboard mit mindestens einem 386-Prozessor (kein 386SX) in 32-Bit-Breite angesprochen. Die gebräuchlichen SIMMs mit 30-Anschlüssen sind in 8-Bit-Breite organisiert und mit Speicherkapazitäten von 256 Kbyte, 1 Mbyte und 4 Mbyte erhältlich.

Für einen RAM-Speicher von 1 Mbyte werden demnach vier 256-Kbyte-Module benötigt (Tabelle 6.2), die bei einem Mainboard mit 286-Prozessor zwei Bänke belegen. Solch ein Mainboard ist damit bereits voll bestückt, und soll der Speicher aufgerüstet werden, ist dies nur durch den Austausch der 256-Kbyte- gegen 1-Mbyte-Module möglich, wodurch man einen RAM-Speicher von 4 Mbyte erhält.

Speichergröße	Bank 0		Bank 1	
	1	2	3	4
512 Kbyte	256 Kbyte	256 Kbyte	-	-
1 Mbyte	256 Kbyte	256 Kbyte	256 Kbyte	256 Kbyte
2 Mbyte	1 Mbyte	1 Mbyte	-	-
2.5 Mbyte	1 Mbyte	1 Mbyte	256 Kbyte	256 Kbyte
4 Mbyte	1 Mbyte	1 Mbyte	1 Mbyte	1 Mbyte
8 Mbyte	4 Mbyte	4 Mbyte	-	-

Tabelle 6.2: Die üblichen SIMM-Bestückungsmöglichkeiten eines 286- und eines 386SX-Mainboards

Bei Mainboards mit mindestens einem 386-Prozessor sind üblicherweise nicht zwei Bänke, sondern insgesamt maximal vier, also 16 SIMM-Steckplätze, verfügbar. Da der Speicher hier in 32-Bit-Breite angesprochen wird, gilt als Mindestausstattung: vier 256-Kbyte-Module, die in die erste Bank (Bank 0) eingesteckt werden. Der maximale Speicher kann daher durch die Verwendung von sechzehn 4-Mbyte-Modulen insgesamt 64 Mbyte betragen (Tabelle 6.3).

Gesamt-Speichergröße	Bank 0 4 Module à	Bank 1 4 Module à	Bank 2 4 Module à	Bank 3 4 Module à
1 Mbyte	256 Kbyte	-	-	-
2 Mbyte	256 Kbyte	256 Kbyte	-	-
3 Mbyte	256 Kbyte	256 Kbyte	256 Kbyte	-
4 Mbyte	256 Kbyte	256 Kbyte	256 Kbyte	256 Kbyte
5 Mbyte	256 Kbyte	1 Mbyte	-	-
6 Mbyte	256 Kbyte	256 Kbyte	1 Mbyte	-
12 Mbyte	1 Mbyte	1 Mbyte	1 Mbyte	-
16 Mbyte	1 Mbyte	1 Mbyte	1 Mbyte	1 Mbyte
16 Mbyte	4 Mbyte	-	-	-
20 Mbyte	1 Mbyte	4 Mbyte	-	-
32 Mbyte	4 Mbyte	4 Mbyte	-	-
64 Mbyte	4 Mbyte	4 Mbyte	4 Mbyte	4 Mbyte

Tabelle 6.3: Einige übliche Standard-SIMM-Bestückungsmöglichkeiten für ein Mainboard mit mindestens einem 386-Prozessor

Mainboards mit mindestens einem 486-Prozessor können oftmals mit mehr als 64 Mbyte RAM bestückt werden, wobei bei den neueren Typen (PCI) die 32 Bit breiten Big-SIMMs – auch PS/2-SIMMs genannt – Verwendung finden. Übliche Speichergrößen für diese Module sind 1 Mbyte, 2 Mbyte, 4 Mbyte, 8 Mbyte, 16 Mbyte und 32 Mbyte, wodurch zahlreiche Speicherkonfigurationen möglich sind.

Hier entspricht eine Bank jeweils einem einzigen SIMM-Steckplatz. Es müßte daher für 486-CPUs (32 Bit) möglich sein, daß nur ein einziges Modul für die Minimalausstattung ausreicht. Es hängt jedoch vom Mainboard-Design ab, ob dies möglich ist oder ob nicht immer mindestens zwei SIM-Module verwendet werden müssen, wie z.B. bei den 486-Mainboards der Firma ASUS und EliteGroup, was auch die gebräuchlichste Konfiguration darstellt.

Bei Mainboards mit einem Pentium-Prozessor (kein Pentium Overdrive), der extern über eine Datenbusbreite von 64 Byte verfügt, werden auf jeden Fall immer mindestens zwei SIM-Module benötigt, wodurch sich keine Änderung gegenüber den Bestückungsmöglichkeiten eines solchen 486-Mainboards ergibt, welches auch immer mindestens zwei Module (s.o.) benötigt.

Gesamt-Speichergröße	Bank 0 1 Module à	Bank 1 1 Module à	Bank 2 1 Module à	Bank 3 1 Module à
2 Mbyte	1 Mbyte	1 Mbyte	-	-
4 Mbyte	1 Mbyte	1 Mbyte	1 Mbyte	1 Mbyte
4 Mbyte	2 Mbyte*	2 Mbyte*	-	-
8 Mbyte	2 Mbyte*	2 Mbyte*	2 Mbyte*	2 Mbyte*
8 Mbyte	4 Mbyte	4 Mbyte	-	-
16 Mbyte	4 Mbyte	4 Mbyte	4 Mbyte	4 Mbyte
16 Mbyte	8 Mbyte*	8 Mbyte*	-	-
24 Mbyte	4 Mbyte	4 Mbyte	8 Mbyte*	8 Mbyte*
24 Mbyte	8 Mbyte*	8 Mbyte*	4 Mbyte	4 Mbyte
32 Mbyte	8 Mbyte*	8 Mbyte*	8 Mbyte*	8 Mbyte*
32 Mbyte	16 Mbyte	16 Mbyte	-	-
40 Mbyte	4 Mbyte	4 Mbyte	16 Mbyte	16 Mbyte
40 Mbyte	16 Mbyte	16 Mbyte	4 Mbyte	4 Mbyte
48 Mbyte	16 Mbyte	16 Mbyte	8 Mbyte	8 Mbyte
64 Mbyte	16 Mbyte	16 Mbyte	16 Mbyte	16 Mbyte
64 Mbyte	32 Mbyte*	32 Mbyte*	-	-
66 Mbyte	1 Mbyte	1 Mbyte	32 Mbyte*	32 Mbyte
68 Mbyte	32 Mbyte*	32 Mbyte*	2 Mbyte*	2 Mbyte*
72 Mbyte	4 Mbyte	4 Mbyte	32 Mbyte*	32 Mbyte*
80 Mbyte	32 Mbyte*	32 Mbyte*	8 Mbyte*	8 Mbyte*
96 Mbyte	32 Mbyte*	32 Mbyte*	16 Mbyte	16 Mbyte
128 Mbyte	32 Mbyte*	32 Mbyte*	32 Mbyte*	32 Mbyte

Tabelle 6.4: Übliche PS/2-SIMM-Bestückungsmöglichkeiten bei 486- und Pentium-Mainboards (die mit »« gekennzeichneten Module können als D-SIMMs (Double RAS SIMM) ausgeführt sein und sind i.d.R. beidseitig bestückt)*

6.2 DRAMs

Die Identifizierung der einzelnen DRAM-Bausteine stellt sich in der Praxis nicht immer ganz einfach dar, da es zahlreiche verschiedene Typen und Hersteller gibt. Auf den Gehäusen der Bausteine befinden sich unterschiedliche Bausteinbezeichnungen, auch wenn sie sich im Prinzip nicht voneinander unterscheiden. Neben der Speicherkapazität ist es in diesem Zusammenhang wichtig, wie sie intern organisiert sind, das heißt, wie viele Bits sie parallel verarbeiten können, und welche Zugriffszeit sie besitzen. In der Tabelle 6.5 sind einige DRAM-Typen, wie man sie auf älteren Mainboards, Speichererweiterungs- und Grafikkarten findet, angegeben.

Typ	Speicher-größe	Organisation in Bits x Bitbreite
416	16 Kbit	16384 x 1
4164	64 Kbit	65536 x 1
41256	256 Kbit	262144 x 1
411000	1024 Kbit	1048576 x 1
421000	1024 Kbit	1048576 x 1
511000	1024 Kbit	1048576 x 1
424100	4096 Kbit	4194304 x 1
4464	256 Kbit	65535 x 4
44256	1024 Kbit	262144 x 4
44400	4096 Kbit	1048576 x 4
424400	4096 Kbit	1048576 x 4
514400	4096 Kbit	1048576 x 4

Tabelle 6.5:
Einige der üblichen dynamischen RAM-Typen in der Übersicht

Die Zugriffszeit der DRAMs beträgt üblicherweise 100-60 ns und steht, wenn kein Cache Verwendung findet, wovon man bei älteren Mainboards ausgehen kann, in Beziehung zum externen CPU-Takt (Tabelle 6.6). Bei einer Speicheraufrüstung ist auf jeden Fall darauf zu achten, daß alle Bausteine dieselbe Zugriffszeit besitzen, da es andernfalls zu Speicherfehlern wie »Memory Error« oder »Parity Error« kommen kann. Dies tritt entgegen der allgemeinen Theorie in einigen Fällen auch dann auf, wenn die neuen Speicherbausteine schneller sind als die bereits vorhandenen, und hängt vom Chipsatz des Mainboards ab.

CPU-Takt	DRAM-Zugriffszeit
4,7 MHz	150 ns
8 MHz	120 ns
10-12 MHz	100 ns
16-20 MHz	80 ns
25 MHz	70 ns
33 MHz und höher	60 ns

Tabelle 6.6: Die Zugriffszeit von DRAMs ist abhängig von der CPU-Taktfrequenz. Wird auf dem Mainboard ein Cache-Speicher verwendet, dürfen die DRAMs eine höhere Zugriffszeit besitzen (z.B. 80 ns statt 60 ns).

Die Zugriffszeit wird üblicherweise neben anderen Informationen mit in die Bausteinbezeichnung integriert, wie es in der Tabelle 6.7 beispielhaft gezeigt ist. Diese Zuordnung gilt ebenfalls für SRAMs, Synchronous SRAMs (synchrone statische RAMs), welche als externe Cache-Speicherbausteine Verwendung finden, und für Video-RAMs (VRAMs) auf Grafikkarten.

Die RAMs werden in unterschiedlichen Gehäuseformen angeboten. Auf Mainboards sind sie für den Arbeitsspeicher meist im Dual-In-Line- (DIP) oder im SOJ-Gehäuse (Small Out-Line J-Lead) ausgeführt und befinden sich auf SIM-Modulen (Single-In-Line Memory Module), die in entsprechende Sockel auf dem Mainboard gesteckt werden. Auf Grafikkarten findet man die Bausteine auch häufig im Zig-Zag-In-Line-Package (ZIP), welches eine höhere Packungsdichte auf den Platinen erlaubt (Abbildungen siehe Seite 190 und 191).

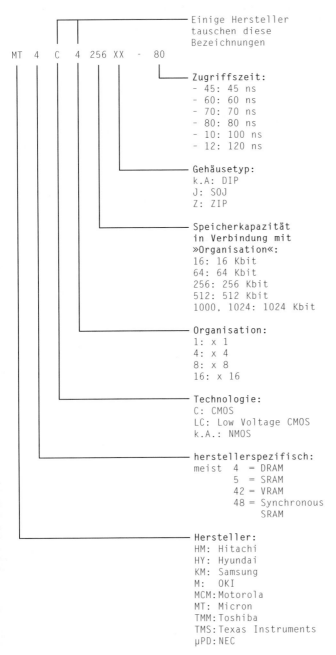

```
MT  4   C   4  256 XX  -  80        Einige Hersteller
                                    tauschen diese
                                    Bezeichnungen

                                    Zugriffszeit:
                                    - 45: 45 ns
                                    - 60: 60 ns
                                    - 70: 70 ns
                                    - 80: 80 ns
                                    - 10: 100 ns
                                    - 12: 120 ns

                                    Gehäusetyp:
                                    k.A: DIP
                                    J: SOJ
                                    Z: ZIP

                                    Speicherkapazität
                                    in Verbindung mit
                                    »Organisation«:
                                    16: 16 Kbit
                                    64: 64 Kbit
                                    256: 256 Kbit
                                    512: 512 Kbit
                                    1000, 1024: 1024 Kbit

                                    Organisation:
                                    1: x 1
                                    4: x 4
                                    8: x 8
                                    16: x 16

                                    Technologie:
                                    C: CMOS
                                    LC: Low Voltage CMOS
                                    k.A.: NMOS

                                    herstellerspezifisch:
                                    meist  4  = DRAM
                                           5  = SRAM
                                           42 = VRAM
                                           48 = Synchronous
                                                SRAM

                                    Hersteller:
                                    HM: Hitachi
                                    HY: Hyundai
                                    KM: Samsung
                                    M:  OKI
                                    MCM:Motorola
                                    MT: Micron
                                    TMM:Toshiba
                                    TMS:Texas Instruments
                                    µPD:NEC
```

Tabelle 6.7: Allgemeines Identifikations-Schema für Speicherbausteine

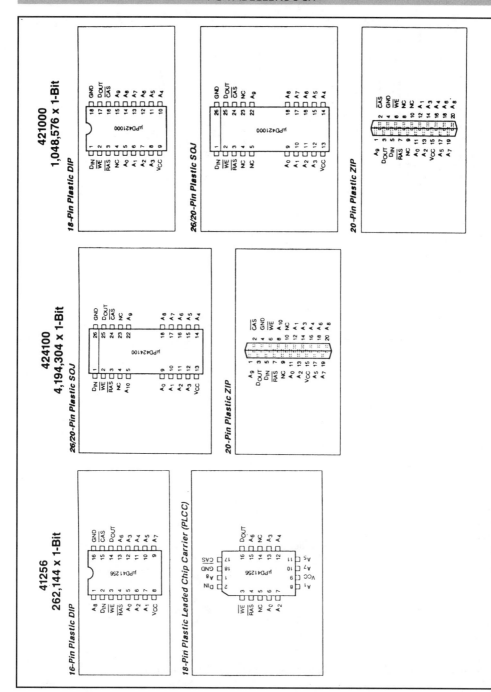

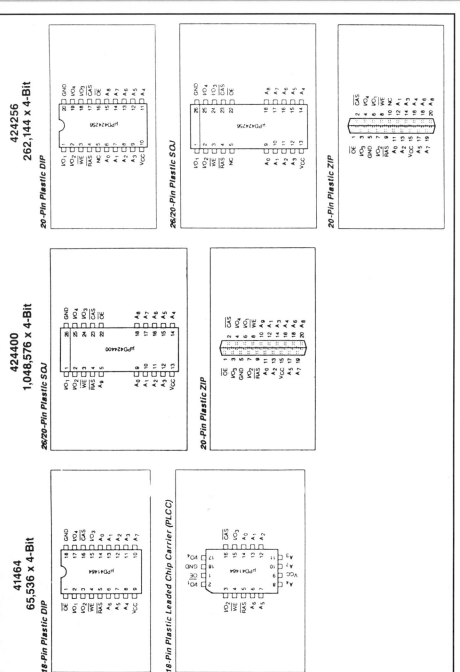

Bild 6.1: Die Anschlußbelegung einiger üblicher DRAMs

Anschlüsse	Funktion/Bedeutung
A0-Ax	Die Anschlüsse für die Adreßleitungen
/CAS	Column Address Strobe, Impulseingang für Spaltenadressierung
D oder Din	Data Input, Dateneingang
DQ oder Dout	Data Output, Datenausgang
I/Ox	Input/Output, gemeinsamer Daten-Eingang/ Ausgang. Die Unterscheidung findet mit dem Signal Write-Enable statt.
NC	No Connection. Der Pin ist nicht angeschlossen.
/OE oder /G	Output Enable. Ist der Eingang Low, werden Daten ausgegeben. Ist nur bei RAMs mit 4-Bit-Datenbreite vorhanden.
/RAS	Row Address Strobe, Impulseingang für Zeilenadressierung
Vcc oder Vdd	Versorgungsspannung (5V)
Vss oder GND	Masseanschluß, Ground
/WE	Write Enable. Eingang für Schreibimpuls

Tabelle 6.8: Anschlußbeschreibung für dynamische RAMs

6.3   Speicher-Module

Die Speicher-Module sind die Standardbausteine für den PC-Speicher. Es gibt sie in verschiedenen Ausführungen:

Typ	Bezeichnung	Speicher-kapazitäten	Technischer Stand
SIP	Single Inline Memory Package	256 Kbyte 1 Mbyte 4 Mbyte	veraltet, elektrisch mit 30-Pin-SIMM identisch
30-Pin-SIMM	Single Inline Memory Module	256 Kbyte 1 Mbyte 4 Mbyte	wird zunehmend durch 72-Pin-SIMMs abgelöst
72 Pin-SIMM	Single Inline Memory Module	1 Mbyte 4 Mbyte 16 Mbyte	Standard einseitig

Fortsetzung siehe nächste Seite

Typ	Bezeichnung	Speicher-kapazitäten	Technischer Stand
72 Pin-DIMM	Dual Inline Memory Module	2 Mbyte 8 Mbyte 32 Mbyte	Standard zweiseitig
72 Pin S-SIMM	Single RAS SIMM	1 Mbyte 4 Mbyte 16 Mbyte	Standard gemeinsame RAS-Leitungen
72 Pin D-SIMM	Double RAS SIMM	2 Mbyte 8 Mbyte 32 Mbyte	Standard getrennte RAS-Leitungen

Tabelle 6.9: Typische Memory Module für PCs in der Übersicht

Die SIP-Module sind elektrisch gesehen mit den SIM-Modulen identisch, weisen demgegenüber aber Stifte und keine Platinenkontaktflächen zum Anschluß auf. Diese Typen sind nur noch auf alten Mainboards (286, 386SX, einige 386) zu finden.

Die 30poligen SIMMs stellten jahrelang den Standard dar und werden im Zuge der immer höheren notwendigen Speicherkapazitäten durch die 72poligen Typen verdrängt. Einige Mainboards bieten sowohl Steckfassungen für 30- als auch für 72polige SIMMs. Per Jumper muß dann jedoch oftmals auf dem Mainboard festgelegt werden, in welchen Steckplätzen der Speicher jeweils installiert wird.

Grundsätzlich können die SIMMs mit unterschiedlichen DRAMs bestückt sein und die Parity-Funktion unterstützen oder aber nicht. Neuere Mainboards, wie beispielsweise die mit Intel-Triton-Chipsatz, unterstützen generell nicht die Paritätsprüfung.

Ein 1-Mbyte-Modul (30polig) kann beispielsweise mit 3 Chips bestückt sein, wobei einer für die Paritätsprüfung zuständig ist. Die Organisation der verwendeten DRAMs ist dann vier Bit breit. Oder aber das Modul ist mit 9 Chips bestückt – einer wieder für die Paritätsprüfung – und die einzelnen DRAMs sind in 1-Bit-Breite organisiert. Es sollte keine Rolle spielen, wie die Module nun aufgebaut sind, doch in der Praxis stellen sich die Module mit 4 Bit breiten DRAMs oftmals problematisch dar, wenn ein älteres Mainboard mit ihnen »aufgerüstet« wird. Es hängt vom Chipsatz und dem Timing (z.B. Refresh) des Mainboards ab, ob diese DRAMs erkannt und korrekt angesprochen werden können oder aber nicht. Die Module mit den 9 Chips sind da weitaus verträglicher, und mit ihnen gibt es in den seltensten Fällen Probleme.

Bei der Speichererweiterung eines älteren Mainboards sollte man sicherheitshalber Module verwenden, die mit 9 Bausteinen aufgebaut sind.

Die Signalbelegung eines 30poligen Standard-SIMMs zeigt die Tabelle 6.10. Die Kapazität eines derartigen SIM-Moduls könnte unter der Verwendung der Adreßleitung A11 maximal 16 Mbyte betragen. Derartige Module sind im PC-Bereich jedoch nicht zu finden.

Bei einem 256-Kbyte-Modul sind die Adreßleitungen A9 und A10 nicht angeschlossen (Pins 18, 19), und bei einem 1-Mbyte-Modul ist es dementsprechend die Adreßleitung A10 (Pin 19).

Falls das Modul keine Parität unterstützt, sind die Kontakte 26, 28, und 29 ebenfalls nicht angeschlossen.

Pin	Signal
1	VCC (5 V)
2	/Column Address Strobe
3	Data Bit 0
4	Address Bit 0
5	Address Bit 1
6	Data Bit 1
7	Address Bit 2
8	Address Bit 3
9	GND
10	Data Bit 2
11	Address Bit 4
12	Address Bit 5
13	Data Bit 3
14	Address Bit 6
15	Address Bit 7

Fortsetzung siehe nächste Seite

Pin	Signal
16	Data Bit 4
17	Address Bit 8
18	Address Bit 9
19	Address Bit 10
20	Data Bit 5
21	/Write Enable
22	GND
23	Data Bit 6
24	NC oder Address Bit 11
25	Data Bit 7
26	Data Bit 8 Out Parity
27	/Row Address Strobe
28	/Column Address Strobe Parity
29	Data Bit 8 In Parity
30	VCC (5 V)

Tabelle 6.10:
Die Standard-Belegung eines
30poligen SIMMs

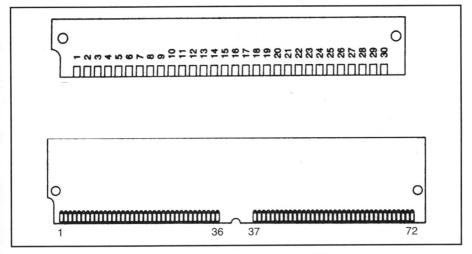

Bild 6.2: Die Kontaktbelegung eines 30- und eines 72poligen SIMMs

6.4 PS/2-SIMMs

Bei neueren – vorzugsweise PCI-Mainboards – werden statt der 30poligen SIM-Module 72polige SIM-Module, die auch als Big- oder PS/2-SIMMs bezeichnet werden, verwendet. PS/2-SIMMs deshalb, weil diese Typen erstmalig bei den IBM-PC-Modellen mit Microchannel (PS/2) verwendet wurden. Diese Module sind nicht in 8-Bit, sondern in 16-Bit-Breite – oder für PCs üblich – in 32-Bit-Datenbreite organisiert, wodurch sich die Anzahl der notwendigen SIMM-Steckplätze auf dem Mainboard reduziert.

Pin	Signal
1	GND
2	Data Bit 1
3	Data Bit 19
4	Data Bit 2
5	Data Bit 20
6	Data Bit 3
7	Data Bit 21
8	Data Bit 4
9	Data Bit 22
10	VCC (5 V)
11	NC oder /CAS-Parity
12	Address Bit 0
13	Address Bit 1
14	Address Bit 2
15	Address Bit 3
16	Address Bit 4
17	Address Bit 5
18	Address Bit 6
19	Address Bit 10
20	Data Bit 5

Fortsetzung siehe nächste Seite

Pin	Signal
21	Data Bit 23
22	Data Bit 6
23	Data Bit 24
24	Data Bit 7
25	Data Bit 25
26	Data Bit 8
27	Data Bit 26
28	Address Bit 7
29	NC oder Block Select 0
30	VCC (5 V)
31	Address Bit 8
32	Address Bit 9
33	/Row Address Strobe 3
34	/Row Address Strobe 2
35	Data Bit 27
36	Data Bit 9
37	Data Bit 18
38	Data Bit 36
39	GND
40	/Column Address Strobe 0
41	/Column Address Strobe 2
42	/Column Address Strobe 3
43	/Column Address Strobe 1
44	/Row Address Strobe 0
45	/Row Address Strobe 1
46	NC oder Block Select 1
47	/Write Enable
48	NC

Fortsetzung siehe nächste Seite

Pin	Signal
49	Data Bit 10
50	Data Bit 28
51	Data Bit 11
52	Data Bit 29
53	Data Bit 12
54	Data Bit 30
55	Data Bit 13
56	Data Bit 31
57	Data Bit 14
58	Data Bit 32
59	VCC (5 V)
60	Data Bit 33
61	Data Bit 15
62	Data Bit 34
63	Data Bit 16
64	Data Bit 35
65	Data Bit 17
66	NC oder Block Select 2
67	Presence Detect Bit 1
68	Presence Detect Bit 2
69	Presence Detect Bit 3
70	Presence Detect Bit 4
71	NC oder Block 3
72	GND

Tabelle 6.11:
Die Belegung eines PS/2-SIMMs
mit Parity-Funktion
(maximal 8 Mbit x 36 = 32 Mbyte)

Über die Presence-Detect-Signale kann der Mainboard-Elektronik signalisiert werden, wie die DRAMs organisiert sind und über welche Zugriffszeit sie verfügen. Die Tabelle 6.12 zeigt hierfür einige Beispiele.

PDB4	PDB3	PDB2	PDB1	SIMM-Typ (MB=Mbyte)
NC	NC	NC	NC	8 MB, 60 ns
NC	NC	NC	GND	1 MB, 120 ns
NC	NC	GND	NC	2 MB, 120 ns
NC	NC	GND	GND	2 MB, 70 ns
NC	GND	NC	NC	8 MB, 70 ns
NC	GND	NC	GND	1 MB oder 16 MB, 70 ns
NC	GND	GND	NC	2 MB, 80 ns
NC	GND	GND	GND	8 MB, 80 ns
GND	NC	NC	NC	Reserviert
GND	NC	NC	GND	1 MB, 85 ns
GND	NC	GND	NC	2 MB oder 32 MB, 80 ns
GND	NC	GND	GND	4 MB, 70 ns
GND	GND	NC	NC	4 MB, 85 ns
GND	GND	NC	GND	1 MB, 100ns
GND	GND	GND	NC	2 MB, 100ns
GND	GND	GND	GND	4 MB oder 64 MB, 50 oder 100ns

Tabelle 6.12: Die Funktion der Presence-Detect-Signale

Leider gibt es recht unterschiedliche Ausführungen der 72poligen SIMMs (vergl. auch Tabelle 6.9), so daß die Signalbelegung in Tabelle 6.11 nicht allgemein gilt. Es kommt darauf an, wie die Module intern organisiert sind, also wie die einzelnen DRAMs verschaltet sind und ob sie die Paritätsfunktion unterstützen oder nicht. Ob sie einseitig oder zweiseitig bestückt sind, spielt für den Verwendungszweck aber prinzipiell keine Rolle. Es macht die Sache nur noch unübersichtlicher, da sich in den Mainboard-Manuals Angaben finden lassen wie »Single/Dual« oder »Single/Double«, womit entweder gekennzeichnet wird, ob es einseitige oder zweiseitige Module sein sollen oder aber ob sie mit einem gemeinsamen (S-SIMM) oder mit getrennten RAS-Signalen (D-SIMM) arbeiten.

Verlangt ein Mainboard PS/2-SIMMs mit Parity-Funktion sind folgende SIMM-Organisationen üblich, die auch mit den Angaben in der Tabelle 6.4 korrespondieren.

Modul	Organisation
1 Mbyte	256 Kbyte x 36 Bit
2 Mbyte	512 Kbyte x 36 Bit
4 Mbyte	1 Mbyte x 36 Bit
8 Mbyte	2 Mbyte x 36 Bit
16 Mbyte	4 Mbyte x 36 Bit
32 Mbyte	8 Mbyte x 36 Bit

Tabelle 6.13:
Die Organisation der PS/2-SIMMs
für Mainboards mit Parity-Funktion

Mainboards, die die Parity-Funktion nicht unterstützen (z.B. mit Intel-Triton-Chip-satz), verwenden demgegenüber eine DRAM-Organisation von 32 Bit (Tabelle 6.14), und die Signale dieser SIM-Module weisen eine andere Belegung auf als die, die in der Tabelle 6.11 gezeigt sind (Tabelle 6.15).

Modul	Organisation
1 Mbyte	256 Kbyte x 32 Bit
2 Mbyte	512 Kbyte x 32 Bit
4 Mbyte	1 Mbyte x 32 Bit
8 Mbyte	2 Mbyte x 32 Bit
16 Mbyte	4 Mbyte x 32 Bit
32 Mbyte	8 Mbyte x 32 Bit

Tabelle 6.14:
Die Organisation der PS/2-SIMMs für
Mainboards ohne Parity-Funktion

Pin	Signal
1	GND
2	Data Bit 1
3	Data Bit 17
4	Data Bit 2
5	Data Bit 18
6	Data Bit 3
7	Data Bit 19
8	Data Bit 4

Fortsetzung siehe nächste Seite

Pin	Signal
9	Data Bit 20
10	VCC (5 V)
11	NC
12	Address Bit 0
13	Address Bit 1
14	Address Bit 2
15	Address Bit 3
16	Address Bit 4
17	Address Bit 5
18	Address Bit 6
19	Address Bit 10
20	Data Bit 5
21	Data Bit 21
22	Data Bit 6
23	Data Bit 22
24	Data Bit 7
25	Data Bit 23
26	Data Bit 8
27	Data Bit 24
28	Address Bit 7
29	Address Bit 11
30	VCC (5 V)
31	Address Bit 8
32	Address Bit 9
33	/Row Address Strobe 3
34	/Row Address Strobe 2
35	NC
36	NC

Fortsetzung siehe nächste Seite

Pin	Signal
37	NC
38	NC
39	GND
40	/Column Address Strobe 0
41	/Column Address Strobe 2
42	/Column Address Strobe 3
43	/Column Address Strobe 1
44	/Row Address Strobe 0
45	/Row Address Strobe 1
46	NC
47	/Write Enable
48	NC
49	Data Bit 9
50	Data Bit 25
51	Data Bit 10
52	Data Bit 26
53	Data Bit 11
54	Data Bit 27
55	Data Bit 12
56	Data Bit 28
57	Data Bit 13
58	Data Bit 29
59	VCC (5 V)
60	Data Bit 30
61	Data Bit 14
62	Data Bit 31
63	Data Bit 15
64	Data Bit 32

Fortsetzung siehe nächste Seite

Pin	Signal
65	Data Bit 16
66	NC
67	Presence Detect Bit 1
68	Presence Detect Bit 2
69	Presence Detect Bit 3
70	Presence Detect Bit 4
71	NC
72	GND

Tabelle 6.15:
Die Belegung eines PS/2-SIMMs
ohne Parity-Funktion
(maximal 8 Mbit x 32 = 32 Mbyte)

Vor dem Erwerb von PS/2-SIMMs sollte man unbedingt klären, welche Typen explizit für das Mainboard vorgesehen sind (S-SIMM, D-SIMM, einseitig und/oder zweiseitig) und ob die Parity-Funktion unterstützt wird oder nicht.

Neben der Verwendung von DRAMs auf den SIM-Modulen werden auch DRAM-Weiterentwicklungen, wie EDO (**E**xtended **D**ata **O**ut), EDRAM (**E**nhanced **DRAM**s) und einige weitere eingesetzt. Sie sollen schnellere Zugriffszeiten als übliche DRAMs bieten, verwenden im wesentlichen die /RAS- und /CAS-Signale auf andere Art und Weise und realisieren auch unterschiedliche Zugriffsmodi. Ein »Mischen« von verschiedenen SIMM-Typen (z.B. Fast Page DRAM, welche bei PS/2-SIMMs als Standard gelten, mit EDO) auf einem Mainboard ist jedoch nicht zulässig, und das Manual zum Mainboard sollte erschöpfend darüber Auskunft geben, welche SIMM-Typen verwendet werden können.

6.5 Cache-RAMs

Der externe Cache-Speicher (Second Level Cache) verfügt in der Regel über eine Kapazität von 256 Kbyte bis zu 1 Mbyte und ist generell mit statischen RAM-Bausteinen (SRAMs) aufgebaut. Üblicherweise sind die Bausteine – wie die DRAMs und SIMMs – in Bänken organisiert und arbeiten asynchron. Synchrone statische RAMs (Synchronous SRAMs), die demgegenüber mit schnelleren Zugriffszeiten (< 20 ns) aufwarten, sind bei neueren Mainboards oftmals optional zu bestücken.

Bei kleineren Cache-Speicherkapazitäten (32 Kbyte) ist es in den meisten Fällen möglich, den Cache mit entsprechenden Bausteinen auf dem Mainboard aufzurüsten, was für eine möglichst gute PC-Performance durchaus empfehlenswert sein kann (siehe auch »External Cache Memory« in Kapitel 4.4).

Welche Bausteintypen dies jeweils sein müssen, muß dem Handbuch zum Mainboard entnommen werden, denn es gibt einfach zu unterschiedliche Varianten. In der Tabelle 6.16 ist angegeben, wie die Cache-Bausteine für die üblichen Speichergrößen organisiert sein müssen und wie viele man davon jeweils benötigt.

Größe	Cache-RAM	Cache-Tag-RAM	Cache-Dirty-RAM
64 Kbyte	8 Stück SRAM 8k x 8	2 Stück SRAM 4k x 4	1 Stück SRAM 4k x 4
64 Kbyte	8 Stück SRAM 8k x 8	1 Stück SRAM 8k x 8	1 Stück SRAM 4k x 4
64 Kbyte	8 Stück SRAM 8k x 8	3 Stück SRAM 4k x 4	1 Stück SRAM 4k x 4
128 Kbyte	4 Stück SRAM 32k x 8	1 Stück SRAM 8k x 8	1 Stück SRAM 8k x 8
256 Kbyte	8 Stück SRAM 32k x 8	2 Stück SRAM 16k x 4	1 Stück SRAM 16k x 4
256 Kbyte	8 Stück SRAM 32k x 8	1 Stück SRAM 32k x 8	1 Stück SRAM 16k x 4
512 Kbyte	8 Stück SRAM 64k x 8	1 Stück SRAM 32k x 8	1 Stück SRAM 64k x 4

Tabelle 6.16: Übliche Bestückungsmöglichkeiten von Cache-Speichern

Mit Hilfe des Cache-Tag-RAMs, welches in der Speicherkapazität meist kleiner ausfällt als die eigentlichen Cache-RAMs, bestimmt der Cache-Controller generell, ob ein Cache-Hit oder ein Cache-Miss vorliegt. Bei einem Cache-Miss werden die Daten statt aus dem Cache-RAM aus dem langsameren DRAM gelesen.

Das Cache-Dirty-RAM wird für den leistungsfähigeren Write-Back-Mode (statt Write Through) benötigt. Hiermit »merkt« sich der Cache-Controller, ob eine Übereinstimmung der Daten zwischen DRAM und SRAM (Cache) gegeben ist oder nicht (Dirty). Die Zeit für Schreibzugriffe wird dadurch minimiert, weil nur nur dann Daten aktualisiert werden, wenn sie sich verändert haben.

Einige Mainboard-Hersteller haben aus Kostengründen den Write-Back-Cache-Speicher leider so realisiert, daß das Dirty-Bit nicht verarbeitet werden kann (ein Baustein wird eingespart), wodurch der Controller nicht erkennt, ob Daten im Hauptspeicher aktualisiert werden müssen oder nicht. Er muß daher, wie beim Write-Through-Cache, Daten immer sowohl in den Cache als auch den Hauptspeicher schreiben, wodurch sich dann kein Vorteil gegenüber Write-Through ergibt. In solch einem Fall – und wenn das BIOS dies ermöglicht und zudem ein Sockel für das Cache–Dirty-RAM vorgesehen ist – ist es empfehlenswert, diesen Baustein nachzurüsten.

Es reicht jedoch nicht aus, nur die Bausteine in die betreffenden Fassungen zu stecken, sondern über Jumper muß auch noch die jeweilige Cache-Konfiguration festgelegt werden.

6.6 Read Only Memories

Die »Read Only Memories« (ROMs) werden als Speicherbausteine für das System-BIOS und für andere »BIOSe« von Grafik- und Netzwerkkarten oder Controllern wie SCSI eingesetzt. Es gibt sie in verschiedenen Ausführungen, die nach unterschiedlichen Funktionsprinzipien arbeiten. In der Tabelle 6.17 ist eine Übersicht angegeben.

Typ	Bezeichnung	Funktion
ROM	Read Only Memory	Festprogrammierter Nur-Lese-Speicher (Masken-ROM), der nicht gelöscht werden kann
PROM	Programmable Read Only Memory	Nachträglich zu programmierender Nur-Lese-Speicher, der nicht wieder gelöscht werden kann
EPROM	Electrically Programmable Read Only Memory	Programmierbarer Nur-Lese-Speicher, dessen Inhalt als Ganzes durch UV-Licht gelöscht werden kann
EEPROM	Electrically Eraseable and Programmable Read Only Memory	Programmierbarer Nur-Lese-Speicher, dessen Inhalt zeilenweise elektrisch gelöscht werden kann, relativ geringe Speicherkapazität (100 Byte - Kbyte) und lange Schreibzeit (typ. 10 ms) pro Wert

Fortsetzung siehe nächste Seite

Typ	Bezeichnung	Funktion
E^{2}PROM	Electrically Eraseable and Programmable Read Only Memory	Andere Bezeichnung für EEPROM
EAROM	Electrically Alternate Programmable Read Only Memory	Funktion identisch mit EEPROM
OTP-ROM	One Time Programmable Read Only Memory	Von der Funktion her mit einem EPROM identisch, kann aber nur einmal beschrieben und nicht wieder gelöscht werden
Flash-PROM Memory	Flash Programmable Read Only Memory	Flexibler, schneller Speicher, der prinzipiell wie ein RAM gehandhabt werden kann, wobei die Information jedoch nach Abschalten der Spannung nicht verlorengeht. Typisch mindestens 10000 Programmier- und Lösch-vorgänge, kann nur komplett oder seitenweise elektrisch gelöscht werden.

Tabelle 6.17: Read Only Memories in der Übersicht

Für ein BIOS wird in den meisten Fällen ein ROM, PROM oder EPROM eingesetzt. Die typische maximale Speicherkapazität dieser Bausteine beträgt für die PC-Anwendung 1 Mbyte. Das System-BIOS kann sich in einem, zweien oder auch vieren dieser Bausteine befinden. Ist aus irgendeinem Grunde ein Update des BIOS notwendig, weil beispielsweise vom Hersteller neue Funktionen für den BIOS-Setup implementiert worden sind oder einfach Fehler »ausgemerzt« worden sind, müssen die ROMs ausge-tauscht werden, was auf jeden Fall einen Eingriff in das PC-Innenleben bedeutet.

Neuere Mainboards verwenden daher einen Flash-Speicher (siehe auch Kapitel 2.3, Tabelle 2.29), und mit Hilfe einer speziellen Software-Utility (z.B. Flash Memory Writer der Firma Award), die zum Lieferumfang des Mainboards gehört, kann das neue BIOS einfach von einer Diskette in den Baustein geladen und programmiert werden.

27C010	27512	27256	27128	2764	2732	2716	Pin	Pin	2716	2732	2764	27128	27256	27512	27C010
Vpp							1	32							Vcc
A16							2	31							/Pgm
A15	A15	Vpp	Vpp	Vpp			3 (1)	30 (28)			Vcc	Vcc	Vcc	Vcc	NC
A12	A12	A12	A12	A12			4	29			/Pgm	/Pgm	A14	A14	A14
A7	A7	A7	A7	A7	A7	A7	5 (1)	28 (24)	Vcc	Vcc	NC	A13	A13	A13	A13
A6	A6	A6	A6	A6	A6	A6	6	27	A8	A8	A8	A8	A8	A8	A8
A5	A5	A5	A5	A5	A5	A5	7	26	A9	A9	A9	A9	A9	A9	A9
A4	A4	A4	A4	A4	A4	A4	8	25	Vpp	A11	A11	A11	A11	A11	A11
A3	A3	A3	A3	A3	A3	A3	9	24	/OE Vpp	/OE	/OE	/OE	/OE	/OE Vpp	/OE
A2	A2	A2	A2	A2	A2	A2	10	23	A10	A10	A10	A10	A10	A10	A10
A1	A1	A1	A1	A1	A1	A1	11	22	/CE	/CE	/CE	/CE	/CE	/CE	/CE
A0	A0	A0	A0	A0	A0	A0	12	21	D7	D7	D7	D7	D7	D7	D7
D0	D0	D0	D0	D0	D0	D0	13	20	D6	D6	D6	D6	D6	D6	D6
D1	D1	D1	D1	D1	D1	D1	14	19	D5	D5	D5	D5	D5	D5	D5
D2	D2	D2	D2	D2	D2	D2	15	18	D4	D4	D4	D4	D4	D4	D4
Gnd	Gnd	Gnd	Gnd	Gnd	Gnd	Gnd	16	17	D3	D3	D3	D3	D3	D3	D3

Tabelle 6.18: Die Pinbelegung der üblichen (E)PROMs. (Vpp ist der Anschluß für die Programmierspannung und /Pgm für das Programmiersignal)

207

7 Laufwerke

Ein Festplattenlaufwerk benötigt jeder PC und auch ein Diskettenlaufwerk gehört (immer noch) zur Standardausstattung eines jeden Personal Computers, wenn man einmal von Diskless-Workstations, wie sie in einem Netzwerk Verwendung finden, absieht. CD-ROMs zählen mittlerweile ebenfalls zu den weitverbreiteten Speichermedien, und statt des 1,2-Mbyte-Diskettenlaufwerks wird vom Hersteller oftmals gleich ein CD-ROM-Laufwerk im PC vorgesehen. Dies ist schon deshalb sinnvoll, weil die Datenmengen der Programme so groß geworden sind, daß eine Programminstallation von Disketten eine langwierige Angelegenheit werden kann, wenn man 28 (MS-OFFICE) oder noch mehr Disketten der Reihe nach einzulegen hat. Darüber hinaus sind Multimedia-Applikationen ohne CD-ROMs eigentlich überhaupt nicht sinnvoll einzusetzen.

In diesem Kapitel soll es um die verschiedenen Laufwerkstypen gehen und die Standards, denen sie sich zuordnen lassen, denn sie können nicht beliebig miteinander kombiniert werden.

7.1 Diskettenlaufwerke

Die Datenspeicherung auf einer Diskette oder Festplatte erfolgt nach einem der folgenden Verfahren:

- FM-Verfahren, Frequence Modulation
- MFM-Verfahren, Modified Frequence Modulation
- RLL-Verfahren, Run Length Limited
- ARLL-Verfahren, Advanced Run Length Limited

Für Diskettenlaufwerke findet standardmäßig das MFM-Verfahren und für heutige Festplatten ein (A)RLL-Verfahren Verwendung, von denen es zahlreiche unterschiedliche Formate gibt. Üblich ist bei (E)IDE und SCSI-Festplatten das Zone-Bit-Recording (ZBR), welches dafür sorgt, daß die Zylinder (quasi übereinander liegende Spuren) nicht gleichmäßig über der Plattenoberfläche verteilt sind wie bei MFM- (ST412/506) und ESDI-Festplatten, sondern die inneren Zonen nehmen weniger Zylinder auf als die äußeren, wodurch die Plattenoberfläche besser ausgenutzt wird. Dadurch ergibt sich eine höhere Speicherkapazität bei gleicher Fläche.

Für den PC stellen zwei verschiedene Diskettentypen den Standard dar. Es sind die immer selten werdende 5,25"-Diskette mit einer maximalen Kapazität von 1,2 Mbyte und die 3,5"-Diskette mit einer maximalen Kapazität von 1,44 Mbyte. Alle anderen Typen sind im Prinzip veraltet und nur noch aus Kompatibilitätsgründen interessant. Die 2,88-Mbyte-Diskette konnte sich nicht auf breiter Front durchsetzen, und sie wird es wohl auch nicht in der Zukunft tun, da Disketten für heutige Verhältnisse generell in der Kapazität zu knapp bemessen sind.

Disketten-größe	Disketten-Typ	Spuren	Sektoren	Dichte	Kapazität
5,25"	SS/SD	40	9	48 TPI	180 Kbyte
5,25"	DS/DD	40	9	48 TPI	160 Kbyte
5,25"	DS/HD	80	15	96 TPI	1,2 Mbyte
3,5"	DS/DD	80	9	135 TPI	720 Kbyte
3,5"	DS/HD	80	18	135 TPI	1,44 Mbyte
3,5"	DS/HD	80	36	96 TPI	2,88 Mbyte

Tabelle 7.1: Die gebräuchlichen 5.25"- und 3.5"-Diskettenformate, SS steht für Single Sided (einseitige Diskette) und DS für Double Sided (zweiseitige Diskette)

7.1.1 Spannungsanschluß

Die Diskettenlaufwerke besitzen einen Anschluß für die Spannungsversorgung, der sich bei den beiden Typen (3,5", 5,25") mechanisch voneinander unterscheidet, nicht jedoch elektrisch. In Bild 7.1 sind beide Steckervarianten abgebildet.

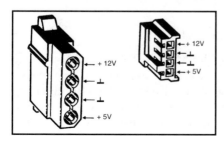

Bild 7.1:
Der kleine und der große Spannungsanschluß

Ein übliches PC-Netzteil bietet neben dem Spannungsanschluß für das Mainboard mehrere dieser »Laufwerksversorgungsanschlüsse«, die auch für alle anderen PC-Komponenten wie Festplatten- und CD-ROM-Laufwerke, den CPU-Cooler und die Taktanzeige verwendet werden. Adapterkabel von einem großen auf den kleinen Anschluß sind im Fachhandel erhältlich.

Spannung	Anschlußnummer	Farbe
+ 5 V	1	Rot
GND	2	Schwarz
GND	3	Schwarz
+12 V	4	Gelb

Tabelle 7.2:   Die in einen PC üblichen Anschlußkabel für die Spannungsversorgung der PC-Komponenten (Laufwerke u. a.)

Die Spannung von 12 V wird von neueren Laufwerken generell nicht verwendet, statt dessen von den CPU-Coolern.

7.1.2 Signale der Diskettenlaufwerke

Die Steckerbezeichnung und das Signalverhalten ist für 3,5"- und 5.25"-Laufwerke identisch. Bei einem 5.25"-Laufwerk ist der Signalstecker als Platinenstecker ausgeführt, bei einem 3,5"-Laufwerk dagegen als zweireihige Kontaktleiste. Durch die vorkonfektionierten Kabelsätze sind Verwechslungen ausgeschlossen.

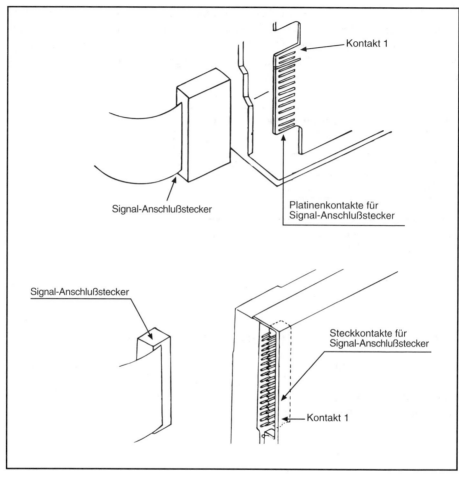

Kontakt 1

Signal-Anschlußstecker

Platinenkontakte für
Signal-Anschlußstecker

Signal-Anschlußstecker

Steckkontakte für
Signal-Anschlußstecker

Kontakt 1

Bild 7.2 Die Datenanschlüsse des 3,5- und des 5,25-Zoll-Laufwerks

212

Kontakt-Nummern	Bedeutung	Eingang/ Ausgang
GND 1 ∎ ∎ 2	HDIN/OPEN/HDOUT	E/A
GND 3 ∎ ∎ 4	RESERVIERT	-
GND 5 ∎ ∎ 6	RESERVIERT, /DRIVE SELECT 3	E
GND 7 ∎ ∎ 8	/INDEX	A
GND 9 ∎ ∎ 10	/DRIVE SELECT 0	E
GND 11 ∎ ∎ 12	/DRIVE SELECT 1	E
GND 13 ∎ ∎ 14	RESERVIERT, /DRIVE SELECT 2	E
GND 15 ∎ ∎ 16	/MOTOR ON	E
GND 17 ∎ ∎ 18	DIRECTION SELECT	E
GND 19 ∎ ∎ 20	/STEP	E
GND 21 ∎ ∎ 22	WRITE DATA	E
GND 23 ∎ ∎ 24	/WRITE GATE	E
GND 25 ∎ ∎ 26	/TRACK 00	A
GND 27 ∎ ∎ 28	/WRITE PROTECT	A
GND 29 ∎ ∎ 30	/READ DATA	A
GND 31 ∎ ∎ 32	SIDE SELECT	E
GND 33 ∎ ∎ 34	DISK CHANGE	A

Tabelle 7.3: Die Signale der Diskettenlaufwerke

Diejenigen Signale, die bei einem Low aktiv sind, d.h., die Aktionen, für die sie stehen, laufen bei einem Low-Pegel ab und werden wie überall in diesem Buch mit einem vorangestellten »/«-Zeichen markiert.

Der Kontakt 1 ist bei den Laufwerkskabeln meist ROT markiert.

213

GND1-GND33

Die Kontakte mit den ungeraden Anschlußnummern sind alle als GND- (Ground, Masse) Leitungen ausgeführt.

HDIN/OPEN/HDOUT

Der Anschluß 2 kann je nach Hersteller des Laufwerks unterschiedliche Funktionen übernehmen. Die Funktion wird meist über Jumper auf dem Floppy-Laufwerk eingestellt und dient der Einstellung der Spurdichte oder auch Aufzeichnungsdichte – Double Density oder High Density –. Eine gebräuchliche Jumper-Darstellung ist im folgenden angegeben.

Jumper auf einem Diskettenlaufwerk:

```
▮ ▮  HDO
▮ ▮  HDL
▮ ▮  HDH    Festlegung der Spurdichte
▮ ▮  DI

▮ ▮  D1     Erstes oder zweites LW
▮ ▮  D0
```

Die ON-Stellung ist bei gestecktem Jumper gegeben. Es darf lediglich ein Jumper für HDO, HDL oder HDH gesteckt sein. Eine Ausnahme ist allerdings die Stellung DI, die in Kombination mit HDO zulässig ist.

Ist nur der Jumper HDO gesteckt, wird mit einem High auf der HDIN-Leitung (Pin 2) der High-Density-Mode eingeschaltet.

Bei gestecktem HDL-Jumper wird der High-Density-Mode mit einem Low auf dieser Leitung eingeschaltet.

Ist der DI-Jumper gesteckt, hat der Pin 2 keine Funktion, der Eingang ist offen (open), und die Spurdichte wird vom Laufwerk automatisch durch das High-Density-Loch in der Diskette erkannt, es erfolgt jedoch keine Rückmeldung zum Controller.

Sind dagegen DI und HDO eingeschaltet, funktioniert der Pin 2 als Ausgang, und dem Diskettencontroller wird durch ein High vom Laufwerk signalisiert, daß sich eine High-Density-Diskette im Laufwerk befindet. Dies ist die gebräuchlichste Einstellung.

D0, D1

Mit D0 und D1 wird festgelegt, unter welcher Bezeichnung – entweder als erstes oder zweites Laufwerk des Systems – das Laufwerk angesprochen werden soll. Werden zwei Diskettenlaufwerke im PC verwendet, hat man zwei Einstellungsmöglichkeiten. Entweder setzt man das erste Laufwerk auf DS0 und das zweite auf DS1, oder man beläßt beide Laufwerke auf der DS0-Einstellung, welche in der Regel die Voreinstellung eines Laufwerkes ist, und verwendet ein gedrehtes Kabel.

Anschluß 4

Der Anschluß 4 des Laufwerksanschlusses ist nicht belegt und mit RESERVIERT bezeichnet.

Drive-Select

Je nach Aufbau des Diskettenlaufwerks und des Controllers kann ein Laufwerk als erstes, zweites, drittes oder viertes Laufwerk festgelegt werden. Angewählt werden die einzelnen Laufwerke über die Drive-Select-Signale (0 bis 3), die ein Low führen, wenn das jeweilige Laufwerk angewählt ist.

Konfiguriert werden die Laufwerke, wie oben beschrieben, über Steckbrücken. /DRIVE SELECT 2 und /DRIVE SELECT 3 steuern ein drittes und viertes Diskettenlaufwerk. In den meisten Fällen sind jedoch nur zwei Diskettenlaufwerke (/DRIVE SELECT 0, /DRIVE SELECT 1) konfigurierbar. Daher werden zur Laufwerksauswahl nur die Anschlüsse 10 und 12 verwendet, während die übrigen zwei Pins (6, 14) mit RESERVIERT bezeichnet werden. Es hängt vom Controller und Laufwerkstyp ab, wie viele Laufwerke insgesamt in einem System installiert werden können.

INDEX

Über den INDEX-Ausgang (Pin 8) wird ein Impuls ausgegeben, wenn der Startpunkt einer Spur (Track) erreicht wird.

MOTOR ON

Der Motor des Laufwerks wird über den Eingang MOTOR ON (Pin 16) mit einem Low eingeschaltet.

DIRECTION SELECT

Wird vom Controller an den Eingang DIRECTION SELECT (Pin 18) ein High gegeben, bewegt sich der Schreib-/Lese-Kopf von der Mitte der Diskette nach außen. Ist es Low, wird der Kopf zur Mitte hin bewegt. Die einzelnen Impulse zur Bewegung des Kopfes werden dabei über den Eingang STEP (Pin 20) eingelesen.

WRITE DATA

Die Daten werden über den Eingang WRITE DATA (Pin 22) auf die Diskette geschrieben und über den Ausgang READ DATA (Pin 30) von der Diskette gelesen.

WRITE GATE

Über WRITE GATE (Pin 24) wird das Löschen der geschriebenen Daten eingeschaltet und das Schreiben neuer Daten wieder ermöglicht.

TRACK 00

Am TRACK 00-Ausgang (Pin 26) liegt ein High, wenn sich der Kopf auf der Spur 0/ Sektor 0 befindet. Ist die Diskette bootfähig, befindet sich hier der Bootrecord der Diskette. Dies ist im Prinzip nichts anderes als ein Programm, welches versucht, die Dateien MSDOS.SYS und IO.SYS zu laden.

WRITE PROTECT

Der Ausgang WRITE PROTECT (Pin 28) führt ein Low-Signal, wenn die Diskette schreibgeschützt ist. Eine 3,5"-Diskette ist schreibgeschützt, wenn das »Write-Enable-Loch« offen ist.

SIDE SELECT

Welche Seite der Diskette gelesen oder beschrieben werden soll, wird über den Eingang SIDE SELECT (Pin 32) bestimmt. Ist das Signal High, wird der Magnetkopf für die untere Seite selektiert. Bei einem Low der Magnetkopf für die obere Seite angewählt.

DISK CHANGE

Falls der Diskettenschacht offen ist, d.h. sich keine Diskette im Laufwerk befindet, führt der Ausgang DISK CHANGE (Pin 34) ein Low-Signal.

7.2 Festplattentypen in der Übersicht

Die folgenden Tabellen informieren über die grundsätzlichen Kenndaten der verschiedenen Festplattentypen. In fünf weiteren Tabellen sind die Daten für neuere Festplatten verschiedener Hersteller – nach den jeweiligen Schnittstellen (teilweise auch nach der Baugröße) sortiert – angegeben.

MFM/ST506-Festplatte

Maximale Speicherkapazität: 140 Mbyte
Typische Datenübertragungsrate: 250-600 Kbyte/s
Datenaufzeichnungsformat: Modifizierte Frequenz Modulation
Anschluß: 20poliges Datenkabel und 34poliges Steuerkabel
Entwicklungsstand: Veraltet und wird nicht mehr hergestellt

Tabelle 7.4: Die typischen Daten einer MFM-Festplatte

RLL/ST506-Festplatte

Maximale Speicherkapazität: 280 Mbyte
Typische Datenübertragungsrate: maximal 800 Kbyte/s
Datenaufzeichnungsformat: Run Length Limited-Verfahren
Anschluß: 20poliges Datenkabel und 34poliges Steuerkabel
Entwicklungsstand: Veraltet und wird nicht mehr hergestellt

Tabelle 7.5: Die typischen Daten einer RLL-Festplatte

ESDI-Festplatte

Maximale Speicherkapazität: 600 Mbyte
Typische Datenübertragungsrate: 1,2 Mbyte/s
Datenaufzeichnungsformat: Run Length Limited-Verfahren
Anschluß: 20poliges Datenkabel und 34poliges Steuerkabel (Signale nicht mit ST506-Festplatten identisch!)
Entwicklungsstand: Veraltet und wird nicht mehr hergestellt

Tabelle 7.6: Die typischen Daten einer ESDI-Festplatte

IDE-Festplatte

Maximale Speicherkapazität: 504 Mbyte
Typische Datenübertragungsrate: 4 Mbyte/s
Datenaufzeichnungsformat: Zone Bit Recording
Anschluß: 40poliges Kabel
Entwicklungsstand: PC-Standardfestplattentyp (wird zunehmend von EIDE abgelöst)

Tabelle 7.7: Die typischen Daten einer IDE-Festplatte

EIDE-Festplatte

Maximale Speicherkapazität: 7,9 Gbyte
Typische Datenübertragungsrate: 5 Mbyte/s
Datenaufzeichnungsformat: Zone Bit Recording
Anschluß: 40poliges Kabel
Entwicklungsstand: PC-Standardfestplattentyp

Tabelle 7.8: Die typischen Daten einer EIDE-Festplatte

SCSI-Festplatte

Typische maximale Speicherkapazität: 9 Gbyte	
Typische Datenübertragungsrate:	5 Mbyte/s (Standard)
	10 Mbyte/s (Fast)
	20 Mbyte/s (Wide-SCSI, 16 Bit)
Datenaufzeichnungsformat: RLL oder Zone Bit Recording	
Anschluß: 50poliges Kabel (Standard und Fast, 8 Bit)	
68poliges Kabel (Wide SCSI, 16 Bit)	
Entwicklungsstand: PC-Standardfestplattentyp, wird laufend weiterentwickelt	

Tabelle 7.9: Die typischen Daten einer SCSI-Festplatte

Hersteller	Typ	Größe (Mbyte)	Cache (Kbyte)	Zugriffszeit (ms)/ Transferrate (Mbyte/s)	Setup-Daten/ Sektoren/ Zyl.-Köpfe
			(E)IDE: 3,5 Zoll		
Conner	CFA 540A	515	256	4/9	63/1048/16
Conner	CFS 420 A	420	64	13/2	63/826/16
Conner	CFA 810 A	810	K. A.	14/K. A.	63/1572/16
Conner	CFA 1080 A	1080	K. A.	14/K. A.	63/2097/16
Conner	CP 30544	528	K. A.	K. A.	63/1923/16
IBM	0662-A10	1050	512	8/10	63/2038/16
IBM	DSAA-3270	281	96	12/8	63/954/16
IBM	H3342 A4	327	96	12/8	48/872/16
Maxtor	7540 AV	540	64	12/K. A.	63/1046/16
Maxtor	7546	547,6	256	12/6	63/1023/16
NEC	D3713	340	128	12/5	63/760/16
NEC	D3717	540	256	12/7	63/1042/16
Quantum	GoDr 120 AT	120	128	17/4	13/731/26
Quantum	ProDr 210 AT	210	128	15/6	13/873/36
Quantum	ProDr 425 AT	256	128	14/4	51/1021/16
Samsung	SHD 3122 Apollo	240	64	13/3	35/937/15
Samsung	SHD 3172 3 Apollo	340	64	12/3	45/968/16
Samsung	SHD 32124	400	128	10/3	52/1002/16
Western Digital	AC 2420 Caviar	405	128	12/K. A.	56/989/15
Western Digital	AC 2540 Caviar	515	128	9/K. A.	63/1048/16

Fortsetzung siehe nächste Seite

Hersteller	Typ	Größe (Mbyte)	Cache (Kbyte)	Zugriffszeit (ms)/ Transferrate (Mbyte/s)	Setup-Daten/ Sektoren/ Zyl.-Köpfe
(E)IDE: 2,5 Zoll					
Conner	CFN 340 A	340	32	13/K. A.	63/667/16
Hitachi	DK221 A-34	340	64	13/4	K. A.
Hitachi	DK221 A-51	510	64	14/5	K. A.
IBM	DVAA-2810	810	64	14/8	K. A.
Quantum	Daytona 127	127	128	17/13	K. A.
Quantum	Daytona 170	170	128	17/13	K. A.
Quantum	Daytona 256	256	128	17/13	K. A.
Quantum	Daytona 341	341	128	17/13	K. A.
Quantum	Daytona 541	541	128	17/13	K. A.
Quantum	LPS 170AT	170	128	14/13	22/1011/15
Quantum	LPS 240AT	240	128	14/13	13/723/51
Quantum	LPS 270AT	270	128	12/13	40/944/14
Quantum	LPS 340AT	342	128	12/13	44/1011/15
Quantum	LPS 420AT	421	128	12/13	K. A.
Quantum	LPS 540AT	541	128	12/13	K. A.
Quantum	GoDr GLS127	127	128	17/4	K. A.
Seagate	ST 9144 A	122	K. A.	16/K. A.	17/980/15
Seagate	ST 9145 AG	122	K. A.	16/K. A.	17/980/15
Seagate	ST 9235 A	200	K. A.	16/K. A.	32/985/13
Toshiba	MK 1724 FCV	262	128	13/4	512/1920/K. A.
Toshiba	MK 1824 FCV	353	128	13/5	512/2050/4
Toshiba	MK 2326 FC	340	128	12/4	512/969/14
Toshiba	MK 2428 FC	520	512	12/6	512/1920/6
Western Digital	AC 1270	271	128	9/1	56/2233/3

Tabelle 7.10: IDE- und EIDE-Festplatten in der Übersicht

Hersteller	Typ	Größe (Mbyte)	Cache (Kbyte)	Zugriffszeit (ms)/ Transferrate (Mbyte/s)	Setup-Daten/ Sektoren/ Zyl.-Köpfe
		Enhanced-IDE: 3,5 Zoll			
Conner	CFS 420	420	128	15/1	83/826/16
Conner	CFA 540 A	541	256	12/K. A.	63/1023/16
Conner	CFA 850 A	850	256	12/K. A.	63/1652/16
Conner	CFA 1080	1080	256	12/K. A.	63/2100/16
IBM	0662-A10	1050	96	10/K. A.	63/16/2038
IBM	DPEA-30540	540	512	10/11	135/4096/2
IBM	DPEA-31080	1080	512	10/11	135/4096/4
IBM	DSAA-3540	540	96	12/8	K. A.
IBM	DSAA-3720	730	K. A.	12/8	K. A.
Maxtor	7546 A	546	256	12/2	63/1060/16
NEC	D3723	365	384	11/6	63/707/16
NEC	D3725	730	384	11/6	63/1410/16
NEC	D3727	1083	384	11/6	32/2098/16
Quantum	Ligh LT365AT	365	128	11/K. A.	K. A.
Quantum	Ligh LT540AT	540	128	11/K. A.	K. A.
Quantum	Ligh LT730AT	730	128	11/K. A.	63/1416/16
Quantum	Mav. 270AT	270	128	14/K. A.	K. A.
Quantum	Mav. 540AT	540	128	14/K. A.	63/1049/2
Quantum	Mav. 730AT	730	128	11/K. A.	K. A.
Samsung	Apollo 420	420	128	12/11	63/856/16
Samsung	Apollo 540	547	256	11/11	63/1061/16
Samsung	Apollo 560	560	128	12/11	63-1086/16
Seagate	ST 31220A	1000	256	16/4	63/1024/16
Seagate	ST 31200	955	K. A.	12/13	79/2626/9
Seagate	ST 3491A	428	K. A.	10/K. A.	62/899/15

Fortsetzung siehe nächste Seite

Hersteller	Typ	Größe (Mbyte)	Cache (Kbyte)	Zugriffszeit (ms)/ Transferrate (Mbyte/s)	Setup-Daten/ Sektoren/ Zyl.-Köpfe
Seagate	ST 3660A	545	120	14/2	63/1057/16
Seagate	ST 3655A-I	505	256	14/10	63/1024/16
Seagate	ST 5660A-I	520	512	256	63/1057/16
Western Digital	AC 2540	540	128	10/8	63/1048/16
Western Digital	AC 2700	730	128	10/8	63/1416/16
Western Digital	AC 31000	1084	128	10/11	63/2100/16
Western Digital	AC 2340	3413	128	9/1	56/2233/4
Western Digital	AC 2420	4253	128	9/1	55/2721/4

Tabelle 7.11: Enhanced-IDE-Festplatten in der Übersicht

Hersteller	Typ	Größe (Mbyte)	Cache (Kbyte)	Zugriffszeit (ms)/ Transferrate (Mbyte/s)
SCSI: 5,25 Zoll				
Hitachi	DK 517 C-37	3700	512	12/5
Quantum	ESP 510S	107	K. A.	1/10
Quantum	ESP 530S	267	K. A.	1/10
Quantum	ESP 540S	428	K. A.	1/10
Quantum	ESP 580S	856	K. A.	1/10
SCSI: 3,5 Zoll				
IBM	DPES-30540	540	512	11/10
NEC	D3813	340	128	12/5
NEC	D3817	540	256	12/7
Quantum	LPS 170S	170	128	14/K. A.
Quantum	LPS 270S	270	128	12/K. A.
Quantum	LPS 346S	342	128	12/K. A.
Quantum	LPS 540S	541	128	12/K. A.
Quantum	Mav. 540S	540	128	14/K. A.
SCSI: 2,5 Zoll				
Quantum	Daytona 127	127	128	17/K. A.
Quantum	Daytona 170	170	128	17/K. A.
Quantum	Daytona 256	256	128	17/K. A.
Quantum	Daytona 341	341	128	17/K. A.
Quantum	Daytona 541	514	128	17/K. A.
Quantum	GoDr GLS85	85	128	17/4
Quantum	GoDr GLS127	127	128	17/4
Quantum	GoDr GLS170	170	128	17/4
Quantum	GoDr GLS256	256	128	17/4

Tabelle 7.12: SCSI-Festplatten in der Übersicht

Hersteller	Typ	Größe (Mbyte)	Cache (Kbyte)	Zugriffszeit (ms)/ Transferrate (Mbyte/s)
Fast-SCSI: 5,25 Zoll und 3,5 Zoll				
Quantum	XP 31070-I	1070	1024	9/10
Avastor (DEC)	DSP 3107L	1070	512	9/10
Conner	CFA 540 S	540	256	12/K. A.
Quantum	VP 31110-I	1103	512	9/10
Quantum	VP 32210-I	2206	1024	8/10
Quantum	Empire 1400S	1400	512	9/10
Quantum	XP 34300-I	4300	2048	9/10
Quantum	XP 32150-I	2150	1024	9/10
Seagate	ST 15150	4100	256	9/7
Seagate	ST 15150N-I	4100	1024	8/10
Seagate	ST 15230N	4294	512	9/6
Seagate	ST 15230N-I	4294	512	9/10
Seagate	ST 31230N	1050	256	9/5
Seagate	ST 31230N-I	1050	512	9/10
Seagate	ST 31250N	1022	512	8/7
Seagate	ST 32430N	2147	412	9/6
Seagate	ST 32430N-I	2147	512	9/10
Seagate	ST 32550 N	2147	512	8/7
Seagate	ST 32550N-I	2147	512	8/10
Seagate	ST 42400	2125	256	11/4
Seagate	ST 43400N	2912	256	11/5
Avastor (DEC)	DSP 3160	1600	256	10/20
Avastor (DEC)	DSP 3107L	1070	512	10/10
Avastor (DEC)	DSP 3160	1600	512	10/20
Hewlett Packard	C2490 A-001	2100	256	10/10
Hewlett Packard	C3323 A-001	1050	512	10/10

Fortsetzung siehe nächste Seite

Hersteller	Typ	Größe (Mbyte)	Cache (Kbyte)	Zugriffszeit (ms)/ Transferrate (Mbyte/s)
Quantum	Empire 1080S	1080	512	10/10
Quantum	Empire 1440S	1440	512	10/10
Quantum	Empire 2160S	2160	512	10/10
Quantum	GrPr 4280S	4280	512	9/10
Quantum	Ligh LT365S	365	128	11/10
Quantum	Ligh LT540S	540	128	11/13
Quantum	Ligh LT730S	730	128	11/13
Seagate	ST 12400N	2500	256	10/10
IBM	DSAS-3540	548	96	12/K. A.
Conner	CFP 1060 S	1062	512	9/10
DEC	DSP 3053 L	535	512	9/10
Fujitsu	2684 SAM	532	256	14/3
Fujitsu	2694	1083	256	10/10
IBM	0662-S12	1050	512	9/6
IBM	0664-M1H	2013	512	9/5
IBM	DFMS-S5F	5250	512	10/12
IBM	DPES-31080	1080	512	10/10
Quantum	Mav. 270AT	270	128	14/13
Quantum	Mav. 540S	540	128	14/13
Seagate	ST 31200N	1052	256	9/6

Tabelle 7.13: SCSI-Festplatten, die explizit als Fast-SCSI spezifiziert sind, in der Übersicht

Hersteller	Typ	Größe (Mbyte)	Cache (Kbyte)	Zugriffszeit (ms)/ Transferrate (Mbyte/s)
Wide-SCSI: 5,25 Zoll und 3,5 Zoll				
Quantum	Atlas XP31070S	1075	1024	8/20
Quantum	Atlas XP32150S	2150	1024	8/20
Quantum	Cap. VP31110S	1108	512	8/20
Quantum	Cap. VP32210S	2216	1024	9/20
Quantum	DSP 3053L	535	512	9/20
Quantum	DSP 3107LS	1070	512	9/20
Quantum	DSP 3133LS	1337	512	9/20
Quantum	GrPr XP 32140S	2140	512	9/20
Quantum	GrPr XP34280S	2140	512	9/20
Micropolis	Scorpio	9010	512	12/10
Micropolis	Scorpio AV	9090	512	12/10
Micropolis	Taurus-2	2100	512	9/10
IBM	DFHS-32160	2160	512	8/10
IBM	DFHS-34320	4320	512	8/10
IBM	DFMS-35250	5250	512	8/10
Quantum	Atlas XP34300S	4300	2048	8/20
Micropolis	Capricorn	4294	512	9/10
Micropolis	Capricorn-2	4294	512	9/10
Micropolis	Taurus AV	2100	512	9/10
Quantum	DSP 3210S	2148	1024	9/20
Differential-SCSI: 3,5 Zoll				
IBM	0664-N1H	2013	512	9/20
IBM	DFMS-31080	2100	1024	8/20
IBM	DFMS-32160	2000	1024	8/20
IBM	DFMS-34320	4000	1024	9/20
Seagate	ST 12550N	2139	1024	8/20
Seagate	ST 15150N	4300	1024	8/20
Seagate	ST 410800N	9080	1024	9/20

Tabelle 7.14: Wide- und Differential-SCSI-Festplatten in der Übersicht

Für alte MFM- und RLL-Festplatten die vorgegebenen Werte der Hersteller verwenden, die meist auf dem Festplattengehäuse angegeben sind.

Für (E)IDE-Festplatte die Herstellerwerte verwenden oder Parameter durch BIOS automatisch ermitteln lassen (funktioniert nicht immer).

SCSI-Festplatte als NOT INSTALLED angeben.

ESDI-Festplatte als Typ 1 angeben.

Bei installierter IDE-Festplatte wird eine SCSI-Festplatte als zweite Platte angemeldet (NOT INSTALLED), und von ihr kann nicht gebootet werden.

Bei EIDE-Festplatten darauf achten, daß Logical Block Addressing unterstützt wird.

Die Master/Slave-Konfiguration bei 2 oder mehr (E)IDE-Festplatten beachten.

Nicht alle (E)IDE-Festplatten funktionieren an einem PCI-IDE-Controller.

7.2.1 Festplattenschnittstellen

Es existieren für Festplatten fünf verschiedene Schnittstellen, wobei SCSI und EIDE auch für andere Geräte (CD-ROM-Laufwerk, Streamer, Scanner) verwendet werden können. Die beiden anderen Schnittstellen sind veraltet, und es werden für sie auch keine neuen Festplatten mehr angeboten.

- ST506/ST412-Schnittstelle
- ESDI-Schnittstelle
- SCSI-Schnittstelle
- IDE-Schnittstelle
- Enhanced IDE-Schnittstelle

Die SCSI-Schnittstelle wird aufgrund ihrer universellen Verwendbarkeit für die unterschiedlichsten Geräte im Kapitel 10 (Bussysteme) näher erläutert.

7.3 ST506/ST412-Festplatte

Von außen sind die ST412/506-Controller und Festplatten an dem 34poligen Steuer- und dem 20poligen Datenkabelanschluß erkennbar. Die ST506/412-Schnittstelle ist eine Weiterentwicklung des oben beschriebenen Diskettenlaufwerksinterfaces, und auch hier sind die Leitungen mit ungerader Pinnummer wieder die Masseleitungen.

Für die Verbindung zwischen dem Controller und einer Festplatte werden zwei Kabel benötigt. An jede Festplatte wird je ein Datenkabel (20polig, DRIVE 0, DRIVE 1) angeschlossen. Die Steuerleitungen (34polig) hingegen, die festlegen, zu welcher Festplatte die Daten übertragen oder von welcher sie gelesen werden sollen, werden von der ersten zur eventuell vorhandenen zweiten Festplatte durchgeschleift. Zur Festlegung des ersten Festplattenlaufwerks (C:) wird üblicherweise ein Kabel verwendet, bei dem die Kontakte 26 und 28 (Steuerkabel) miteinander vertauscht sind (gedrehtes Kabel), während das zweite Laufwerk mit einem 1:1-Kabel verbunden wird.

Kontakt-Nummern	Bedeutung	Eingang / Ausgang
GND 1 ■ ■ 2	/HEAD SELECT 3, /RWC	E
GND 3 ■ ■ 4	/HEAD SELECT 2	E
GND 5 ■ ■ 6	/WRITE GATE	E
GND 7 ■ ■ 8	/SEEK COMPLETE	A
GND 9 ■ ■ 10	/TRACK 0	A
GND 11 ■ ■ 12	/WRITE FAULT	A
GND 13 ■ ■ 14	/HEAD SELECT 0	E
GND 15 ■ ■ 16	/RESERVIERT	-
GND 17 ■ ■ 18	/HEAD SELECT 1	E
GND 19 ■ ■ 20	/INDEX	A
GND 21 ■ ■ 22	/READY	A
GND 23 ■ ■ 24	/STEP	E

Fortsetzung siehe nächste Seite

Kontakt-Nummern	Bedeutung	Eingang / Ausgang
GND 25 ▊ ▊ 26	/DRIVE SELECT 0	E
GND 27 ▊ ▊ 28	/DRIVE SELECT 1	E
GND 29 ▊ ▊ 30	/DRIVE SELECT 2	E
GND 31 ▊ ▊ 32	/DRIVE SELECT 3	E
GND 33 ▊ ▊ 34	DIRECTION IN	E

Tabelle 7.15: Der 34polige Steueranschluß der ST506/412-Schnittstelle

HEAD SELECT 3, RWC

Der Pin 2 kann, je nach Hersteller, unterschiedliche Funktionen haben. Oft ist er auch mit RESERVIERT bezeichnet und hat keine Funktion. Hat eine Festplatte mehr als 8 Köpfe, wird der Anschluß zur Ansteuerung der weiteren Köpfe benötigt. Wenn der Anschluß die Bezeichnung RWC hat, wird mit diesem Signal der Schreibzugriff auf die inneren Spuren verkürzt (Precompensation).

HEAD SELECT

Die HEAD SELECT-Signale (Pin 4, 14 ,18) werden zur Ansteuerung der einzelnen Köpfe verwendet, wie es in der Tabelle 7.16 gezeigt ist.

	HEAD SELECT		
Kopfnummer	0	1	2
0	1	1	1
1	0	1	1
2	1	0	1
3	0	0	1
4	1	1	0
5	0	1	0
6	1	0	0
7	0	0	0

Tabelle 7.16:
Kopfansteuerung einer Festplatte

229

WRITE GATE

Wird das WRITE GATE-Signal (Pin 6) vom Controller auf Low-Pegel gesetzt, stehen an den WRITE DATA-Eingängen (Pin 13, 14 Datenkabel) Daten zur Verfügung.

SEEK COMPLETE

Sind die Köpfe zum gewünschten Zylinder hin bewegt worden, liegt am Ausgang SEEK COMPLETE (Pin 8) ein Low-Signal an.

TRACK 0

Das TRACK 0-Signal (Pin 10) signalisiert mit einem Low, daß sich die Magnetköpfe über dem Zylinder 0 befinden.

WRITE FAULT

Wenn sich das Laufwerk nicht korrekt verhält, beispielsweise das Timing der Steuersignale außerhalb der Toleranz liegt, werden die Schreib- und Leseoperationen abgebrochen, und am Ausgang WRITE FAULT (Pin 12) steht ein Low.

INDEX

Der Anfang eines Zylinders wird durch eine fallende Flanke (von High nach Low) am INDEX-Ausgang (Pin 20) gekennzeichnet. Ist die Festplatte bereit für eine Suchoperation, steht am Ausgang READY (Pin 22) ein Low.

STEP

Jedesmal, wenn an den Eingang STEP (Pin 24) ein Low-Impuls gegeben wird, bewegen sich die Köpfe um einen Zylinder in diejenige Richtung, die durch das Signal DIRECTION IN bestimmt wird.

DIRECTION IN

Ist DIRECTION IN (Pin 34) High, werden die Köpfe nach außen bewegt.

DRIVE SELECT

Mit den DRIVE SELECT-Signalen können bis zu vier Festplattenlaufwerke angesteuert werden. Unter welcher Bezeichnung das entsprechende Laufwerk angesprochen werden soll, wird meist auf der Platine des Laufwerks über DIP-Schalter oder Jumper bestimmt.

	Funktion	Pin		Pin	Funktion	
A	/DRIVE SELECTED	1	∎ ∎	2	GND	-
-	RESERVIERT	3	∎ ∎	4	GND	-
-	RESERVIERT	5	∎ ∎	6	GND	-
-	RESERVIERT	7	∎ ∎	8	GND	-
-	RESERVIERT	9	∎ ∎	10	RESERVIERT	-
-	GND	11	∎ ∎	12	GND	-
E	+ WRITE DATA	13	∎ ∎	14	-WRITE DATA	E
-	GND	15	∎ ∎	16	GND	-
A	+ READ DATA	17	∎ ∎	18	- READ DATA	A
-	GND	19	∎ ∎	20	GND	-

Eingang oder Ausgang für die Festplatte

Tabelle 7.17: Die Signale des 20poligen Datenanschlusses der ST506/412-Schnittstelle

DRIVE SELECTED

Der Anschluß DRIVE SELECTED (Pin 1) dient als Rückmeldesignal zum Controller, wenn die Festplatte vom Controller angesprochen worden ist.

WRITE DATA

Die Daten werden seriell über die WRITE DATA-Eingänge (Pin 13, 14) auf die Festplatte geschrieben. Es wird dann ein Flußwechsel ausgelöst, wenn die »+ WRITE DATA-Spannung« die »- WRITE DATA Spannung« überschreitet.

READ DATA

Die Daten werden seriell über die READ DATA-Ausgänge (Pin 17, 18) von der Festplatte gelesen.

7.4   ESDI-Festplatte

Die Bezeichnung ESDI steht für Enhanced Small Device Interface und definiert einen Schnittstellenstandard, der nicht nur für Festplatten, sondern auch für andere »Devices« Verwendung finden kann. SCSI hat wesentliche Merkmale von ESDI übernommen.

Äußerlich unterscheidet sich die ESDI-Schnittstelle nicht von der ST506/412-Schnittstelle: Die Datenübertragung erfolgt gleichfalls über ein 20poliges Kabel, das Steueranschlußkabel ist ebenfalls 34polig. Auch die Registerkompatibilität zur ST506/412-Schnittstelle ist gegeben. Einige der ESDI-Signale haben zudem die gleiche Bezeichnung wie die der ST506/412-Schnittstelle. Es ist aber nicht möglich, eine ESDI-Festplatte an eine ST506/412-Schnittstelle oder umgekehrt anzuschließen, denn, obwohl die ESDI-Schnittstelle eine Weiterentwicklung der ST506/412-Schnittstelle darstellt, ist die Technik grundverschieden.

Hier erfolgt die Übertragung zwischen Controller und Festplatte in digitaler Form nach der NRZ-Kodierung (No Return to Zero) und nicht in analoger Form.

Kontakt-Nummern	Bedeutung	Eingang / Ausgang
GND 1 ▮ ▮ 2	/HEAD SELECT 3	E
GND 3 ▮ ▮ 4	/HEAD SELECT 2	E
GND 5 ▮ ▮ 6	/WRITE GATE	E
GND 7 ▮ ▮ 8	/CONFIGURATION-STATUS-DATA	A
GND 9 ▮ ▮ 10	/TRANSFER ACKNOWLEDGE	A
GND 11 ▮ ▮ 12	/ATTENTION	A
GND 13 ▮ ▮ 14	/HEAD SELECT 0	E
GND 15 ▮ ▮ 16	/SECTORADDRESS MARK FOUND	A
GND 17 ▮ ▮ 18	/HEAD SELECT 1	E
GND 19 ▮ ▮ 20	/INDEX	A
GND 21 ▮ ▮ 22	/READY	A
GND 23 ▮ ▮ 24	/TRANSFER REQUEST	E
GND 25 ▮ ▮ 26	/DRIVE SELECT 2^0	E
GND 27 ▮ ▮ 28	/DRIVE SELECT 2^1	E

Fortsetzung siehe nächste Seite

Kontakt-Nummern	Bedeutung	Eingang / Ausgang
GND 29 ▌▐ 30	/DRIVE SELECT 2^2	E
GND 31 ▌▐ 32	/READ GATE	E
GND 33 ▌▐ 34	/COMMAND DATA	E

Tabelle 7.18: Der 34polige Steueranschluß der ESDI-Schnittstelle

HEAD SELECT

Mit den HEAD SELECT-Signalen werden die einzelnen Köpfe (bis zu 14) angesteuert. Diese Signale sind wie alle anderen bei einem Low aktiv, d.h., daß die entsprechende Funktion bei einer »0« ausgeführt wird.

WRITE GATE

Der WRITE GATE-Eingang (Pin 6) steuert das Beschreiben der Festplatte. Solange dieses Signal auf Low ist, können Daten zur Platte geschrieben werden. Die HEAD SELECT-Signale müssen dabei aktiv sein.

CONFIGURATION STATUS-DATA

Über den Ausgang CONFIGURATION STATUS-DATA (Pin 8) werden Statusinformationen zum Controller gesendet, wenn zuvor das REQUEST CONFIGURATION- oder REQUEST STATUS-Kommando empfangen wurde. Das Datenformat ist 16 Bit plus Parity Bit, wobei jedes einzelne Bit eine bestimmte Information repräsentiert. Ist beispielsweise Bit 3 auf »1«, verwendet die Festplatte das RLL-Aufzeichnungsverfahren und nicht das MFM-Verfahren. Alle relevanten Daten der Festplatte wie Anzahl der Zylinder, Sektoren pro Spur usw. lassen sich aus der Festplatte »herauslesen«. Die Bedeutung der einzelnen Bits kann sich aber von Hersteller zu Hersteller unterscheiden.

TRANSFER ACKNOWLEDGE

Nachdem die Daten durch die Festplatte verarbeitet worden sind, wird dies dem Controller mit einem Low auf der TRANSFER ACKNOWLEDGE-Leitung (Pin 10) mitgeteilt, so daß das nächste Datum des Kommandos gesendet werden kann.

ATTENTION

Der ATTENTION-Ausgang (Pin 12) wird Low, wenn ein Fehler festgestellt wurde. Dies kann ein Fehler bei der Kommandoübergabe sein, beispielsweise wenn das Handshaking nicht korrekt funktioniert hat.

SECTOR ADDRESS MARK FOUND

Das Signal am Anschluß 16 (SECTOR ADDRESS MARK FOUND) kann verschiedene Funktionen haben, dies hängt vom jeweiligen Festplatten- und Controllertyp ab und kann in vielen Fällen mit einem DIP-Schalter oder Jumper eingestellt werden. So kann beispielsweise ein Impuls ausgegeben werden, wenn der Anfang eines Sektors oder eine Adressen-Markierung auf der Festplatte gefunden wurde. Das Signal ist ebenfalls immer am 20poligen Datenanschluß (Pin 2) vorhanden.

INDEX

Am INDEX-Ausgang (Pin 20) erscheint immer dann ein Impuls, wenn von den Magnetköpfen der Anfang einer Spur gelesen wurde.

READY

READY (Pin 22) signalisiert, daß der Motor die spezifizierte Umdrehungsgeschwindigkeit erreicht hat.

TRANSFER REQUEST

Wenn vom Controller über COMMAND DATA ein Datum ausgegeben wird, erhält die Festplatte über TRANSFER REQUEST (Pin 24) ein Low-Signal, womit ihr mitgeteilt wird, daß ein neues Datenwort ansteht.

DRIVE SELECT

Über die DRIVE SELECT-Leitungen wird diejenige Geräteadresse gesendet, unter der sich die einzelnen Geräte angesprochen fühlen sollen. Bis zu sieben Geräte können theoretisch in der Daisy-Chain-Verbindungsart (Signale durchschleifen) an einem Controller betrieben werden. Die jeweilige Adresse wird am Gerät über DIP-Schalter eingestellt.

READ GATE

Mit dem READ GATE-Anschluß (Pin 32) wird das Lesen der Festplatte gesteuert. Es werden so lange Daten über die Anschlüsse NRZ DATA (Datenanschlußkabel) gelesen, wie sich das READ GATE-Signal auf Low befindet.

COMMAND DATA

Für die Steuerung der Festplatte gibt es eine Reihe von ESDI-Kommandos, die seriell über den Anschluß COMMAND DATA (Pin 34) vom Controller zur Festplatte gesendet werden. Das Datenformat ist 16 Bit plus ein Parity Bit. Die Tatsache, daß die Datenübertragung mit einem Handshake-Verfahren erfolgt, führt zu der hohen Übertragungssicherheit der ESDI-Schnittstelle.

Kommando	Bedeutung
SEEK	Suchen des Zylinders, der mit den dem Kommando folgenden Parametern angegeben wird.
RECALIBRATE	Lese- und Schreibköpfe über Zylinder 0.
REQUEST STATUS	Einschalten des Modes für REQUEST CONFIGURATION.
REQUEST CONFIGURATION	Geräte-Daten wie Anzahl der Zylinder, der Sektoren pro Spur usw. werden von der Festplatte ausgelesen.
CONTROL	Interface zurücksetzen und Motor starten oder anhalten.
TRACK OFFSET	Offset für die Spuren einstellen.
DATA STROBE OFFSET	Offset für Data-Strobe-Signal einstellen.
INITIATE DIAGNOSTICS	Testfunktion aufrufen.

Tabelle 7.19: Die wichtigsten ESDI-Kommandos für Festplatten

	Funktion	Pin		Pin	Funktion	
A	/DRIVE SELECTED	1	■ ■	2	/SEC-ADDR. MARK FOUND	A
A	/COMMAND COMPLETE	3	■ ■	4	/ADDRESS MARK ENABLE	E
-	GND	5	■ ■	6	GND	-
E	+WRITE CLOCK	7	■ ■	8	-WRITE CLOCK	-
-	GND	9	■ ■	10	+READ/ REFER. CLOCK	A
A	-READ/REFER. CLOCK	11	■ ■	12	GND	-
E	+ NRZ WRITE DATA	13	■ ■	14	-NRZ WRITE DATA	E
-	GND	15	■ ■	16	GND	-
A	+ NRZ READ DATA	17	■ ■	18	- NRZ READ DATA	A
-	GND	19	■ ■	20	/INDEX	-

Eingang oder Ausgang für die Festplatte

Tabelle 7.20: Die Signale des 20poligen Datenanschlusses der ESDI-Schnittstelle

DRIVE SELECTED

Ist die entsprechende Festplatte adressiert, wird dies dem Controller mit einem Low auf der DRIVE SELECTED-Leitung mitgeteilt.

SECTOR ADDRESS MARK FOUND

Das Signal am Anschluß 2 (SECTOR-ADDRESS MARK FOUND) ist identisch mit dem Signal am Anschluß 16 des Steueranschlusses.

COMMAND COMPLETE

Befindet sich das Signal COMMAND COMPLETE (Pin 3) auf High, können keine Kommandos empfangen werden, da sich die Festplatte noch mit dem Abarbeiten eines vorherigen Kommandos beschäftigt.

ADDRESS MARK ENABLE

Das Signal (Pin 4) schaltet den Mode für die Adressenmarkierung ein (siehe oben SECTOR ADDRESS MARK FOUND).

WRITE CLOCK

An den Anschlüssen WRITE CLOCK (Pin 7,8) liegen die Taktsignale, wenn Daten (RLL2.7) über die NRZ WRITE DATA-Eingänge (Pin 13,14) gesendet werden.

READ CLOCK

Taktausgänge (Pin 10,11) für das Lesen der Signale über die Anschlüsse NRZ READ DATA (Pin 17,18). Die READ CLOCK-Ausgänge erzeugen außerdem den Referenztakt für die WRITE CLOCK-Signale. Eine Unterscheidung zwischen den beiden Betriebsarten findet durch das READ GATE-Signal am Steuersignalanschluß statt.

NRZ WRITE DATA

Die Signalleitungen für das Schreiben der Daten.

NRZ READ DATA

Die Signalleitungen für das Lesen der Daten.

INDEX

Der INDEX-Ausgang (Pin 20) ist mit dem Anschluß INDEX des Steueranschlusses identisch.

7.5 Integrated Device Electronic (IDE)

Der Grundgedanke bei der IDE-Schnittstelle ist, die gesamte Elektronik von der Controllerkarte weg auf die Festplatte zu setzen (Integrated Electronic). Damit wird der Bus praktisch vom ISA-Slot zur Festplatte hin verlängert, so daß diese Schnittstelle auch als AT-Bus-Schnittstelle bezeichnet wird.

Die Registerkompatibilität zum Urahnen – dem ST506/412-Interface – bleibt dabei erhalten. Die Kommandos werden parallel und nicht wie bei ESDI-Festplatten seriell gesendet. Für IDE-Festplatten gibt es einen festgelegten Kommandosatz. Die Kommandos beeinflussen im wesentlichen ein SECTOR COUNT- (SC), ein SECTOR NUMBER- (SN), ein CYLINDER- (CY) Register sowie ein DRIVE/HEAD-Register (DH). In der Tabelle 7.15 sind die Kommandos im Hex-Code angegeben, wie sie durch den ATA-Standard (AT Attachment) definiert sind. Das »D« in der DH-Spalte bedeutet, daß nur der Drive-Parameter und nicht der Head-Parameter für das jeweilige Kommando gültig ist. Für einige Kommandos gibt es zwei unterschiedliche Codes, und eine IDE-Festplatte muß auch nicht alle unterstützen. Alle ab RECALIBRATE bis zum Kommando EXECUTE DRIVE DIAGNOSTIC (Code 09) sind jedoch zwingend. Diejenigen mit dem Code F0 zählen zu den erweiterten Kommandos, die herstellerspezifisch sind und demnach unterschiedlich verwendet werden können.

Name	Code	SC	SN	CY	DH
NOP	00				
Recalibrate	1x				D
Read Sectors, with retry	20	Y	Y	Y	Y
Read Sectors, no retry	21	Y	Y	Y	Y
Read Long, with retry	22		Y	Y	Y
Read Long, no retry	23	Y	Y	Y	Y
Write Sectors, with retry	30	Y	Y	Y	Y
Write Sectors, no retry	31	Y	Y	Y	Y
Write Long, with retry	32	Y	Y	Y	Y
Write Long, no retry	33	Y	Y	Y	Y
Read Verify Sectors, with retry	40	Y	Y	Y	Y
Read Verify Sectors, no retry	41	Y	Y	Y	Y
Format Track	50	Y		Y	Y
Seek	7x			Y	Y
Execute Drive Diagnostic	90				D
Initialize Drive Parameters	91	Y			Y
Check Power Mode	98, E5	Y			D
Read Multiple	C4	Y	Y	Y	Y
Write Multiple	C5	Y	Y	Y	Y
Set Multiple Mode	C6	Y			D
Read DMA, with retry	C8, 09	Y	Y	Y	Y
Read DMA, no retry	C9	Y	Y	Y	Y
Write DMA, with retry	CA	Y	Y	Y	Y

Fortsetzung siehe nächste Seite

Name	Code	SC	SN	CY	DH
Write DMA, no retry	CB	Y	Y	Y	Y
Acknowledge Media Change	DB				
Boot-POST Boot	DC				
Boot-Pre Boot	DD				
Door Lock	DE				
Door Unlock	DF				
Read Buffer	E4				
Standby Mode	E0, 94				
Idle Mode	E1, 95				
Standby Mode-Auto Power Down	E2, 96				
Idle Mode-Auto Power Down	E3				
Read Buffer	E4				D
Sleep Mode	E6, 99				
Rest	E7				
Write Buffer	E8				D
Read Drive State	E9				Y
Restore Drive State	EA				
Identify Drive	EC				D
Set Features	EF				D
Read Defect List	F0	Y	Y	Y	Y
Read Configuration	F0	Y	Y	Y	Y
Set Configuration	F0	Y	Y	Y	Y

Tabelle 7.21: Die Kommandos nach dem ATA-Standard

7.5.1 Der IDE-(ATA)Festplattenanschluß

Der Anschluß der Festplatte erfolgt über einen 40poligen Anschluß (Bild 7.3), der mit der Controllerkarte verbunden wird. Anders als bei den ST506/412-Festplatten werden beim Betrieb zweier IDE-Festplatten im PC keine Kabel verwendet, bei denen einzelne Leitungen »verdreht« sind.

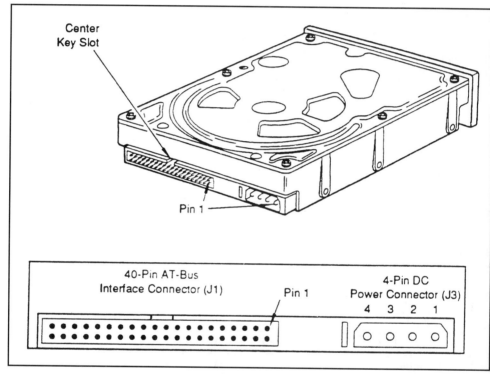

Bild 7.3: Die Anschlüsse einer ATA-Festplatte (IDE)

Durch Jumper werden eine Master- und eine Slave-Festplatte festgelegt. Die Master-Festplatte, auf der sich auch das Betriebssystem befindet, ist die erste und die Slave-Festplatte die zweite im System. Eine IDE-Festplatte nutzt nicht alle Signale des AT-Bus (ISA-Slot). Einige Signale werden durch die Minimal-Elektronik der Adapterkarte oder der Mainboard-Elektronik erzeugt, so zum Beispiel /CS0 und /CS1 durch die Adressen-Dekodierungsschaltung.

Festplattenanschluß J1		AT-Bus (ISA)		
Pin-Nr.	Signal-Name	Pin-Nr.	Signal-Name	Eingang / Ausgang
1	/RESET	B2	RES DRV	E
2	GROUND	B31	GROUND	-
3	DB7	A2	SD7	E/A
4	DB8	C11	SD8	E/A
5	DB6	A3	SD6	E/A
6	DB9	C12	SD9	E/A
7	DB5	A4	SD5	E/A
8	DB10	C13	SD10	E/A
9	DB4	A5	SD4	E/A
10	DB11	C14	SD11	E/A
11	DB3	A6	SD3	E/A
12	DB12	C15	SD12	E/A
13	DB2	A7	SD2	E/A
14	DB13	C16	SD13	E/A
15	DB1	A8	SD1	E/A
16	DB14	C17	SD14	E/A
17	DB0	A9	SD0	E/A
18	DB15	C18	SD15	E/A
19	GROUND	B10	GROUND	-
20	KEYPIN	-	-	-
21	DMARQ	siehe Text	DRQx	A
22	GROUND	-	-	-
23	/DIOW	B13	/IOW	E
24	GROUND	B1	GROUND	-
25	/DIOR	B14	/IOR	E
26	GROUND	-	-	-

Fortsetzung siehe nächste Seite

Festplattenanschluß J1		AT-Bus (ISA)		
Pin-Nr.	Signal-Name	Pin-Nr.	Signal-Name	Eingang / Ausgang
27	IORDY	A10	IO CH RDY	A
28	CABLE SELECT, SPINDLE SYNC	-	-	-
29	/DMAACK	siehe Text	/DACKx	E
30	GROUND	-	-	-
31	INTRQ	siehe Text	IRQx	A
32	/IOCS16	D2	/IOCS16	A
33	ADDR1	A30	A1	E
34	/PDIAG	-	-	E/A
35	ADDR0	A31	A0	E
36	ADDR2	A29	A2	E
37	/CS0	-	-	E
38	/CS1	-	-	E
39	/DASP	-	-	E/A
40	GROUND	-	-	-

Tabelle 7.22: Der Zusammenhang zwischen dem AT-Bus (ISA) – und dem IDE-Festplattenanschluß

RESET

Das RESET-Signal (Pin 1) für die Festplatte wird durch Invertierung auf der IDE-Adapterplatine aus dem RESET-Signal des ISA-Bus gewonnen. Die Festplatte ist nach dem Empfang dieses Signals betriebsbereit.

DB0-DB15

Die Daten werden parallel über die 16 Datenleitungen (DB0-DB15) zwischen Bus und Festplatte ausgetauscht.

KEYPIN

Der Anschluß KEYPIN (Pin 20) ist auf einigen Adapterplatinen an einen Jumper geführt und ermöglicht die Abschaltung des Interfaces. In einigen Fällen ist der Anschluß auch mit RESERVIERT bezeichnet, oder er wird nur als Steckschutz verwendet und ist dann nicht als Kontakt ausgeführt.

DMARQ

Die Übertragung der Daten erfolgt über den direkten Speicherzugriff DMA. Als DMA-Kanal wird meist der Kanal 1 oder auch der Kanal 3 verwendet, der dann mit der DMARQ-Leitung der Festplattenelektronik verbunden ist.

Die Anforderung einer DMA-Übertragung wird von der Festplatte durch ein High an diesem Anschluß an den DMA-Controller gemeldet.

DIOW

Das Schreibsignal /DIOW (Pin 23) wird bei einem Schreibzyklus aktiviert und ist mit dem Anschluß /IOW des AT-Bus identisch.

DIOR

Das Lesesignal /DIOR (Pin 25) wird bei einem Lesezyklus aktiviert und ist mit dem Anschluß /IOR des AT-Bus identisch.

IORDY

Falls die Festplatte noch nicht bereit ist, auf eine neue Datenübertragung zu reagieren, weil sie noch mit der Abarbeitung der vorherigen Daten beschäftigt ist, wird dies der CPU mit einem Low über die Leitung IORDY (Pin 27) mitgeteilt.

CABLE SELECT oder SPINDLE SYNCHRONISATION

Der Anschluß kann von Hersteller zu Hersteller unterschiedliche Funktionen haben, oder er ist einfach mit RESERVIERT bezeichnet. Bei der Firma Quantum wird er als CABLE SELECT bzeichnet. Ist der Pin 28 auf High, ist die Festplatte als DRIVE 1 festgelegt, ist es dagegen Low, ist sie als DRIVE 0 festgelegt. Andere Hersteller wiederum verwenden diesen Kontakt zur Spindelsynchronisation.

DMAACK

Die Bestätigung für eine DMA-Datenübertragung wird der Festplatte über diesen Anschluß (/DMAACK, Pin 29) mit einem Low mitgeteilt (siehe auch DMARQ).

INTRQ

Die IDE-Festplatte verwendet standardmäßig den Interrupt 14 des PCs, dessen Leitung dann auf den Anschluß INTRQ (Pin 31) des Festplatten-Anschlußsteckers geführt wird. Oftmals kann auch per Jumper und/oder BIOS-Setup ein anderer Interrupt-Kanal festgelegt werden.

IO CS16

Die Daten zwischen der Platte und dem Mainboard können in 8-Bit-Breite oder 16-Bit-Breite übertragen werden. Legt die Festplattenelektronik den Anschluß /IO CS16 auf Low, ist die Datenbreite auf 16 Bit festgelegt. Eine DMA-Übertragung kann nur in 16-Bit-Breite ausgeführt werden.

ADDR0, ADDR1, ADDR2

Die internen Datenregister der Festplatte werden mit den Leitungen ADDR0 (Pin 35), ADDR1 (Pin 33) und ADDR2 (Pin 36), die mit den entsprechenden Adreßleitungen des ISA-Bus verbunden sind, adressiert.

PDIAG

Der Anschluß /PDIAG (Pin 34) wird für den Selbsttest der Festplatte(n) benötigt. Sind zwei Festplatten im PC eingebaut, liefern sowohl die Master- als auch die Slave-Festplatte über ihren jeweiligen Anschluß die Information über die Beendigung des Selbsttests an die Adapterelektronik. Auf der Adapterelektronik findet eine Oder-Verknüpfung dieser beiden Festplattensignale statt, so daß erst dann Daten gesendet oder empfangen werden können, wenn die Tests erfolgreich abgeschlossen worden sind.

CS0, CS1

Zur Adressierung einzelner Befehls-Register werden außer den Leitungen ADDR0 und ADDR1 die Leitungen /CS0 und /CS1 (Pin 37, 38) verwendet, die durch eine Dekodierungsschaltung auf der Adapterkarte aus den Adressen erzeugt werden. Mit /CS0 werden die Command-Block-Register und mit /CS1 die Control-Block-Register angewählt.

DASP

Der Anschluß /DASP (Pin 39) bedeutet DRIVE AKTIVE-SLAVE PRESENT. Ist eine Festplatte aktiv, wird dies über diese Leitung signalisiert. Auf der Adapterkarte wird das Signal dann ausgewertet und an eine Anschlußklemme (HD) geführt. Hier kann die Leuchtdiode, die an der Frontplatte des PC montiert ist, angeschlossen werden. Das Signal /DASP dient auch zur Identifizierung einer Slave-Festplatte. Nach einem Reset legt die Slave-Festplatte das Signal innerhalb von 400 ms auf Low und teilt damit dem PC die Anwesenheit einer zweiten Festplatte mit.

Für 2,5-Zoll-IDE-Festplatten, wie sie in Notebooks verwendet werden, ist ein 50poliger Steckverbinder im 2-mm-Raster definiert, der teilweise auch nur als 44polige Verbindung ausgeführt wird. Die Belegung der 40 Kontakte des Standard-IDE-Anschlusses bleibt dabei unverändert, es sind jedoch einige herstellerspezifische (meist 4) Signale hinzugekommen.

7.5.2 IDE-Übertragungsmodi

Mit IDE-Festplatten (ATA) sind verschiedene Übertragungsarten möglich, die vom Festplatten- und BIOS-Typ abhängig sind. In der Tabelle 7.23 sind die üblichen Modes mit ihren typischen Zykluszeiten (ns) und maximalen Datenübertragungsraten (Mbyte/s) angegeben, die jedoch nichts über die tatsächliche Performance einer IDE-Festplatte besagen, denn diese Daten beziehen sich auf die Datenübertragungsrate auf dem Bus. Letztendlich bestimmt die Festplatte – wie beispielsweise die Größe des internen Festplatten-Cache-Speichers – wie schnell eine Festplatte die Daten verarbeiten kann.

Typ	Mode 0	Mode 1	Mode 2	Mode 3	Mode 4
PIO-Standard	600 ns	383 ns	240 ns	180 ns	120 ns
	3,33 Mbyte/s	5,22 Mbyte/s	8,33 Mbyte/s	11,11 * Mbyte/s	16,6 * Mbyte/s
Einzelwort-DMA	960 ns	480 ns	240 ns	-	-
	2,08 Mbyte/s	4,16 Mbyte/s	8,33 Mbyte/s	-	-
Multiwort-DMA	480 ns	150 ns *	120 ns *	-	-
	4,16 Mbyte/s	13,3 Mbyte/s	16,6 Mbyte/s	-	-

Tabelle 7.23: Kenndaten der (E)IDE-Übertragungsarten. Die mit »« gekennzeichneten Modi sind mit Enhanced-IDE (Kapitel 7.5.4) eingeführt worden.*

In der PIO-Standard-Betriebsart (Polling-Betrieb) wird kein Handshaking zwischen der Festplatten- und der Mainboard-Elektronik ausgeführt. Bei den DMA-Betriebsarten erfolgt die Kontrolle der Datenübernahme mit den oben beschriebenen DMA-Leitungen.

7.5.3 ATAPI

Die Verbindung von unterschiedlichen Geräten wie Festplatten, CD-ROM-Laufwerke oder auch Scanner ist mit Hilfe des SCSI-Busses (Kapitel 10.7) leicht möglich. Da ein CD-ROM-Laufwerk mittlerweile ebenfalls als Standardlaufwerk betrachtet werden kann, mußte eine Lösung für den Anschluß eines CD-ROM-Laufwerkes als kostengünstige Alternative zu SCSI gefunden werden.

Die CD-ROM-Interfaces auf den Soundkarten sind sowohl soft- als auch hardwaretechnisch gesehen stark herstellerabhängig und ein allgemein gültiger Standard besteht hier nicht. Viele Soundkarten bieten daher drei verschiedene Interfaces, z.b. für Mitsumi-, Sony- und Philips-Laufwerke. Alternativ werden zu CD-ROM-Laufwerken auch gleich entsprechende – wiederum herstellerspezifische – Controller-Einsteckkarten mitgeliefert (die im Prinzip aber nur eine Abwandlung des IDE-Interfaces darstellen), wodurch auch wieder »wertvolle Ressourcen« des PCs (Slot, I/O-Adressen, DMA- und Interrupt-Kanal) zusätzlich belegt werden.

Um dem CD-Interface-Wirrwar Einhalt zu gebieten, wurde daher das ATAPI (**AT A**ttachment **P**acket **I**nterface) als Ergänzung zu ATA (vergl. Kapitel 7.5.2) ersonnen, welches neben CD-ROM-Laufwerken (zumindest theoretisch) auch die Ankopplung von anderen Geräten wie z.b. Streamern ermöglichen soll. Der ATAPI-Standard wurde vom **S**mall **F**orm **F**actor Committee (SFF) erarbeitet, dem unter anderem Apple, IBM, Microsoft, Mitsumi, NEC, Philips, Sony und Western Digital angehören.

Der Vorteil von ATAPI ist der, daß hierfür ein Standard-IDE-Adapter, wie er ohnehin für Festplatten üblich ist, verwendet werden kann. Der oftmals noch freie Anschluß für eine zweite Festplatte kann daher für ein ATAPI-CD-ROM-Laufwerk zum Einsatz kommen. ATAPI stellt demnach keine hardwaretechnische Änderung gegenüber dem IDE-Anschluß (ATA) dar, sondern lediglich eine softwaretechnische.

Das CD-ROM-Laufwerk muß bei Verwendung eines Standard-IDE-Controllers immer als Slave und die Festplatte dementsprechend als Master »gejumpert« werden.

Wenn das BIOS des PC noch nicht die ATAPI-Befehle unterstützt, muß auch hier wie bei den bisher üblichen CD-ROM-Konfigurationen (siehe oben) ein spezieller Treiber geladen werden.

Der ATAPI-Kommandosatz ist nicht identisch mit dem ATA-Kommandosatz (siehe auch Tabelle 7.21), denn ein CD-ROM-Laufwerk benötigt auch andere (zusätzliche) Befehle als eine Festplatte. Dennoch besitzen beide Kommandogruppen Gemeinsamkeiten, wie die Tabelle 7.24 zeigt.

Kommando	Code	Kommandotyp
ATAPI soft reset	08h	Spezielles ATAPI-Kommando
Check Power Mode	E5h	Herkömmliches ATA/IDE-Kommando
Door Lock	DEh	Herkömmliches ATA/IDE-Kommando (optional)
Door Unlock	DFh	Herkömmliches ATA/IDE-Kommando (optional)
Execute Drive Diagnostic	90h	Herkömmliches ATA/IDE-Kommando
Format Track	50h	Herkömmliches ATA/IDE-Kommando (optional)
Idle Mode-Auto Power Down	E3h	Herkömmliches ATA/IDE-Kommando
Idle Mode	E1h	Herkömmliches ATA/IDE-Kommando
NOP	00h	Herkömmliches ATA/IDE-Kommando (optional)
Packet command	A0h	Spezielles ATAPI-Kommando
Packet Identify Device	A1h	Spezielles ATAPI-Kommando
Recalibrate	1xh	Herkömmliches ATA/IDE-Kommando (optional)
Seek	7xh	Herkömmliches ATA/IDE-Kommando (optional)
Set Feature	EFh	Herkömmliches ATA/IDE-Kommando
Sleep Mode	E6h	Herkömmliches ATA/IDE-Kommando
Standby Mode-Auto Power Down	E2h	Herkömmliches ATA/IDE-Kommando (optional)
Standby Mode	E0h	Herkömmliches ATA/IDE-Kommando

Tabelle 7.24: Die vorgeschriebenen und optionalen Kommandos des ATAPI-Befehlssatzes

Der wichtigste Befehl ist »Packet Command«, denn in den meisten Fällen werden die Daten für ATAPI-Geräte als »Pakete« mit Hilfe dieses Kommandos übertragen, und es werden nicht die neuen ATAPI-Befehle verwendet. Dadurch wird auf der einen Seite das Anpassen bereits vorhandener Treiber minimiert und auf der anderen Seite die Kompatibilität zu IDE-Festplatten nicht beeinflußt. Die Ähnlichkeit zu SCSI ist aber nicht zu übersehen, auch wenn es hier keine Busphasen gibt und alle Packet-Commands 12 Byte lang (bei SCSI 6, 8, 10 oder 12 Byte) sind. Die Datenübertragung erfolgt dabei immer im PIO-Mode und eine DMA-Übertragung ist nicht vorgesehen.

Die implementierten herkömmlichen ATA-Kommandos dienen nur dazu, für besondere Situationen eine bedingte Kompatibilität mit AT-Bus-Festplatten sicherzustellen, um beispielsweise einen Absturz bestehender Software zu verhindern.

Befehl	Code	Typ
Audio Scan	D8h	optional
Inquiry	12h	zwingend
Mode Select	55h	zwingend
Mode Sense	5Ah	zwingend
Pause/Resume	4Bh	optional
Play Audio	45h, A5h	optional
Play Audio MSF	47h	optional
Play Audio Track/Index	48h	optional
Play Track Relative	49h, A9h	optional
Play CD-ROM XA	AEh	optional
Send CD-ROM XA ADPCM Data	4Fh	optional
Prevent/Allow Medium Removal	1Eh	zwingend
Read	28h	zwingend
Read CD-ROM Capacity	25h	zwingend
Read CD-ROM	D4h	zwingend
Read CD-ROM MFS	D5h	zwingend
Read Header	44h	zwingend

Fortsetzung siehe nächste Seite

Befehl	Code	Typ
Read Sub-Channel	42h	zwingend
Read TOC	43h	zwingend
Request Sense	03h	zwingend
Rezero Unit	01h	optional
Seek	2Bh	zwingend
Set CD-ROM Speed	DAh	optional
Stop Play/Scan	4Eh	optional
Start/Stop Unit	1Bh	zwingend
Test Unit Ready	00h	zwingend

Tabelle 7.25: Die ATAPI-Kommandos (Packet Commands) für CD-ROM-Laufwerke

7.5.4 Enhanced-IDE (EIDE)

An einen IDE-Adapter (ATA) können maximal 2 Laufwerke angeschlossen werden. Bei ATA bedeutet dies zwei Festplatten und bei ATAPI eine Festplatte und ein CD-ROM-Laufwerk oder auch zwei Festplatten. Enhanced-IDE stellt eine Erweiterung gegenüber IDE in Form eines zweiten Ports dar, wodurch dann vier Laufwerke verwendet werden können. Die Ports werden als »Primär« und als »Sekundär« bezeichnet, und die Master-Slave-Konfiguration ist auch hier wieder gegeben. Bei einem EIDE-Adapter ist es sinnvoll, ein CD-ROM-Laufwerk an die sekundäre Schnittstelle anzuschließen, damit die Festplatte, welche an den primären Port angeschlossen ist, nicht durch die Packet Commands (siehe oben) »ausgebremst« wird. Das Bild 7.3 (siehe nächste Seite) zeigt die üblichen (E)IDE-Konfigurationen.

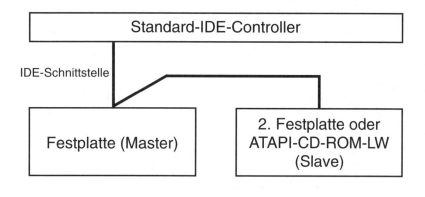

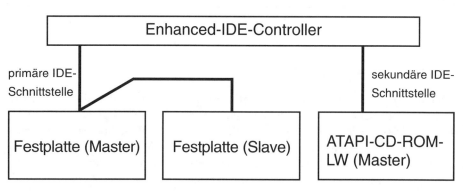

Bild 7.3: Die Anschlußmöglichkeiten für IDE und EIDE

Zur Beschleunigung der Datenübertragung über den primären Port werden mit EIDE zwei neue PIO-Modi und zwei DMA-Modi (vergl. Tabelle 7.23) eingeführt. In den neuen PIO-Modes wird zur Kenntlichmachung, daß neue Daten verfügbar sind, die IORDY-Leitung des ISA-Bus als Meldeleitung (Handshake) verwendet. Die Erweiterungen von EIDE zeigt die Tabelle 7.26, wobei der DMA- und der Interrupt-Kanal zusätzlich zu den von IDE standardmäßig verwendeten Kanälen verstanden werden.

DMA-Kanal	Interrupt-Kanal	PIO Mode 3	PIO Mode 4	Multiwort DMA Mode 1	Multiwort DMA Mode 2
5	15	180 ns	120 ns	150 ns	120 ns
		11,1 Mbyte/s	16,6 Mbyte/s	13,3 Mbyte/s	16,6 Mbyte/s

Tabelle 7.26: Die Erweiterungen von Enhanced-IDE mit den spezifizierten Zykluszeiten und Datenübertragungsraten

Welche Adressen sowohl für den ersten (alten) als auch für den zweiten Port Verwendung finden, ist in der Tabelle 7.27 angegeben.

Port 1	Port 2	Read/Write	Bedeutung
1F0h	170h	R/W	16-Bit-Datenport
1F1h	171h	R	Fehler Register
1F1h	171h	W	Feature Register
1F2h	172h	R/W	ATA: Sector Count Register ATAPI: Interrupt Reason Register
1F3h	173h	R/W	ATA CHS: Sector Number Register ATA LBA: Byte 0 der Blocknummer
1F4h	174h	R/W	ATA CHS: Cylinder Low Register ATA LBA: Byte 1 der Blocknummer ATAPI: Byte Count Register Byte 0
1F5h	175h	R/W	ATA CHS: Cylinder High Register ATA LBA: Byte 2 der Blocknummer ATAPI: Byte Count Register Byte 1
1F6h	176h	R/W	Drive/Head Register
1F7h	177h	R	Status Register
1F7h	177h	W	Command Register
3F6h	376h	R	Alternate Status Register
3F6h	376h	W	Device Control Register
3F7h	377h	R	Drive Address Register

Tabelle 7.27: Die Adressen für den ersten (IDE) und den zweiten Port (EIDE)

Neben der Erweiterung der Laufwerksanzahl wird mit EIDE die Beschränkung der maximalen Speicherkapazität einer IDE-Festplatte auf 504 Mbyte beseitigt. Diese ergibt sich durch die mit IDE einhergehende Kompatibilität zum Controller (WD1003), wie er für die ST506/412-Festplatten aus Kompatibilitätsgründen üblich, aber leider auf maximal 16 Köpfe beschränkt ist. Das PC-Standard-BIOS kann gleichwohl 255 Köpfe, aber lediglich 63 Sektoren verwalten.

Parameter	BIOS	IDE	LBA	CHS
Sektorgröße	512 Byte	512 Byte	512 Byte	512 Byte
Sektorenanzahl	63	255	63	63
Zylinderanzahl	1024	65536	1024	1024
Kopfanzahl	255	16	255	16
Maximale Kapazität	7,8 Gbyte	127 Gbyte	7,8 Gbyte	504 Mbyte

Tabelle 7.28: Die maximalen Speicherkapazitäten, die durch das PC-BIOS und IDE gegeben sind

Abhilfe aus der Kapazitätsbeschränkung schafft das **L**ogical **B**lock **A**ddressing (LBA), welches eine mit LBA betriebene Festplatte (EIDE) unterstützt. Die Festplattenparameter werden beim Booten über das IDENTIFY DRIVE-Kommando (Tabelle 7.21) vom BIOS ermittelt und in ein CHS (**C**ylinder **H**eads **S**ectors) umgesetzt, wodurch sich die Speicherkapazität auf maximal 7,8 Gbyte erhöht. Das PC-BIOS muß also explizit für EIDE ausgelegt sein, oder es wird ein zusätzlicher Softwaretreiber benötigt (z.B. Ontrack Disk Manager), der die Umsetzung entsprechend durchführt. Ein ähnliches Umsetzungsproblem der Festplattenparameter gab es vor Jahren mit DOS 3.3 , welches keine Partitionen größer 32 Mbyte verwalten konnte. Das »Hilfsmittel«, das dieses Problem damals (ca. 1987) beseitigte, hieß übrigens Disk Manager und stammte von der Firma Ontrack.

7.6 CD-ROM-Laufwerke

Die ersten für den PC erhältlichen CD-ROM-Laufwerke (Single Speed) realisieren typische Datenübertragungsraten von 150 Kbyte/s mit Zugriffszeiten von ca. 400 ms, wie es bei den Audio-CD-Playern üblich ist. Die Single-Speed-Laufwerke sind praktisch vom Markt verschwunden und durch die Double-Speed-CD-ROM-Laufwerke ersetzt worden, die dementsprechend mit Datenübertragungsraten von 300 Kbyte/s und Zugriffszeiten von typisch 200 ms aufwarten. Stand der Technik sind mittlerweile Laufwerke mit bis zu 6facher Umdrehungsgeschwindigkeit (z.B. Fa. Plextor), was sich in noch höheren Datenübertragungsraten und kürzeren Zugriffszeiten niederschlägt. Diese in erster Linie von der Umdrehungsgeschwindigkeit abhängigen Werte sind in der Praxis jedoch eher als theoretische Werte anzusehen und sollten daher nicht überbewertet werden. Die übrige Hardware des PC, die jeweilige Software und auch das Treiberprogramm spielen bei der Verwendung eines CD-ROM-Laufwerkes eine wesentliche Rolle.

CD-ROM-Laufwerke werden mit den folgenden Schnittstellen angeboten:

- SCSI: Als interne und externe Geräte
- Herstellerspezifisch: Mit spezieller Controllerkarte oder für den Anschluß an eine Soundkarte.
- ATAPI: Anschluß an einen Standard-IDE oder EIDE-Controller.
- PCMCIA: Zum externen Anschluß an ein Notebook.
- Parallel-Port: Zum externen Anschluß an ein Notebook.

SCSI-CD-ROM-Laufwerke sind universell einsetzbar und preislich in der Regel über den ATAPI-Laufwerken, die die Masse der CD-ROM-Laufwerke darstellen, angesiedelt. In puncto Geschwindigkeit und Zuverlässigkeit gibt es dabei, wenn die Laufwerke optimal konfiguriert sind, keine gravierenden Unterschiede.

Ein ATAPI-CD-ROM-Laufwerk muß bei der Verwendung an einem Standard-IDE-Controller als »Slave« gejumpert werden.

Damit die Festplatte nicht »ausgebremst« wird, sollte ein ATAPI-CD-ROM-Laufwerk – wenn möglich – an den sekundären Kanal des EIDE-Controllers als Master angeschlossen werden.

Die Laufwerke mit den herstellerspezifischen Interfaces (AT-Bus-Ableger) werden immer seltener angeboten und sind auch deshalb eher nicht zu empfehlen, da sie zusätzliche PC-Ressourcen durch die jeweilige Controller- oder die Soundkarte belegen.

CD-ROM-Laufwerke mit PCMCIA- oder Parallel-Port-Interface empfehlen sich für den externen Anschluß an Notebooks, wo es weniger auf die Verarbeitungsgeschwindigkeit der Daten, sondern vielmehr auf Handlichkeit und Mobilität der Laufwerke ankommt.

Im Kapitel 1.14 (Book-Standards) sind die wichtigen Begriffe für CD-ROMs angeführt, so daß im folgenden lediglich einige Kenndaten bekannter CD-ROM-Laufwerke als Übersicht angegeben werden. Die Daten für die Transferrate und die Zugriffszeit sind dabei als Durchschnittswerte zu verstehen.

Hersteller	Typ	Interface	Transfer-rate (Kbyte)	Zugriffszeit (ms)	Cache (Kbyte/s)
Aztech	CDA-268	ATAPI	300	350	128
Chinon	CDS-525S	SCSI	350	290	64
Chinon	CDS-535	SCSI	300	256	256
Elitegroup	Vertos 100	AT	300	310	64
Elitegroup	Vertos 300	ATAPI	300	350	128
Hitachi	CDR-3700	AT	150	300	64
Hitachi	CDR-3750	SCSI	150	300	64
Hitachi	CDR-6550	SCSI	300	350	128
Hitachi	CDR-6750	SCSI	300	260	256
JPN	CDR-H93	SCSI	300	390	256
Mitsumi	LU-0055S	AT	150	400	32
Mitsumi	FX-001D	AT	300	280	K. A.
Mitsumi	FX-001DE	ATAPI	300	280	K. A.
Mitsumi	FX-300	ATAPI	450	300	K. A.
Mitsumi	FX-400	ATAPI	600	250	256
Mitsumi	RAP/CD	Parallel	300	390	K. A.
NEC	2XI	SCSI	400	250	256
NEC	3XI	SCSI	300	340	256
NEC	4XI	SCSI	600	240	256
NEC	CDR-84-1	SCSI	300	280	256
NEC	CDR-25	SCSI	150	650	64
NEC	CRD-38	SCSI	300	400	64
Panasonic	CR-503-B	SCSI	300	300	256
Panasonic	CR-521-B	AT	150	390	64
Panasonic	CR-533-B	SCSI.	306	290	256
Panasonic	CR-562-B	AT	300	330	64

Fortsetzung siehe nächste Seite

Hersteller	Typ	Interface	Transfer-rate (Kbyte)	Zugriffszeit (ms)	Cache (Kbyte/s)
Panasonic	CR-563-B	AT	300	320	64
Philips	CM-206	AT	200	340	64
Philips	CM-207	ATAPI	350	280	256
Pioneer	DRU-104X	SCSI	600	220	256
Pioneer	DRU-602X (Wechsler)	SCSI	300	150	256
Pioneer	DRU-604X (Wechsler)	SCSI	600	150	128
Plextor (Texel)	DM-3024	SCSI	300	260	64
Plextor	PX-43CH	SCSI	1100	210	10000
Sony	CDU-31A	AT	155	490	64
Sony	CDU-33A	AT	300	320	K. A.
Sony	CDU-55S	SCSI	350	230	256
Sony	CDU-55E	ATAPI	320	220	256
Sony	CDU-76E	ATAPI	600	220	256
Sony	CDU-76S	SCSI	600	220	256
Sony	CDU-561	SCSI	300	280	256
TEAC	CD-50	SCSI	330	240	64
TEAC	CD-55A	AT	590	220	64
Toshiba	XM-3301B	SCSI	150	325	64
Toshiba	XM-3401B	SCSI	300	320	256
Toshiba	XM-3501B	SCSI	600	150	256
Toshiba	XM-3601B	SCSI	750	150	256
Toshiba	XM-5201B	SCSI	470	170	64
Toshiba	XM-5302B	ATAPI	680	190	256

Tabelle 7.29: CD-ROM-Laufwerke in der Übersicht (bei den mit AT gekennzeichneten Laufwerken handelt es sich jeweils um herstellerspezifische Schnittstellen)

PC-Schnittstellen und Netzwerke

Jeder übliche PC verfügt standardmäßig mindestens über eine parallele und eine serielle Schnittstelle. Die parallele wird auch nach dem gleichnamigen Druckerhersteller als »Centronics« bezeichnet und dementsprechend auch vorwiegend zum Druckeranschluß verwendet. Die serielle — die RS232-Schnittstelle — ist universeller einzusetzen und wird für den Anschluß der Maus, eines Modems oder auch eines Plotters genutzt.

8.1 Parallel-Port

Da der Parallel-Port ursprünglich ausschließlich für die Ansteuerung eines einzigen Druckers konzipiert worden war, ist diese Schnittstelle unidirektional ausgelegt, d. h. die Datenübertragung findet vom PC zum Drucker statt und kann nicht in beiden Richtungen erfolgen. Gleichwohl gibt es einige PC-Typen, bei denen die Datenübertragung in beiden Richtungen möglich ist, wenn dies auch nur durch eine direkte Registerprogrammierung erreicht werden kann und nicht standardmäßig vom BIOS her gegeben ist.

Eine Weiterentwicklung des Centronics-Standards ist im Jahre 1994 unter der Bezeichung IEEE1284 eingeführt worden. Diese parallele Schnittstelle ist damit ein festgeschriebener Standard, denn das Institute of Electrical and Electronic Engineers (ein Konsortium von amerikanischen Firmen) ist ein weltweit anerkanntes Standardisierungs-Gremium. Die wichtigste Neuerung gegenüber der Centronics-Schnittstelle ist die Ausführung als bidirektionale Schnittstelle, wodurch neben einem Drucker auch Geräte wie Tape-Streamer und Netzwerkadapter mit einer definierten Datenübertragungsrate von maximal 2 Mbyte/s anzusteuern sind.

Für die Verbindung eines Druckers mit dem PC wird auf der Druckerseite die 36polige Canon-Steckverbindung (Centronics) und auf der PC-Seite die 25polige AMP-Steckverbindung verwendet.

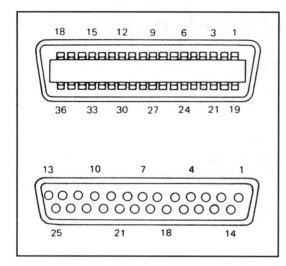

Bild 8.1:
Die üblichen Anschlußbuchsen der Centronics-Schnittstelle. Für serielle Schnittstellen (RS232) wird ebenfalls der 25polige DSUB-Anschluß verwendet, welcher dann jedoch – um Verwechslungen zu vermeiden – am PC als Steckkontakt ausgeführt ist.

8.1.1 Centronics oder Compatible Mode

Im folgenden werden die Signale in der Form angegeben, wie sie für den »Compatible Mode« laut IEEE1284 zur Druckeransteuerung verwendet werden, also wie sie bei der konventionellen Centronics-Schnittstelle auch üblich sind, mit dem Unterschied allerdings, daß die Datenübertragung im »Compatible Mode« prinzipiell in beiden Richtungen durchgeführt werden kann.

Alle Signale des Parallel-Ports besitzen TTL-Pegel. Einige sind bei einem Low als aktiv zu verstehen, andere hingegen bei einem High. In der Tabelle 8.1 sind die Signale und ihre jeweilige Bedeutung angegeben.

Pin-Nr. 25polig	Pin-Nr. 36polig	Bezeichnung	Transfer-Richtung	Pegel aktiv	Bedeutung
1	1	STROBE	PC-Gerät	Low	Daten sind gültig
2	2	D1	bidirek.	High	Datenbit 0
3	3	D2	bidirek.	High	Datenbit 1
4	4	D3	bidirek.	High	Datenbit 2
5	5	D4	bidirek.	High	Datenbit 3

Fortsetzung siehe nächste Seite

Pin-Nr. 25polig	Pin-Nr. 36polig	Bezeichnung	Transfer-Richtung	Pegel aktiv	Bedeutung
6	6	D5	bidirek.	High	Datenbit 4
7	7	D6	bidirek.	High	Datenbit 5
8	8	D7	bidirek.	High	Datenbit 6
9	9	D8	bidirek.	High	Datenbit 7
10	10	ACKNLG.	Gerät-PC	Low	Daten übernommen
11	11	BUSY	Gerät-PC	High	nicht empfangsbereit für neue Daten
12	12	PAPER OUT	Gerät-PC	High	kein Papier
13	13	SELECT	Gerät-PC	High	Drucker ist ON-LINE
14	14	AUTO FEED	PC-Gerät	Low	bei jedem CR ein LF einfügen
-	15,16	GND oder NC	-	-	Masse oder nicht benutzt
-	17	Chassis-GND	-	-	Gehäuse-Masse
-	18	EXTERNAL +5V	Gerät-PC	-	+ 5V extern
19-25	19-30	GND	-	-	einzelne Signal-Masseleitungen
16	31	RESET oder INIT	PC-Gerät	Low	Geräte-Initialisierung
15	32	ERROR oder FAULT	Gerät-PC	Low	Drucker-Störung
18	33	EXTERNAL GND oder NC	Gerät-PC	-	Masse oder nicht belegt
-	34	NC	-	-	keine Verbindung
-	35	+ 5V oder NC	-	-	+ 5 V oder nicht belegt
17	36	SELECT IN	PC-Gerät	Low	ON-LINE schalten

Tabelle 8.1: Die Signale des Parallel-Ports und ihre Bedeutungen im Compatible Mode

STROBE, Pin-Nr. 1, Steuersignal

Das Steuersignal für die Datenübernahme. Mit einem Low-Impuls auf der STROBE-Leitung werden beispielsweise die Daten vom Drucker übernommen.

D1-D8, Pin-Nr. 2-9, Datenleitungen

Die Daten werden über die Datenleitungen (D1-D8) zum Drucker gesendet und sind bei IEEE1284-kompatiblen Geräten bidirektional ausgeführt.

ACKNOWLEDGE, Pin-Nr. 10, Handshake-Signal

Die Bestätigung für die Datenübernahme (Handshake) kann mit dem ACKNOWLEDGE-Signal gesteuert werden. Der Drucker quittiert den Datenempfang mit einem Low-Impuls auf der ACKNOWLEDGE-Leitung (ACKNLG), woraufhin der Computer neue Daten senden kann.

BUSY, Pin-Nr. 11, Handshake-/Meldesignal

Falls der Drucker noch mit der Verarbeitung der zuvor empfangenen Daten beschäftigt ist, wird dies dem Computer mit dem BUSY-Signal übermittelt. Dieses Signal wird High, und der Computer stoppt die Datenübertragung. Nach der Abarbeitung der Daten geht das BUSY-Signal wieder auf Low. Gleichzeitig wird dem Computer mit einem Low-Impuls auf der ACKNOWLEDGE-Leitung die Empfangsbereitschaft mitgeteilt.

PAPER OUT, Pin-Nr. 12, Statussignal

Mit dem als PAPER-Out oder auch als PAPER-ERROR bezeichneten Signal wird dem Computer mitgeteilt, daß sich kein Papier in dem Drucker befindet. Die meisten Drukker schalten dann bei Papierende in den Off-Line-Mode und setzen das SELECT- und das ERROR-Signal auf Low. Diesen Ablauf führt der Drucker selbständig aus, um die Walze und den Druckkopf vor Beschädigungen zu schützen, und es ertönt dabei ein Alarmton. Die ERROR-Leitung (Pin 15,32) wird vom Drucker ebenfalls auf Low gesetzt, wenn ein Defekt im Drucker vorliegt, beispielsweise der Druckkopf überhitzt ist oder ein Papierstau vorliegt.

SELECT, Pin-Nr. 13, Statussignal

Die SELECT-Leitung signalisiert dem Computer, in welchem Status sich der Drucker gerade befindet. Ist Select=High, ist der Drucker On-Line (selektiert) und kann Daten empfangen. Der Schalter »On-Line/Off-Line« am Drucker beeinflußt direkt das SELECT-Signal.

AUTO FEED, Pin-Nr. 14, Statussignal

Mit dem Signal AUTO-FEED teilt der Computer dem Drucker mit, daß dieser automatisch einen Zeilenvorschub (LF, Line Feed) ausführen soll, wenn er das ASCII-Zeichen (0Dh, Carriage Return) empfangen hat.

EXTERNAL +5V, Pin-Nr. 18, optionales Signal

Einige Drucker besitzen an ihrem Anschlußstecker zusätzlich einen +5V- und einen Masse-Anschluß (EXTERNAL 5V, EXTERNAL GND). Mit diesen Leitungen kann eine Spannungsversorgung (5V, 30-40 mA), beispielsweise für einen elektronischen Druckerumschalter, zur Verfügung gestellt werden.

ERROR, Pin-Nr. 15 oder 32, Statussignal

Bei einer Störung des Druckers (Druckkopf defekt o.ä.) wird dieses Signal Low. Es wird auch als FAULT bezeichnet.

RESET, Pin-Nr. 16 oder 31, Steuersignal

Der Drucker kann einen Reset-Impuls über die Leitung RESET, oft auch als INIT bezeichnet, erhalten. Mit einem Low wird der Drucker in seinen Grundzustand versetzt. Der Druckkopf wandert zu seiner Ausgangsposition, und der Datenpuffer wird gelöscht.

SELECT IN, Pin-Nr. 17 oder 36, Selektierungssignal

Die Selektierung des Druckers kann über die SELECT-IN-Leitung (Pins 17, 36) vom Computer aus erfolgen. Bei vielen Druckern ist das Signal jedoch auf Masse gelegt, so daß der Drucker immer angewählt ist.

Dem oder den Parallel-Ports sind standardmäßig die folgenden Systemressourcen zugeordnet, die gegebenenfalls im BIOS-Setup und/oder per DIP-Schalter verändert werden können.

Port	Basisadresse	IRQ-Kanal
LPT1	378h	7 oder auch 5
LPT2	278h	7 oder auch 5
LPTx	3BCh	7 oder auch 5

Tabelle 8.2: Die möglichen Zuordnungen der Parallel-Ports

Adresse	Bedeutung/Funktion
Basisadresse	Datenregister: Bit 7-0: Daten
Basisadresse + 1	Statusregister: Bit 7: Busy (0) Bit 6: Acknowledge (0) Bit 5: Paper Out (1) Bit 4: Select (0: Online) Bit 3: Error (0) Bit 2-0: Reserviert
Basisadresse + 2	Steuerregister: Bit 7-5: Reserviert Bit 4: Interrupt-Anforderung Bit 3: Select In (1: Online schalten) Bit 2: Reset (0) Bit 1: Auto Feed (1) Bit 0: Strobe (1)

Tabelle 8.3: Die Register der Parallel-Ports

8.1.2 PC-PC-Kopplung mittels Parallel-Port

Ab der MS-DOS-Version 6.0 ist es möglich, zwei PCs über den Parallel-Port miteinander kommunizieren zu lassen. Hierfür sind lediglich zwei konventionelle Centronics-Schnittstellen notwendig. Ein PC wird per INTERSVR-Programm zum Server deklariert, während der andere mit INTERLNK als Arbeitsstation eingestellt wird, die daraufhin prinzipiell auf alle Daten des Servers zugreifen kann. Für die Verbindung über die parallelen Schnittstellen wird ein spezielles Kabel benötigt, ein normales Druckerkabel ist hierfür nicht einsetzbar. Die Belegung zeigt die Tabelle 8.4 auf der nächsten Seite.

Erster PC		Zweiter PC	
Signal	Kontaktnummer	Signal	Kontaktnummer
D1	2	ERROR	15
D2	3	SELECT	13
D3	4	PAPER OUT	12
D4	5	ACKNLG	10
D5	6	BUSY	11
ERROR	15	D1	2
SELECT	13	D2	3
PAPER OUT	12	D3	4
ACKNLG	10	D4	5
BUSY	11	D5	6
GND	25	GND	25

Tabelle 8.4: Die Verbindung zweier PCs über den Parallel-Port für das Programm INTERLNK/INTERSVR

Die Verwendung der parallelen Schnittstelle ist aus Geschwindigkeitsgründen der seriellen vorzuziehen. Die Kabelverbindungen für die Kopplung zweier PCs über die serielle Schnittstelle ist in der Tabelle 8.18 angegeben.

8.1.3 Parallel-Port-Betriebsarten (IEEE1284)

Der Standard IEEE1284 definiert fünf verschiedene Betriebsarten, da hier die unterschiedlichsten Hersteller-Vorstellungen für eine Centronics-Weiterentwicklung eingeflossen sind. Es werden grundsätzlich dieselben Leitungen wie bei der »alten« Centronics-Schnittstelle verwendet (Tabelle 8.1), die, je nach Betriebsart, unterschiedliche Signalbezeichnungen (Tabelle 8.5) und Funktionen haben.

Inwieweit ein PC den IEEE1284-Standard mit welchen Betriebsarten unterstützt, kann man anhand des PC-BIOS-Setups (siehe »Onboard LPT Port Mode« in Kapitel 4.4) feststellen, und zahlreiche Geräte der Firma Hewlett-Packard, wie beispielsweise die Laserjet 4-Drucker, sind bereits seit einiger Zeit IEEE1284-kompatibel. Um die Vorteile der neuen Schnittstelle nutzen zu können, bedarf es der Unterstützung sowohl durch das Betriebssystem (DOS 6.2 und Windows bis zur Version 3.11 bieten keine Unterstützung) als auch durch die Anwender-Software.

❑ Nibble Mode

Definiert die Mindestanforderung an ein IEEE1284-kompatibles Gerät. Vier Bit müssen als Rückkanal vom Gerät zum Computer vorgesehen sein. Wenn der Gerätehersteller ein entsprechendes Treiberprogramm hierfür mitliefert, können in der Regel alle neueren konventionellen Centronics-Interfaces (ab ca. 1990) diesen Modus verwenden.

❑ Compatible Mode

Dieser Mode stellt sicher, daß auch ältere Drucker an einer IEEE-1284-Schnittstelle verwendet werden können, und entspricht im Prinzip einer standardisierten Centronics-Schnittstelle.

❑ Byte Mode

Der Byte-Mode entspricht dem bidirektionalen Centronics-Mode, wie er bereits bei den PCs mit Microchannel-Architektur (PS/2) standardmäßig verwendet wird.

❑ EPP Mode

Der Extended Parallel Port ist vollständig bidirektional ausgelegt. Das STROBE-Signal bestimmt dabei die Richtung des Datentransfers. Als Strobe für die Daten wird die Centronics-Signalleitung »nDStrb« (Auto Feed) und als Strobe für die Adressen die Leitung »nAStrb« (Select In) verwendet (siehe Tabelle 8.2). Es sind damit (theoretisch) 256 Geräte zu selektieren, und die Datenübertragungsrate beträgt maximal 2 Mbyte/s.

❑ ECP Mode

Der Enhanced Capability Mode wurde durch eine Microsoft-Initiative in IEEE 1284 implementiert und arbeitet ähnlich wie der EPP. Kernstück ist ein 16 Kbyte großer FIFO mit DMA- und Interrupt-Fähigkeit. Das Schreiben von Daten zu einem ECP-tauglichen Gerät erfolgt mit den Leitungen »PeriphAck« (Busy) und »HostClk« (Strobe) und der Datenempfang mit »HostAck« (Auto Feed) und »PeriphClk« (Acknowledge). Es sind ebenfalls mehrere Geräte (max. 128) zu adressieren, was durch ein spezielles Kommandowort mittels »HostAck« durchgeführt wird. Des weiteren unterstützt der ECP eine Datenkompression.

Pin	Richtung	Compatible	Nibble	Byte	ECP	EPP
				Mode		
1	PC→Gerät	Strobe	HostClk	HostClk	HostClk	nWrite
2	PC↔Gerät	Data 1	Data 1	Data 1	Data 1	AD1
3	PC↔Gerät	Data 2	Data 2	Data 2	Data 2	AD2
4	PC↔Gerät	Data 3	Data 3	Data 3	Data 3	AD3
5	PC↔Gerät	Data 4	Data 4	Data 4	Data 4	AD4
6	PC↔Gerät	Data 5	Data 5	Data 5	Data 5	AD5
7	PC↔Gerät	Data 6	Data 6	Data 6	Data 6	AD6
8	PC↔Gerät	Data 7	Data 7	Data 7	Data 7	AD7
9	PC↔Gerät	Data 8	Data 8	Data 8	Data 8	AD8
10	Gerät→PC	Acknlg	PtrClk	PtrClk	PeriphClk	Intr
11	Gerät→PC	Busy	PtrBusy	PtrBusy	PeriphAck	nWait
12	Gerät→PC	PError	AckDataReq	AckDataReq	nAckRevers	UserDefin1
13	Gerät→PC	Select	Xflag	Xflag	Xflag	UserDefin3
14	PC→Gerät	AutoFeed	HostBusy	HostBusy	HostAck	nDStrb
15	nicht definiert					
16	Logic GND					
17	Chassis GND					
18	Gerät→PC	Peripheral Logic High				
19	GND Strobe					
20	GND Data1					
21	GND Data2					
22	GND Data3					
23	GND Data4					
24	GND Data5					
25	GND Data6					
26	GND Data7					
27	GND Data8					

Fortsetzung siehe nächste Seite

Pin	Richtung	Mode				
		Compatible	Nibble	Byte	ECP	EPP
28		GND PaperError, Select, Acknlg				
29		GND Busy, Fault				
30		GND AutoFeed, SelectIn, Init				
31	PC→Gerät	Init	nInit	nInit	nRevRequest	nInit
32	Gerät→PC	Fault	nDataAvail	nDataAvail	nPeriRequest	UserDefin 2
33		nicht definiert				
34		nicht definiert				
35		nicht definiert				
36	PC→Gerät	SelectIn	1284Active	1284Active	1284Active	nAStrb

Tabelle 8.5: Die Signale für die verschiedenen in IEEE1284 festgelegten Betriebsarten

Für IEEE1284 sind ebenfalls sowohl der 25- als auch der 36polige Stecker vorgesehen. Des weiteren wird eine mechanisch verkleinerte 36polige Steckerversion (IEEE1284-C) empfohlen. Die Kabellänge darf dabei bis zu 12 Meter betragen, und über einen externen Verteiler sind dann bis zu acht Geräte anschließbar.

8.2 Die RS232-Schnittstelle

Eine der ältesten Schnittstellen überhaupt ist die serielle RS232, die auch unter Namen wie V24 oder DIN 66020 bekannt ist. Die RS232-Schnittstelle (RS232-C), wie sie üblicherweise in PCs verwendet wird, stellt nur eine Untermenge (Teilausrüstung) der in den entsprechenden Standards festgelegten Signalen und Funktionen dar. Die Tabelle 8.6 gibt hier einen Gesamtüberblick, während die Tabelle 8.7 diejenigen Signale zeigt, wie sie bei PCs verwendet werden.

Standard				Beschreibung		Richtung der Datenüber-tragung	
CCITT V.24	EIA RS232	DIN 66020	Kontakt-nummer	Englisch	Deutsch	DÜE	DEE
Erde/Masse							
101	AA	E1	1	Protective Ground	Schutzerde	∎———∎	
102	AB	E2	7	Signal Ground/ Common Return	Signal-/Betriebserde	∎———∎	
Daten							
103	BA	D1	2	Transmitted Data (TxD)	Sendedaten	←	
104	BB	D2	3	Received Data (RxD)	Empfangsdaten	→	
Steuer- und Meldesignale							
105	CA	S2	4	Request to Send (RTS)	Sendeteil einschalten	←	
106	CB	M2	5	Clear to Send (CTS)	Sendebereitschaft	→	
107	CC	M1	6	Data Set Ready (DSR)	Betriebsbereitschaft	→	
108.1		S1.1	20	Connect Data to Line	Übertragungsleitung einschalten	←	
108.2	CD	S1.2	20	Data Terminal Ready (DTR)	Endgerät betriebsbereit	←	
125	cE	M3	22	Ring Indicator (RI)	Ankommender Ruf	→	
109	CF	M5	8	Received Line Signal Detector Carrier Detector (DCD)	Empfangssignalpegel	→	
110	CG	M6	21	Signal Quality Detector	Empfangsgüte	→	
111	CH	S4	23	Data Signal Rate Selector	Übetragungs-geschwindigkeit	←	
112	CI	M4	23	Data Signal Rate Selector	Übetragungs-geschwindigkeit	→	
126	CK	S5	11	Select Transmit Frequency	Sendefrequenz wählen	←	
Taktsignale							
113	DA	T1	24	Transmitter Signal Element Timing, Transmit Clock (TC)	Sendeschrittakt von DEE	←	
114	DB	T2	15	Transmitter Signal Element Timing, Transmit Clock (TC)	Sendeschrittakt von DÜE	→	
115	DD	T4	17	Receiver Signal Element Timing, Receive Clock (RC)	Empfangsschrittakt	→	

Standard				Beschreibung		Richtung der Datenübertragung
CCITT V.24	EIA RS232	DIN 66020	Kontaktnummer	Englisch	Deutsch	DÜE DEE
				Hilfskanäle		
118	SBA	HD1	14	Secondary Transmitted Data	Sendedaten Hilfskanal	←
119	SBB	HD2	16	Secondary Received Data	Empfangsdaten Hilfskanal	→
120	SCA	HS2	19	Secondary Request to Send	Sendeteil Hilfskanal einschalten	←
121	SCB	HM2	13	Secondary Clear to Send	Sendebereitschaft Hilfskanal	→
122	SCF	HM5	12	Secondary Carrier Detector	Empfangssignalpegel Hilfskanal	→
				Testzwecke/nicht belegt		
			9,10	Reserved for Data Set Testing	Für Testzwecke	I——I
			11,18,25	Unasigned	Nicht belegt	

Tabelle 8.6: Die vollständigen Schnittstellensignale und Bezeichnungen für die serielle Schnittstelle

Bei der RS232-Schnittstelle kann der Datenaustausch in der synchronen oder in der asynchronen Betriebsart erfolgen. Gebräuchlicher ist die asynchrone Datenübertragung, wie sie auch in Personal Computern standardmäßig verwendet wird, denn für die synchrone Betriebsart werden zusätzliche Taktsignale (Tabelle 8.6) benötigt. Es existieren ganz allgemein die unterschiedlichsten Anschlußmöglichkeiten für die Verbindung von Geräten über die RS232-Schnittstelle. Dies ist sowohl von den Gerätetypen als auch von der verwendeten Software abhängig.

8.2.1 RS232-Verbindungen für PCs

In einem PC wird entweder ein 9poliger oder ein 25poliger Verbindungsstecker verwendet. Im Original-PC war die 25polige Verbindung üblich, während mit den ATs die 9polige eingeführt wurde. Heute sind beide Verbindungen gebräuchlich, und um Verwechslungen mit der ebenfalls 25poligen parallelen Schnittstelle zu vermeiden, sind die seriellen Verbindungen am PC als Steckkontakte ausgeführt.

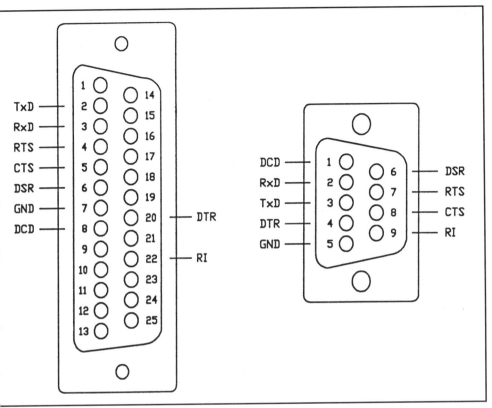

Bild 8.2: Der 9- und der 25polige Anschluß der RS232-Schnittstelle für Personalcomputer

Bezeichnung	9polig Pin-Nummer	25polig Pin-Nummer
DCD (DATA CARRIER DETECT)	1	8
RXD (RECEIVE DATA)	2	3
TXD (TRANSMIT DATA)	3	2
DTR (DATA TERMINAL READY)	4	20
GND (GROUND)	5	7
DSR (DATA SET READY)	6	6

Fortsetzung siehe nächste Seite

Bezeichnung	9polig Pin-Nummer	25polig Pin-Nummer
RTS(REQUEST TO SEND)	7	4
CTS (CLEAR TO SEND)	8	5
RI (Ring Indicator)	9	22

Tabelle 8.7: Anschlüsse der RS232-Schnittstelle für PCs

Port	Basisadresse	IRQ-Kanal
COM1	3F8h	4
COM2	2F8h	3
COM3	3E8h	4
COM4	2E8h	3

Tabelle 8.8:
Die üblichen Adressen und Interrupt-Kanäle für die RS232-Schnittstellen

Adresse	Funktion
Basisadresse	Empfangs-/Sende-Register (R/W): Bit 7-0: Daten LSB-Baudrate-Register (W)
Basisadresse + 1	Interrupt-Aktivierungs-Register (W): Bit 7-5: Reserviert (0) Bit 3: Interrupt bei CTS-, DSR-, RI-, oder DCD-Wechsel Bit 2: Interrupt bei einem Übertragungsfehler Bit 1: Interrupt beim Datensenden Bit 0: Interrupt beim Datenempfang MSB-Baudrate-Register (W)
Basisadresse + 2	Interrupt-Identifizierungs-Register (R): Bit 7-3: Reserviert Bit 2 Bit 1 Bit 0 1 1 1 Übertragungsfehler 1 0 0 Daten übernommen 0 1 0 Sende-Halte-Register ist leer 0 0 0 CTS,DSR,RI oder DCD geändert

Fortsetzung siehe nächste Seite

Adresse	Funktion
Basisadresse +3	Leitungs-Steuer-Register (W): Bit 7: Umschaltbit für Baudrate-Register (1) Bit 6: Break Bit Bit 5: Sticky Parity Bit Bit 4: Even Enable Bit (1) Bit 3: Parity Enable Bit (1) Bit 2: Anzahl Stoppbits (0: 1, 1: 2) Bit 1 Bit 0 Datenbits 0 0 5 0 1 6 1 0 7 1 1 8
Basisadresse + 4	Modem-Steuer-Register (R/W): Bit 7-5: Reserviert (1) Bit 4: Loop (1: Test UART) Bit 3: Out 2 (0) Bit 2: Out 1 (0) Bit 1: RTS (0: High) Bit 0: DTR (0: High)
Basisadresse + 5	Leitungs-Status-Register (R): Bit 7: Reserviert (1) Bit 6: Sende-Register ist leer Bit 5: Sende-Halte-Register ist leer Bit 4: Interrupt (Break) Bit 3: Stoppbit ungültig Bit 2: Parity-Fehler Bit 1: Überlauf Bit 0: Daten bereit
Basisadresse + 6	Modem-Status-Register (R): Bit 7: DCD-Zustand Bit 6: RI-Zustand Bit 5: DSR-Zustand Bit 4: CTS-Zustand Bit 3: DDCD, DCD hat sich verändert (1) Bit 2: TERI, RI hat sich verändert (1) Bit 1: DDSR, DSR hat sich verändert (1) Bit 0: DCTS, CTS hat sich verändert (1)

Tabelle 8.9.: Die Register der RS232-Schnittstelle

Sollen Geräte über die RS232-Schnittstelle miteinander verbunden werden, ist generell als erstes zu klären, welcher Kategorie sie zugeordnet werden können: einer **D**aten**E**nd**E**inrichtung (DEE) – auch als **D**ata **T**erminal **E**quipment (DTE) bezeichnet – oder einer **D**aten**Ü**bertragungs**E**inrichtung (DÜE) – auch als **D**ata **C**arrier **E**quipment (DCE) bezeichnet –.

Im einfachsten Fall besteht die Verbindung lediglich aus 3 Leitungen: Einer Empfangsleitung RD (Receive Data, Anschluß 3), die häufig auch als RxD bezeichnet wird, einer Sendeleitung TD (Transmit Data, Anschluß 2), auch als TxD bezeichnet, sowie einer Masseleitung (Ground, Anschluß 7). Diese Leitungen werden 1:1 mit den beiden Geräten verbunden.

DEE		DÜE	
Bezg.	Pin	Pin	Bezg.
TXD	2	2	TXD
RXD	3	3	RXD
GND	7	7	GND
DEE		**DEE**	
Bezg.	Pin	Pin	Bezg.
TXD	2	3	RXD
RXD	3	2	TXD
GND	7	7	GND

Tabelle 8.10:
Die Minimalbeschaltung der RS232-Schnittstelle für die Kopplung unterschiedlicher Geräte (DEE-DÜE, DEE-DEE)

Sollen hingegen ein Drucker oder ein Plotter, ebenfalls jeweils DEEs, mit dem PC verbunden werden, müssen die Leitungen gekreuzt werden, so daß die Sendeleitung des PC die Empfangsleitung der Peripherie darstellt und umgekehrt.

Mit dem Signal RI (Ring Indicator) teilt eine DÜE einer DEE den Eingang eines Rufes (Läutsignal) mit. Das Modem ist in diesem Fall über die Telephonleitung angewählt worden, was dem Computer über RI mitgeteilt wird.

Die Übertragungssicherheit kann dadurch erhöht werden, daß zwischen den Geräten ein Hardware-Handshaking eingeführt wird. Dann werden nicht nur die Datenleitungen miteinander verbunden (über Kreuz oder nicht, je nach Konfiguration), sondern auch die Leitungen RTS und CTS. Mit CLEAR TO SEND (CTS) meldet die Peripherie, daß sie zur Datenaufnahme bereit ist. Dies geschieht in der Regel als Reaktion auf den vorherigen Empfang des Signals REQUEST TO SEND (RTS) von der DEE. Die Datenübertragung kann nur dann stattfinden, wenn RTS und CTS aktiv (Low) sind.

DEE		DÜE	
Bezg.	Pin	Pin	Bezg.
TXD	2	2	TXD
RXD	3	3	RXD
RTS	4	4	RTS
CTS	5	5	CTS
GND	7	7	GND
DEE		DEE	
Bezg.	Pin	Pin	Bezg.
TXD	2	3	RXD
RXD	3	2	TXD
RTS	4	5	CTS
CTS	5	4	RTS
GND	7	7	GND

Tabelle 8.11:
Die RS232-Schnittstelle mit Handshaking
für die Kopplung unterschiedlicher Geräte
(DEE-DÜE, DEE-DEE)

Eine weitere Verbesserung ergibt sich durch die Verwendung der Leitungen DATA SET READY (DSR) und DATA TERMINAL READY (DTR), die dann für den Aufbau der Verbindung verantwortlich sind und auch als Betriebsbereitschaftsleitungen bezeichnet werden. Ein Modem (DÜE) zeigt beispielsweise über DSR an, daß es seine internen Einstellungen (Initialisierung) vorgenommen hat und betriebsbereit ist. Der Computer (DEE) ist zur Datenverarbeitung bereit, wenn DTR aktiv (Low) ist. Solange dieses Signal nicht aktiv ist, findet keine Datenübertragung statt, und der Status der übrigen Leitungen spielt keine Rolle.

Falls die Software eines PCs die Unterstützung der Handshake- und der Betriebsbereitschaftsleitungen erfordert und die Peripherie diese nicht zur Verfügung stellt, ist eine Verbindung laut Tabelle 8.12 üblich. Es werden dann lediglich die Datenleitungen verwendet, während die Leitungen RTS-CTS und DTR-DSR miteinander verbunden werden (gebrückt), damit dem Computer das Vorhandensein der »fehlenden Signale« signalisiert wird.

273

PC		Peripherie	
Bezg.	Pin	Pin	Bezg.
TXD	2	3	RXD
RXD	3	2	TXD
RTS	4		
CTS	5		
DSR	6		
DTR	20		
GND	7	7	GND

Tabelle 8.12:
Die fehlenden Signale der Peripherie werden durch Brücken hergestellt

Über die Leitung DATA CARRIER DETECT (DCD) teilt die Peripherie der DEE mit, daß sich der Signalpegel innerhalb des zulässigen Spannungsbereiches befindet und eine Übertragung daher erfolgen kann. In vielen Fällen wird nicht diese Leitung, sondern ausschließlich das Signal DSR, wie in Tabelle 8.12 gezeigt, zur Bereitschaftsanzeige verwendet.

Eine Verbindung, die häufig zum Anschluß von Druckern und Plottern an einen PC verwendet wird, ist in Tabelle 8.13 angegeben. Der Handshakeleitung CTS und der Bereitschaftsleitung DSR des PC werden mit der Leitung DTR der Peripherie die Bereitschaft zur Datenaufnahme mitgeteilt.

PC		Peripherie	
Bezg.	Pin	Pin	Bezg.
TXD	2	3	RXD
RXD	3	2	TXD
CTS	5		
DSR	6	20	DTR
GND	7	7	GND

Tabelle 8.13:
Eine RS232-Verbindung, wie sie häufig für den Anschluß von Druckern und Plottern an einen PC verwendet wird

8.2.2 Nullmodem

Zur Verbindung von zwei Datenendeinrichtungen (PC-PC, oder auch PC-Drucker) müssen immer Leitungen »über Kreuz« zwischen beiden Geräten verlegt werden, wofür im vorherigen Kapitel einige Beispiele gezeigt sind. Diese Verbindungsart wird auch als NULLMODEM bezeichnet, und es sind hierfür unterschiedliche Möglichkeiten gegeben, denn es hängt von den Geräten und der verwendeten Software ab, welche Leitungen jeweils zu verwenden sind. Im Bild 8.3 ist die Belegung eines Nullmodem-Adapters gezeigt, mit dem man immer zuerst einen »Verbindungsversuch« unternehmen sollte, bevor man sich an speziellere DEE-DEE-Adaptionen wagt.

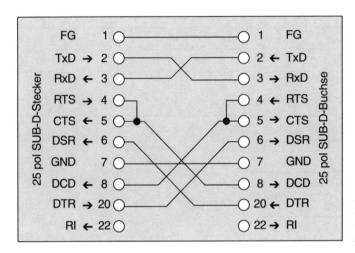

Bild 8.3:
Die komplette Belegung eines Nullmodem-Adapters

8.2.3 Testadapter

Zahlreiche PC-Diagnose-Programme wie »Check It« oder »Norton Utilities« benötigen zur fehlerfreien Funktionsprüfung der Schnittstellen einen Testadapter, der auf den betreffenden Port zu stecken ist. Die Adapter sind bei den Softwareherstellern optional erhältlich, doch man kann sie mit Hilfe der folgenden Tabellen (siehe nächste Seite) auch leicht selbst anfertigen, was aus Kostengründen äußerst empfehlenswert ist.

zu brückende Kontakte							
Bezg.	Pin	Bzg.	Pin	Bzg.	Pin	Bzg.	Pin
TXD	2	RXD	3				
RTS	4	CTS	5				
DSR	6	DCD	8	DTR	20	RI	22

Tabelle 8.14: Die zu verbindenden Kontakte beim Test des 25poligen seriellen Anschlusses

zu brückende Kontakte							
Bezg.	Pin	Bzg.	Pin	Bzg.	Pin	Bzg.	Pin
RXD	2	TXD	3				
RTS	7	CTS	8				
DSR	6	DCD	1	DTR	4	RI	9

Tabelle 8.15: Die zu verbindenden Kontakte beim Test des 9poligen seriellen Anschlusses

zu brückende Kontakte			
Bezg.	Pin	Bzg.	Pin
D1	2	Error	15
D2	3	Select	13
D3	4	Paper Out	12
D4	5	Acknlg	10
D5	6	Busy	11

Tabelle 8.16:
Die zu verbindenden Kontakte zum Test
des Parallel-Ports mit »Norton Utilities«

Bei der Überprüfung des Parallel-Ports unterscheidet sich die Testadapterbelegung für »Norton Utilities« von der, die »Check It« benötigt. In der folgenden Tabelle ist die Belegung für »Check It« angegeben.

zu brückende Kontakte			
Bezg.	Pin	Bzg.	Pin
Strobe	1	Select	13
D1	2	Error	15
Acknlg	10	Init	16
Busy	11	Select In	17
Paper Out	12	Auto Feed	14
D5	6	Busy	11

Tabelle 8.17:
Die zu verbindenden Kontakte zum Test
des Parallel-Ports mit »Check It«

8.2.4 PC-PC-Kopplung mittels RS232

Die einfachste Verbindungsmöglichkeit für INTERLNK/INTERSVR (siehe auch 8.1.2)
ergibt sich über die serielle Schnittstelle. Hier müssen lediglich 3 Leitungen in der
DEE-DEE-Verbindung (vergl. Tabelle 8.10), welche auch als Nullmodem-Verbindung
bezeichnet wird, zwischen den beiden PCs verlegt werden. Die Sendeleitung (TXD)
des einen PC ist die Empfangsleitung des anderen (RXD) und umgekehrt. Die Masseleitung (GND) wird einfach 1:1 mit den beiden dazugehörigen PC-Anschlüssen verbunden.

Erster PC			Zweiter PC		
Signal	**9polig**	**25polig**	**Signal**	**9polig**	**25polig**
TXD	3	2	RXD	2	3
RXD	2	3	TXD	3	2
GND	5	7	GND	5	7

Tabelle 8.18: Die Verbindungen für die PC-PC-Verbindung über die serielle Schnittstelle mit
Hilfe des 9- oder 25poligen Anschlusses

277

8.3 Joystick/MIDI-Anschluß

Zum Anschluß eines Joysticks – Steuerknüppel mit Feuerknöpfen –, wie er für Computerspiele verwendet wird, ist in vielen PCs eine spezielle Schnittstelle vorgesehen, die auch als Gameport bezeichnet wird. Der Gameport befindet sich in den meisten Fällen entweder auf einer Multifunktionskarte zusammen mit den RS232-Schnittstellen und dem Parallel-Port oder auf einer Soundkarte. In diesem Fall führt der 15polige DSUB-Anschluß auch noch die MIDI-Signale (Musical Instrument Digital Interface) für den Anschluß externer Geräte wie Synthesizer oder anderer MIDI-Geräte. Die folgende Tabelle zeigt beide Belegungen, wobei immer maximal zwei Joysticks angeschlossen werden können.

Pin-Nr.	Funktions-Standard	Funktion mit MIDI
1	5 V	5V
2	Joystick 1, Fire Button 1	Joystick 1, Fire Button 1
3	Joystick 1, X-Richtung	Joystick 1, X-Richtung
4	GND	GND
5	GND	GND
6	Joystick 1, Y-Richtung	Joystick 1, Y-Richtung
7	Joystick 2, Fire Button 1	Joystick 2, Fire Button 1
8	5 V	5V
9	5V	5V
10	Joystick 2, Fire Button 1	Joystick 2, Fire Button 1
11	Joystick 2, X-Richtung	Joystick 2, X-Richtung
12	GND	MIDI-Out
13	Joystick 2, Y-Richtung	Joystick 2, Y-Richtung
14	Joystick 2, Fire Button 2	Joystick 2, Fire Button 2
15	5 V	MIDI-In

Tabelle 8.19: Die Belegung des Gameports

8.4 PCMCIA

Die Bezeichnung PCMCIA steht für Personal Computer Memory Card Association, und hierunter versteht man allgemein eine Schnittstelle für mobile Computer. Sie wird auch zunehmend bei konventionellen PCs eingesetzt, um einen Datenaustausch mit den mobilen PCs per Speicherkarte zu ermöglichen.

People Can't Memorize Computer Industry Acronyms (man kann sich nicht alle Computerabkürzungen merken) ist wohl eine eher treffende, wenn auch eher scherzhafte Bezeichnung von PCMCIA.

Seit dem Jahre 1989 werden Speichereinsteckkarten, für die diese Spezifikation ursprünglich entworfen wurde, angeboten, doch mittlerweile sind hierfür die unterschiedlichsten Typen wie Fax/Modem- und ISDN-Karten sowie Festplatten erhältlich.

Es wurden ein 68poliger Anschlußstecker und eine einheitliche Größe für PCMCIA-Karten definiert, und es gibt sie in drei verschiedenen Dicken, womit indirekt ihre Anwendungsmöglichkeiten bestimmt wird.

PCMCIA-Typ	Dicke	Anwendung	Beispiele
1	3,3 mm	Speicherkarten	RAM, SRAM, Flash, EEPROM, OTP
2	5 mm	I/O-Karten	Modem, ISDN
3	10,5 mm	Laufwerke	Festplatten und Wechselplatten

Tabelle 8.20: Die verschiedenen PCMCIA-Kartentypen und ihre üblichen Anwendungen

Die 68 Kontakte (2x34) einer PCMCIA-Karte sind in zwei Reihen angeordnet und befinden sich immer an der schmaleren Stirnseite. Dünnere Karten können grundsätzlich auch in Einschubplätzen für dickere Karten verwendet werden.

In der Tabelle 8.21 sind die einzelnen Signale der PCMCIA-Schnittstelle angegeben, wobei mit E und A gekennzeichnet ist, ob die betreffende Leitung für die Karte als Eingangs- oder Ausgangssignal wirkt.

Seite A, Oberseite			
Kontakt-Nr.	Bezeichnung	Richtung	Signal/Funktion
1	GND	-	Masse
2	D3	E/A	Datenbit 3
3	D4	E/A	Datenbit 4
4	D5	E/A	Datenbit 5
5	D6	E/A	Datenbit 6
6	D7	E/A	Datenbit 7
7	/CE1	E	Karte aktivieren 1
8	A10	E	Adressenbit 10
9	/OE	E	Ausgang aktivieren
10	A11	E	Adressenbit 11
11	A9	E	Adressenbit 9
12	A8	E	Adressenbit 8
13	A13	E	Adressenbit 13
14	A14	E	Adressenbit 14
15	/WE-PGM	E	Schreiben-Programmieren
16	RDY-/BSY-IRQ	A	Bereit, belegt, Interrupt
17	Vcc	E	Versorgungsspannung
18	Vp1	E	Programmierspg. 1
19	A16	E	Adressenbit 16
20	A15	E	Adressenbit 15
21	A12	E	Adressenbit 12
22	A7	E	Adressenbit 7
23	A6	E	Adressenbit 6
24	A5	E	Adressenbit 5
25	A4	E	Adressenbit 4
26	A3	E	Adressenbit 3

Fortsetzung siehe nächste Seite

Seite A, Oberseite			
Kontakt-Nr.	Bezeichnung	Richtung	Signal/Funktion
27	A2	E	Adressenbit 2
28	A1	E	Adressenbit 1
29	A0	E	Adressenbit 0
30	D0	E/A	Datenbit 0
31	D1	E/A	Datenbit 1
32	D2	E/A	Datenbit 2
33	WP-/IO16	A	Schreibschutz,16 Bit-I/O
34	GND	-	Masse

Seite B, Unterseite			
35	GND	-	Masse
36	/CD1	A	Karte detektiert 1
37	D11	E	Datenbit 11
38	D12	E	Datenbit 12
39	D13	E	Datenbit 13
40	D14	E	Datenbit 14
41	D15	E	Datenbit 15
42	/CE2	E	Karte aktivieren 2
43	RFSH	E	Speicher auffrischen
44	/IOR	E	I/O-Port lesen
45	/IOW	E	I/O-Port schreiben
46	A17	E	Adressenbit 17
47	A18	E	Adressenbit 18
48	A19	E	Adressenbit 19
49	A20	E	Adressenbit 20

Fortsetzung siehe nächste Seite

Seite B, Unterseite			
Kontakt-Nr.	Bezeichnung	Richtung	Signal/Funktion
50	A21	E	Adressenbit 21
51	Vcc	E	Versorgungsspannung
52	Vpp	E	Programmierspannung 2
53	A22	E	Adressenbit 22
54	A23	E	Adressenbit 23
55	A24	E	Adressenbit 24
56	A25	E	Adressenbit 25
57	RFU	-	Reserviert
58	RESET	E	Karte zurücksetzen
59	/WAIT	A	Buszyklus verlängern
60	/INPACK	A	Input-Port erkannt
61	/REG	E	Register- oder I/O-Zugriff
62	BVD2-/SPKR	A	Batteriespannung 1 detektiert oder digitaler Audio-Ausgang
63	BVD1-/STSCHG	A	Batteriespannung 1 detektiert oder Kartenstatuswechsel
64	D8	E	Datenbit 8
65	D9	E	Datenbit 9
66	D10	E	Datenbit 10
67	/CD2	A	Karte detektiert 2
68	GND	-	Masse

Tabelle 8.21: Die Signale der PCMCIA-Schnittstelle für Karten laut PCMCIA Release 2.0

Der Datenbus ist 16 Bit breit. Mit den 26 Adressenleitungen läßt sich damit ein Bereich von maximal 64 Mbyte direkt adressieren. Für den Input/Output-Modus ist die 8-Bit-Datenübertragung der Standard. Bei Speicherkarten werden die Signale für Ein/Ausgabe-Funktionen (/IOR, /IOW, /INPACK, /IO16) nicht verwendet.

Im November 94 wurde der PC-Card-Standard vorgestellt, der die PCMCIA-Version 2.0 und JEIDA 4.2 (japanisches Pendant zur PCMCIA-Initiative) ersetzt, explizit für I/O-Multifunktionskarten (z.b. Digital I/O, SCSI, Soundkarten) und ausschließlich für den 3,3-V-Betrieb ausgelegt ist. Er erlaubt die Nutzung einer 32-Bit-Mastering-Schnittstelle (Card Bus) mit Datenübertragungsraten von bis zu 132 Mbyte/s. Die Daten werden dabei mit den Adressen gemultiplext übertragen, und es ist zusätzlich ein DMA-Betrieb vorgesehen.

8.5 Netzwerke

Das IEEE hat für Netze verschiedene Standards definiert, die sich auf die OSI-Schichten (Kapitel 1.9) beziehen (Tabelle 8.22).

Standard	Bedeutung
IEEE-802.1	Architektur, System Management, Internetworking
IEEE-802.2	Protokollfestlegung und Definitionen von Datenformatpaketen (Frames) zwischen Logical-Link-Controls (LLCs)
IEEE-802.3	CSMA/CD für Busnetz, Ethernet
IEEE-802.4	Token-Passing für Busnetz, MAP-Standard
IEEE-802.5	Token-Passing für Ringnetz, Token-Ring-Standard
IEEE-802.6	Metropolitan-Area-Network (MAN)
IEEE-802.7	Breitband-Übertragung
IEEE-802.8	Lichtleiter-Übertragung

Tabelle 8.22: IEEE-Standards für Netzwerke

Für die bekannteste Netzwerk-Architektur – das Ethernet – gibt es den 10Base-Standard und neuerdings auch den 100Base-Standard und den in zwei Varianten. Hierfür sind verschiedene bevorzugte Verbindungsmöglichkeiten definiert.

Standard	Bedeutung
10Base 2	Cheapernet oder Thin-Wire (Koaxialkabel) mit 185 m Kabel-segmentlänge und 30 Stationen
10Base 3	Breitband-Ethernet mit 3600 m Kabelsegmentlänge
10Base 5	Thick-Ethernet mit Koaxialkabel (Yellow Cable) und 500 m Kabelsegmentlänge für maximal 100 Stationen
10Base FL	Fiber Optic-Verbindung (Multimode Duplex) für eine Länge von 2000m. Ableger ist FORIL (Fiber Optic Repeater Inter Link), für eine maximale Länge von 1000 m
10Base T	Twisted-Pair-Verbindung mit maximal 100 m Kabelsegmentlänge
100Base T	Fast-Ethernet mit Twisted-Pair-Kabel
100Base VG	Fast-Ethernet mit Twisted-Pair-Kabel für eine maximale Kabel-segmentlänge von 250 m

Tabelle 8.23: Ethernet-Standards im Überblick

Die üblichste Verbindung der Netzwerkkarten erfolgt mit Koaxialkabeln (Cheapernet), und beide Enden des Segmentes werden mit 50 Ω-Abschlußwiderständen versehen.

Twisted-Pair-Kabel werden von Gerät zu Gerät verlegt. Es gibt sie in abgeschirmter (STP; Shielded Twisted Pair) und unabgeschirmter Ausführung (UTP, Unshielded Twisted Pair, 10Base T). Zum Anschluß wird in der Regel ein RJ45-Connector verwendet, der die in Tabelle 8.24 gezeigte Belegung aufweist.

Pin-Nr.	Signal
1	TXD+
2	TXD-
3	RXD+
4	NC
5	NC
6	RXD-
7	NC
8	NC

Tabelle 8.24:
Die Belegung des RJ45-Connectors – für UTP-Kabel

Für eine Standard-UTP-Verkabelung wie die eines Computers an einen Repeater werden die Anschlüsse 1, 2, 3, und 6 miteinander 1:1 verbunden. Für die Verbindung von zwei gleichartigen Dateneinrichtungen wie beispielsweise zwei Datenübertragungseinrichtungen (DÜE-DÜE, z.b. Hub-Hub) werden »verdrehte« Leitungen verwendet. Dies ist das gleiche Prinzip wie bei der seriellen Schnittstelle erläutert (Kapitel 8.2.1). Die Tabelle 8.25 zeigt hierfür ein Beispiel.

zu brückende Kontakte			
Bezg.	Pin	Pin	Bezg.
TD+	1	3	RD+
TD-	2	6	RD-
RD+	3	1	TD+
RD-	6	2	TD-

Tabelle 8.25:
Die Verbindung zweier Datenübertragungseinrichtungen mit RJ45-Connector

Zum Anschluß einer Ethernet-Netzwerkkarte (NE 2000 o.ä.) an einen externen Transceiver (z.B. für 10Base 5, Yellow Cable) wird der AUI-Anschluß (Attachment Unit Interface) der Karte verwendet. Die Leitungen werden in der Regel 1:1 miteinander verbunden und haben die in der Tabelle 8.26 gezeigte Signalbedeutung. Sie bestehen aus drei Leitungspaaren für Senden, Empfangen und Kollisionserkennung.

Pin-Nr.	Signal	Pin-Nr.	Signal
1	NC	9	Control In B
2	Control In	10	Data Out B
3	Data Out A	11	NC
4	Data In Shield	12	Data In B
5	Data In A	13	VCC
6	GND	14	NC
7	NC	15	NC
8	NC		

Tabelle 8.26:
Die Belegung des AUI-Anschlusses (DSUB-15polig)

Eine übliche Fiber Optic-Verbindung (FORIL) wird jeweils über zwei Leitungen hergestellt, die mit ST-Steckern versehen und mit RX und TX bezeichnet sind. Eine Übersicht der verschiedenen Kabeltypen und der jeweiligen Anschlüsse gibt das Bild 8.4 auf der nächsten Seite.

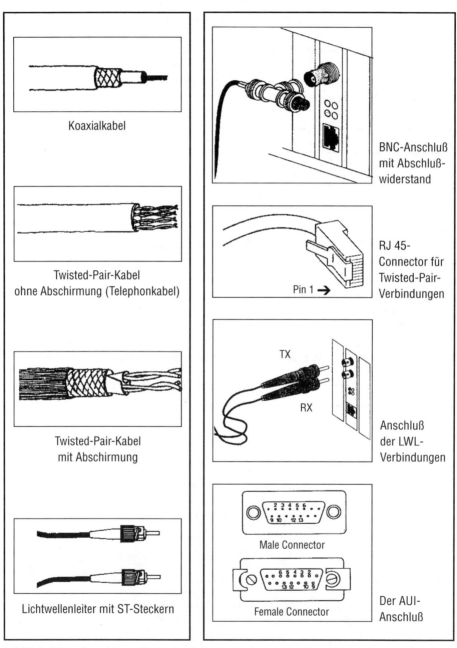

Koaxialkabel

BNC-Anschluß
mit Abschluß-
widerstand

Twisted-Pair-Kabel
ohne Abschirmung (Telephonkabel)

Pin 1 →

RJ 45-
Connector für
Twisted-Pair-
Verbindungen

Twisted-Pair-Kabel
mit Abschirmung

TX

RX

Anschluß
der LWL-
Verbindungen

Male Connector

Female Connector

Der AUI-
Anschluß

Lichtwellenleiter mit ST-Steckern

Bild 8.4: Die in Local Area Networks (LANs) üblichen Verbindungsleitungen und Anschlüsse

Interne und externe Verbindungen

In diesem Kapitel geht es um einige besondere PC-Anschlüsse: die PC-internen Netzteil- und Mainboardanschlüsse sowie um Audio- und Videoverbindungen.

9.1 Das PC-Netzteil

Die in PCs verwendeten Netzteile sind Gleichstrom-Schaltnetzteile, die aus diesem Grunde in Anbetracht ihrer Leitung mechanisch relativ klein ausfallen. Ihre maximale Leistung hängt davon ab, in welchem Gehäusetyp sie Verwendung finden (Kapitel 3.1). Ein Standard-Netzteil liefert 150-200 Watt und wird vorwiegend in den Desktop-, Slim-Line- und Mini-Tower-Gehäusetypen eingebaut. Netzteile mit 250 W oder einer noch höheren Leistung sind allgemein in Tower-Gehäusen zu finden. Die folgende Tabelle zeigt typische Werte für ein 200-W-Netzteil.

Spannung	Strom	Watt	Kabelfarbe
+5 V	20 A	100	rot
- 5V	0,5 A	2,5	weiß
+ 12 V	8 A	96	gelb
-12 V	0,5	6	blau

Tabelle 9.1:
Die Daten eines typischen
200-W-Netzteils und die PC-
übliche Farbkennzeichnung

Das Power-Good-Signal des Netzteils (Kabelfarbe orange) zeigt an, daß sich die Spannungen des Netzteils im vorgeschriebenen Toleranzbereich (Tabelle 9.3) befinden. Es kommt jedoch durchaus vor, daß bestimmte Peripherie-Komponenten (z.B. Modem-Karten) nicht korrekt funktionieren, auch wenn diese Toleranzwerte noch erfüllt werden.

Spannung	unterer Wert	oberer Wert
+ 5 V	+ 4,0 V	+ 5,9 V
- 5V	- 4,0 V	- 5,9 V
+ 12 V	+ 9,6 V	+ 14,2 V
- 12 V	- 9,6 V	- 14,2 V

Tabelle 9.2:
Die Toleranzbereiche der einzelnen
PC-Netzteil-Spannungen

Das Netzteil ist gegen zu hohen Strom und gegen eine zu hohe Temperatur intern geschützt und schaltet dann automatisch ab, wenn ein Überstrom von ca. 130% erreicht wird oder die Ausgangsspannungen ihren Nennwert um 200% überschreiten.

9.2 Mainboard-Anschlüsse

In diesem Kapitel werden die Anschlüsse, wie sie für viele Mainboards gelten, angegeben. Im Gegensatz dazu kann man leider keine allgemein gültigen Daten für die möglichen Jumperstellungen, die beispielsweise den CPU-Typ oder die Größe des Cache-Speichers festlegen, anführen. Jeder Hersteller praktiziert dies unterschiedlich, so daß das Manual zum Mainboard in vielen Fällen unerläßlich ist, wenn man einen PC-Umbau vorsieht. Es kann aber auch durchaus sein, daß man – mit etwas Übung und Lupe – mit der oftmals auf dem Mainboard angegebenen Beschriftung zurechtkommt.

9.2.1 Mainboard-Spannungsanschlüsse

Die Spannungsversorgung für ein Mainboard wird üblicherweise über zwei Stecker des Netzteils hergestellt, die mit P8 und P9 bezeichnet sind. Bei Green-PCs oder Typen, die stromsparende CPUs unterstützen, sind daneben noch weitere Anschlüsse denkbar (siehe Seite 290).

Stecker P8		
Pin-Nr.	Farbe	Signal
1	orange	Power-Good-Signal
2	rot	+ 5V
3	gelb	+ 12 V
4	blau	- 12 V
5	schwarz	GND
6	schwarz	GND
Stecker P9		
7	schwarz	GND
8	schwarz	GND
9	weiß	GND
10	rot	+ 5V
11	rot	+ 5V
12	rot	+ 5V

Tabelle 9.3:
Die übliche Belegung des
Mainboard-Spannungsanschlusses
mit den häufig verwendeten
Farbzuordnungen

Die beiden Anschlüsse (P8, P9) für die Mainboard-Spannungsversorgung sind so zu stecken, daß sich die schwarzen Kabel innerhalb des Mainboardanschlusses gegenüberstehen.

Pin-Nr.	Signal
1	GND
2	GND
3	GND
4	+ 3,3 V
5	+ 3,3 V
6	+ 3,3 V

Tabelle 9.4:
Die Belegung des optionalen
3,3-V-Spannungsanschlusses (laut Intel) für
Mainboards, die entsprechende CPUs
unterstützen

289

Es gibt im Handel sowohl Mainboards als auch Netzteile mit einem dritten 6poligen Spannungsanschluß, wie er in mechanischer Hinsicht für die Mainboards üblich ist. Er ist jedoch keineswegs grundsätzlich für die 3,3 V vorgesehen, und selbst wenn, können die Signalanschlüsse unterschiedlich belegt sein.

Bei einigen Mainboards – beispielsweise der Firma Elitegroup – befindet sich für die 3,3-V-Versorgung neben dem P8/P9-Anschluß ein zusätzlicher zweipoliger Anschluß, der mit »Green Power Supply Connector« bezeichnet ist und für ein entsprechend ausgelegtes PC-Netzteil (kein Standard-Netzteil) vorgesehen ist.

Da (stromsparende) CPUs der verschiedenen Hersteller neuerdings mit den unterschiedlichsten Spannungen versorgt werden wollen (z.B. 3,3 V, 3,45 V oder auch 2,8 V), ist es sowohl für die Mainboard- als auch für die Netzteilhersteller nicht ganz einfach, eine möglichst universelle Lösung bereitzustellen. Daher befinden sich auf Mainboards in zunehmenden Maße Pfostenstecker, die mit »CPU Vcc Source« oder ähnlich bezeichnet werden und auf welche die entsprechenden Spannungsregler-Module (5 V auf 3,3 oder 5 V auf 3,45 V) gesteckt werden können, wodurch man dann mit einem kostengünstigen Standard-PC-Netzteil auskommt. Die jeweilige Signalbelegung unterscheidet sich jedoch bei den verschiedenen Mainboard-Herstellern.

Für die Spannungsversorgung der weiteren PC-Komponenten – wie die Laufwerke – sind aus dem PC-Netzteil eine Reihe weiterer Kabel mit großen und kleinen Steckern herausgeführt, die jedoch von der Belegung her alle identisch sind (Kapitel 7.1.1, Tabelle 7.2). Diese Anschlüsse können auch für den Anschluß eines CPU-Coolers (Kühlblech mit Mini-Lüfter) oder generell eines zusätzlichen Lüfters verwendet werden.

Zuweilen befindet sich jedoch auf dem Mainboard selbst ein Spannungsanschluß für den CPU-Cooler. Eine übliche Belegung ist in der Tabelle 9.5 angegeben. Bei einer falschen Polung des Lüfters passiert ihm zwar nichts, die Wärme wird jedoch nicht optimal abgeführt – er dreht falsch herum –.

Pin-Nr.	Bedeutung
1	GND
2	+ 12 V
3	GND

Tabelle 9.5:
Die Belegung des zusätzlichen Lüfteranschlusses auf einem Mainboard, wie er für einen CPU-Cooler verwendet wird

Das CMOS-RAM wird entweder von einem externen Akku versorgt, der beispielsweise an die Innenseite des PC-Gehäuses geklebt ist, oder aber der Akku befindet sich mit auf dem Mainboard. Damit dessen Inhalt gelöscht werden kann, weil man beispielsweise das Password vergessen hat, ist auf vielen Mainboards eine spezielle Jumperposition vorgesehen, die mit DISCHARGE oder ähnlich bezeichnet ist. Zum Löschen des CMOS-RAMs werden die Kontakte 3 und 4 (Tabelle 9.6) mit einem Jumper überbrückt und die anderen Kontakte geöffnet.

Pin-Nr.	Signal
1	Externer Akku
2	On-Board-Akku
3	Entladestellung
4	GND

Tabelle 9.6:
Die übliche Belegung des
Akkuanschlusses mit Entladestellung

9.2.2 Tastatur- und Mausanschlüsse

Der Tastaturanschluß ist bei den meisten PCs mit einer 5poligen DIN- und bei einem PS/2-PC sowie auch auf einigen Mainboards mit einer 6poligen Buchse ausgeführt. Die Belegung ist dementsprechend unterschiedlich (Tabelle 9.7).

Pin-Nr.	PC-Anschluß	PS/2-Anschluß
1	Taktleitung	Datenleitung
2	Datenleitung	nicht verwendet
3	Reset oder nicht verwendet	GND
4	GND	+ 5V
5	+ 5V	Taktleitung
6	nicht vorhanden	nicht verwendet

Tabelle 9.7:
Die Belegung der üblichen
PC- (DIN) und der PS/2-
Tastatur-Anschlußbuchse

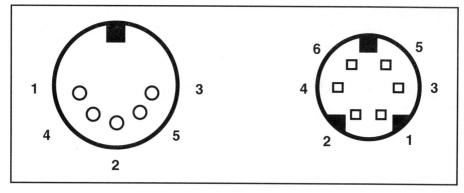

Bild 9.1: Der PC- und der PS/2-Tastaturanschluß

Eine »normale« Maus wird an eine der seriellen Schnittstellen angeschlossen, doch auf einigen Mainboards (z.B. der Firma ASUS) gibt es einen speziellen Anschluß für eine PS/2-kompatible (Bus)-Maus. Diese Anschlüsse werden in der Regel auf eine Pfostenleiste geführt (Tabelle 9.8).

Pin-Nr.	Signal
1	Taktsignal
2	Datensignal
3	nicht verwendet
4	GND
5	+ 5 V

Tabelle 9.8:
Die Belegung der On-Board-Mausverbindung.
Dieselbe Belegung wird bei neueren Mainboards auch für den Tastaturanschluß verwendet.
In diesem Fall wird das Reset-Signal (Tabelle 9.7) nicht mehr herausgeführt.

9.2.3 On-Board-Schnittstellenanschlüsse

Auf den neueren Mainboards findet man üblicherweise Anschlüsse für eine oder zwei serielle und eine parallele Schnittstelle, die als Standard-Centronics oder gemäß IEEE1284 (Kapitel 8.1) ausgeführt ist.

Während die zuvor angegebenen Anschlüsse einreihig sind, ist dies bei den Schnittstellenverbindungen generell nicht der Fall. Dies gilt auch für die Diskettenlaufwerks- und Festplattenanschlüsse (EIDE, SCSI), die im Kapitel 7 angegeben sind.

Die On-Board-Schnittstellenanschlüsse (RS232, LPT) sind auf Steckpfosten auf dem Mainboard geführt, und mit den zum Mainboard mitgelieferten Kabeln werden dann die internen Verbindungen zu den DSUB-Anschlüssen im PC-Gehäuse hergestellt. Es hängt jedoch vom jeweiligen Mainboardhersteller ab, wie die Anschlüsse im Board-Layout realisiert worden sind. Beliebige Flachbandkabel können hier prinzipiell nicht verwendet werden.

Pin-Nr.	Signal
1	DCD
2	DSR
3	RXD
4	RTS
5	TXD
6	CTS
7	DTR
8	RI
9	GND
10	nicht verwendet

Tabelle 9.9:
Die Belegung des On-Board-Anschlusses für die serielle Schnittstelle (Pfostensteckerkontakte)

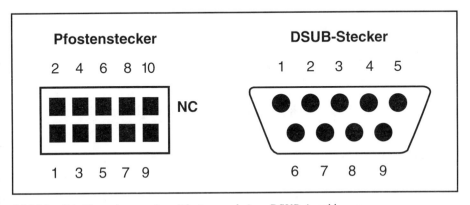

Bild 9.2: Die Numerierung eines Pfosten- und eines DSUB-Anschlusses. Es kommt darauf an, wie die Signale des Pfostensteckers durch das Board-Layout festgelegt worden sind!

293

Intel-Mainboards (z.B Plato) verwenden beispielsweise anders belegte serielle Kabel, als dies bei den entsprechenden Mainboards der Firmen ASUS oder Elitegroup mit gleichem Chipsatz der Fall ist. Die Mainboard-Signale am Pfostenstecker sind unterschiedlich angeschlossen. Dies hat zur Folge, daß auch unterschiedliche Verbindungskabel zu den DSUB-Anschlüssen verwendet werden müssen, damit nach außen hin wieder die standardisierte RS232-Anschlußbelegung gegeben ist. Die folgende Tabelle zeigt, wie die einzelnen Signale zu verbinden sind, wenn die in dem Bild 9.3 angegebene Zuordnung (Intel) gegeben ist.

Signal	On-Board-Anschluß	DSUB-9	DSUB-25
DCD	1	1	8
DSR	2	6	6
RXD	3	2	3
RTS	4	7	4
TXD	5	3	2
CTS	6	8	5
DTR	7	4	20
RI	8	9	22
GND	9	5	7

Tabelle 9.10:
Die Zuordnung der
RS232-Schnittstellensignale
bei Intel-Mainboards

Unterschiedliche herstellerabhängige Signalkabelbelegungen bei den Laufwerksanschlüssen und bei der parallelen Schnittstelle sind eher selten, dennoch sollte man sicherheitshalber immer die zum Mainboard mitgelieferten Kabel verwenden und nicht irgendwelche zwar mechanisch passende, bei denen aber die Verdrahtung nicht bekannt ist.

Insbesondere bei den seriellen Schnittstellen werden von den Herstellern für die Pfostenstecker-DSUB-Verbindung unterschiedlich belegte Kabel verwendet. Daher immer die zum Mainboard mitgelieferten Kabel verwenden!

Signal	Pin	Pin	Signal
Strobe	1	2	Auto Feed
D1	3	4	Error
D2	5	6	Init
D3	7	8	Select In
D4	9	10	GND
D5	11	12	GND
D6	13	14	GND
D7	15	16	GND
D8	17	18	GND
Acknlg.	19	20	GND
Busy	21	22	GND
Paper Out	23	24	GND
Select	25	26	NC

Tabelle 9.11:
Die übliche Pfostensteckerbelegung der
On-Board-Parallel-Schnittstelle

9.2.4 Weitere Mainboard-Anschlüsse

Die Bedien- und Anzeigeelemente an der PC-Frontplatte sind in den meisten Fällen durch einzelne Kabel mit den entsprechenden Anschlüssen auf dem Mainboard verbunden.

Durch die Betätigung des Reset-Taste werden die beiden Signale laut Tabelle 9.12 kurzgeschlossen. Die Polung spielt demnach hier keine Rolle.

Pin-Nr.	Signal
1	GND
2	Reset-Signal

Tabelle 9.12:
Die Belegung des Reset-Anschlusses

Der Turbo-Schalter ist eher aus traditionellen Gründen bei den PCs vorhanden, und der »normale«, schnelle CPU-Takt ist in der Turbo- und eben nicht in der Normal-Stellung gegeben.

In der Regel ist durch die Überbrückung der beiden Kontakte der schnellere Mode eingeschaltet, so daß sich hier bei nicht vorhandenem Turbo-Schalter (was soll der auch?) ein Jumper befindet. Die Polung spielt hier also ebenfalls keine Rolle.

Pin-Nr.	Signal
1	GND
2	Select-Mode

Tabelle 9.13:
Die Belegung des Turbo-Anschlusses

Zur Anzeige der NORMAL- bzw. der TURBO-Stellung wird eine Leuchtdiode (Turbo LED) verwendet, die die jeweilige Schalterstellung anzeigt. Da es schon PCs gegeben hat, bei denen die Turbo-LED geleuchtet hat, die CPU jedoch aufgrund eines Verkabelungsfehlers mit dem geringeren Takt versorgt wurde, empfiehlt es sich grundsätzlich, mit einem Testprogramm wie beispielsweise SYSINFO (Symantec, Norton) den CPU-Takt in beiden Schalterstellungen zu kontrollieren. In vielen Fällen wird die Turbo-LED nicht direkt am Mainboard, sondern am Display-Panel (Bild 9.3) angeschlossen. Eine **kurzzeitige** Verpolung der LED-Anschlüsse ganz allgemein führt in der Regel zu keinem elektronischen Schaden, nur die betreffende Leuchtdiode wird eben nicht angehen.

Pin-Nr.	Signal
1	LED-Out
2	GND

Tabelle 9.14:
Die Belegung des Turbo-LED-Anschlusses

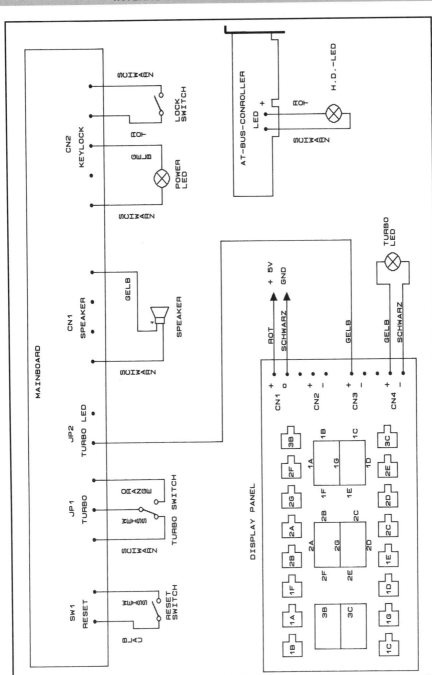

Bild 9.3: Eine übliche Verkabelung der einzelnen Mainboard-Anschlüsse, wobei die Farben der jeweiligen Kabel aber nicht allgemein gültig sind

Die Signale des Schlüsselschalters (Keylock) sind bei den meisten Mainboards mit denen der Power-LED an einen gemeinsamen 5poligen Steckerblock geführt. Die Power-LED signalisiert ganz allgemein, daß der PC eingeschaltet ist.

Pin-Nr.	Signal
1	LED-Power-Out
2	Key
3	GND
4	Key-Lock-Kontakt
5	GND

Tabelle 9.15:
Die Belegung des Keylock/Power-LED-Anschlusses
(Schlüsselschalter und Power-LED)

Die in den Tabellen mit KEY bezeichneten Kontakte sind grundsätzlich nicht elektrisch belegt, sondern dienen der Kennzeichnung oder der mechanischen Verhinderung vor einem falschen Aufstecken der Verbindungen.

Zur Signalisierung der Festplattenaktivität ist auf einer Controllerkarte (IDE, SCSI) ein entsprechender Anschluß für die HD-Leuchtdiode, die sich an der PC-Front befindet, vorhanden (vergl. auch Bild 9.3).

Pin-Nr.	Signal
1	Power
2	GND

Tabelle 9.16:
Die übliche Belegung eines Festplatten-LED-Anschlusses. Die kurzzeitige Verpolung der Leuchtdiode führt in der Regel zu keiner elektronischen Beschädigung.

Bei einem Mainboard mit On-Board-Festplatten-Controller befindet sich der entsprechende Leuchtdioden-Anschluß ebenfalls mit auf dem Mainboard. Die Signalbelegung kann hier aber von Hersteller zu Hersteller unterschiedlich sein.

Pin-Nr.	Signal
1	Pull-Up-330
2	HD-Aktiv
3	Key
4	Pull-Up-330

Tabelle 9.17:
Die Belegung des Festplatten-LED-Anschlusses (Aktivitätsanzeige), wie sie beispielsweise bei Intel-Mainboards üblich ist

Die Belegung des Lautsprecheranschlusses auf dem Mainboard kann ebenfalls unterschiedlich ausgeführt sein. Die beiden folgenden Tabellen zeigen die üblichen Belegungen.

Pin-Nr.	Signal
1	Speaker-Signal
2	Key
3	GND
4	+ 5 V

Tabelle 9.18:
Die Belegung des Speaker-Connectors,
wie sie vorwiegend bei Standard-ISA-
Mainboards üblich ist

Pin-Nr.	Signal
1	Speaker-Signal +
2	Key
3	Speaker-Signal -
4	GND

Tabelle 9.19:
Die Belegung des Speaker-Connectors,
wie sie vorwiegend bei neueren Mainboards
(PCI) üblich ist

9.3   Audio- und Video-Verbindungen

Die einfachste Audioverbindung stellt gewissermaßen die Verbindung des PC-Lautsprechers mit der Mainboard-Elektronik dar, wie sie im vorherigen Kapitel angegeben ist. Die Signalausgabe erfolgt dabei jedoch in digitaler Form, was für den Lautsprecher lediglich eine Ein-/Aus-Information bedeutet. Erst mit Hilfe eines CD-ROM-Laufwerkes im Audiobetrieb und/oder einer Soundkarte wird ein PC mit analogen Audio-Fähigkeiten ausgestattet.

Das CD-ROM-Laufwerk wird zur Wiedergabe von Audio-CDs in den meisten Fällen innerhalb des PC mit einer Soundkarte verbunden. Das Audiosignal wird quasi elektrisch durch die Soundkarte geschleift (nicht digitalisiert) und kann gegebenenfalls mit dem Mixerchip der Soundkarte in der Lautstärke und im Klang verändert werden. Die Endstufe der Soundkarte leitet dann das Audiosignal auf integrierte oder externe Lautsprecher weiter.

Zur Audio-Verbindung »CD-ROM-LW auf Soundkarte« werden in den meisten Fällen vier einzelne Leitungen, die das linke und das rechte Audiosignal und jeweils zwei Massesignale führen, verwendet. Leider gibt es hier die unterschiedlichsten Belegungsvarianten (Tabelle 9.20) mit den verschiedensten Steckverbindern, so daß man sich in vielen Fällen – aus Ermangelung entsprechender Adapter – die Verbindungen selbst zusammenlöten muß. Es ist ebenfalls möglich, das Audiosignal des CD-ROM-Laufwerkes, welches im günstigsten Fall über zwei übliche Chinch-Buchsen verfügt, direkt auf den Line-In-Eingang einer Stereoanlage zu führen. Oftmals befinden sich diese Buchsen auch auf der Controllerkarte des CD-ROM-Laufwerks. Die Audioverbindung »CD-ROM-LW auf Controllerkarte« wird dann ebenfalls über die vier einzelnen Kabel hergestellt, und das passende Kabel gehört zum Lieferumfang des CD-ROM-Laufwerks.

Pin-Nummern von links nach rechts	1	2	3	4
Soundkarten CD-In				
Soundblasterkarten	Masse	Links	Masse	Rechts
Mediavion AS-16	Masse	Rechts	Masse	Links
Logitech SM-16	Masse	Rechts	Masse	Links
CD-ROM-Laufwerke Audio-Out	Links	Masse	Masse	Rechts
NEC 4XI **Pioneer DR-U104X** **Plextor PX-43CH** **Chinon CDS-525S**				
CD-ROM-Laufwerke Audio-Out	Rechts	Masse	Masse	Links
Sony CDU-55E **Toshiba XM-5302B** **Mitsumi FX-001DE** **Mitsumi FX-300** **Mitsumi FX-400** **Sony CDU-55E**				
CD-ROM-Laufwerke Audio-Out	Rechts	Masse	Links	Masse
Mitsumi LU-0055S **Mitsumi FX-001D**				
CD-ROM-Laufwerk Audio-Out	Masse	Links	Masse	Rechts
Elitegroup Vertos 300				
CD-ROM-Laufwerk Audio-Out	Masse	Rechts	Links	N.V.
Toshiba XM-3401B				

Tabelle 9.20: Die Audiosignalbelegung bei Soundkarten und CD-ROM-Laufwerken

Für die externen Verbindungen zum Anschluß des CD-ROM-Laufwerks an die Stereoanlage oder eines Mikrophons an eine Soundkarte werden übliche Verbindungsstecker, wie sie allgemein in der HIFI-Technik (DIN, Chinch) üblich sind, verwendet. Doch auch hier muß man gegebenenfalls mit Adaptersteckern oder -kabeln arbeiten, um den passenden Anschluß herstellen zu können. Insbesondere für die bei Soundkarten verbreiteten »kleinen« Klinkenstecker (3,5 mm) werden oftmals entsprechende »Übergänge« benötigt. Die Bilder 9.4 und 9.5 zeigen die hier üblichen Adapter- und Kabelverbindungen.

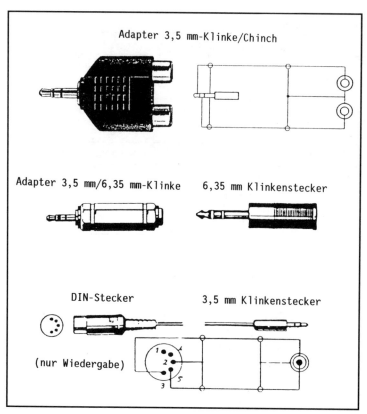

Adapter 3,5 mm-Klinke/Chinch

Adapter 3,5 mm/6,35 mm-Klinke   6,35 mm Klinkenstecker

DIN-Stecker   3,5 mm Klinkenstecker

(nur Wiedergabe)

Bild 9.4:
Ein Stereo-Adapter
mit einem 3,5-mm-
Klinkenstecker und
zwei Chinchbuchsen

Ein Stereo-Adapter
mit einem 3,5-mm-
Klinkenstecker auf der
einen Seite und einer
6,35-mm-Buchse auf
der anderen Seite und
ein 6,35-mm-Stereo-
Klinkenstecker

Ein Adapterkabel mit
5poligem DIN-Stecker
und 3,5-mm-Klinken-
stecker für die Stereo-
wiedergabe

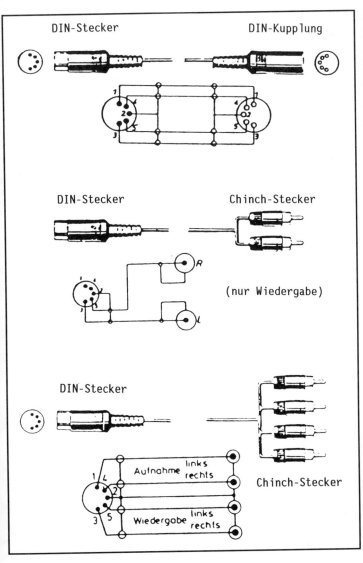

DIN-Stecker   DIN-Kupplung

Bild 9.5:
Ein 5poliges DIN-
Verbindungskabel
(Stecker/Kupplung),
welches auch problem-
los als Tastatur-
Verlängerungskabel
verwendet werden
kann und preiswerter
ist als ein Spezialkabel

DIN-Stecker   Chinch-Stecker

R

(nur Wiedergabe)

Ein Adapterkabel
(DIN-Stecker/Chinch-
Stecker) für die Stereo-
Wiedergabe

DIN-Stecker

Aufnahme links rechts

Wiedergabe links rechts

Chinch-Stecker

Ein Adapterkabel
(DIN-Stecker/Chinch-
Stecker) für die Stereo-
Wiedergabe und -Auf-
nahme

In der Videotechnik ermöglicht die SCART-Verbindung, wie sie in vielen Fernsehern und Videorecordern vorhanden ist, die universellste Verbindungsmöglichkeit mit PC-Video- und auch Soundkarten. Die Tabelle 9.21 zeigt die Belegung und das Bild 9.6 die Signalanordnung der SCART-Verbindung.

Pin	Signal
1	Audioausgang links
2	Audioeingang links
3	Audioausgang rechts
4	Audio-Masse
5	Blau-Masse
6	Audioeingang rechts
7	Blau (0,7 Vss)
8	Schaltspannung
9	Grün-Masse
10	Datenleitung oder NC
11	Grün (0,7 Vss)
12	Datenleitung oder NC
13	Rot-Masse
14	frei oder Masse
15	Rot (0,7 Vss)
16	Austastsignal
17	Video-Masse
18	Austastsignal-Masse
19	Video-Ausgang (1 Vss)
20	Video-Eingang (1 Vss)
21	Gemeinsame Masse

Tabelle 9.21:
Der SCART-Anschluß führt sowohl
unterschiedliche Videosignale als auch
die Audiosignale

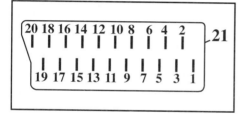

Bild 9.6:
Die Signalzuordnung
der SCART-Verbindung

Bussysteme

Für die Verbindung der PC-Einsteckkarten mit der Mainboard-Elektronik sind je nach PC-Typ verschiedene Steckplätze (Slots) auf dem Mainboard vorgesehen, die die Signale des jeweiligen Bussystems führen. Mit dem ursprünglichen Original-PC der Firma IBM wurde der 8 Bit breite PC-Bus eingeführt, der später um Signale für den 16-Bit-Betrieb erweitert wurde und unter der Bezeichnung ISA-Bus (Industry Standard Architecture) firmiert. Bis auf die PCs mit Microchannel besitzen in der Regel alle PC-Typen (z.b. EISA, PCI) aus Kompatibilitätsgründen neben ihren eigentlichen Slots auch noch mehrere ISA-Slots.

In der Tabelle 10.1 sind die wesentlichen Merkmale der PC-üblichen Bussysteme angegeben. Für EISA und MCA existieren darüber hinaus noch erweiterte Spezifikationen, welche hier aber unberücksichtigt bleiben, da sie sich aber kaum in entsprechenden PCs wiederfinden.

Bussystem	ISA	VLB	MCA	EISA	PCI
Protokoll	synchron	synchron	asynchron	synchron	synchron
CPUs	ab 286	ab 386	ab 386	ab 386	ab 486
typ. Takt in MHz	8,33	25-50	10-25	8,33	25-33
Multimaster-fähigkeit	nein	ja (Vers. 2)	ja	ja	ja
Datenbusbreite	16 Bit	32/64 Bit	32 Bit	32 Bit	32/64 Bit
Adreßraum	16 Mbyte	4 Gbyte	4 Gbyte	4 Gbyte	17×10^9 Tbyte
Datentransferrate in Mbyte	4-5	40/64 (Burst)	40 (Burst)	33 (Burst)	132/264 (Burst)

Tabelle 10.1: Die wichtigsten Daten der verschiedenen PC-Bussysteme in der Übersicht

Der SCSI-Bus nimmt eine Sonderstellung ein, da er in PCs nicht als alleiniges Bussystem implementiert ist, sondern zusätzlich zu den oben angegebenen verwendet werden kann. Die verschiedenen SCSI-Bus-Versionen werden ab dem Kapitel 10.7 beschrieben.

10.1 Der PC-Bus

Trotz der 32 Bit breiten Bussysteme wie PCI und EISA sind auf den entsprechenden Mainboards meist mehrere Steckplätze (Slots) in der 16 Bit breiten Industry Standard Architecture vorhanden. Dies sichert zum einen die Wiederverwendbarkeit von ISA-Karten mit den neueren Systemen. Zum anderen existiert eine enorme Vielzahl an Einsteckkarten für den PC-Bus, der eine 8 Bit breite »Untermenge« des ISA-Bus darstellt, als auch für den ISA-Bus, die es für andere Bussysteme (noch) nicht gibt.

GEHÄUSERÜCKWAND				
Pin-Nr.	Signal	PC-Bus	Pin-Nr.	Signal
B1	GND	▮ ▮	A1	/IO CH CK
B2	RES DRV	▮ ▮	A2	D7
B3	+5 V	▮ ▮	A3	D6
B4	IRQ2	▮ ▮	A4	D5
B5	-5 V	▮ ▮	A5	D4
B6	DRQ2	▮ ▮	A6	D3
B7	-12 V	▮ ▮	A7	D2
B8	/CARD SE	▮ ▮	A8	D1
B9	+12 V	▮ ▮	A9	D0
B10	GND	▮ ▮	A10	IO CH RDY
B11	/MEMW	▮ ▮	A11	AEN
B12	/MEMR	▮ ▮	A12	A19
B13	/IOW	▮ ▮	A13	A18
B14	/IOR	▮ ▮	A14	A17
B15	/DACK3	▮ ▮	A15	A16

Fortsetzung siehe nächste Seite

Pin-Nr.	Signal	PC-Bus	Pin-Nr.	Signal
B16	DRQ3	∎ ∎	A16	A15
B17	/DACK1	∎ ∎	A17	A14
B18	DRQ1	∎ ∎	A18	A13
B19	/REFRESH	∎ ∎	A19	A12
B20	BCLK	∎ ∎	A20	A11
B21	IRQ7	∎ ∎	A21	A10
B22	IRQ6	∎ ∎	A22	A9
B23	IRQ5	∎ ∎	A23	A8
B24	IRQ4	∎ ∎	A24	A7
B25	IRQ3	∎ ∎	A25	A6
B26	/DACK2	∎ ∎	A26	A5
B27	T/C	∎ ∎	A27	A4
B28	ALE	∎ ∎	A28	A3
B29	+5 V	∎ ∎	A29	A2
B30	OSC	∎ ∎	A30	A1
B31	GND	∎ ∎	A31	A0
Lötseite			**Bauteilseite**	

Tabelle 10.2: Die Signale des PC-Bus

/IO CH CK, Pin-Nr.: A1, Eingang

Input/Output-Channel-Check. Eingabe/Ausgabeprüfung. Mit Low wird dem Mainboard ein Fehler von einer Erweiterungskarte mitgeteilt. Dies kann ein Paritätsfehler sein, der dann einen Non-Maskable-Interrupt (NMI) auslöst.

D7-D0, Pin-Nr.: A2-A9, Eingang/Ausgang

Die Datenleitungen. D0 ist das niedrigstwertige Bit (LSB), und D7 ist das höchstwertige Bit (MSB).

307

I/O CH RDY, Pin-Nr.: A10, Eingang

Input/Output-Check-Ready. Verlängern der I/O- oder Speicherzyklen. Mit einem Low wird dem Prozessor oder dem DMA-Controller von einer Einheit signalisiert, zusätzliche Wartezyklen einzufügen.

AEN, Pin-Nr.: A11, Ausgang

Address-Enable. Bei einem High hat der DMA-Controller die Kontrolle über den Systembus. Bei einem Low hat der Prozessor die Kontrolle.

A19-A0, Pin-Nr.: A12-A31, Ausgänge

Die Adressenleitungen. A0 ist das niedrigstwertige Bit (LSB), A19 ist das höchstwertige Bit (MSB). Hiermit erfolgt die Adressierung bis zu einer Speichergröße von maximal 1 Mbyte. Die Signale werden vom Prozessor oder vom DMA-Controller erzeugt. Die Leitungen A0-A9 werden außerdem für die I/O-Adressierung verwendet.

GND, Pin. Nr.: B1, B10, B31

Der Masseanschluß des Netzteils.

RES DRV, Pin-Nr.: B2, Ausgang

Resetsignal. Bei einem High werden alle Komponenten des Mainboards und alle Einsteckkarten, die dieses Signal verarbeiten, zurückgesetzt, d. h. in ihren Ausgangszustand gebracht.

5V, Pin-Nr.: B3, B29, Ausgang

Die 5-V-Spannung des Netzteils.

IRQ2, Pin-Nr.: B4, Eingang

Interrupt-Request-2, Interruptanforderung. Dem Mainboard wird durch ein High (genauer Low-High-Flanke) mitgeteilt, daß von einer Einsteckkarte eine Interruptverarbeitung angefordert wird. Im PC (8088/8086-CPU) ist IRQ2 in der Regel nicht belegt, während Kanal 0 vom Timer und der Kanal 1 von der Tastatur verwendet werden. Diese beiden Interrupt-Leitungen gelangen demnach auch nicht an den PC-Slot.

-5V, Pin-Nr.: B5, Ausgang

Die negative Spannung von -5 V des Netzteils.

DRQ2, Pin-Nr.: B6, Eingang

DMA-Request, DMA-Anforderung. Mit einem High meldet eine Erweiterungskarte die Übertragung von Daten über den DMA-Kanal 2 an. Dieser Kanal wird oft für die Diskettenlaufwerke verwendet und sollte daher sicherheitshalber nicht für andere Karten reserviert werden.

-12 V, Pin-Nr.: B7, Ausgang

Die negative Spannung von -12 V des Netzteils.

/CARD SELECT, Pin-Nr.: B8

Beim Original-IBM-PC wird dieses Signal zur Selektierung einer speziellen Einsteckkarte im Slot Nr. 8 verwendet. Üblicherweise wird dieses Signal bei anderen Herstellern nicht verwendet und der Kontakt ist dann mit RESERVIERT bezeichnet.

+12V, Pin-Nr.: B9, Ausgang

Die 12-V-Spannung des Netzteils.

/MEMW, Pin-Nr.: B11, Ausgang

Memory-Write, Speicher schreiben. Mit einem Low wird den Einsteckkarten mitgeteilt, daß entweder der DMA-Controller oder der Prozessor Daten in den adressierten Speicher (1 Mbyte) schreiben will.

MEMR, Pin-Nr.: B12, Ausgang

Memory-Read, Speicher lesen. Mit einem Low wird den Einsteckkarten mitgeteilt, daß entweder der DMA-Controller oder der Prozessor Daten aus dem adressierten Speicher (1 Mbyte) lesen will.

/IOW, Pin-Nr.: B13, Ausgang

Input/Output-Write, Daten schreiben. Mit einem Low wird den Einsteckkarten mitgeteilt, daß entweder der Prozessor oder der DMA-Controller Daten in den adressierten I/O-Port schreiben will. Die auf dem Datenbus anliegenden Daten sollen an den I/O-Port übergeben werden.

/IOR, Pin-Nr.: B14, Ausgang

Input/Output-Read, Daten lesen. Mit einem Low wird den Einsteckkarten mitgeteilt, daß entweder der Prozessor oder der DMA-Controller Daten aus dem adressierten Port lesen will. Die auf dem Datenbus anliegenden Daten sollen vom I/O-Port übernommen werden.

/DACK3, Pin-Nr.: B15, Ausgang

DMA-Acknowledge, DMA-Bestätigung. Durch ein Low vom DMA-Controller wird der Empfang des DRQ3-Signals bestätigt, und die Datenübertragung kann daraufhin beginnen.

DRQ3, Pin-Nr.: B16, Eingang

DMA-Request, DMA-Anforderung. Mit einem High meldet eine Erweiterungskarte die Übertragung von Daten über den DMA-Kanal 3 an. In einem PC (8088/8086-CPU) wird dieser Kanal für den Festplatten-Controller verwendet.

/DACK1, Pin-Nr.: B17, Ausgang

DMA-Acknowledge, DMA-Bestätigung. Durch ein Low wird vom DMA-Controller der Empfang des DRQ1-Signals bestätigt, woraufhin die Datenübertragung beginnen kann.

DRQ1, Pin-Nr.: B18, Eingang

DMA-Request, DMA-Anforderung. Mit einem High meldet eine Erweiterungskarte die Übertragung von Daten über den DMA-Kanal 1 an. Der Kanal ist in den meisten Fällen noch nicht vom System belegt.

/REFRESH, Pin-Nr.: B19, Ausgang

Durch ein Low werden die dynamischen RAMs des Speichers aufgefrischt (Refresh).

BCLK, Pin-Nr.: B20, Ausgang

Bus-Clock. Der Bustakt beträgt im Original-IBM-PC 4,7 MHz.

IRQ7-IRQ3, Pin-Nr.: B21-B25, Eingänge

Interrupt-Request-3-7, Interruptanforderung. Dem Mainboard wird durch ein High mitgeteilt, daß von einer Einsteckkarte eine Interruptverarbeitung angefordert wird. Die höchste Priorität hat der Kanal 0, die niedrigste der Kanal 7.

Der Kanal 3 ist für die zweite serielle Schnittstelle, der Kanal 4 für die erste vorgesehen. Kanal 5 ist im PC (8088/8086-CPU) für den Festplattencontroller zuständig. Der Controller für die Diskettenlaufwerke verwendet IRQ6, und die erste parallele Schnittstelle verwendet IRQ7.

/DACK2, Pin-Nr.: B26, Ausgang

DMA-Acknowledge, DMA-Bestätigung. Durch ein Low vom DMA-Controller wird der Empfang des DRQ2-Signals bestätigt, woraufhin die Datenübertragung beginnen kann. Die Datenübertragung der Disketten-Laufwerke wird meist über diesen Kanal ausgeführt, so daß er nicht für andere Einsteckkarten verwendet werden kann.

T/C, Pin-Nr.:, B27, Ausgang

Terminal-Count. Ein High-Impuls wird ausgegeben, wenn der programmierte Zählerstand für eine DMA-Übertragung erreicht worden ist. Die DMA-Übertragung ist damit abgeschlossen.

ALE, Pin-Nr.: B28, Ausgang

Address-Latch-Enable wird auch als BALE (Bus-Address-Latch-Enable) bezeichnet. Mit diesem Signal werden die vom 8088- oder 8086-Prozessor gemultiplexten Adressen/Daten durch ein Latch voneinander getrennt. Auf dem Mainboard und am Slot stehen damit die Adressen und Daten separat zur Verfügung. Ist das Signal High, steht eine gültige Adresse auf dem Bus an.

OSC, Pin-Nr.: B30, Ausgang

Oszillatortakt. An diesem Anschluß liegt immer ein Taktsignal von 14,31818 MHz an, welches als Referenztakt für den Timer und auch für die Grafikkarte verwendet wird.

10.2 Der ISA-Bus

Der ISA-Bus stellt eine Erweiterung des PC-Busses dar und ist für 16-Bit-Einsteck-karten vorgesehen. Einige Signale des ursprünglichen PC-Busses haben durch die Er-weiterung eine andere Bezeichnung und/oder Funktion erfahren, die, wie die zusätz-lich hinzugekommenen, nachfolgend kurz erläutert werden.

GEHÄUSERÜCKWAND				
Pin-Nr.	**Signal**	**PC/AT-Bus**	**Pin-Nr.**	**Signal**
B1	GND	▮ ▮	A1	/IO CH CK
B2	RES DRV	▮ ▮	A2	D7
B3	+5 V	▮ ▮	A3	D6
B4	IRQ9	▮ ▮	A4	D5
B5	-5 V	▮ ▮	A5	D4
B6	DRQ2	▮ ▮	A6	D3
B7	-12 V	▮ ▮	A7	D2
B8	/0WS	▮ ▮	A8	D1
B9	+12 V	▮ ▮	A9	D0
B10	GND	▮ ▮	A10	IO CH RDY
B11	/SMEMW	▮ ▮	A11	AEN
B12	/SMEMR	▮ ▮	A12	A19
B13	/IOW	▮ ▮	A13	A18
B14	/IOR	▮ ▮	A14	A17
B15	/DACK3	▮ ▮	A15	A16
B16	DRQ3	▮ ▮	A16	A15
B17	/DACK1	▮ ▮	A17	A14
B18	DRQ1	▮ ▮	A18	A13
B19	/REFRESH	▮ ▮	A19	A12
B20	BCLK	▮ ▮	A20	A11
B21	IRQ7	▮ ▮	A21	A10
B22	IRQ6	▮ ▮	A22	A9
B23	IRQ5	▮ ▮	A23	A8

Fortsetzung siehe nächste Seite

Pin-Nr.	Signal	PC/AT-Bus	Pin-Nr.	Signal
B24	IRQ4	▮ ▮	A24	A7
B25	IRQ3	▮ ▮	A25	A6
B26	/DACK2	▮ ▮	A26	A5
B27	T/C	▮ ▮	A27	A4
B28	ALE	▮ ▮	A28	A3
B29	+5 V	▮ ▮	A29	A2
B30	OSC	▮ ▮	A30	A1
B31	GND	▮ ▮	A31	A0
		Einkerbung		
D1	/MEM CS16	▮ ▮	C1	/SBHE
D2	/I-O CS 16	▮ ▮	C2	LA23
D3	IRQ10	▮ ▮	C3	LA22
D4	IRQ11	▮ ▮	C4	LA21
D5	IRQ12	▮ ▮	C5	LA20
D6	IRQ15	▮ ▮	C6	LA19
D7	IRQ14	▮ ▮	C7	LA18
D8	/DACK0	▮ ▮	C8	LA17
D9	DRQ0	▮ ▮	C9	/MEMR
D10	/DACK5	▮ ▮	C10	/MEMW
D11	DRQ5	▮ ▮	C11	SD8
D12	/DACK6	▮ ▮	C12	SD9
D13	DRQ6	▮ ▮	C13	SD10
D14	/DACK7	▮ ▮	C14	SD11
D15	DRQ7	▮ ▮	C15	SD12
D16	+5 V	▮ ▮	C16	SD13
D17	/MASTER	▮ ▮	C17	SD14
D18	GND	▮ ▮	C18	SD15
Lötseite			**Bauteilseite**	

Tabelle 10.3: Der ISA-Bus setzt sich aus dem PC-Bus und den Signalen der AT- Sloterweiterung zusammen

Die geänderten PC-Bus-Signale

IRQ9, Pin-Nr.: B4, Eingang

Dieser Anschluß entspricht dem IRQ2-Anschluß beim PC-Bus. Der »alte« Kanal 2 wird zur Kaskadierung des zweiten Interrupt-Controllers auf IRQ 9 verwendet.

/0WS, Pin-Nr.: B8, Eingang

0-Wait-States. Befindet sich dieses Signal auf Low, kann mit einem externen Speicher (z.b. auf der Grafikkarte) ohne zusätzliche Wartezyklen gearbeitet werden. Beim PC-Bus wird der Anschluß mit CARD SELECT oder RESERVIERT bezeichnet.

/SMEMW, Pin-Nr.: B11, Ausgang

Small-Memory-Write, Speicher schreiben. Mit einem Low wird den Einsteckkarten mitgeteilt, daß entweder der DMA-Controller oder der Prozessor Daten in den adressierten Speicher schreiben will.

Dieses Signal ist nur für den Speicher bis 1 Mbyte (Small) gültig, wie es beim ursprünglichen PC verwendet wird. Für die Adressierung des Speichers über 1 Mbyte wird das Signal /MEMW verwendet, welches sich an der AT-Slot-Erweiterung befindet.

/SMEMR, Pin-Nr.: B12, Ausgang

Small-Memory-Read, Speicher lesen. Mit einem Low wird den Einsteckkarten mitgeteilt, daß entweder der DMA-Controller oder der Prozessor Daten aus dem adressierten Speicher lesen will.

Für die Adressierung des Speichers über 1 Mbyte wird das Signal /MEMR (AT-Sloterweiterung) verwendet. /SMEMR ist nur für den Speicher bis 1 Mbyte gültig.

BCLK, Pin-Nr.: B20; Ausgang

Bus-Clock. Der Bustakt beträgt in einem ISA-System unabhängig vom Prozessortakt standardmäßig 8,3 MHz. Im BIOS-Setup kann in der Regel ein höherer Wert eingestellt werden, was jedoch eine Fehlfunktion der Einsteckkarte(n) zur Folge haben kann.

OSC, Pin-Nr.: B30, Ausgang

Oszillatortakt. An diesem Anschluß liegt immer ein Taktsignal von 14,31818 MHz an, welches als Referenztakt für den Timer und auch die Grafikkarte verwendet wird. Auf neueren Mainboards (ab ca. 1993) wird auch der CPU-Takt mit Hilfe von OSC erzeugt. Hierfür wird dieses Signal an einem PLL-Baustein (Phase Locked Loop) wie beispielsweise den AV9107 (siehe Kapitel 3.4) geführt, der in Abhängigkeit von einer bestimmten Jumperstellung am Ausgang den CPU-Takt zur Verfügung stellt.

Die Signale der AT-Bus-Erweiterung

Die folgenden Signale befinden sich an der 36poligen Signalerweiterung, wie sie mit dem IBM-AT (Advanced Technology) eingeführt worden ist. PCs mit mindestens einem 286-Prozessor besitzen diese Signale, die für die Kommunikation mit 16-Bit-Einsteckkarten notwendig sind. Die gegenüber dem traditionellen PC (8088/8086) erweiterten Komponenten wie der zweite DMA- und der zweite Interrupt-Controller stellen hier ebenfalls die entsprechenden Signale zur Verfügung.

/SBHE, Pin-Nr.: C1, Ausgang

System-Bus-High-Enable kennzeichnet durch ein Low, daß Daten auf den oberen Datenleitungen SD8-SD15 anliegen. Es findet demnach eine 16-Bit-breite Datenübertragung statt.

LA23-LA17, Pin-Nr.: C2-C8, Ausgänge

Die oberen Adreßleitungen. Die Adressen A17-A19 sind im Prinzip zweimal am Slot vorhanden: einmal als A17-A19 über den PC-Slot und einmal als LA17-LA19 über die AT-Slot-Erweiterung.

Die Signale A17-A19 sind jedoch gegenüber LA17-LA19 um einen halben Bustakt verzögert, da sie erst nach der Abtrennung der Daten (mit ALE) aus dem gemeinsamen Adreß/Datenbus des 8088-Prozessors zur Verfügung stehen. Ab einem 80286-Prozessor wird der Adreß-/Datenbus nicht gemultiplext aus dem Prozessor herausgeführt, sondern die Signale sind an separaten Anschlüssen vorhanden. Somit sind die Adressen LA17-LA19 früher gültig.

/MEMR, Pin-Nr.: C9, Ausgang

Memory-Read, Speicher lesen. Mit einem Low wird den Einsteckkarten mitgeteilt, daß entweder der DMA-Controller oder der Prozessor Daten aus dem adressierten Speicher lesen will. Das Signal /SMEMR des PC-Slots ist demgegenüber nur im Adreßbereich zwischen 0-1 Mbyte gültig.

/MEMW, Pin-Nr.: C10, Ausgang

Memory-Write, Speicher schreiben. Mit einem Low wird den Einsteckkarten mitgeteilt, daß der DMA-Controller oder der Prozessor Daten in den adressierten Speicher schreiben will. Das Signal /SMEMW des PC-Slots ist demgegenüber nur im Adreßbereich zwischen 0-1 Mbyte gültig.

SD8-SD15, Pin-Nr.: C11-C18, Eingänge/Ausgänge

Die oberen Datenbits des 16-Bit-Datenbusses. D0-D7 des PC-Busses liefern die unteren Datenbits.

/MEM CS16, Pin-Nr.: D1, Eingang

Memory-Chip-Select-16. Eine Einsteckkarte muß dieses Signal auf Low setzen, wenn Speicherdaten in 16-Bit-Breite verarbeitet werden sollen. Wird das Signal nicht rechtzeitig auf Low gesetzt, erfolgt die Datenübertragung statt dessen in 8-Bit-Breite.

/I-O CS16, Pin-Nr.: D2, Eingang

I/O-Chip-Select-16. Eine Einsteckkarte muß dieses Signal auf Low setzen, wenn I/O-Daten in 16-Bit-Breite verarbeitet werden sollen. Wird das Signal nicht rechtzeitig auf Low gesetzt, erfolgt die Datenübertragung statt dessen in 8-Bit-Breite.

IRQ10-IRQ12 und IRQ15,14, Pin-Nr.: D3-D5, D6, D7, Eingänge

Interrupt-Request-10-12 und 14-15, Interruptanforderung. Dem Interrupt-Controller wird durch ein High signalisiert, daß von einer Erweiterungskarte eine Interrupt-Verarbeitung über den entsprechenden Interrupt-Kanal angefordert wird. Diese Interrupt-Leitungen stellt der zweite Interrupt-Controller zur Verfügung. Der Kanal 8 ist für die Echtzeituhr auf dem Mainboard reserviert, und der Kanal 9 entspricht dem umgeleiteten Kanal IRQ2. Die höchste Priorität hat der Kanal 0, die niedrigste der Kanal 7. Der IRQ 13 ist für den mathematischen Coprozessor reserviert und der IRQ14 in einem PC mit mindestens einem 286-Prozessor (AT) für den Festplattencontroller, sowie IRQ15 für einen EIDE-Controller.

/DACK0, Pin-Nr.: D8, Ausgang

DMA-Acknowledge, DMA-Bestätigung. Durch ein Low vom DMA-Controller wird der Empfang des DRQ0-Signals bestätigt. In der Regel ist dieser Kanal nicht standardmäßig vom System belegt.

DRQ0, Pin-Nr.: D9, Eingang

DMA-Request, DMA-Anforderung. Mit einem High meldet eine Erweiterungskarte die Übertragung von Daten über den DMA-Kanal 0 an.

/DACK5-7, Pin-Nr.: D10, D12, D14

DMA-Acknowledge, DMA-Bestätigung. Durch ein Low vom DMA-Controller wird der Empfang des DRQx-Signals bestätigt.

DRQ5-7, Pin-Nr.: D11, D13, D15

DMA-Request, DMA-Anforderung. Mit einem High meldet eine Erweiterungskarte die Übertragung von Daten über den angewählten DMA-Kanal 0 an. Diese 3 Kanäle sind standardmäßig nicht belegt und stehen für Systemerweiterungen zur Verfügung. Die Datenübertragung kann in 8- oder 16-Bit-Breite erfolgen.

+ 5V, Pin-Nr.: D16, Ausgang

Die 5-V-Spannung des Netzteils.

/MASTER, Pin-Nr.: D17, Eingang

Mit diesem Signal kann ein externer Prozessor die Steuerung des Systembus übernehmen. Er ist dann der Busmaster des Systems. Ihm wird eine DRQ-Leitung des DMA-Controllers zugeordnet, über die er eine Anforderung an den DMA-Controller sendet. Der wiederum sendet die Bestätigung über die entsprechende /DACK-Leitung. Hierauf reagiert der externe Prozessor mit einem Low auf der /MASTER-Leitung, womit er die Steuerung des Systembus übernommen hat. Dieses Verfahren (Busmaster-DMA) wird beispielsweise mit den SCSI-Controllerkarten der Firma Adaptec eingesetzt.

GND, Pin-Nr.: D18

Der Masseanschluß des Netzteils.

10.3 Der Microchannel

IBM führte mit seiner PS/2-Familie ein neues Bussystem ein, welches als Microchannel (MCA) bezeichnet wird. Es handelt sich dabei um ein 32 Bit breites Bussystem mit einer höheren Datenübertragungsrate als ISA, mit einer Interrupt-Pegel- statt Flanken-Triggerung und Busarbitrierung und ist nicht kompatibel zum ISA-Bus. Es existieren verschiedene Ausführungen des Microchannels, die im Bild 10.1 dargestellt sind.

Nicht nur PCs verwenden den Microchannel, sondern beispielsweise auch Workstations (z.b. RISC 6000) der Firma IBM. Die Kontakte der Microchannel-Slots sind kleiner ausgeführt als bei einem ISA- oder EISA-Slot. Ihr Kontaktabstand ist halb so groß wie bei einem ISA-System und beträgt von Kontaktmitte zu Kontaktmitte 1,27 mm. Dieser Slottyp wird ebenfalls für den VESA-Local-Bus und den PCI-Bus verwendet.

Nicht alle Microchannel-Signale, die an die Slots geführt werden, sind als Bussignale anzusehen. Einige Signalleitungen des Microchannels, welche in der Tabelle 10.4 angegeben sind, werden einzeln von jedem Slot aus zur Mainboard-Elektronik geführt, haben untereinander also keine (Bus)-Verbindung.

Bezeichnung	Bedeutung
/CD SETUP	Card Setup
CH READY	Channel Ready
CH RDY RTN	Channel Ready Return
/CD SFDBK	Card Selected Feedback
/CD DS 16	Card Data Size 16 Bit
/DS 16 RTN	Data Size 16 Return
/CD DS 32	Card Data Size 32 Bit
/DS 32 RTN	Data Size 32 Bit Return
/MMC	Matched Memory Cycle
/MMCR	Matched Memory Cycle Request

Tabelle 10.4:
Die Non-Bus-Signale
des Microchannels

In Multimastersystemen werden – je nachdem welcher Master gerade den Bus steuert – einige Signale bidirektional (als Ausgang oder Eingang) verwendet. Für die folgenden Signalbeschreibungen wird jedoch aus Gründen der Übersichtlichkeit davon ausgegangen, wenn es nicht anders angegeben ist, daß der aktuelle Master von der Mainboard-Elektronik realisiert wird. Dies gilt ebenfalls für die Beschreibung der EISA-, VLB- und PCI-Signale.

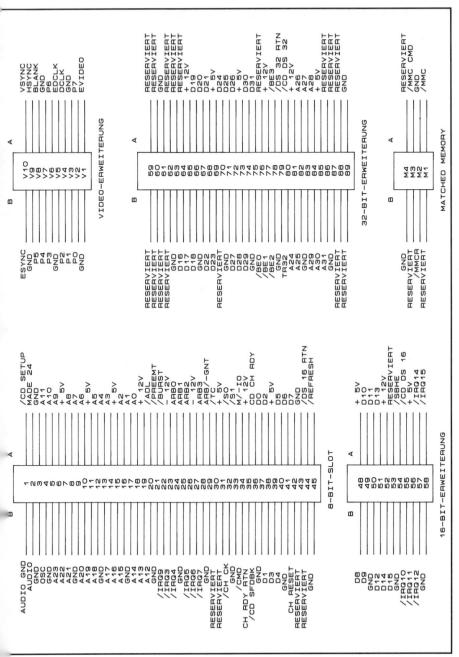

Bild 10.1: Die Signale des Microchannels

8-Bit- und die 16-Bit-MCA-Verbindung

AUDIO GND, Pin-Nr.: B1, Ausgang

Die Schaltungsmasse des Tonsignal-Ausgangs.

AUDIO, Pin-Nr.: B2, Ausgang

Der Ausgang des Tonsignals, welches über einen Verstärkter zum Lausprecher gelangt und für die Verarbeitung durch Einsteckkarten verwendet werden kann.

OSC, Pin-Nr.: B3, Ausgang

Eine Taktfrequenz von 14,3 MHz steht an diesem Ausgang zur Verfügung. Auf dem Mainboard wird das Signal als Eingangssignal für die Timer verwendet.

A0-A23, Pin-Nr.: A18-A16, A14-A12, A10-A8, B20-B18, B16-B14, B12-B1, B8-B6, Ausgänge

Die Adreßleitungen für die Adressierung von 16-Mbyte-Speicher und für die I/O-Ports. Für die I/O-Ports werden die Bits A16-A23 nicht verwendet. Nur die Adreßbits A0-A15 müssen dekodiert werden.

/IRQ3-/IRQ7, /IRQ9-/IRQ12, /IRQ14-IRQ15, Pin-Nr.: B23-B24, B26-B28, B22, B55-B57A57-A58, Eingänge

Die Interrupt-Anforderungsleitungen werden wie in einem ISA-System verwendet. Es sind auch wieder nur diejenigen Anforderungsleitungen herausgeführt, die nicht für Komponenten auf dem Mainboard benötigt werden. Die Kaskadierung (2. Controller in einem AT) ist ebenfalls einem ISA-System nachempfunden. Der einzig relevante Unterschied zu einem ISA-System besteht darin, daß eine Pegel- statt einer Flankensteuerung vorgesehen ist.

/CH CK, Pin-Nr.: B32, Eingang

Channel Check. Mit einem Low kann jede Einsteckkarte dem Mainboard signalisieren, daß ein Fehler (Paritätsfehler, Timeout) aufgetreten ist.

/CMD, Pin-Nr.: B34, Ausgang

Command. Die ausgesendeten Daten sind, während dieses Signal Low ist, gültig.

CH RDY RTN, Pin-Nr.: B35, Eingang

Channel Ready Return. Eine Einsteckkarte meldet sich mit einem High als aktiv an. Dieses Signal ist kein Bussignal, sondern wird durch eine UND-Verknüpfung der einzelnen CHRDYRTN-Leitungen gebildet.

/CD SFDBK, Pin-Nr.: B36, Eingang

Card Selected Feedback. Eine adressierte Einsteckkarte meldet ihre Anwesenheit zum Mainboard zurück. Mit diesem Signal kann vom Mainboard festgestellt werden, welchen Adreßbereich die Karte im System belegt. Es ist kein Bussignal, sondern wird an jeden Slot einzeln geführt.

D0-D7, Pin-Nr.: A37, B38, A38, B39-B40, A40-A42, Eingänge/Ausgänge

Die 8-Bit-Datenleitungen.

CH RESET, Pin-Nr.: B42, Ausgang

Channel Reset. Alle Einheiten des Systems werden mit einem High-Impuls zurückgesetzt.

/CD SETUP, Pin-Nr.: A1, Ausgang

Card Setup. Dieses Signal ist einzeln für jeden Slot vorhanden (kein Bussignal) und dient der Aufforderung zur Initialisierung einer Einsteckkarte durch das Mainboard.

MADE 24, Pin-Nr.: A2, Ausgang

Memory Enable 24. Das Signal ist im Speicherbereich bis 16 Mbyte = High (aktiv). Für die Adressierung oberhalb dieses Bereiches ist es Low.

/ADL, Pin-Nr.: A20, Ausgang

Address Decode Latch. Während dieses Signal Low ist, ist die auf dem Adreßbus anliegende Adresse gültig.

/PREEMT, Pin-Nr.: A21, Eingang

Einheiten, die Busmaster des Systems werden wollen, legen das Signal auf Low. Nach der Zuteilung des Masters (CPU oder DMA-Controller oder Einsteckkarte) wird das Signal wieder High.

/BURST, Pin-Nr.: A22, Eingang/Ausgang

Durch den Busmaster des Systems wird das Signal auf Low gesetzt, um die Datenübertragung im Burst-Mode bekanntzugeben.

/ARB0-/ARB2, /ARB3, Pin-Nr.: A24-A26, A28, Eingänge/Ausgänge

Arbitration. Die Signale zeigen die Adresse des aktuellen Busmasters an. Von den 16 Adressen stehen 8 für Einsteckkarten zur Verfügung und die anderen 8 für den DMA-Controller des Mainboards, wobei 0h die höchste und Fh die niedrigste Priorität hat. Das Signal ARB/-GNT muß dabei einen High-Pegel aufweisen. Während der ansteigenden Flanke von ARB/-GNT wird der Master angenommen.

ARB/-GNT, Pin-Nr.: A29, Ausgang

Arbitrate/-Grant. Bei einem High-Signal kann ein Master den Bus übernehmen (Arbitration-Phase mit den ARBx-Signalen).

Mit einer abfallenden Flanke wird signalisiert, daß der Master mit der höchsten Priorität die Kontrolle über den Bus übernimmt.

/TC, Pin-Nr.: A30, Ausgang

Terminal Count. Ist der DMA-Controller des Mainboards der Busmaster, geht dieses Signal auf Low und signalisiert hiermit das Ende der Datenübertragung.

/S0, /S1, Pin-Nr.: A32, A33, Ausgänge

Status-Bits. Der aktuelle Busmaster steuert im Zusammenhang mit M/-IO diese beiden Signale, um den laufenden Buszyklus festzulegen. Es sind lediglich 4 Buszyklen festgelegt, die anderen sind für IBM-Funktionen reserviert und bleiben beim PC ungenutzt.

M/-IO	/S0	/S1	Buszyklus
1	1	1	IBM-reserviert
1	1	0	Memory Write
1	0	1	Memory Read
1	0	0	IBM-reserviert
0	1	1	IBM-reserviert
0	1	0	I/O-Write
0	0	1	I/O-Read
0	0	0	IBM-reserviert

Tabelle 10.5:
Die Signale für die Bussteuerung

M/-IO, Pin-Nr.: A34, Ausgang

Memory Input/Output. Bei einem High-Signal findet ein Speicher-, bei einem Low ein I/O-Zyklus statt.

CH RDY, Pin-Nr.: A36, Eingang

Channel Ready. Legt eine Erweiterungskarte dieses Signal auf Low, wird der Buszyklus verlängert. Es ist kein Bussignal, sondern für jeden Slot ist eine einzelne Leitung vorhanden.

/DS 16 RTN, Pin-Nr.: A44, Ausgang

Data Size 16 Return. Das Signal ist als Rückmeldesignal für den Empfang des /CD DS 16-Signals zu verstehen, welches sich an dem 16-Bit-Erweiterungsstecker befindet. Eine 16 Bit breite Datenübertragung ist somit möglich.

/REFRESH, Pin-Nr.: A45, Ausgang

In regelmäßigen Zeitabständen (z.B. 4 ms) wird das Signal auf Low gelegt, um die dynamischen RAMs aufzufrischen.

Die 16-Bit-MCA-Verbindung

D8-D15, Pin-Nr.: B48-B49, A49-A50, B51, A51, B52-B53, Eingänge/Ausgänge

Für die 16 Bit breite Datenübertragung werden diese Datenleitungen zusammen mit den Leitungen D0-D7 verwendet.

/SBHE, Pin-Nr.: A53, Ausgang

System Byte High Enable. Zusammen mit der niedrigstwertigen Adreßleitung (A0) bestimmt das Signal das Format der Datenübertragung. Sind beide Signale Low, erfolgt eine 16 Bit breite Datenübertragung.

/SBHE	A0	Funktion
1	1	verboten
1	0	Übertragung des unteren Bytes
0	1	Übertragung des oberen Bytes
0	0	Übertragung von 16-Bit-Daten (unteres und oberes Byte)

Tabelle 10.6:
Festlegung des Datenüber-
tragungsformats

/CD DS 16, Pin-Nr.: A55, Eingang

Card Data Size 16. Mit diesem Signal wird dem Mainboard mitgeteilt, daß eine 16 Bit breite Datenübertragung durchgeführt werden kann. Jeder Slot führt eine einzelne /CS DS 16-Leitung.

Die 32-Bit-MCA-Verbindung

D16-D31, Pin-Nr.: B64-B66, A66-A68, B68-B69, A70-A72, B72-B74, A74-A75, Eingänge/Ausgänge

Für die 32 Bit breite Datenübertragung werden diese Datenleitungen zusammen mit den Leitungen D0-D7 und D8-D15 verwendet.

/BE0, /BE1, /BE2, /BE3, Pin-Nr.: B76, B77, B78, A78, Ausgänge

Byte Enable. Für eine 32 Bit breite Datenübertragung wird mit diesen Signalen festgelegt, welches Byte übertragen wird.

Byte Enable= Low	Datenbyte
/BE0	D0-D7
/BE1	D8-D15
/BE2	D16-D23
/BE3	D24-D31

Tabelle 10.7:
Festlegung der Datenübertragung

TR32, Pin-Nr.: B80, Eingang/Ausgang

Translate 32. Ist dieses Signal auf High-Pegel, werden die Leitungen /BE0-/BE3 nicht vom Mainboard, sondern von einem externen Busmaster gesteuert.

/CD DS 32, Pin-Nr.: A80, Eingang

Card Data Size 32. Mit diesem Signal wird dem Mainboard (Busmaster) mitgeteilt, daß eine 32 Bit breite Datenübertragung durchgeführt werden kann. Jeder Slot führt eine einzelne /CS DS 32-Leitung.

/DS 32 RTN, Pin-Nr.: A79, Ausgang

Data Size 32 Return, das Signal ist als Rückmeldesignal für den Empfang des /CD DS 32-Signals zu verstehen, und es erfolgt eine 32 Bit breite Datenübertragung.

A24-A31, Pin-Nr.: B81-B82, A82-A84, B84-B86, Ausgänge

Die Adreßleitungen für die Adressierung von maximal 4 Gbyte Speicher.

Die MCA-Matched-Memory-Verbindung

Mit 3 zusätzlichen Verbindungsleitungen wird ab dem IBM-Modell 80 ein Matched-Memory-Datentransfer ermöglicht, der schneller als ein normaler Datentransfer arbeitet. Die hierfür notwendigen zusätzlichen Signale befinden sich an einem 8poligen Erweiterungsslot, der die 32-Bit-Slots ergänzt und sich oberhalb dieser befindet.

/MMC CMD, Pin-Nr.: A M3, Ausgang

Matched Memory Cycle Command. Mit einem Low wird signalisiert, daß die aktuellen MM-Daten gültig sind.

/MMCR, Pin-Nr.: B M2, Eingang

Matched Memory Cycle Request. Mit einem Low wird von einem Slave die MM-Übertragung angefordert. Für jeden 32-Bit-Slot mit Matched-Memory-Erweiterung ist diese Leitung einzeln verdrahtet.

/MMC, Pin-Nr.: A M1, Ausgang

Matched Memory Cycle. Der aktuelle Busmaster des Systems legt dieses Signal während eines MM-Zyklus auf Low. Dieses Signal ist ebenfalls für jeden MM-Slot einzeln vorhanden.

Der MCA-Grafik-Anschluß

Verschiedene Modelle mit Microchannel besitzen eine Steckverbindung für eine Grafik-Erweiterung, die sich oberhalb der 16-Bit-MCA-Verbindung befindet. Der Grafik-adapter (VGA) sowie Schnittstellen- und Controllerbausteine sind bereits auf dem Mainboard integriert, und soll die VGA-Grafik durch eine leistungsfähigere Karte ersetzt werden, wird durch Einstecken der neuen Karte, die einen Grafik-Erweiterungs-anschluß besitzen muß, automatisch die integrierte VGA-Grafik abgeschaltet. Die Signale EDCLK, EVIDEO und ESYNC werden durch die eingesteckte Grafikkarte (z.B. 8514/A) auf Low gelegt.

ESYNC, Pin-Nr.: B V10

Enable Synchronisation. Ist dieses Signal High, werden VSYNC, HSYNC und BLANK durchgeschaltet.

VSYNC, Pin-Nr.: A V10

Vertical Synchronisation. Die vertikale Synchronisation mit einem High-Pegel für den Bildrücklauf.

HSYNC, Pin-Nr.: A V9

Horizontal Synchronisation. Die horizontale Synchronisation mit einem High-Pegel, die für den Zeilenrücklauf zuständig ist.

BLANK, Pin-Nr.: A V8

Mit einem High wird der Monitor dunkel geschaltet.

EDCLK, Pin-Nr.: A V6

Enable DCLK. Mit einem High wird das Taktsignal (DCLK) durchgeschaltet.

DCLK, Pin-Nr.: A V4

Data Clock. Das Taktsignal für die Grafikdaten (P0-P7).

EVIDEO, Pin-Nr.: A V1

Enable Video. Mit einem High werden die Grafikdaten durchgeschaltet.

P0-P7

Die digitalen Grafikdaten, die auf der Grafikkarte an einen Digital/Analog-Wandler geführt werden.

10.4 Der EISA-Bus

Der EISA-Bus (**E**xtended **I**ndustry **S**tandard **A**rchitecture) entstand als Alternative zum Microchannel, allerdings mit dem wichtigen Unterschied, daß EISA nicht mit dem ISA-Standard bricht und sich prinzipiell alle ISA-Karten auch in einem EISA-Slot betreiben lassen. Die erweiterten Funktionen (Interrupt-Pegel-Triggerung, Busarbitrierung, höhere Datenübertragungsrate als ISA) des EISA-Busses entsprechen im wesentlichen denen des Microchannels.

Für die zusätzlichen Anschlüsse des generell 32 Bit breit ausgeführten EISA-Busses ist ein spezieller Slot entworfen worden. Die Kontakte sind in zwei Reihen übereinander angeordnet, wobei die EISA-Kontakte unterhalb der ISA-Kontakte liegen. Die EISA-Kontakte liegen praktisch zwischen den ISA-Kontakten, jedoch eine Ebene tiefer. Eine ISA-Platine kann durch die Schlitze im Platinenanschluß nur so weit in den EISA-Slot gesteckt werden, daß lediglich der ISA-Kontakt hergestellt wird.

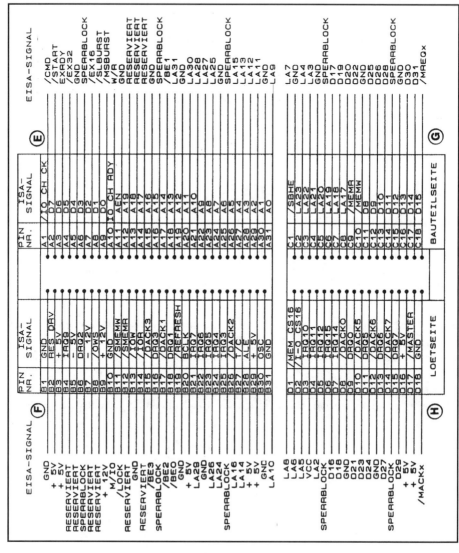

Obere Hälfte (Steckerreihen A / B und E / F):

EISA-SIGNAL (F)	PIN NR.	ISA-SIGNAL	ISA-SIGNAL	PIN NR.	EISA-SIGNAL (E)
GND	B1	GND	/IO CH CK	A1	/CMD
+ 5V	B2	RES DRV	D7	A2	/START
+ 5V	B3	+ 5V	D6	A3	EXRDY
RESERVIERT	B4	IRQ9	D5	A4	/EX32
RESERVIERT	B5	− 5V	D4	A5	GND
SPERRBLOCK	B6	DRQ2	D3	A6	SPERRBLOCK
RESERVIERT	B7	− 12V	D2	A7	/EX16
RESERVIERT	B8	/0WS	D1	A8	/SLBURST
+ 12V	B9	+ 12V	D0	A9	/MSBURST
M/IO	B10	GND	IO CH RDY	A10	W/R
/LOCK	B11	/SMEMW	AEN	A11	GND
RESERVIERT	B12	/SMEMR	A19	A12	RESERVIERT
GND	B13	/IOW	A18	A13	RESERVIERT
RESERVIERT	B14	/IOR	A17	A14	RESERVIERT
/BE3	B15	/DACK3	A16	A15	GND
SPERRBLOCK	B16	DRQ3	A15	A16	SPERRBLOCK
/BE2	B17	/DACK1	A14	A17	/BE1
/BE0	B18	DRQ1	A13	A18	LA31
GND	B19	/REFRESH	A12	A19	GND
+ 5V	B20	BCLK	A11	A20	LA30
LA29	B21	IRQ7	A10	A21	LA28
GND	B22	IRQ6	A9	A22	LA27
LA26	B23	IRQ5	A8	A23	LA25
LA24	B24	IRQ4	A7	A24	GND
SPERRBLOCK	B25	IRQ3	A6	A25	SPERRBLOCK
LA16	B26	/DACK2	A5	A26	LA15
LA14	B27	T/C	A4	A27	LA13
+ 5V	B28	ALE	A3	A28	LA12
+ 5V	B29	+ 5V	A2	A29	LA11
GND	B30	OSC	A1	A30	GND
LA10	B31	GND	A0	A31	LA9

Untere Hälfte (Steckerreihen D / C und H / G):

EISA-SIGNAL (H)	PIN NR.	ISA-SIGNAL LOETSEITE	ISA-SIGNAL BAUTEILSEITE	PIN NR.	EISA-SIGNAL (G)
LA8	D1	/MEM CS16	/SBHE	C1	LA7
LA6	D2	/I-O CS16	LA23	C2	GND
LA5	D3	IRQ10	LA22	C3	LA4
VCC	D4	IRQ11	LA21	C4	LA3
LA2	D5	IRQ12	LA20	C5	GND
SPERRBLOCK	D6	IRQ15	LA19	C6	SPERRBLOCK
D16	D7	IRQ14	LA18	C7	D17
D18	D8	/DACK0	LA17	C8	D19
GND	D9	DRQ0	/MEMR	C9	D20
D21	D10	/DACK5	/MEMW	C10	D22
D23	D11	DRQ5	D8	C11	GND
D24	D12	/DACK6	D9	C12	D25
GND	D13	DRQ6	D10	C13	D26
D27	D14	/DACK7	D11	C14	D28
SPERRBLOCK	D15	DRQ7	D12	C15	SPERRBLOCK
D29	D16	+ 5V	D13	C16	D30
+ 5V	D17	/MASTER	D14	C17	D31
+ 5V			D15	C18	/MREQx
GND	D18	GND			
/MACKx					

Bild 10.2:
Der EISA-Slot besitzt insgesamt 188 Kontakte. Die EISA-Anschlüsse befinden sich zwischen den ISA-Anschlüssen.

/CMD, Pin-Nr. E1, Ausgang

Command. Das Signal dient der Synchronisation eines EISA-Buszyklus in Kombination mit dem Bustaktsignal (BCLK). Der Bustakt beträgt in einem EISA-System immer 8,33 MHz.

/Start, Pin-Nr. E2, Ausgang

Der Beginn eines EISA-Buszyklus wird mit einem Low bekanntgegeben.

EXRDY, Pin-Nr. E3, Eingang

EISA-Ready. Mit einem High wird signalisiert, daß die adressierte Einheit den augenblicklichen Buszyklus ohne Wartezyklen beenden kann.

/EX32, Pin-Nr. E4, Eingang

Setzt eine EISA-Einheit (Slave) das Signal auf Low, gibt sie damit bekannt, daß sie 32-Bit-Daten verarbeiten kann. Die Daten werden über die Leitungen D0-D31 übertragen.

/EX16, Pin-Nr. E7, Eingang/Ausgang

Setzt eine EISA-Einheit (Slave) das Signal auf Low, gibt sie damit bekannt, daß sie lediglich 16-Bit-Daten verarbeiten kann. Die Daten werden dann über die Datenleitungen D0-D15 in 16-Bit-Blöcken übertragen und vom Prozessor oder EISA-Slave wieder zu 32-Bit-Daten zusammengesetzt. Ist weder /EX16 noch /EX32 aktiv, führt der Controller einen ISA-Zyklus aus.

/SLBURST, Pin-Nr. E8, Eingang

Slave-Burst. Ein EISA-Slave setzt das Signal auf Low, um damit zu signalisieren, daß er einen Burst-Zyklus verarbeiten kann.

/MSBURST, Pin-Nr. E9, Ausgang

Master-Burst. Der EISA-Bus-Master setzt das Signal auf Low, um zu signalisieren, daß er den folgenden Buszyklus als Burst-Zyklus ausführen wird.

W/R, Pin-Nr. E10, Ausgang

Write/Read. Ist das Signal High, wird ein EISA-Schreibzyklus durchgeführt. Ist es dagegen Low, wird ein EISA-Lesezyklus ausgeführt.

/BE0-/BE3, Pin-Nr. F17, E17, F16, F14, Ausgang

Mit diesen vier Signalen zeigt der Prozessor an, welches Byte gerade auf dem 32-Bit-Datenbus übertragen wird, wie es auch beim Microchannel (Tabelle 10.7) praktiziert wird. Sind alle vier Signale=Low, werden 32-Bit-Daten übertragen.

LA2-LA16, Pin-Nr. E18, E20-E23, E26-E29, E31, F21, F23-F24, F26,-F27, F31, G1, G3-G4, H1-H3, H5, Ausgänge

Die EISA-Adreßleitungen LA2-LA16 (Large Address) entsprechen den Adreßleitungen A2-A16 mit dem Unterschied, daß sie früher gültig sind, weil sie nicht gelatched (zwischengespeichert) werden. LA24-LA31 ist das höchstwertige Adreßbyte, welches zusammen mit den nicht gelatchten Adreßsignalen A17-A23 den Adreßbus für EISA-Buszyklen bildet. In den ISA-Buszyklen werden die langsameren gelatchten Adreßsignale A0-A16 verwendet.

M/IO, Pin-Nr. F10, Ausgang

Memory, I/O. Das Signal dient zur Unterscheidung zwischen einem EISA-Speicher-(High) und einem EISA-I/O-Buszyklus (Low).

/LOCK, Pin-Nr. F11, Ausgang

Locked. Ausschließlich der Busmaster des Mainboards hat während der Zeit, in der /LOCK=Low ist, den Zugriff auf den Bus.

D16-D31, Pin-Nr. G7-G10, G12-G14, G17-G18, H7-H8, H10-H12, H14, H16, Eingänge/Ausgänge

Die oberen 16 Datenbits des EISA-32-Bit-Datenbus.

/MREQx, Pin-Nr. G19, Eingang

Master Request. Eine externe Einheit setzt das Signal auf Low, um der Arbitrations-Logik zu signalisieren, daß sie die Steuerung des EISA-Bus übernehmen will (Busmaster). Jeder Einheit, die über eine Master-Funktion verfügt, ist eine Nummer (x) zugeordnet, und nach dieser Nummer erfolgt die Zuweisung der Funktion (Master oder Slave) durch die Arbitrations-Logik.

/MACKx, Pin-Nr. H19, Ausgang

Master Acknowledge, die Arbitrations-Logik sendet das Signal als Bestätigung für den Empfang des /MREQx-Signals, und die externe Einheit wird zum Busmaster des Systems.

10.5   Der VESA-Local Bus

Der lokale Bus verbindet generell die CPU mit dem Cache-RAM (Second-Level-Cache), dem DRAM (Hauptspeicher) und steuert die weiteren Peripheriebauelemente auf dem Mainboard wie den Bus- und den Memory-Controller. Eine 32-Bit-Verbindung zu Einsteckkarten ist standardmäßig erst mit EISA- und MCA-PCs möglich, während der ISA-Bus bekanntlich nur 16 Bit breit ist und sich bei der Datenübertragung in modernen PCs oftmals als Nadelöhr erweist.

EISA- und MCA-PCs konnten sich auf Grund ihrer höheren Preise gegenüber ISA-PCs nicht auf breiter Front durchsetzen. Aus diesem Grunde hat das VESA-Komitee (**V**ideo **E**ngineering **S**tandards **A**ssociation) einen Local-Bus-Standard – VESA-LB (VLB) – definiert.

Der VLB ist im Grunde nichts anderes als ein leicht veränderter 486-Prozessorbus und daher sehr preiswert zu realisieren. Da die Verbindung zwischen einem 32-Bit-Prozessor und dem RAM sowie Cache-Speicher generell 32 Bit breit ist, hat man dies einfach ausgenutzt und baut in diesen »Weg« VLB-Slots ein, die dann die VLB-Karten aufnehmen. Der VLB ist nicht als alleiniges Bussystem für den PC vorgesehen, sondern versteht sich als Erweiterung zu ISA.

Als Slot wird ein 116poliger Anschluß, der mechanisch dem des Microchannels entspricht, verwendet. Er befindet sich in einem Abstand von 5 mm hinter dem ISA- oder auch EISA-Busanschluß.

Wieviele VLB-Slots auf dem Mainboard vom Hersteller vorgesehen werden dürfen, ist vom verwendeten **externen** CPU-Takt abhängig. Beträgt er 66 MHz, sind überhaupt keine zulässig. Ab 40 MHz ist einer und bei 33 MHz und darunter sind derer drei erlaubt. Die VLB-Spezifikation-Version 2 sieht sogar einen VLB-Steckplatz mit 50 MHz vor sowie eine 64 Bit breite Datenübertragung im Burst-Mode. Die folgende Tabelle zeigt die Signalbelegung des VLB. Für den 64-Bit-Betrieb werden die dafür notwendigen zusätzlichen Signale mit denen der 32-Bit-Auslegung gemultiplext verarbeitet. Sie sind in der Tabelle FETT gekennzeichnet.

SLOTBLECH			
Lötseite		**Bauteilseite**	
Pin-Nr.	**Signal**	**Pin-Nr.**	**Signal**
B1	Data 00	A1	Data 01
B2	Data 02	A2	Data 03
B3	Data 04	A3	GND
B4	Data 06	A4	Data 05
B5	Data 08	A5	Data 07
B6	GND	A6	Data 09
B7	Data 10	A7	Data 11
B8	Data 12	A8	Data 13
B9	Vcc	A9	Data 15
B10	Data 14	A10	GND
B11	Data 16	A11	Data 17
B12	Data 18	A12	Vcc
B13	Data 20	A13	Data 19
B14	GND	A14	Data 21
B15	Data 22	A15	Data 23
B16	Data 24	A16	Data 25
B17	Data 26	A17	GND
B18	Data 28	A18	Data 27
B19	Data 30	A19	Data 29
B20	Vcc	A20	Data 31
B21	Adr 31-**Data 63**	A21	Adr 30-**Data 62**
B22	GND	A22	Adr 28-**Data 60**
B23	Adr 29-**Data 61**	A23	Adr 26-**Data 58**
B24	Adr 27-**Data 59**	A24	GND
B25	Adr 25-**Data 57**	A25	Adr 24-**Data 56**
B26	Adr 23-**Data 55**	A26	Adr 22-**Data 54**

Fortsetzung siehe nächste Seite

Lötseite		Bauteilseite	
Pin-Nr.	Signal	Pin-Nr.	Signal
B27	Adr 21-**Data 53**	A27	Vcc
B28	Adr 19-**Data 51**	A28	Adr 20-**Data 52**
B29	GND	A29	Adr 18-**Data 50**
B30	Adr 17-**Data 49**	A30	Adr 16-**Data 48**
B31	Adr 15-**Data 47**	A31	Adr 14-**Data 46**
B32	Vcc	A32	Adr 12-**Data 44**
B33	Adr 13-**Data 45**	A33	Adr 10-**Data 42**
B34	Adr 11-**Data 43**	A34	Adr 08-**Data 40**
B35	Adr 09-**Data 41**	A35	GND
B36	Adr 07-**Data 39**	A36	Adr 06-**Data 38**
B37	Adr 05-**Data 37**	A37	Adr 04-**Data 36**
B38	GND	A38	/WBACK
B39	Adr 03-**Data 35**	A39	/BE0-**/BE4**
B40	Adr 02-**Data 34**	A40	Vcc
B41	Frei-**/LBS64**	A41	/BE1-**/BE5**
B42	/Reset	A42	/BE2-**/BE6**
B43	D-/C	A43	GND
B44	M-/IO	A44	/BE3-**/BE7**
B45	W-/R	A45	/ADS
B46	Key	A46	Key
B47	Key	A47	Key
B48	/RDYRTN	A48	/LDRY
B49	GND	A49	/LDEVx
B50	IRQ9	A50	/LREQx
B51	/BRDY	A51	GND
B52	/BLAST	A52	/LGNTx
B53	ID0-**Data 32**	A53	Vcc

Fortsetzung siehe nächste Seite

Lötseite		Bauteilseite	
Pin-Nr.	Signal	Pin-Nr.	Signal
B54	ID1-**Data 33**	A54	ID2
B55	GND	A55	ID3
B56	LCLK	A56	ID4-**/ACK64**
B57	Vcc	A57	-
B58	/LBS16	B58	/LEADS

Tabelle 10.8: Die Signale des VESA-Local-Bus für den 32- und 64-Bit-Betrieb (fett)

Data 00-Data 31, Pin-Nr. B1-B5, A1-A2, A4-A9, B7-B8,B10-B13, A11, A13-A16, B15-B19, A20, Eingänge/Ausgänge

Die 32 Datenleitungen des VLB. Die Byte-Enable-Signale (/BE0-/BE3) bestimmen, welches Datenbyte gültige Daten führt.

Data 32-Data 63, Pin-Nr. B53-B54, B39-B40, B33-B37, A36-A37, A28-A34, B30-B31, B23-B28, A25-A26, A21-A23, B21, Eingänge/Ausgänge

Die Datenleitungen für den 64-Bit-Betrieb werden zusammen mit den 32-Bit-Signalen (Tabelle 10.8) in gemultiplexter Form verarbeitet.

Adr 31-Adr 02, Pin-Nr. B21, A21-A23, B23-B28, A25-A26, A28-A34, B30-B31, B33-B37, B39-B40, A36-A37, Ausgänge

Die 30 Adreßleitungen des VLB, sowohl für den Einzel- als auch für den Burst-Modus.

/WBACK, Pin-Nr. A38, Ausgang

Write-Back-Signal des VLB-Controllers zur Unterbrechung des Buszyklus und Initiierung eines Write-Back-Zyklus (Cache).

/BE0-/BE7, Pin-Nr. A39, A41-A42, A44, Ausgänge

Die Byte-Enable-Signale zur Kennzeichnung des gültigen Datenbytes, wie es bereits für die anderen Bussysteme gezeigt wurde.Die Signale /BE4-/BE7 sind ausschließlich für den 64-Bit-Betrieb vorgesehen und werden mit den /BE0-/BE3-Signalen gemultiplext ausgegeben.

/LBS64, Pin-Nr. B41, Ausgang

Mit dem Local-Bus-Size-64-Signal wird einem VLB-Target bekanntgegeben, daß ein 64-Bit-Datentransfer ausgeführt werden soll. Für den 32-Bit-Betrieb wird dieses Signal nicht benötigt.

/Reset, Pin-Nr. B42, Ausgang

Mit einem Low-Impuls werden alle VLB-Einheiten in ihren Grundzustand versetzt.

D-/C, Pin-Nr. B43, Ausgang

Data-/Command legt im Zusammenhang mit den Signalen M-/IO und W-/R den Typ des Buszyklus fest (Tabelle 10.9).

M-/IO, Pin-Nr. B44, Ausgang

Memory-/InputOutput legt im Zusammenhang mit den Signalen D-/C und W-/R den Typ des Buszyklus fest (Tabelle 10.9).

W-/R, Pin-Nr. B45, Ausgang

Write-/Read legt im Zusammenhang mit den obigen Signalen den Typ des Buszyklus fest.

M-/IO	D-/C	W-/R	Buszyklus
0	0	0	Interrupt
0	0	1	Spezieller Zyklus für 486-CPU
0	1	0	I/O-Lesezugriff
0	1	1	I/O-Schreibzugriff
1	0	0	Befehlszugriff
1	0	1	Spezieller Zyklus für 386-CPU
1	1	0	Memory-Lesezugriff
1	1	1	Memory-Schreibzugriff

Tabelle 10.9: Die Festlegung des Buszyklus

/ADS, Pin-Nr. A45, Ausgang

Address-Strobe-Signal zur Kennzeichnung, daß auf den Adreßleitungen eine gültige Adresse anliegt.

/RDYRTN, Pin-Nr. B48, Ausgang

Das Ready-Return-Signal zur Kennzeichnung, daß ein VLB-Zyklus (s.o.) abgeschlossen ist.

/LDRY, Pin-Nr. A48, Eingang

Mit dem Local-Ready-Signal informiert eine VLB-Einheit (z.b. Grafikkarte) über die Bereitschaft für einen Datentransfer (Einzelmodus).

/LDEVx, Pin-Nr. A49, Eingang

Das Local-Device-Signal dient einer VLB-Einheit zur Rückmeldung an den VLB-Controller, daß es eine Adressierung erkannt hat. Das »x« steht für eine VLB-Slotnummer.

IRQ 9, Pin-Nr. B50, Eingang

Das Interrupt-Request-Signal für den Kanal 9 des ISA-Busses zur Interrupt-Auslösung durch eine VLB-Einheit.

/LREQx, Pin-Nr. A50, Eingang

Ein VLB-Busmaster im VLB-Slot x kann mit dem Local-Request-Signal die Steuerung des VL-Busses anfordern.

/BRDY, Pin-Nr. B51, Eingang

Das Burst-Ready-Signal beendet mit einem Low-Signal eine Burst-Übertragung (1 Adresse, 4 Daten). Zur Beendigung des kompletten Burst-Zyklus wird zusätzlich das /BLAST-Signal aktiviert.

/BLAST, Pin-Nr. B42, Ausgang

Das Burst-Last-Signal kennzeichnet den Abschluß eines Burst-Zyklus, wenn danach das /BRDY-Signal aktiviert wird.

/LGNTx, Pin-Nr. A52, Ausgang

Local-Grant kennzeichnet nach dem Empfang des /LREQ-Signals, daß die VL-Bus-Steuerung an die anfragende Einheit übergeben wird (sie wird zum Busmaster).

ID0-ID7, Pin-Nr. B53-B54, A54-A56, Ausgänge

Die Identify-Signale signalisieren den VLB-Einheiten (Targets) nach einem Reset verschiedene Systeminformationen, die in der folgenden Tabelle angegeben sind.

ID0	ID1	ID4	CPU	Burst	Busbreite
0	0	0	-	-	-
0	0	1	-	-	-
0	1	0	486	ja	16 oder 32 Bit
0	1	1	486	Lese-Burst	16 oder 32 Bit
1	0	0	386	nein	16 oder 32 Bit
1	0	1	386	nein	16 oder 32 Bit
1	1	0	-	-	
1	1	1	486, Pentium	ja	16, 32 oder 64 Bit

Tabelle 10.10. Die Informationen, welche mit den ID-Leitungen übergeben werden

Das ID2-Signal kennzeichnet mit einem High, daß Wartezyklen in die VLB-Übertragung eingefügt werden, und ID3=Low signalisiert einen Bustakt größer als 33 MHz.

LCLK, Pin-Nr. B56, Ausgang

Local Clock ist das Taktsignal (s.o.) des VLB und entspricht in der Regel dem externen CPU-Takt. Auf einigen Mainboards sind Jumper zu finden, mit denen zusätzliche Wartezyklen festgelegt werden können oder (eher seltener) eine Local-Bus-Clock-Reduzierung vorgenommen werden kann, damit die VLB-Einsteckkarten den schnellen Takt verarbeiten können.

/ACK64, Pin-Nr. A56, Eingang

Das Acknowledge-64-Signal wird von einer VLB-Einheit gesendet, um damit die Fähigkeit zur 64-Bit-Übertragung zu kennzeichnen. Im 32-Bit-Betrieb führt dieser Anschluß das ID4-Signal.

/LBS16, Pin-Nr. B58, Eingang

Falls die VLB-Einheit keine 32- sondern lediglich 16 Bit breite Daten verarbeiten kann, setzt sie dieses Signal (Local Bus Size 16) auf Low.

/LEADS, Pin-Nr. A58, Ausgang

Das Local-External-Address-Strobe-Signal wird von einer VLB-Einheit (Master) auf Low gesetzt, wenn sie einen Cache-Speicherzugriff ausführt.

10.6   Der PCI-Bus

Peripheral Component Interconnect (PCI) versteht sich im Gegensatz zum VLB nicht als Ergänzung zu einer bestehenden Bus-Architektur, sondern definiert einen neuen Komponenten-Standard, für den auch eine völlig neue Chipgeneration benötigt wird, die erstmalig von der Firma Intel vorgestellt wurde.

PCI ist laut Spezifikation nicht CPU-abhängig, so daß dieses Bussystem beispielsweise auch mit Alpha- oder Power-PC-Prozessoren verwendet wird. Die Verbindung zwischen dem Mikroprozessor und dem PCI-Bus und zwischen dem ISA- oder EISA-Bus, der auch in Kombination mit PCI verwendet wird, wird über spezielle Bausteine realisiert, die als »Bridges« bezeichnet werden.

PCI verwendet einen 32 Bit breiten gemultiplexten Adressen/Daten-Bus, und eine Erweiterung auf 64 Bit ist bereits vorgesehen. Die hierfür notwendigen Signale werden an zusätzlichen Kontakten (Tabelle 10.11) zur Verfügung gestellt. Der erweiterte Slot ist hierfür durch einen Steg von den 32-Bit-Signalen abgetrennt (64 Bit Space).

Der PCI-Bustakt ist laut Definition unabhängig vom CPU-Takt. Er wird jedoch bei den meisten Intel-Designs mit ihm gekoppelt und arbeitet mit ihm synchron. Er beträgt im Normalbetrieb 20 bis maximal 33 MHz (PCI Version 2.0), was damit auch eine (unschöne) Einschränkung für Prozessoren mit sich bringt. Bei einem PC mit Pentium-75-MHz-CPU, die den externen Takt intern verdreifacht, bedeutet dies, daß der PCI-Bus *nur* mit 25 MHz arbeitet.

Des weiteren ist der PCI-Bus – im Gegensatz zum VLB (Version 2.0) – für den stromsparenden 3.3-V-Betrieb vorgesehen. Wie beim VLB wird als Slot die gleiche mechanische Lösung, wie sie erstmalig mit dem Microchannel angewendet wurde, eingesetzt. Auf einem üblichen PCI-Mainboard befinden sich in der Regel drei oder vier PCI-Slots neben den ISA- und/oder EISA-Slots.

SLOTBLECH			
Bauteilseite		**Lötseite**	
Pin-Nr.	**Signal**	**Pin-Nr.**	**Signal**
B1	-12 V	A1	/TRST
B2	TCK	A2	+12 V
B3	GND	A3	TMS
B4	TDO	A4	TDI
B5	+ 5 V	A5	+ 5 V
B6	+ 5 V	A6	/INTA
B7	/INTB	A7	/INTC
B8	/INTD	A8	+ 5 V
B9	/PRSNT1	A9	Reserviert
B10	Reserviert	A10	+ 5 V, 3.3 V (I/O)
B11	/PRSNT2	A11	Reserviert
B12	GND-3,3V Key	A12	GND-3,3V Key
B13	GND-3,3V Key	A13	GND-3,3V Key
B14	Reserviert	A14	Reserviert
B15	GND	A15	/RST
B16	CLK	A16	+ 5 V, 3.3 V (I/O)
B17	GND	A17	/GNT
B18	/REQ	A18	GND
B19	+ 5 V, 3.3 V	A19	Reserviert
B20	AD31	A20	AD30
B21	AD29	A21	+ 3.3 V
B22	GND	A22	AD28
B23	AD27	A23	AD26
B24	AD25	A24	GND
B25	+ 3.3 V	A25	AD24
B26	C/BE3	A26	IDSEL

Fortsetzung siehe nächste Seite

Bauteilseite		Lötseite	
Pin-Nr.	Signal	Pin-Nr.	Signal
B27	AD23	A27	+ 3.3 V
B28	GND	A28	AD22
B29	AD21	A29	AD20
B30	AD19	A30	GND
B31	+ 3.3 V	A31	AD18
B32	AD17	A32	AD16
B33	C/BE2	A33	+ 3.3 V
B34	GND	A34	/FRAME
B35	/IRDY	A35	GND
B36	+ 3.3 V	A36	/TRDY
B37	/DEVSEL	A37	GND
B38	GND	A38	/STOP
B39	/LOCK	A39	+ 3.3 V
B40	/PERR	A40	SDONE
B41	+ 3.3 V	A41	/SBO
B42	/SERR	A42	GND
B43	+ 3.3 V	A43	PAR
B44	C/BE1	A44	AD15
B45	AD14	A45	+ 3.3 V
B46	GND	A46	AD13
B47	AD12	A47	AD11
B48	AD10	A48	GND
B49	GND	A49	AD09
B50	GND-5 V Key	A50	GND-5 V Key
B51	GND-5 V Key	A51	GND-5 V Key
B52	AD08	A52	C/BE0
B53	AD07	A53	+ 3.3 V

Fortsetzung siehe nächste Seite

Bauteilseite		Lötseite	
Pin-Nr.	**Signal**	**Pin-Nr.**	**Signal**
B54	+ 3.3 V	A54	AD06
B55	AD05	A55	AD04
B56	AD03	A56	GND
B57	GND	A57	AD02
B58	AD01	A58	AD00
B59	+ 5 V, 3.3 V (I/O)	A59	+ 5 V, 3.3 V (I/O)
B60	/ACK64	A60	/REQ64
B61	+ 5 V	A61	+ 5 V
B62	+ 5 V	A62	+ 5 V
64 Bit Space		**64 Bit Space**	
64 Bit Space		**64 Bit Space**	
B63	Reserviert	A63	GND
B64	GND	A64	C/BE7
B65	C/BE6	A65	C/BE5
B66	C/BE4	A66	+ 5 V, 3.3 V (I/O)
B67	GND	A67	PAR64
B68	AD63	A68	AD62
B69	AD61	A69	GND
B70	+ 5 V, 3.3 V (I/O)	A70	AD60
B71	AD59	A71	AD58
B72	AD57	A72	GND
B73	GND	A73	AD56
B74	AD55	A74	AD54
B75	AD53	A75	+ 5 V, 3.3 V (I/O)
B76	GND	A76	AD52
B77	AD51	A77	AD50
B78	AD49	A78	GND

Fortsetzung siehe nächste Seite

Bauteilseite		Lötseite	
Pin-Nr.	Signal	Pin-Nr.	Signal
B79	GND	A79	AD48
B80	AD47	A80	AD46
B81	AD45	A81	GND
B82	GND	A82	AD44
B83	AD43	A83	AD42
B84	AD41	A84	+ 5 V, 3.3 V (I/O)
B85	GND	A85	AD40
B86	AD39	A86	AD38
B87	AD37	A87	GND
B88	+ 5 V, 3.3 V (I/O)	A88	AD36
B89	AD35	A89	AD34
B90	AD33	A90	GND
B91	GND	A91	AD32
B92	Reserviert	A92	Reserviert
B93	Reserviert	A93	GND
B94	GND	A94	Reserviert

Tabelle 10.11: Die Signale des PCI-Bus für den 32- und 64-Bit-Betrieb

Spannungsversorgung

Am PCI-Slot liegen die PC-üblichen Spannungen von ± 12 V (Pin A2, B1) und an mehreren Kontakten die + 5V an. -5 V wie beim ISA-Bus gibt es hier nicht. Da PCI bereits für die 3,3-Volt-Logik vorgesehen ist, wird auch die 3,3-V-Spannung an mehreren Kontakten zur Verfügung gestellt, wenn dies vom Mainboard ermöglicht wird.

Karten, die sowohl mit 5 V als auch mit 3,3 V betrieben werden können, verwenden die »5 V, 3.3 V (I/O)«-Anschlüsse, und zur Unterscheidung, welche Karte nun mit welcher Spannung zu versorgen ist, sind im PCI-Anschluß zwei Markierungen (Keys) angebracht, wodurch ein falsches Einstecken der Karten mechanisch verhindert wird.

/TRST, Pin-Nr. A1, Ausgang

Mit einem Low wird der JTAG-Boundary-Scan-Test (IEEE 1149.1) zurückgesetzt (beendet). Er ist für PCI-Einheiten optional vorgesehen.

TCK, Pin-Nr. B2, Eingang

Das Test-Clock-Signal für den JTAG-Boundary-Scan-Test.

TMS, Pin-Nr. A3, Ausgang

Das Test-Mode-Select-Signal aktiviert den JTAG-Boundary-Scan-Test.

TDO, Pin-Nr. B4, Ausgang

Die Ausgabe der Testdaten (IEEE 1149.1) erfolgt über diesen Test-Data-Out-Anschluß.

TDI, Pin-Nr. A4, Ausgang

Über den Anschluß Test-Data-Input werden im Takt von TCLK die Testdaten (IEEE 1149.1) eingelesen.

/INTA, /INTB, /INTC, /INTD, Pin-Nr. A6, B7, A7, B8, Eingänge

Die Interrupt-Anschlüsse für PCI-Einheiten. Sie werden in Abhängigkeit vom Setup (BIOS, Jumper) auf den üblichen ISA-Interrupts (IRQx) abgebildet.

/PRSNT1, /PRSNT2, Pin-Nr. B9, B11, Eingänge

Die Present-Signale werden von PCI-Einsteckkarten auf Masse gesetzt oder offen gelassen (5 V), um damit ihre Anwesenheit und ihre jeweilige Leistungsaufnahme zu signalisieren.

/PRSNT1	/PRSNT2	PCI-Karte
offen	offen	keine
Masse	offen	maximal 25 W Leistungsaufnahme
offen	Masse	maximal 15 W Leistungsaufnahme
Masse	Masse	maximal 7,5 W Leistungsaufnahme

Tabelle 10.12: Die Funktion der Present-Signale

/RST, Pin-Nr. A15, Ausgang

Mit einem Low werden alle PCI-Einheiten über das Reset-Signal zurückgesetzt – in ihren Ausgangszustand versetzt –.

CLK, Pin-Nr. B16, Ausgang

Das Taktsignal des PCI-Busses, welches maximal 33 MHz (PCI-Version 2.0) betragen darf.

/GNT, Pin-Nr. A17, Ausgang

Das Grant-Signal für die Busarbitration. Mit einem Low wird einer PCI-Einheit bekanntgegeben, daß sie im folgenden als Busmaster fungiert.

/REQ, Pin-Nr. B18, Eingang

Eine PCI-Einheit, die als Busmaster fungieren möchte, setzt dieses Signal (Request) auf Low. Die Bestätigung erfolgt durch die Arbitrierungslogik über das /GNT-Signal.

AD31-AD0, Pin-Nr. B20-B21, A20, A22-A23, B23-B24, A25, B27, A28, B29-B30, A31-A32, B32, A44, B45, A46-A47, B47-B48, A49, B52-B53, A54, B55-B56, A57-A58, B58, Ausgänge

Die gemultiplexten Adressen/Daten-Leitungen für den 32-Bit-Betrieb werden mit AD0-31 bezeichnet, die zusätzlichen Adressen/Daten-Signale für den 64-Bit-Betrieb dementsprechend mit AD33-AD63. Während der Adreß-Phase wird das /FRAME-Signal aktiviert, und AD0-AD32 führen die Adresse. Für einen I/O-Zyklus ist dies eine Byte-Adresse und für einen Konfigurations- oder Speicher-Zyklus eine DWORD-Adresse (32-Bit-Adresse).

C/BE3-C/BE0, Pin-Nr. B26, B33, B44, A52, Ausgänge

Die Command- und Byte-Enable-Signale werden über diese vier Anschlüsse in gemultiplexter Form übertragen. In der Adressierungsphase werden auf den C/BE3-0-Leitungen (Command/Byte Enable) Buskommandos gesendet, die in der Tabelle 10.13 angegeben sind. Die Kommandos gelten auch für den 64-Bit-Betrieb.

C/BE3-0	Kommando
0000	Interrupt Acknowledge
0001	Special Cycle
0010	I/O Read
0011	I/O Write
0100	Reserviert
0101	Reserviert
0110	Memory Read
0111	Memory Write
1000	Reserviert
1001	Reserviert
1010	Configuration Read
1011	Configuration Write
1100	Memory Read Multiple
1101	Dual Address Cycle
1110	Memory Read Line
1111	Memory Write and Invalidate

Tabelle 10.13:
Die PCI-Bus-Kommandos

In der Daten-Phase hingegen kennzeichnen die C/BE3-0-Leitungen, welche von den 4 x 8-Datenleitungen gerade gültige Daten führen. Ist beispielsweise BE0 gleich Low und sind alle anderen Byte-Enable-Leitungen High, befindet sich lediglich auf den Datenleitungen D0-D7 ein gültiges Byte.

IDSEL, Pin-Nr. A26, Ausgang

Das Initialisation-Device-Select-Signal ist aktiv, wenn der Konfigurationsbereich (Configuration Space) angesprochen wird und wirkt als Chip-Select-Signal für die jeweilige PCI-Einheit.

/FRAME, Pin-Nr. A34, Ausgang

Mit dem FRAME-Signal wird eine Adressierungsphase eingeleitet.

/IRDY, Pin-Nr. B35, Ausgang

Wenn der PCI-Busmaster die augenblickliche Datenphase abschließen will, kennzeichnet er das mit dem Initiator-Ready-Signal. Sind sowohl /IRDY als auch /TRDY gleich Low, ist die Datenphase abgeschlossen.

/TRDY, Pin-Nr. A36, Eingang

Ist eine PCI-Einheit (Target) zum Abschluß der Datenphase bereit, signalisiert sie dies mit dem Target-Ready-Signal.

/DEVSEL, Pin-Nr. B37, Ausgang

Wird eine gültige PCI-Einheit (Target) vom PCI-Busmaster erkannt, wird dies mit dem Device-Select-Signal gekennzeichnet.

/STOP, Pin-Nr. A38, Eingang

Über das Signal /STOP informiert ein Target den Busmaster, daß die momentane Datenübertragung abgebrochen werden soll.

/LOCK, Pin-Nr. B39, Ausgang

Bei aktivem Lock-Signal ist der Buszugriff für andere mögliche Master gesperrt. Die Möglichkeit der Arbitrierung ist damit unterbunden und gilt so lange, bis der aktive Master den Busvorgang abgeschlossen hat.

/PERR, Pin-Nr. B40, Ausgang

Tritt ein Parity-Fehler auf, der sowohl für Adressen als auch für Daten erkannt wird, wird dies mit dem Parity-Error-Signal bekanntgegeben.

SDONE, /SBO, Pin-Nr. A40, A41, Ausgänge

Die Signale SDONE (Snoop Done) sowie /SBO (Snoop Backoff) signalisieren, ob der Cache DIRTY ist oder nicht. Ist er DIRTY, ist keine Übereinstimmung zwischen den Daten im DRAM und im Cache gegeben.

/SERR, Pin-Nr. B42, Eingang/Ausgang

Das System-Error-Signal informiert über einen schwerwiegenden Systemfehler.

PAR, Pin-Nr. A43, Eingang/Ausgang

Das Parity-Signal dient zur Erlangung einer geraden Parität über AD31-AD0 und C/BE3-CBE0. Der Busmaster steuert das PAR-Signal für die Adressierungs- und die Daten-Schreib-Phase, während ein Target dies für die Daten-Lesen-Phase übernimmt.

/ACK 64, Pin-Nr. B60, Eingang

Wenn eine PCI-Einheit die 64 Bit breite Datenübertragung durchführen kann, kennzeichnet sie dies mit dem Acknowledge-64-Signal.

/REQ64, Pin-Nr. A60, Ausgang

Das Request-64-Signal dient dem Master zur Bekanntgabe, daß eine 64-Bit-Übertragung folgen soll.

C/BE7-C/BE4, Pin-Nr. A64-A65, B65-B66

Die Command- und Byte-Enable-Signale werden über diese vier Anschlüsse in gemultiplexter Form übertragen und bieten die Unterstützung für den 64-Bit-Betrieb. Sie entsprechen in ihrer Funktion den oben beschriebenen C/BE3-C/BE0-Signalen.

PAR64, Pin-Nr. A67, Eingang/Ausgang

Das Parity-64-Signal dient zur Erlangung einer geraden Parität über AD63-AD32 und C/BE7-CBE4. Es entspricht in seiner Funktion dem oben beschriebenen PAR-Signal.

AD63-AD32, Pin-Nr. B68,-B69, A69, A70-A71, B71-B72, A73-A74, B74-B75, A76-A77, B77-B78, A79-A80, B80-B81, A82-A83, B83-B84, A85-A86, B86-B87, A88-A89, B89-B90, A91, Ausgänge

Die gemultiplexten Adressen/Daten-Leitungen für den 64-Bit-Betrieb.

10.7 Der SCSI-Bus

SCSI bedeutet Small Computer System Interface und ist ursprünglich für Workstations und IBM-Großrechner mit dem Augenmerk auf einen schnellen Blocktransfer zwischen CPU und Peripherie entwickelt worden. Der Vorläufer der SCSI-Schnittstelle ist die SASI-Schnittstelle (Shugart Associates System Interface), die von der Firma Shugart (heute Seagate) definiert wurde.

SCSI ist ein Bussystem, welches die Verbindung von bis zu 8 Geräten (inklusive Hostadapter) ermöglicht. Festplatten, CD-ROM-Laufwerke, Streamer und Scanner sind die häufigsten Gerätetypen, die mit dem SCSI-Bus verwendet werden. Ein SCSI-Bus-Gerät kann als »Initiator« oder als »Target« arbeiten. Der Initiator gibt Befehle aus, und das Target empfängt sie. In den meisten Fällen ist der PC mit seinem Host-Adapter der Initiator, während die Targets die Peripherie darstellen.

Jedem Gerät wird eine SCSI-Adresse (ID) über DIP-Schalter oder Jumper zugeteilt. Dabei erhält der Host-Adapter meist die Adresse 7, und jedes angeschlossene Gerät muß eine hiervon abweichende Adresse besitzen. Jedes SCSI-Gerät kann wiederum bis zu 8 LUNs (Logical Units) beinhalten. Im PC-Bereich (Ausnahme RAID-Systeme) versteht sich in der Regel ein SCSI-Bus-Gerät als eine LUN.

Der SCSI-Standard hat im Laufe der Jahre einige Erweiterungen (SCSI-2, SCSI-3) erfahren, worüber die Tabelle 10.14 in Kurzform informiert.

Standard	Bussystem	Kommandos	Entwicklungsstand
SCSI-1	8 Bit	SCSI-Standard mit zusätzlichen herstellerspezifischen Befehlen	prinzipiell veraltet
SCSI-2	8, 16 oder 32 Bit Fast-, Wide-SCSI	Common Command Set (CCS), Geräteklassen wurden festgelegt	aktueller Standard
SCSI-3	zusätzliche serielle Interfaces	zusätzliche Befehle zu CCS	im Entstehen

Tabelle 10.14: Die wichtigsten Merkmale der SCSI-Standards

Im Gegensatz zur ESDI-Schnittstelle (Kapitel 7.4), die ebenfalls als intelligente Schnittstelle bezeichnet werden kann, denn auch dort verfügen die Geräte über einen eigenen Prozessor und Speicher und lassen sich durch Befehle steuern, arbeitet SCSI nicht seriell, sondern parallel, was eine weitere Erhöhung der Datenübertragungsrate zur Folge hat. SCSI kann aufgrund eines eigenen BIOS, welches im Adapterbereich des PCs eingeblendet wird, parallel zu allen anderen (Festplatten)-Schnittstellen verwendet werden, sofern die hierfür festzulegenden PC-Ressourcen (I/O-Adressen, Interrupt- und DMA-Kanäle) nicht mit den, vom System standardmäßig belegten kollidieren.

10.7.1 Standard-SCSI

Der Standard-SCSI-Anschluß ist 50polig, wobei neun Signale für die Bussteuerung und neun Datenleitungen vorhanden sind. Eine Datenleitung ist für die Paritätsprüfung zuständig. Die Leitungen mit einer ungeraden Anschlußnummer (mit Ausnahme der Leitung 25, die ist offen), sowie einige andere befinden sich auf Masse-Potential (GND, Ground). Die maximale Kabellänge darf in dieser Auslegung 6 m nicht überschreiten.

Übertragungsraten von 5 Mbyte/s sind damit im synchronen Mode laut SCSI-1 auf dem Bus (theoretisch) erreichbar. Für den asynchronen Mode, der die Handshake-Leitungen verwendet (siehe Request- und Acknowledge-Signal), werden hingegen 2,5 bis 3 Mbyte als maximale Datenübertragungsrate angegeben. Im SCSI-Fast-Modus (SCSI-2), wird die Taktfrequenz erhöht (10 MHz) was damit zu ungefähr doppelt so hohen Übertragungsraten führt.

Nicht alle SCSI-Geräte unterstützen den synchronen und den Fast-SCSI-Mode. Erst bei explizit als SCSI-2-konform spezifizierten Geräten kann man davon ausgehen.

Die SCSI-Bus-Steckverbindung ist in den meisten Fällen mit Pfostensteckern ausgeführt (intern). Für den Anschluß externer Geräte wird ein Centronics-Anschluß verwendet.

Bezeichnung	Pin		Pin	Bezeichnung	Initiator oder Target
GND	1	▪ ▪	2	/Data Bus 0	I/T
GND	3	▪ ▪	4	/Data Bus 1	I/T
GND	5	▪ ▪	6	/Data Bus 3	I/T
GND	7	▪ ▪	8	/Data Bus 4	I/T
GND	9	▪ ▪	10	/Data Bus 5	I/T
GND	11	▪ ▪	12	/Data Bus 6	I/T
GND	13	▪ ▪	14	/Data Bus 7	I/T
GND	15	▪ ▪	16	/Data Bus 8	I/T
GND	17	▪ ▪	18	/Data Bus Parity	I/T
GND	19	▪ ▪	20	GND	-
GND	21	▪ ▪	22	GND	-
GND	23	▪ ▪	24	GND	-
OPEN	25	▪ ▪	26	Terminator Power	I
GND	27	▪ ▪	28	GND	-
GND	29	▪ ▪	30	GND	-
GND	31	▪ ▪	32	/Attention	I
GND	33	▪ ▪	34	GND	-
GND	35	▪ ▪	36	/BUSY	I/T
GND	37	▪ ▪	38	/Acknowledge	I
GND	39	▪ ▪	40	/Reset	I
GND	41	▪ ▪	42	/Message	T
GND	43	▪ ▪	44	/Select	I/T
GND	45	▪ ▪	46	/Control-Data	T
GND	47	▪ ▪	48	/Request	T
GND	49	▪ ▪	50	/Input-Output	T

Tabelle 10.15: Der 50polige SCSI-Anschluß (asymmetrisch, Single-Ended, A-Kabel)

DATA BUS, Pin-Nr. 2, 4, 6, 8, 10, 12, 14, 16, 18

Die Daten werden zwischen den SCSI-Geräten über die DATA BUS-Leitungen ausgetauscht. DATA BUS 7 ist das MSB (Most Significant Bit).

DATA BUS PARITY, Pin-Nr. 18

Die Funktion des Parity-Bits (DATA BUS PARITY) kann gegebenenfalls abgeschaltet
werden (meist über Jumper). Entweder ist bei allen Geräten der Parity-Check eingeschaltet oder bei keinem! Ab der Norm SCSI-2 ist der Parity-Check vorgeschrieben.

*In einem SCSI-Bus-System wird der Parity-Check entweder
bei allen oder bei keinem Gerät eingeschaltet.*

TERMINATOR POWER, Pin-Nr. 26

Über den Anschluß TERMINATOR POWER (Pin 26) wird der Abschlußwiderstand
des Busanschlusses gespeist. Die Abschlußwiderstände dürfen nur in den beiden SCSI-
Geräten, die jeweils den Abschluß des Busses bilden, aktiviert sein. Man unterscheidet
zwischen aktiver und passiver Terminierung. Bei der passiven werden Widerstands-
Arrays verwendet, bei der aktiven befinden sich spezielle Bausteine (z.B. DS21S07A
der Firma Dallas) auf den SCSI-Bus-Geräten. Diese Bausteine werden per Jumper,
oder bei neueren Geräten, per Software aktiviert.

ATTENTION, Pin-Nr. 32

Der Initiator sendet das ATTENTION-Signal zum Target und informiert ihn somit,
daß eine »Message« bereitsteht.

BUSY, Pin-Nr. 36

Das Signal BUSY signalisiert, daß der Bus zur Zeit belegt ist und kein weiteres Gerät
am Datenverkehr teilnehmen kann. Das Signal kann von jedem SCSI-Bus-Gerät gesendet werden. Daher findet über den Bus eine Oder-Verknüpfung der einzelnen Busy-
Signale statt.

ACKNOWLEDGE, Pin-Nr. 38

Die Daten werden entweder asynchron über ein definiertes Handshaking-Verfahren ausgetauscht, wobei die Signale REQUEST (Pin 48) und ACKNOWLEDGE (Pin 38) verwendet werden. Eine Datenübertragungsrate von 2,5 Mbyte/Sekunde ist in dieser Betriebsart erreichbar. Im synchronen Betrieb wird dagegen kein Handshaking ausgeführt, und dann beträgt die Datenübertragungsrate maximal 5 Mbyte/Sekunde (Standard SCSI).

RESET, Pin-Nr. 40

Das Signal setzt alle am Bus angeschlossenen Geräte in ihren Grundzustand.

MESSAGE, Pin-Nr. 42

Das Message-Signal wird während der Übertragung einer MESSAGE vom Target aktiviert.

SELECT, Pin-Nr. 44

Ein SCSI-Gerät wird über den Anschluß SELECT angesprochen. Das Identify Bit (ID), welches hierbei über den Datenbus gesendet wird, muß ebenfalls für das Gerät als gültig erkannt werden. Das ID-Bit wird durch die Adressen-Einstellung (meist per DIP-Schalter) festgelegt.

CONTROL-DATA, Pin-Nr. 46

Da nicht nur Daten, sondern auch Kommandos und Statusinformationen über den Bus ausgetauscht werden, findet eine Unterscheidung der Informationen über das Signal CONTROL-DATA statt.

REQUEST, Pin-Nr. 48

Das Handshaking-Signal für den Datenaustausch (siehe auch ATTENTION-Signal).

INPUT-OUTPUT, Pin-Nr. 50

Die Richtung des Datentransfers wird über das Signal INPUT-OUTPUT bestimmt.

In einem SCSI-Bussystem werden immer nur die beiden Geräte, die jeweils das Ende des Busses bilden (intern oder extern), terminiert.

Nur ein einziges SCSI-Gerät darf die Terminator-Power-Leitung, die die beiden Terminatoren mit Spannung versorgt, speisen.

10.7.2 SCSI-DSUB-Anschlüsse

Neben dem in der Tabelle 10.15 gezeigten Anschluß wird für externe SCSI-Bus-Geräte auch ein (nicht im SCSI-Standard festgelegter) 25poliger DSUB-Anschluß verwendet, dessen Belegung in der Tabelle 10.16 gezeigt ist. Scanner der Firma Hewlett-Packard verwenden beispielsweise auch diese Anschlußvariante.

Pin-Nr.	Belegung
1	GND
2	/Data Bus 1
3	/Data Bus 3
4	/Data Bus 5
5	/Data Bus 7
6	GND
7	/Select
8	GND
9	Terminator Power
10	/Reset
11	/Control-Data
12	/Input-Output
13	GND
14	/Data Bus 0
15	/Data Bus 2

Fortsetzung siehe nächste Seite

Pin-Nr.	Belegung
16	/Data Bus 4
17	/Data Bus 6
18	/Data Bus Parity
19	GND
20	/Attention
21	/Message
22	/Acknowledge
23	/Busy
24	/Request
25	GND

Tabelle 10.16:
Die Belegung des 25poligen
SCSI-DSUB-Anschlusses

Für Computer der Firma Apple (z.B. Macintosh) existiert ebenfalls eine 25polige SCSI-Verbindung (Tabelle 10.17), die jedoch eine abweichende Belegung gegenüber der PC-üblicheren (Tabelle 10.16) aufweist.

Pin-Nr.	Belegung
1	/Request
2	/Message
3	/Input/Output
4	/Reset
5	/Acknowledge
6	/Busy
7	GND
8	/Data Bus 0
9	GND
10	/Data Bus 3
11	/Data Bus 5

Fortsetzung siehe nächste Seite

Pin-Nr.	Belegung
12	/Data Bus 6
13	/Data Bus 7
14	GND
15	/Command-Data
16	GND
17	/Attention
18	GND
19	/Select
20	/Data Bus Parity
21	/Data Bus 1
22	/Data Bus 2
23	/Data Bus 4
24	GND
25	Terminator Power

Tabelle 10.17:
Der 25polige SCSI-DSUB-Anschluß
der Firma Apple

10.7.3 Differential-SCSI

Die SCSI-Bus-Signale beziehen sich bei der bisher gezeigten Auslegung (wird auch als asymmetrisch oder Single-Ended bezeichnet) immer auf die Masse und führen einen TTL-Pegel. Es existiert aber auch eine SCSI-Bus-Variante, welche als »Differential-SCSI« bezeichnet wird. Für diese Lösung werden die Signale nach der RS485-Spezifikation eingesetzt, was damit zu einem störungssicheren System führt. Jedes Bus-Signal verwendet jeweils zwei Leitungen (+ und -), und es sind Leitungslängen von bis zu 25 m zulässig.

Bezeichnung	Pin			Pin	Bezeichnung
GND (Shield)	1	∎	∎	2	GND
+ Data Bus 0	3	∎	∎	4	- Data Bus 0
+ Data Bus 1	5	∎	∎	6	- Data Bus 1
+ Data Bus 2	7	∎	∎	8	- Data Bus 2
+ Data Bus 3	9	∎	∎	10	- Data Bus 3
+ Data Bus 4	11	∎	∎	12	- Data Bus 4
+ Data Bus 5	13	∎	∎	14	- Data Bus 5
+ Data Bus 6	15	∎	∎	16	- Data Bus 6
+ Data Bus 7	17	∎	∎	18	- Data Bus 7
+ Data Bus Parity	19	∎	∎	20	- Data Bus Parity
Diff-Sense	21	∎	∎	22	GND
GND	23	∎	∎	24	GND
Terminator Power	25	∎	∎	26	Terminator Power
GND	27	∎	∎	28	GND
+ Attention	29	∎	∎	30	- Attention
GND	31	∎	∎	32	GND
+ Busy	33	∎	∎	34	- Busy
+ Acknowledge	35	∎	∎	36	- Acknowledge
+ Reset	37	∎	∎	38	- Reset
+ Message	39	∎	∎	40	- Message
+ Select	41	∎	∎	42	- Select
+ Command/Data	43	∎	∎	44	- Command/Data
+ Request	45	∎	∎	46	- Request
+ Input/Output	47	∎	∎	48	- Input/Output
GND	49	∎	∎	50	GND

Tabelle 10.18: Die Signal-Belegung bei Differential-SCSI (A-Kabel)

Single-Ended- und Differential-SCSI-Einheiten dürfen niemals über ein gemeinsames Buskabel miteinander verbunden werden.

10.7.4 Wide-SCSI

Im SCSI-2-Standard ist Wide-SCSI definiert. Hiermit ist eine Datenübertragung in 16- oder 32-Bit-Breite möglich, was zu einer maximalen Datenübertragungsrate von 40 Mbyte/s bei synchroner Betriebsart führt. Bei 16-Bit-Wide-SCSI sind nunmehr insgesamt 16 und bei 32-Bit-Wide-SCSI dementsprechend maximal 32 SCSI-Bus-Geräte am Bus möglich.

Für den Wide-SCSI-Betrieb ist ein zusätzlicher 68poliger Anschluß (Kabel B) definiert, wobei auch hier wieder eine Single-Ended- und eine Differential-Version existieren.

Bezeichnung	Pin		Pin	Bezeichnung
GND	1	■ ■	2	GND
GND	3	■ ■	4	/Data Bus 8
GND	5	■ ■	6	/Data Bus 9
GND	7	■ ■	8	/Data Bus 10
GND	9	■ ■	10	/Data Bus 11
GND	11	■ ■	12	/Data Bus 12
GND	13	■ ■	14	/Data Bus 13
GND	15	■ ■	16	/Data Bus 14
GND	17	■ ■	18	/Data Bus 15
GND	19	■ ■	20	/Data Bus Parity 1
GND	21	■ ■	22	/Acknowledge B
GND	23	■ ■	24	GND
OPEN	25	■ ■	26	/Request B

Fortsetzung siehe nächste Seite

Bezeichnung	Pin		Pin	Bezeichnung
GND	27	▌▐	28	/Data Bus 16
GND	29	▌▐	30	/Data Bus 17
GND	31	▌▐	32	/Data Bus 18
Terminator Power	33	▌▐	34	Terminator Power
Terminator Power	35	▌▐	36	Terminator Power
GND	37	▌▐	38	/Data Bus 19
GND	39	▌▐	40	/Data Bus 20
GND	41	▌▐	42	/Data Bus 21
GND	43	▌▐	44	/Data Bus 22
GND	45	▌▐	46	/Data Bus 23
GND	47	▌▐	48	/Data Bus Parity 2
GND	49	▌▐	50	/Data Bus 24
GND	51	▌▐	52	/Data Bus 25
GND	53	▌▐	54	/Data Bus 26
GND	55	▌▐	56	/Data Bus 27
GND	57	▌▐	58	/Data Bus 28
GND	59	▌▐	60	/Data Bus 29
GND	61	▌▐	62	/Data Bus 30
GND	63	▌▐	64	/Data Bus 31
GND	65	▌▐	66	/Data Bus Parity 3
GND	67	▌▐	68	GND

Tabelle 10.19: Der zusätzliche 68polige Anschluß (B-Kabel) für Wide-SCSI-Single-Ended

Bezeichnung	Pin			Pin	Bezeichnung
GND	1	■	■	2	GND
+ Data Bus 8	3	■	■	4	- Data Bus 8
+ Data Bus 9	5	■	■	6	- Data Bus 9
+ Data Bus 10	7	■	■	8	- Data Bus 10
+ Data Bus 11	9	■	■	10	- Data Bus 11
+ Data Bus 12	11	■	■	12	- Data Bus 12
+ Data Bus 13	13	■	■	14	- Data Bus 13
+ Data Bus 14	15	■	■	16	- Data Bus 14
+ Data Bus 15	17	■	■	18	- Data Bus 15
+ Data Bus Parity 1	19	■	■	20	- Data Bus Parity 1
+ Acknowledge B	21	■	■	22	- Acknowledge B
GND	23	■	■	24	Diff-Sense
+ Request B	25	■	■	26	- Request B
+ Data Bus 16	27	■	■	28	- Data Bus 16
+ Data Bus 17	29	■	■	30	- Data Bus 17
+ Data Bus 18	31	■	■	32	- Data Bus 18
Terminator Power	33	■	■	34	Terminator Power
Terminator Power	35	■	■	36	Terminator Power
+ Data Bus 19	37	■	■	38	- Data Bus 19
+ Data Bus 20	39	■	■	40	- Data Bus 20
+ Data Bus 21	41	■	■	42	- Data Bus 21
+ Data Bus 22	43	■	■	44	- Data Bus 22
+ Data Bus 23	45	■	■	46	- Data Bus 23
+ Data Bus Parity 2	47	■	■	48	- Data Bus Parity 2
+ Data Bus 24	49	■	■	50	- Data Bus 24
+ Data Bus 25	51	■	■	52	- Data Bus 25
+ Data Bus 26	53	■	■	54	- Data Bus 26
+ Data Bus 27	55	■	■	56	- Data Bus 27

Fortsetzung siehe nächste Seite

Bezeichnung	Pin		Pin	Bezeichnung
+ Data Bus 28	57	∎ ∎	58	- Data Bus 28
+ Data Bus 29	59	∎ ∎	60	- Data Bus 29
+ Data Bus 30	61	∎ ∎	62	- Data Bus 30
+ Data Bus 31	63	∎ ∎	64	- Data Bus 31
+ Data Bus Parity 3	65	∎ ∎	66	- Data Bus Parity 3
GND	67	∎ ∎	68	GND

Tabelle 10.20: Der zusätzliche 68polige Anschluß (B-Kabel) für Wide-SCSI-Differential (B-Kabel)

10.7.5 16-Bit-Wide-SCSI

Beim Anschluß von 16-Bit-Wide-SCSI-Festplatten (Single-Ended) ist eine 80polige Steckverbindung (Centronics-Stecker) gebräuchlich, die alle notwendigen Signale führt und deren Belegung in Tabelle 10.21 angegeben ist.

Bezeichnung	Pin		Pin	Bezeichnung
12 V	1	∎ ∎	2	12 V
12 V	3	∎ ∎	4	12 V
12 V	5	∎ ∎	6	12 V
12 V	7	∎ ∎	8	12 V
Reserviert/NC	9	∎ ∎	10	Reserviert/NC
Reserviert/NC	11	∎ ∎	12	Reserviert/NC
/Data Bus 11	13	∎ ∎	14	GND
/Data Bus 10	15	∎ ∎	16	GND
/Data Bus 9	17	∎ ∎	18	GND
/Data Bus 8	19	∎ ∎	20	GND
/Input-Output	21	∎ ∎	22	GND
/Request	23	∎ ∎	24	GND
/Control-Data	25	∎ ∎	26	GND

Bezeichnung	Pin		Pin	Bezeichnung
/Select	27	▮ ▮	28	GND
/Message	29	▮ ▮	30	GND
/Reset	31	▮ ▮	32	GND
/Acknowledge	33	▮ ▮	34	GND
/Busy	35	▮ ▮	36	GND
/Attention	37	▮ ▮	38	GND
/Data Bus Parity 0	39	▮ ▮	40	GND
/Data Bus 7	41	▮ ▮	42	GND
/Data Bus 6	43	▮ ▮	44	GND
/Data Bus 5	45	▮ ▮	46	GND
/Data Bus 4	47	▮ ▮	48	GND
/Data Bus 3	49	▮ ▮	50	GND
/Data Bus 2	51	▮ ▮	52	GND
/Data Bus 1	53	▮ ▮	54	GND
/Data Bus 0	55	▮ ▮	56	GND
/Data Bus Parity 1	57	▮ ▮	58	GND
/Data Bus 15	59	▮ ▮	60	GND
/Data Bus 14	61	▮ ▮	62	GND
/Data Bus 13	63	▮ ▮	64	GND
/Data Bus 12	65	▮ ▮	66	GND
5 V	67	▮ ▮	68	5 V
5 V	69	▮ ▮	70	5 V
5 V	71	▮ ▮	72	5 V
/Spindle Sync	73	▮ ▮	74	Active LED Out
/Remote Start	75	▮ ▮	76	/Delayed Start
/SCSI ID0	77	▮ ▮	78	/SCSI ID1
/SCSI ID2	79	▮ ▮	80	/SCSI ID3

*Tabelle 10.21: Die Belegung der 80poligen SCSI-Steckverbindung für
16-Bit-Wide-SCSI*

10.7.6 SCSI-Bus-Kommandos und Software-Interfaces

Die SCSI-Bus-Kommandos für Festplatten sind ab SCSI-2 festgeschrieben und werden auch als Common Command Set (CCS) bezeichnet.

Code	Befehl	Funktion
00h	Test Unit Ready	Feststellen, ob das Gerät bereit ist
01h	Rezero Unit	Köpfe zum Zylinder 0/Kopf 0 bewegen
03h	Request Sense	Sense-Daten (Fehlerstatus) senden
04h	Format Unit	Platte formatieren
07h	Reassign Blocks	Inhalt defekter Blöcke verschieben
08h	Read	Daten lesen
0Ah	Write	Daten schreiben
0Bh	Seek	Suchen eines logischen Blockes
11h	Read Usage Counter	Nutzungszähler lesen
12h	Inquiry	Identifikations-Parameter abfragen
15h	Mode Select	Betriebsart einstellen
16h	Reserve Unit	LUN für andere Initiatoren sperren
17h	Release Unit	LUN für andere Initiatoren freigeben
1Ah	Mode Sense	Geräte-Parameter zum Initiator senden
1Bh	Start/Stop Unit	Gerät für weitere Kommandos sperren oder freigeben
1Ch	Receive Diagnostic Results	Selbsttest-Ergebnisse empfangen
1Dh	Send Diagnostics	Selbsttest durchführen
25h	Read Capacity	Plattenkapazität ermitteln
28h	Read Extended	Daten lesen (erweiterte Adresse)
2Ah	Write Extended	Daten schreiben (erweiterte Adresse)
2Bh	Seek Extended	Suchen eines logischen Blocks (erweiterte Adresse)

Fortsetzung siehe nächste Seite

Code	Befehl	Funktion
2Eh	Write and Verify	Daten schreiben und prüfen
2Fh	Verify	Gesendete Daten prüfen
37h	Read Defect Data	Defect-Liste lesen
3Bh	Write Buffer	Überprüfen des Datenzwischen-speichers, Daten schreiben
3Ch	Read Buffer	Überprüfen des Datenzwischen-speichers, Daten lesen
3Eh	Read Long	Block von 512 Byte lesen
3Fh	Write Long	Block von 512 Byte schreiben

Tabelle 10.22: Der SCSI-Befehlssatz für Festplatten (CCS)

Für SCSI-Bus-Geräte sind im SCSI-2-Standard mehrere Geräteklassen festgelegt (Tabelle 10.23). Der jeweilige Code wird dabei durch das INQUIRY-Kommando (Tabelle 10.22) ermittelt.

Code	Geräteklasse
00h	Festplattenlaufwerk
01h	Streamer
02h	Drucker
03h	Prozessor
04h	WORM-Laufwerk
05h	CD-ROM-Laufwerk
06h	Scanner
07h	MO-Laufwerk
08h	Jukebox (Wechsler)
09h	Kommunikationsgeräte
0Ah-1Eh	Reserviert
1Fh	Unbekannter Gerätetyp

Tabelle 10.23:
Beispiele für die SCSI-Geräteklassen

363

Um die Kommunikation mit SCSI-Bus-Geräten zu vereinfachen und zu vereinheitlichen, existieren mehrere Programmierschnittstellen, wobei ASPI (Advanced SCSI Programming Interface) der Firma Adaptec und CAM (Common Access Method) der ANSI hier als die verbreitetsten gelten. CAM hat insbesondere mit den SCSI-Bus-Controllern der Firma NCR eine weite Verbreitung gefunden, während ASPI bereits seit langem einen allgemein akzeptierten Standard darstellt. Diese Software-Schnittstellen werden beim Booten des PC als Treiber geladen und weisen unterschiedliche Funktionen auf (Tabellen 10.24, 10.25).

Code	Funktion
00h	Host-Adapter ermitteln
01h	Einheitentyp (Target, Initiator) ermitteln
02h	SCSI-Kommando ausführen
03h	SCSI-Kommando abbrechen
04h	SCSI-Einheit zurücksetzen
05h	Host-Adapter-Parameter festlegen
06h	Reserviert (Target)
07h-7Fh	Reserviert (Erweiterung)
80h-FFh	Herstellerabhängig

Tabelle 10.24:
Die ASPI-Befehle

Code	Funktion
00h	Keine Funktion
01h	SCSI-I/O-Funktion ausführen
02h	Einheitentyp feststellen
03h	SCSI-Struktur ermitteln
04h	Kommando-Warteschlange freigeben
05h	Asynchrone Bestätigung festlegen
06h	Einheitentyp festlegen
07h-0Fh	Reserviert
10h	SCSI-Befehl abbrechen
11h	SCSI-Bus zurücksetzen
12h	SCSI-Einheit zurücksetzen
13h	I/O-Vorgang abbrechen
14h-1Fh	Reserviert
20h	Einheit abfragen
21h	Anforderung einer Einheit bedienen
22h-2Fh	Reserviert
30h	LUN aktivieren
31h	Target-I/O-Funktion ausführen
32h-7Fh	Reserviert
80h-FFh	Herstellerabhängig

Tabelle 10.25:
Die CAM-Befehle

Troubleshooting

Ein PC kann die unterschiedlichsten Fehlerquellen aufweisen, die von der jeweiligen Konfiguration und natürlich auch von der verwendeten Software abhängig sind. Die grundlegenden Fehler werden dabei durch das System-BIOS ausgewiesen: entweder in Form einer Fehlermeldung auf dem Monitor (Non Fatal Error), durch einen Signalton (Beep Code = Fatal Error). Falls gar nichts mehr geht (Bildschirm bleibt dunkel, kein Ton zu hören = noch fataler), können die vom BIOS generierten POST-Codes (Power On Self Test) über die jeweilige Fehlerquelle Aufschluß geben.

11.1 BIOS-Fehlermeldungen

Die drei verschiedenen Fehlermeldungsmechanismen (Monitoranzeige, Beep Code, POST-Code) sind leider nicht standardisiert und hängen daher sowohl vom BIOS-Hersteller und auch der jeweiligen BIOS-Version ab. In die folgenden Tabellen sind jedoch die Angaben der verbreitetsten »BIOSe« eingeflossen, so daß sie für eine Vielzahl von PCs gelten.

Meldung	Bedeutung	Diagnose/Abhilfe
8042 Gate-A20 Error	Die Gate-A20-Leitung kann nicht korrekt geschaltet werden, d.h. die Umschaltung zwischen Real- und Protected-Mode kann nicht durchgeführt werden	Entsprechende BIOS-Setup-Einstellung kontrollieren, in der CONFIG.SYS die Installation von HIMEM.SYS kontrollieren und ggf. den A20CONTROL- und MACHINE-Parameter ändern

Fortsetzung siehe nächste Seite

Meldung	Bedeutung	Diagnose/Abhilfe
Address Line Short	Adreßleitung nicht in Ordnung	Nicht behebbar, Fehler auf dem Mainboard bzw. im Chipsatz
Cache Memory Bad	Cache-Speicher defekt	Jumper für Cache kontrollieren, Bausteine ersetzen, zunächst jedoch Cache per BIOS-Setup abschalten und versuchsweise starten
CH2 Timer Error	Der Timer 2 ist defekt	Nicht behebbar, Fehler auf dem Mainboard bzw. im Chipsatz
CMOS Battery Low	Der Akku des CMOS-RAMs ist leer	Evtl. Jumper auf dem Mainboard (Normal/ Discharge) kontrollieren, Spannung des Akkus (3,3 V) überprüfen, evtl. Ladeschaltung defekt, neuen Akku einbauen
CMOS Checksum Failure	Checksumme des CMOS-RAMs nicht in Ordnung	BIOS-Setup durchführen, CMOS-RAM defekt
CMOS Display Mismatch	Falsche Grafikkarte detektiert	Der detektierte Grafikkartentyp stimmt nicht mit der BIOS-Setup-Einstellung überein, BIOS-Setup durchführen und evtl. Jumper auf Mainboard kontrollieren
CMOS Memory Mismatch	Die detektierte Speichergröße weicht von der im CMOS-RAM gespeicherten ab	BIOS-Setup durchführen
CMOS Options Not Set	Fehler im CMOS-RAM	Ungültige Werte, BIOS-Setup durchführen

Fortsetzung siehe nächste Seite

Meldung	Bedeutung	Diagnose/Abhilfe
CMOS Time and Date Not Set	Die Uhrzeit und das Datum sind nicht eingestellt	BIOS-Setup durchführen
Diskette Boot Failure	Die Diskette im Laufwerk ist nicht bootfähig	Diskette entfernen (Boot von C:), Diskette formatieren (Format A:/s)
Display Switch Not Proper	Der Grafikkartentyp ist nicht korrekt	Jumper auf dem Mainboard (Monochrome/Color) kontrollieren
DMA #1 Error	Fehler im 1. DMA-Controller	Versuchsweise den DMA-Takt im BIOS-Setup reduzieren, DMA-Controller defekt, evtl. Baustein 82C206 austauschen
DMA #2 Error	Fehler im 2. DMA-Controller	Versuchsweise den DMA-Takt im BIOS-Setup reduzieren, DMA-Controller defekt, evtl. Baustein 82C206 austauschen
DMA Bus Timeout	Fehler in der DMA-Übertragung	Ein Gerät beansprucht den Bus für länger als 7,8 µs, versuchsweise den DMA-Takt im BIOS-Setup reduzieren
DMA-Error	Fehler im DMA-Controller	Versuchsweise den DMA-Takt im BIOS-Setup reduzieren, DMA-Controller defekt, evtl. Baustein 82C206 austauschen

Fortsetzung siehe nächste Seite

Meldung	Bedeutung	Diagnose/Abhilfe
FDD Controller Failure	Fehler mit dem Controller für die Diskettenlaufwerke	Laufwerkskabel überprüfen (Pin 1 meist markiert!), Kabel nicht korrekt gedreht (A: gedreht, B: 1 zu 1), On-Board-Controller nicht korrekt gejumpert, BIOS-Setup kontrollieren, Controller ersetzen
HDD Controller Failure	Fehler mit dem Festplatten-Controller	Kabel überprüfen, BIOS-Setup kontrollieren
I/O Card Parity Error at xxxxx	Fehler auf einer Einsteckkarte	Feststellen, welche Karte die Adresse xxxxx verwendet und ggf. ersetzen
INTR #1 Error	Fehler im Interrupt-Controller 1	Versuchsweise den Bustakt im BIOS-Setup reduzieren, Interrupt-Controller defekt, evtl. Baustein 82C206 austauschen
INTR #2 Error	Fehler im Interrupt-Controller 2	Versuchsweise den Bus-Takt im BIOS-Setup reduzieren, Interrupt-Controller defekt, evtl. Baustein 82C206 austauschen
Invalid Boot Diskette	Die Diskette im Laufwerk ist nicht bootfähig	Diskette entfernen (Boot von C:), Diskette formatieren (Format A:/s)
Invalid Switch Memory Failure	Speicherfehler	Evtl. Jumper für die Lokalisierung des Speichers kontrollieren (On Board/ Off Board, DRAM/Module ?, SIP/SIMM?, SIMM/PS2-SIMM ?)

Fortsetzung siehe nächste Seite

Meldung	Bedeutung	Diagnose/Abhilfe
KB/Interface Error	Tastaturfehler	Tastaturtest im BIOS-Setup abschalten, andere Tastatur probieren, 8042-Controller defekt
Keyboard Error	Tastaturfehler	Tastatur nicht angeschlossen, Gegenstände von der Tastatur entfernen, Taste klemmt, Tastaturtest im BIOS-Setup abschalten, andere Tastatur probieren, 8042-Controller defekt
Keyboard is Locked	Der Schlüsselschalter am PC ist verriegelt	PC-Schlüsselschalter in On-Position (Unlocked) bringen
NMI Error	Nicht maskierbarer Interrupt ist aufgetreten	Einsteck-Karten überprüfen, nicht behebbarer Mainboard-Fehler
No ROM BASIC	Kein ROM-BASIC ?	Systemfehler, der unterschiedliche Ursachen haben kann, stammt ursprünglich vom Original-IBM-PC, beliebtester Fehler: es wurde eine SCSI-Festplatte verwendet, die mit einem anderen PC formatiert wurde, daher Festplatte neu formatieren
Off Board Parity Error	Speicherfehler	Parity-Fehler auf einer Speichererweitungskarte, RAMs auf korrekten Sitz überprüfen, ggf. Parity-Check im BIOS-Setup abschalten, Timing Parameter (z.B. Refresh, RAS) im BIOS-Setup ändern, Bausteine ersetzen

Fortsetzung siehe nächste Seite

Meldung	Bedeutung	Diagnose/Abhilfe
On Board Parity Error	Parity-Fehler im Hauptspeicher	RAMs auf korrekten Sitz überprüfen, ggf. Parity-Check im BIOS-Setup abschalten, Timing Parameter (z.B. Refresh, RAS) im BIOS-Setup ändern, Bausteine ersetzen
Parity Error ???	nicht lokalisierbarer Speicherfehler	Parity-Fehler im Systemspeicher, RAM auf korrekten Sitz überprüfen, ggf. Parity-Check im BIOS-Setup abschalten, Timing Parameter (z.B. Refresh, RAS) im BIOS-Setup ändern, Bausteine ersetzen
Parity Error at xxxxx	Speicherfehler	Parity-Fehler im Systemspeicher, RAMs auf korrekten Sitz überprüfen, ggf. Parity-Check im BIOS-Setup abschalten, Timing-Parameter (z.B. Refresh, RAS) im BIOS-Setup ändern, Bausteine ersetzen
ROM Bad At xxxxx	Fehler in einem BIOS-ROM	Gerät anhand der Adresse xxxxx (z.B. Boot-ROM, SCSI-Controller) lokalisieren und Konfiguration überprüfen, ggf. ersetzen

Tabelle 11.1: BIOS-Fehlermeldungen, was sie bedeuten und wie Fehlerabhilfe geschaffen werden kann

11.2 Beep-Codes

Wird während des Selbsttests ein Fehler festgestellt, wird im günstigsten Fall eine Fehlermeldung ausgegeben – wie es im vorherigen Kapitel erläutert wurde – ,anhand derer sich der Fehler eingrenzen läßt. Das Netzteil, der Monitor und die Grafikkarte müssen dabei zumindest funktionsfähig sein. Vorausgesetzt, daß die Versorgungsspannungen in Ordnung sind und der Lautsprecher ebenfalls funktioniert und angeschlossen ist, kann ein Fehler oft auch anhand eines akustischen Signals (Beep-Code) ermittelt werden. Je nach BIOS-Hersteller gibt es hier unterschiedliche Tonfolgen, die nicht immer leicht zu identifizieren sind. Die folgende Tabelle gibt hier einen Überblick über die gebräuchlichsten und (fast) allgemein gültigen Beep-Codes.

Signal	Bedeutung/Ursache
kein Ton	Netzteil defekt
Dauerton	Spannung des Netzteils nicht in Ordnung
langer Ton	DRAM-Fehler (z.B. Refresh)
langer Ton, kurzer Ton	Mainboard-Fehler
langer Ton, zwei kurze Töne	Grafik-Controller- oder Bildspeicher-Fehler
ein kurzer Ton	Laufwerks- oder Grafik-Controller-Fehler, auch DRAM-Fehler möglich
drei kurze Töne	DRAM-Fehler, der häufigste Fehler
vier kurze Töne	Fehler im Timerbaustein
fünf kurze Töne	Prozessor-Fehler
sechs kurze Töne	Tastaturcontroller-Fehler (8042), Gate-A20-Fehler
neun kurze Töne	ROM-Fehler

Tabelle 11.2. Allgemein gebräuchliche Beep-Codes und ihre Bedeutung

Die folgenden Tabellen zeigen – nun aber nach BIOS-Herstellern aufgeteilt – die spezielleren Beep-Codes.

Signal	Bedeutung/Ursache
ein kurzer Ton	DRAM-Refresh-Fehler
zwei kurze Töne	Parity-Fehler
drei kurze Töne	Base-64Kbyte-RAM-Fehler
vier kurze Töne	Timer-Fehler
fünf kurze Töne	Prozessor-Fehler
sechs kurze Töne	Tastatur-Fehler
sieben kurze Töne	Virtual-Mode-Fehler
acht kurze Töne	allgemeiner Grafikspeicher-Fehler
neun kurze Töne	ROM-BIOS-Checksummen-Fehler
ein kurzer und drei lange Töne	Base/Extended-Memory-Fehler
ein langer und acht kurze Töne	Grafikspeichertest nicht in Ordnung

Tabelle 11.3: Die speziellen Beep-Codes des AMI-BIOS

Signal	Bedeutung/Ursache
ein kurzer und zwei lange Töne	Grafik-Fehler
ein kurzer und drei lange Töne	Tastaturfehler
zwei kurze Töne	jeder Non-Fatal-Fehler
ein kurzer Ton	normal, kein Fehler während POST

Tabelle 11.4: Die speziellen Beep-Codes des Award-BIOS

Signal	Bedeutung/Ursache
ein kurzer Ton	normal, kein Fehler während POST
zwei kurze Töne	POST-Fehler, Anzeige am Monitor
Dauerton	Netzteilfehler
sich wiederholender Dauerton	Netzteilfehler
ein langer und ein kurzer Ton	Mainboard-Fehler
ein langer und zwei kurze Töne	Grafik-Fehler (Mono/CGA)
ein langer und drei kurze Töne	Grafik-Fehler (EGA)
drei lange Töne	Tastaturfehler

Tabelle 11.5: Die speziellen Beep-Codes des IBM-BIOS

Die ausführlichsten Beep-Codes liefert das Phoenix-BIOS. Diese Codes sind aber anders als die bisher gezeigten aufgebaut. Hier bilden jeweils drei Beep-Signalfolgen einen Code, und es findet keine Unterscheidung nach langen und kurzen Tönen statt.

Signal	Bedeutung/Ursache
ein, ein & drei Töne	CMOS-Fehler
ein, ein & vier Töne	ROM BIOS-Checksum-Fehler
ein, zwei & ein Beep	Timer-Fehler
ein, zwei & zwei Töne	DMA-Initialisierungsfehler
ein, zwei & drei Töne	DMA-Page-Register-Fehler
ein, drei & ein Beep	RAM-Refresh-Fehler
ein, drei & drei Töne	64 Kbyte-RAM-Fehler
ein, vier & zwei Töne	Parity-Fehler, 64 Kbyte-RAM
ein, vier & drei Töne	Fail-Safe-Timer-Fehler (EISA)
ein, vier & vier Töne	NMI-Port-Fehler (EISA)
zwei, ein & ein Ton	64 Kbyte-RAM-Fehler
zwei, ein & vier Töne	64 Kbyte-RAM-Fehler
zwei, zwei & ein Ton	64 Kbyte-RAM-Fehler
zwei, zwei & vier Töne	64 Kbyte-RAM-Fehler
zwei, drei & ein Ton	64 Kbyte-RAM-Fehler
zwei, drei & vier Töne	64 Kbyte-RAM-Fehler
zwei, vier & ein Ton	64 Kbyte-RAM-Fehler
zwei, vier & vier Töne	64 Kbyte-RAM-Fehler
drei, ein & ein Ton	Fehler im ersten DMA-Controller
drei, ein & zwei Töne	Fehler im zweiten DMA-Controller
drei, ein & drei Töne	Fehler im ersten Interrupt-Controller
drei, ein & vier Töne	Fehler im ersten Interrupt-Controller
drei, zwei & vier Töne	Tastatur-Controller-Fehler (8042)
drei, drei & vier Töne	Bildspeicher-Fehler
drei, vier & zwei Töne	Grafikkarten-Fehler

Fortsetzung siehe nächste Seite

Signal	Bedeutung/Ursache
vier, zwei & ein Beep	Timer-Tick-Fehler
vier, zwei & zwei Töne	Shutdown (Reset) Fehler
vier, zwei & drei Töne	Gate-A20-Fehler
vier, zwei & vier Töne	Unerwarteter Interrupt im Protected Mode aufgetreten
vier, drei & ein Beep	RAM-Test-Fehler (> 64 Kbyte)
vier, drei & zwei Töne	Fehler im Timer 2
vier, drei & vier Töne	Realtime-Clock-Fehler
vier, vier & ein Beep	Serieller-Port-Fehler
vier, vier & zwei Töne	Parallel-Port-Fehler
vier, vier & drei Töne	Mathematischer Coprozessor defekt

Tabelle 11.6: Die speziellen Beep-Codes des Phoenix-BIOS

11.3　Die POST-Codes

Jedes übliche BIOS generiert während der Systeminitialisierung spezielle Codes, die dementsprechend als POST-Codes (**P**ower **O**n **S**elf **T**est) bezeichnet werden. Um diese Codes zur Anzeige zu bringen, benötigt man eine spezielle Hardware in Form einer Einsteckkarte, die den Code in den meisten Fällen auf einer Siebensegmentanzeige darstellt. Diese Karten werden als POST-Code-Karten bezeichnet und es gibt sie von verschiedenen Herstellern zu Preisen ab ca. 100 DM bis über 1000 DM. Die Funktionen der teureren Karten gehen dabei über die alleinige Anzeige der POST-Codes hinaus.

Durch eine POST-Code-Karte erhält man immer die Information darüber, welcher Schritt gerade vom PC ausgeführt wird, und es ist unmittelbar erkennbar, wo der PC gerade »hängt«, denn der entsprechende Code bleibt in der Anzeige stehen. Bleibt beispielsweise der Monitor dunkel, ist eine POST-Code-Karte das einzig zweckmäßige Hilfsmittel, um dem Fehler auf die Spur zu kommen.

Ist auf der Anzeige beispielsweise der Code »1C« abzulesen, wird damit bekanntgegeben, daß der Speicher der Grafikkarte defekt ist. Der Code »10« gibt einen Systemspeicherfehler (SIMM nicht eingesteckt o.ä.) bekannt.

Die vom BIOS gesendeten POST-Codes werden nicht vom PC- oder Mainboard-Hersteller definiert, sondern vom BIOS-Hersteller, von denen es (glücklicherweise) nicht sonderlich viele gibt. Der jeweilige PC-Typ spielt dabei keine Rolle, denn die BIOS-Hersteller verwenden stets ihre eigenen Codes für die unterschiedlichen Systeme. In den folgenden Kapiteln sind die POST-Codes der wichtigsten Hersteller angegeben.

Für die Ausgabe der Codes werden unterschiedliche Port-Adressen verwendet. Die I/O-Adresse 80h ist diejenige, über die die meisten Hersteller ihre POST-Codes ausgeben. Die folgende Tabelle gibt eine Übersicht der jeweiligen Adressen, welche die verschiedenen BIOS-Hersteller jeweils verwenden.

BIOS/PC	I/O-Adresse
AMI-ISA	80h
AMI-EISA	80h
AMI-PCI	80h
Award-ISA	280h, 300h
Award-ISA	80h
Award-PCI	80h
Chips & Technologies	80h
Compaq	84h
PC/XT	60h
Phoenix	80h
PS/2-PC	90h, 680h
Quadtel	80h

Tabelle 11.7:
Typische Adressen für den Empfang der POST-Codes

Relativ preiswert kommt man zu einer POST-Code-Karte, die über Funktionen verfügt, die man bei industriellen vergeblich sucht oder aber teuer bezahlen muß, durch das Buch »Die neue PC-Werkstatt« (Markt & Technik, ISBN 3-87791-743-7), dem eine Platine zum Aufbau einer POST-Code-Karte beiliegt. Die Bauelemente dafür sind im einschlägigen Elektronik-Fachhandel (z.B. Conrad Electronic) zu einem Preis von ca. 60-80 DM erhältlich. Die wesentlichen Funktionen der Karte, die sich für viele Arbeiten rund um den PC eignet, sind im folgenden angegeben.

- Anzeige der POST-Codes durch Siebensegmentanzeigen im Hex-Code
- Einstellbare I/O-Adresse im Bereich von 000h-3FFh, somit zum Test diverser Ports (z.B. seriell, parallel) geeignet
- Anzeige der eingestellten I/O-Adresse durch Siebensegmentanzeigen im Hex-Code
- Single-Step-Mode für die schrittweise Überprüfung von Hard- und Software-Funktionen
- Kontrolle der Versorgungsspannungen durch vier Leuchtdioden
- Anzeige des Bustakt-Aktivität durch LED
- ISA/PCI/EISA-Kompatibilität
- Verwendung von Standard-Bauelementen

Auf den folgenden Seiten sind die POST-Codes für verschiedene BIOS-Versionen unterschiedlicher Hersteller angegeben, die ca. 90% des Marktes abdecken. Einige Beschreibungen sind dabei in deutsch, andere wurden in der englisch/amerikanischen Fassung beibehalten, da sich nicht immer ein passender deutscher Ausdruck finden läßt und womöglich Mißverständnisse entstehen könnten.

- POST-Codes für PCs mit AMI-Win-BIOS
- POST-Codes für PCs mit AMI-ISA/EISA-HIFLEX-BIOS
- POST-Codes für PCs mit AMI-BIOS-Plus
- POST-Codes für PCs mit Award-BIOS
- POST-Codes für PCs mit Award-Modular-BIOS
- POST-Codes für PCs mit Award-ISA/EISA/PCI-BIOS Version 4.4 und 4.5
- POST-Codes für PCs mit Chips & Technologies-BIOS
- POST-Codes für PCs mit IBM-AT-BIOS
- POST-Codes für PCs mit MR.-BIOS
- POST-Codes für PCs mit Phoenix-ISA/PCI-BIOS Version 4.0
- POST-Codes für PCs mit Phoenix-ISA/MCA-BIOS
- POST-Codes für PCs mit Quadtel-BIOS Version 3.0

11.3.1   POST-Codes für PCs mit AMI-Win-BIOS

POST-Code	Test-Beschreibung
01	Reserviert
02	Reserviert
03	NMI ist abgeschaltet
04	Reserviert
05	Software Reset/Power-On erkannt, Cache wird abgeschaltet
06	POST-Code wird aktiviert
07	POST-Code ist aktiviert, CPU und CPU-Daten-Bereich initialisieren
08	CPU- und CPU-Daten-Bereich sind initialisiert, CMOS-RAM-Checksumme berechnen
09	CMOS-Checksumme ist berechnet, CMOS-RAM wird initialisiert
0A	CMOS ist initialisiert, CMOS-Statusregister wird für Datum und Zeit initialisiert
0B	CMOS-Statusregister ist initialisiert
0C	Tastatur-Controller (8042), Ausgabe der BAT-Kommandos an den Controller
0D	BAT-Kommandos sind ausgegeben, BAT-Kommandos werden überprüft
0E	Tastatur-Controller-BAT ist überprüft
0F	Tastatur-Initialisierung beendet
10	Tastatur-Kommando-Byte wird geschrieben
11	Test, ob INS-Taste während Power-On gedrückt ist
12	Test der INS-Taste beendet, DMA- und Interrupt-Controller werden abgeschaltet

Fortsetzung siehe nächste Seite

POST-Code	Test-Beschreibung
13	DMA-Controller und Interrupt-Controller sind abgeschaltet, Grafikausgabe ist abgeschaltet, Chipsatz wird initialisiert
14	Reserviert
15	Chipsatz ist initialisiert, Anfang des 8254-Timer-Tests
16-18	Reserviert
19	8254-Timer-Test O.K, Memory-Refresh testen
1A	Memory-Refresh-Line ist geschaltet, 15 µs ON/OFF-Time wird getestet
20	Memory-Refresh-Periode von 30 µs ist abgeschlossen, Hauptspeicher (64k) wird initialisiert
21-22	Reserviert
23	Basisspeicher 64k ist initialisiert, BIOS-Stack wird gesetzt
24	Anfang der Interrupt-Vektor-Initialisierung
25	Interrupt-Vektor-Initialisierung beendet, Port (8042) für Turbo Switch lesen
26	Turbo-Switch-Test beendet
27	Initialisierung vor dem Setzen des Grafikmodus
28	Anfang der Grafikmoduseinstellung
2A	Bussysteme initialisieren
2B	Kontrolle wird an anderes BIOS übergeben (Netzwerk, Grafik)
2C	Test, ob Grafik-ROM (EGA/VGA)vorhanden ist
2D	Grafik-ROM-Test beendet
2F	EGA/VGA nicht gefunden, Anfang des Grafikspeichertests

Fortsetzung siehe nächste Seite

POST-Code	Test-Beschreibung
30	Grafikspeichertest beendet, andere Grafikkarte detektieren
31	Alternativer Grafikspeichertest
32	Alternativer Grafikspeichertest beendet
34	Grafiktest beendet, Setzen des Grafik-Modus
35	Reserviert
36	Reserviert
37	Grafikmodus gesetzt, Anzeige der Power-On-Message
38	Bussysteme initialisieren
39	Bus-Initialisierungsfehler anzeigen
3A	Cursor-Position lesen und speichern, Anzeige der Hit-DEL-Message
3B	Vorbereitung des Speichertests im virtuellen Modus
40	Descriptor-Tabelle wird vorbereitet
41	Reserviert
42	Descriptor-Tabelle ist vorbereitet, virtuellen Speichermodus einschalten
43	Virtueller Modus ist eingeschaltet, Interrupts zum Testen einschalten
44	Interrupts sind eingeschaltet
45	Daten für Speichertest initialisieren, Speichergröße ermitteln
46	Speichergröße ist ermittelt
47	Patterns sind zum Test in den erweiterten Speicher geschrieben
48	Patterns werden in den Hauptspeicher geschrieben
49	Speicher unter 1 Mbyte ermitteln

Fortsetzung siehe nächste Seite

POST-Code	Test-Beschreibung
4A	Reserviert
4B	Speicher über 1 Mbyte ermitteln, Speicher unter 1 Mbyte löschen
4C	Speicher unter 1 Mbyte ist gelöscht, Speicher über 1 Mbyte wird gelöscht (Software Reset)
4D	Speicher über 1 Mbyte ist gelöscht, Speichergröße wird gesichert (Software Reset)
4E	Speichertest gestartet (Hardware Reset) 64Kbyte-Blöcke testen
4F	Speichertest/Initialisierung unter 1 Mbyte beendet, Grafikspeicher wird initialisiert
51	Grafikspeicher ist initialisiert, Speicher über 1 Mbyte testen
52	Speicher über 1 Mbyte ist getestet, Speichergröße wird gesichert
53	Speichergröße und CPU-Register sind gesichert, Real-Modus wird eingestellt
54	Shutdown beendet, CPU ist im Real Mode, Gate-A20 und Parity/NMI werden abgeschaltet
57	Gate-A20 und Parity/NMI sind abgeschaltet, Speicherkonfiguration wird initialisiert (Shadow-RAM, Relocation)
58	Verfügbare Speichergröße ist festgelegt, Löschen der Hit-DEL-Message
59	WAIT-Message anzeigen, Anfang des DMA- und Interrupt-Controller-Tests
60	DMA-Seiten-Register-Test beendet
62	DMA 1. Basisregister getestet
65	DMA 2. Basisregister getestet

Fortsetzung siehe nächste Seite

POST-Code	Test-Beschreibung
66	DMA-Initialisierung beendet, Interrupt-Controller (8259) initialisieren
67	Interrupt-Controller (8259) ist initialisiert
7F	Erweiterte NMI-Funktionen einschalten
80	Anfang des Tastaturtests, Test, ob Taste gedrückt
81	Tastatur-Reset, gedrückte Taste gefunden, Test des Tastatur-Controllers
82	Tastatur-Controller-Test beendet, Command-Byte schreiben
83	Command-Byte ist geschrieben, weitere Tastatur-Controller-Initialisierung
84	Test, ob ermittelte Speichergröße mit dem CMOS-RAM übereinstimmt
85	Test, ob ein Password gesetzt ist
86	Password überprüft, Setup vorbereiten
87	Setup ist vorbereitet, Ausführen des CMOS-Setups
88	CMOS-Setup beendet, Bildschirm gelöscht
89	Power-On-Message darstellen
8B	Grafik-BIOS ins RAM kopieren
8C	Grafik-BIOS ist kopiert, optionalen Setup vorbereiten
8D	Optionaler Setup absolviert
8E	Testen der Bus-Maus
8E	Initialisieren der Maus, Harddisk-Controller zurücksetzen
8F	Harddisk-Controller ist zurückgesetzt
90	Reserviert

Fortsetzung siehe nächste Seite

POST-Code	Test-Beschreibung
91	Floppy-Setup, Harddisk-Setup ausführen
92-93	Reserviert
94	Harddisk-Setup beendet, Speicher setzen
95	Speicher initialisiert, Bus auf C8000h initialisieren (z.B. SCSI)
96	Reserviert
97	C800h-Initialisierung beendet, optionaler ROM-Test
98	Optionaler ROM-Test beendet
99	Setup-Timer initialisieren
9A	Setzen der Drucker- und seriellen Basisadressen
9B	Drucker- und serielle Basisadressen gesetzt, andere Initialisierungen
9C	Coprozessor-Initialisierung
9D	Coprozessor ist initialisiert
9E	Erweiterte Tastatur und Ziffernblock testen
9F	Erweiterte Tastatur und Ziffernblock sind getestet, Tastatur-ID ausgeben
A0	Tastatur-ID-Flag wird zurückgesetzt
A1	Cache-Speicher testen
A2	Cache-Speicher ist getestet
A3	Tastaturrate einstellen
A4	Wait-States einstellen
A5	Bildschirm löschen, Parity/NMI einschalten
A6	Reserviert
A7	Parity und NMI sind eingeschaltet
A8	Kontrolle an E000h übergeben

Fortsetzung siehe nächste Seite

POST-Code	Test-Beschreibung
A9	Kontrolle zurückgeben
AA	Konfiguration anzeigen
AB-AF	Reserviert
B0	Konfiguration wird angezeigt
B1	Code kopieren
00	Kontrolle an Interrupt 19 (Boot Loader) übergeben

Tabelle 11.8: Die POST-Codes für PCs mit AMI-Win-BIOS

11.3.2 POST-Codes für PCs mit AMI-ISA-EISA-HIFLEX-BIOS

POST-Code	Test-Beschreibung
01	NMI abgeschaltet und Start für Register-Test
02	NMI ist abgeschaltet, Power-On-Delay starten
03	Power-On-Delay beendet
04	Tastaturtest
05	ROM freigeben, Shadow-RAM und Cache abschalten
06	Berechnen der ROM-BIOS-Checksumme
07	ROM-BIOS-Checksumme O.K.
08	BAT-Kommando für Tastatur-Controller
09	BAT-Ergebnis ermitteln
0A	Kommando-Byte zum Tastatur-Controller schreiben
0B	Kommando-Byte wurde zum Tastatur-Controller geschrieben

Fortsetzung siehe nächste Seite

POST-Code	Test-Beschreibung
0C	NOP-Kommando für Tastatur-Controller schreiben
0D	NOP-Kommando wurde für Tastatur-Controller geschrieben
0E	CMOS-Shutdown-Register O.K., CMOS-Checksumme berechnen
0F	CMOS-Checksumme O.K.
10	CMOS-Initialisierung ist beendet
11	CMOS-Status-Register initialisieren
12	DMA-, Interrupt-Controller, Video abschalten und Port B initialisieren
13	Chipsatz initialisieren, Auto-Memory-Detection
14	Auto-Memory-Detection beendet, Beginn des Timer-Tests (8254)
15	Kanal 2 des 8253/8254-Timers O.K.(Testanfang)
16	Kanal 2 des 8253/8254-Timers O.K.(Testende)
17	Kanal 1 des 8253/8254-Timers O.K.(Testende)
18	Kanal 0 des 8253/8254-Timers O.K.(Testende)
19	Memory-Refresh gestartet
1A	Memory-Refresh, 15 µs-On/Off-Test
1B	30 µs-On/Off-Test beendet und Starten des 64 Kbyte Base-Memory-Tests
20	64-Kbyte-Base-Memory-Test, Adreßleitungen testen
21	Test der Adreßleitungen O.K.
22	Parity-Test
23	64-Kbyte-Lese-/Schreibtest
24	Anfang des Interrupt-Vektor-Tests

Fortsetzung siehe nächste Seite

POST-Code	Test-Beschreibung
25	Interrupt-Vektor-Tests O.K., 8042-Turbo-Schalter testen
26	Lesen des 8042-I/O-Ports
27	Daten-Initialisierung beendet
28	Anfang des Monochrom-Display-Tests
29	Monochrom-Display-Test beendet, Anfang des Color-Display-Tests
2A	Color-Display-Tests beendet
2B	Kontrolle an optionales Video-ROM übergeben
2D	Test des optionalen Video-ROMs beendet
2E	Falls kein EGA/VGA-Adapter vorhanden, erfolgt die Anzeige des Speichertests
2F	Kein EGA/VGA-Adapter festgestellt
30	Video-Speicher-Test beendet
31	Alternativer Video-Speicher-Test
32	Alternativer Video-Speicher-Test beendet
33	Vergleich des Video-Adapters mit der Jumper-stellung auf dem Mainboard
34	Ende des Video-Tests
35	BIOS-ROM-Daten testen
36	BIOS-ROM-Daten O.K.
37	Cursor setzen für Power-On
38	Power-On-Anzeige
39	Neue Cursor-Position lesen und speichern, Ausgabe der BIOS-Version
3A	Ende der BIOS-Version-Ausgabe und <Hit Esc> anzeigen

Fortsetzung siehe nächste Seite

POST-Code	Test-Beschreibung
3B	\<Hit Esc\> wird angezeigt, und der Virtual-Mode-Test beginnt
40	Virtual-Mode-Test und Anfang des Video-Speicher-Tests
41	Video-Speicher-Test beendet
42	Virtual-Mode für Speichertest
43	Interrupts für Diagnose freigeben
44	Interrupts sind freigegeben, wenn der DIAG-Schalter auf dem Mainboard gesetzt ist
45	Speichergröße feststellen
46	Ende der Speichergröße-Tests
47	640-Kbyte-Speichertest
48	Feststellen der Speichergröße unterhalb 1 Mbyte
49	Speichergröße unterhalb 1 Mbyte ermittelt und Speichergröße oberhalb 1 Mbyte ermitteln
4A	Speichergröße oberhalb 1 Mbyte ermittelt
4B	BIOS-ROM-Datenbereich testen
4C	Speicher unterhalb 1 Mbyte gelöscht
4D	Speicher oberhalb 1 Mbyte gelöscht
4E	Speichertest gestartet
4F	Anzeige der Speichergröße
50	Ermitteln der Relocation- und Shadow-RAM-Größe
51	Relocation- und Shadow-RAM-Größe ist ermittelt, Start des Speichertests oberhalb 1 Mbyte
52	Speichertest oberhalb 1 Mbyte beendet
53	CPU-Register und Speichergröße speichern
54	Shutdown, CPU befindet sich im Real Mode

Fortsetzung siehe nächste Seite

POST-Code	Test-Beschreibung
55	Adreßleitung A20 abschalten
56	Adreßleitung A20 ist abgeschaltet
57	BIOS-ROM-Datenbereich testen
58	<Hit Esc>-Anzeige löschen
59	<Hit Esc>-Anzeige ist gelöscht
60	DMA-Page-Register-Test beendet
61	Start des Tests des ersten DMA-Controllers
62	Test des ersten DMA-Controllers ist beendet
63	Test des zweiten DMA-Controllers ist beendet
64	BIOS-ROM-Datenbereich testen
65	Ende des Tests des BIOS-ROM-Datenbereichs
66	DMA-Test beendet, Initialisieren der Interrupt Controller (8259)
67	Initialisierung der Intr.-Controller ist beendet
80	Start des Tastatur-Tests
81	Tastatur-Test erfolgreich, evtl. Anzeige eines Fehlers
82	Ende des Tastatur-Tests
83	Key-Lock-Schalter testen
84	Key-Lock-Test beendet. Feststellen, ob die ermittelte Speichergröße mit der Eintragung im CMOS-RAM übereinstimmt
85	Speichertest beendet, evtl. Fehleranzeige
86	Password abfragen
87	CMOS-Setup
88	CMOS-Setup beendet und Bildschirm löschen
89	Power-On-Anzeige

Fortsetzung siehe nächste Seite

POST-Code	Test-Beschreibung
8A	Maus-Test und Initialisierung
8B	Anzeige <Wait..>
8C	Main- und Video-BIOS-Shadow-RAM initialisiert
8D	Floppy- und Festplatten-Reset
8E	Testen des Disketten-Controllers
8F	Disketten-Controller ist initialisiert
90	Test, ob Festplatte vorhanden
91	Festplatten-Test beendet
92	Festplatten-Setup beendet
93	BIOS-ROM-Datenbereich testen
94	BIOS-ROM-Datenbereich-Test beendet
95	Speicher für Festplatten-Typ 47 (User Typ) reservieren
96	Reservierung beendet
97	Feststellen, ob ein ROM ab Adresse C8000h vorhanden ist
98	Kontrolle an ROM übergeben
99	ROM-Test
9A	Timer und Drucker-Basis-Adressen sind festgelegt
9B	RS232-Basis-Adressen sind festgelegt
9C	Anfang der Coprozessor-Initialisierung
9D	Der Coprozessor ist initialisiert
9E	Extended-Tastatur-Test (Num-Lock)
9F	Extended-Tastatur-Test beendet
A0	Tastatur-ID-Kommando
A1	Tastatur-ID-Flag-Reset

Fortsetzung siehe nächste Seite

POST-Code	Test-Beschreibung
A2	Cache-Speicher-Test
A3	evtl. Fehleranzeige
A4	Tastatur-Typematic-Rate festlegen
A5	Memory-Wait-States-Programmierung beendet
A6	Bildschirm löschen
A7	NMI- und Parity freigegeben
A8	Feststellen, ob ein ROM ab Adresse E0000h vorhanden ist
A9	Kontrolle wurde an ROM übergeben
M	Initialisierung des ROMs ist beendet
00	Anzeige der System-Konfiguration und Kontrolle an Interrupt 19h (Boot Loader) übergeben

Tabelle 11.9: Die POST-Codes für PCs mit AMI-ISA/EISA-HIFLEX-BIOS

11.3.3 POST-Codes für PCs mit AMI-BIOS-PLUS

POST-Code	Test-Beschreibung
01	NMI abgeschaltet und Start für 80286/80386 Registertest
02	80286/80386-Register O.K.
03	ROM-BIOS-Checksumme O.K.
04	Tastaturcontroller O.K.
05	Initialisierung des Chipsatzes O.K., DMA- und Interrupt-Controller abschalten
06	Grafik abschalten und Anfang des Timertests
07	Kanal 2 des 8253/8254-Timers O.K.(Testanfang)

Fortsetzung siehe nächste Seite

POST-Code	Test-Beschreibung
08	Kanal 2 des 8253/8254-Timers O.K.(Testende)
09	Kanal 1 des 8253/8254-Timers O.K.(Testende)
0A	Kanal 0 des 8253/8254-Timers O.K.(Testende)
0B	Refresh gestartet
0C	Timer gestartet
0D	Refresh O.K.
10	Refresh an und Starten des 64-Kbyte-Base-Memory-Tests
11	Adreßleitungen O.K.
12	64-Kbyte-Base-Memory-Test O.K.
15	Initialisierung der Interrupt-Vektoren
17	Monochrom-Mode O.K.
18	Color-Mode O.K.
19	Testen, ob im Segment C0000 ein Video-ROM vorhanden ist, und ggf. Kontrolle an Video-ROM übergeben
1A	Vom Video-ROM zurückschalten
1B	Shadow-RAM-Test O.K.
1C	Speichertest der Video-Karte, wie sie im Setup angegeben ist.
1D	Alternativer Test, wenn Test »1C« nicht O.K. war
1E	Festlegung des korrekten Video-Mode
1F	Aufruf des Mono/Color-Video-Mode
20	Einstellung des Video-Mode beendet
21	Prüfen, ob die EPROMs vom Typ 27256 sind
23	Monitoranzeige (Power On)
30	Der Virtual-Mode-Test beginnt
31	Der Virtual-Mode-Test hat begonnen

Fortsetzung siehe nächste Seite

POST-Code	Test-Beschreibung
32	Processor arbeitet im Virtual Mode
33-34	Testen der Speicher-Adreß-Leitungen
35	Feststellen des Speichers unter 1 Mbyte
36	Feststellen des Speichers über 1 Mbyte
37	Der Speichertest beginnt
38	Initialisierung des Speichers unter 1 Mbyte beendet
39	Initialisierung des Speichers über 1 Mbyte beendet
3A	Anzeige der Speichergröße
3B	Speichertest unter 1 Mbyte beginnt
3C	Speichertest unter 1 Mbyte beendet und Start des Tests über 1 Mbyte
3D	Speichertest über 1 Mbyte beendet
3E	Prozessor schaltet in den Real Mode
3F	Prozessor ist im Real Mode
40	Cache-Memory einschalten und Adreßleitung A20 abschalten
41	A20-Leitung ist abgeschaltet
42	Internen Cache einschalten
43	Start des DMA-Controller-Tests (8237)
50	Testen des DMA-Page-Registers abgeschlossen
51	Der erste DMA-Controller wird getestet
52	Der Test des ersten DMA-Controllers ist beendet
53	Der Test des zweiten DMA-Controllers ist beendet
54	Testen des Flip-Flops für DMA-Controller 1 und 2
55	Flip-Flop-Test O.K.

Fortsetzung siehe nächste Seite

POST-Code	Test-Beschreibung
56	DMA-Controller-Test beendet und Initialisierung des Interrupt-Controllers (8259)
57	Initialisierung des Interrupt-Controllers beendet
58	Interrupt-Mask-Register O.K.
59	Interrupt-Master-Mask-Register O.K. Slave starten
5A	Timer-Check und Tastatur-Interrupt-Level-Test
5B	Timer-Interrupt O.K.
5C	Start des Keyboard-Interrupt-Tests
5D	Timer/Tastatur-Interrupt-Level-Fehler
5E	8259-Interrupt-Controller-Fehler
5F	8259-Interrupt-Controller O.K.
70	Starten des Tastatur-Tests
71	Ende des Tastatur-Controller-Tests
72	Ende des Tastatur-Tests
73	Initialisierung der Tastatur
74	Anzeige des Setup Prompts und Starten des Floppy-Setups
75	Ende des Floppy-Setups
76	Starten des Festplatten-Setups
77	Ende des Festplatten-Setups
79	Initialisierung der Uhr
7A	Prüfen der CMOS-RAM-Spannung
7B	CMOS-RAM-Batterie O.K.
7D	Analyse des POST-Speichertests
7E	CMOS-RAM-Größe O.K.
7F	ROM-Suche ab C000:0000

Fortsetzung siehe nächste Seite

POST-Code	Test-Beschreibung
80	Test, ob <DEL>-Taste betätigt wurde, und CMOS-RAM Setup starten
81	Optionale ROMs O.K.
82	Initialisierung der Drucker-Ports O.K.
83	Initialisierung der RS232-Ports O.K.
84	Test des Co-Prozessors O.K.
85	Ausgabe einer Fehlermeldung
86	Kontrolle an ROM im Segment ab E000:0000 übergeben
87	ROM-Test ab Segment E000:0000
00	Ende des ROM-Tests (Erweiterung) und Kontrolle an Interrupt 19h (Boot Loader) übergeben

Tabelle 11.10: Die POST-Codes für PCs mit AMI-BIOS-Plus

11.3.4 POST-Codes für PCs mit Award-BIOS

POST-Code	Test-Beschreibung
01	Prozessor-Test
02	Tastatur-Test
03	Löschen des 8042-Interfaces
04	Reset 8042
05	8042-Initialisierung
06	Initialisierung der Chips (DMA, Interr. CMOS)
07	Prozessor-Test
08	Initialisierung des CMOS-RAMs
09	BIOS-EPROM Checksumme ermitteln

Fortsetzung siehe nächste Seite

POST-CODE	Test-Beschreibung
0A	Initialisierung des Video-Adapters
0B	Timer-Kanal-0 testen
0C	Timer-Kanal-1 testen
0D	Timer-Kanal-2 testen
0E	CMOS-Datum testen
0F	CMOS-Shutdown-Byte testen
10	DMA-Kanal-1 testen
11	DMA-Kanal-2 testen
12	DMA-Page-Register testen
13	Tastaturcontroller (8751) testen
14	Memory-Refresh
15	64-Kbyte-Base-Memory testen
16	Interrupt-Vektoren initialisieren
17	Video-Adapter initialisieren
18	Video-Memory testen
19	Interrupt-Controller-1 testen
1A	Interrupt-Controller-2 testen
1B	CMOS-Batterie testen
1C	CMOS-Checksumme ermitteln
1D	CMOS-Setup
1E	Speichergröße ermitteln
1F	Speicher testen
20	Interrupt-Controller-Bits testen
21	Parity-Bits testen
22	Interrupt-Controller testen

Fortsetzung siehe nächste Seite

POST-CODE	Test-Beschreibung
23	Protected Mode und A20-Leitung testen
24	Speichergröße oberhalb 1 Mbyte ermitteln
25	Speicher oberhalb 1 Mbyte testen
26	Protected Mode testen
27	Cache-Controller und Shadow-RAM testen
28	Tastatur-Controller testen
29	Reserviert
2A	Tastatur-Controller initialisieren
2B	Floppy- und Festplatten-Controller initialisieren
2C	RS232-Schnittstellen ermitteln und initialisieren
2D	Parallele Schnittstellen ermitteln und initialisieren
2E	Festplatte initialisieren
2F	Coprozessor testen
30	Reserviert
31	Optionale ROMs ermitteln und initialisieren
3B	Zweiten Cache initialisieren (Opti Chipsatz)
CA	Cache initialisieren
EE	Prozessor-Fehler
FF	Kontrolle an Interrupt 19h (Boot Loader) übergeben

Tabelle 11.11: Die POST-Codes für PCs mit Award-BIOS

11.3.5 POST-Codes für PCs mit Award-Modular-BIOS

POST-Code	Test-Beschreibung
01	Processor Status Verification
02	Determine POST Type
03	Clear 8042 Keyboard Controller
04	Reset 8042 Keyboard Controller
05	Set Manufacturing Status
06	Initialize Chips
07	Processor Test 2: Read/Writer/Verify Registers with Data Pattern FF and 00.
08	Initialize CMOS Timer, Test Timer (8254) Channel 0
09	EPROM Checksum
0A	Initialize Video Controller Register
0C	Test Timer (8254) Channel 1
0D	Test Timer (8254) Channel 2
10	Test 8259 Mask Bits - Channel 2 Test DMA Channel 0, Test CMOS Checksum Size System Memory
11	Test DMA Channel 1
12	Test DMA Page Registers
13	Test Keyboard Controller
14	Test Memory Refresh
15	Test 1st 64K of System Memory
16	Setup Interrupt Vector Table
17	Setup Video I/O Operations
18	Test CMOS Battery Level, Test Video Memory
19	Test 8259 Mask Bits - Channel 1

Fortsetzung siehe nächste Seite

POST-Code	Test-Beschreibung
1D	Set Configuration from CMOS
1F	Test Found System Memory
20	Test Stuck 8259 Interrupt Bits Detect and Initialize LPT Ports
21	Test Stuck NMI Bits (Parity IWO check)
22	Test 8259 Working
23	Test Protected Mode
24	Size Extended Memory
25	Test Found Extended Memory
26	Test Protected Mode Exceptions
27	Setup Cache Control or Shadow RAM
28	Setup 8042, Initialize Floppy Drive and Controller
29	Reserved
2A	Initialize Keyboard
2C	Detect and Initialize COM Ports
2E	Initialize Hard Drive and Controller
2F	Detect and Initialize Math Coprocessor
30	Reserved
31	Detect and Initialize Option ROMs
38	Initialize Secondary Cache OPTI Chip Set (486 only)
CA	Micronics Cache Initialization
CC	NMI Handler Shutdown
DE	Test CMDS Shutdown Byte
DF	Test Extended CMOS
EE	Unexpected Processor Exception
FF	INT 19 Boot Attempt

Tabelle 11.12: Die POST-Codes für PCs mit Award-Modular-BIOS

11.3.6 POST-Codes für PCs mit Award-ISA/EISA/PCI-BIOS Version 4.4 und 4. 5

POST-Code	Test-Beschreibung
00	reserved
01	Processor Test 1, Init (Code CI) Processor Status (IFLAGS) verification, tests the following processor status flags: carry, zero, sign, overflow the BIOS will Set each ot these flags, verify they are set, then turn each flag off and verify it is off.
02	Processor Test 2, test processor registers
03	Initialize Chips, init Timer, DMA, Interrupt Contr.
04	Test Memory Refresh Toggle, by testing Port 0x61 Bit 4
05	Blank video, initialize Keyboard, early Keyboard initialization
06	EPROM Checksum, checksum BIOS EPROM, signon-message,evaluation-message and F000:E000 to F000:EFFF area
07	Test CMOS Interface and Battery Status, detects bad
08	Setup low memory, early chipset Init (Code C2), Chipset init (Code BF), Size external Cache, Memory Configuration (Code CI), test and clear first 256K Memory,
09	Early Cache Initialization, test external Cache
0A	Setup Interrupt Vector Table, initialize interrupt vectors
0B	Test CMOS RAM Checksum,if bad, load defaults.
0C	Initialize Keyboard, check overall EPROM checksum Setup BIOS data area 40:0.

Fortsetzung siehe nächste Seite

POST-Code	Test-Beschreibung
0D	Initialize Video Interface, detect and initialize video adapter
0E	Test Video Memory, if CGA or MONO, test video memory, Setup screen tor POST messages.
0F	Test DMA controller #0
10	Test DMA controller #1
11	Test DMA Page registers
12-13	reserved
14	Test 8254 Timer 0 Counter 2
15	Test 8259-1 Mask Bits, verify 8259 Channel 1 masked interrupts by alternately turning off and on the interrupt line
16	Test 8259-2 Mask Bits, verify 8259 Channel 2 masked interrupts by alternately turning off and on the interrupt line
17	Test 8259 Interrupt Functionality, turn off interrupts, then verify no interrupt mask register is on
18	Test Stuck NMl Bits, (Parity I/O Check), force an interrupt and verify that interrupt occurred
19	Test Stuck NMl Bits (Parity I/O Check), verify NMl can be cleared
1A-1E	reserved
1F	Set EISA Mode, iF EISA non-volatile memory checksum is good, execute EISA initialization, if not, execute ISA tests and clear EISA mode flag, test EISA Configuration Memory Integrity (checksum & communication interface)
20	Enable Slot 0, initialize Mainboard

Fortsetzung siehe nächste Seite

POST-Code	Test-Beschreibung
21-2F	Enable Slot 1-15
30	Size Base (256K-640K) and Extended Memory (>1 Mbyte)
31	Test Base and Extended Memory, this will be skipped in EISA mode and can be skipped with ESC key in ISA mode
32	Test EISA Extended Memory, this will be skipped in EISA mode and can be skipped with ESC key in ISA mode
33	IDE auto detect, get IDE parameters (V4.2 only)
34-3B	reserved
3C	Setup enabled, enter Setup (Message)
3D	Initialize and install PS/2 Mouse
3E	Setup Cache Controller (internal and external)
3F	Setup Shadow RAM
40	reserved
41	Initialize Floppy Drive and Controller
42	Initialize Hard Disk Drive and Controller
43	Detect and initialize Serial/Parallel Ports
44	reserved
45	Detect and initialize Math Coprocessor
46	reserved
47	Set Speed for Boot
48-4D	reserved
4E	Manufacturing POST Loop or Display Message
4F	Security Check
50	Write CMOS and calculate Checksum

Fortsetzung siehe nächste Seite

POST-Code	Test-Beschreibung
51	Pre-boot enable, enable Parity Checker, enable NMI
52	Initialize Option ROMs (C8000 to F7FFF)
53	Initialize Time Value
54-5F	reserved
63	Boot Attempt, boot via INT 19
D0-DF	Debug, use POST Codes during Development
E0	reserved
E1-EF	Setup Pages
FF	Boot

Tabelle 11.13: Die POST-Codes für PCs mit Award- ISA/EISA/PCI-BIOS Version 4.4 und 4.5

11.3.7 POST-Codes für PCs mit IBM-AT-BIOS

POST-Code	Test-Beschreibung
01	CPU Register Read/Write Test Failed
02	CMOS RAM Read/Write Test Failed
03	ROM BIOS Checksum Error
04	8253 Timer Channel 1 All Bits OFF Failure
05	8253 Timer Channel 1 All Bits ON Failure
06	8237 DMA 0 Register Test Failure
07	8237 DMA 1 Register Test Failure
08	DMA Page Register Test Failure
09	Memory Refresh Test Failure
0A	8042 Keyboard Controller Test - Step 1

Fortsetzung siehe nächste Seite

POST-Code	Test-Beschreibung
0B	8042 Keyboard Controller Test - Step 2
0C	8042 Keyboard Controller Test - Step 3
0D	8042 Keyboard Controller Test - Step 4
0E	Base 64K RAM ReadyWrite Storage Test - Step 1
0F	Base 64K RAM Read/Write Storage Test - Step 2
11	Verify 286 LGDT/SGDT and LIDT/SIDT Instructions
12	8259 Interrupt Initialization
13	8259 Interrupt Initialization
14	Interrupt Vector .Initialization
15	Establish BIOS Subroutine Call Interrupt Vectors
16	Check CMOS Battery Condition
17	CMOS Checksum Error
18	Enable Protected Mode
19	Set Return Address Byte in CMOS
1A	Protected Mode Test
1B	Second 64K Memory Test
1C	Determine Memory Size 512K/640K
1D	Determine Memory Size above 1024K
1E	Set RAM Size in CMOS1
1F	Test Address Lines 19-23
20	Fatal Addressing Error
21	Check CMOS Configuration Data
22	Video Card Initialization Failure or invalid Switch Setting
23	Advanced Video Card Initialization Failure or invalid Switch Setting

Fortsetzung siehe nächste Seite

POST-Code	Test-Beschreibung
24	8259 Interrupt Mask Register all Bits OFF Test
25	8259 Interrupt Mask Register all Bits ON Test
26	Check for unexpected Interrupts, 101 System Error
27	System Board Logic Failure. 106 System Error
28	Non Maskable Interrupt Failure. 107 System Error
29	8253 Timer Register Failure, 108 System Error
2A	8253 Timer Speed Failure. 102 System Error
2B	8253 Timer Interrupt Initialization
2C	8253 Timer 0 Interrupt Failure. 103 System Error
2D	8042 Keyboard Controller Failure, 105 System Error
2F	Check for Warm Boot
30	Protected Mode Read/Write Memory Test - Step 1
31	Protected Mode Read/Write Memory Test - Step 2
33	Protected Mode Read/Write Memory Test - Step 3
34	Protected Mode Read/Write Memory Test - Step 4
35	Check for Manufacturing Burn In Test
36	Keyboard Clock Error
37	Keyboard Failure - Test 138
38	Keyboard Failure - Test 2
39	Keyboard Failure - Test 3
3A	Keyboard Locked
3B	Check for optional Video ROM
3C	Floppy Diskette Adaptor Test
3E	Hard Disk Drive Initialization
3F	Any Non-Fatal Error, Press F1 to Continue

Fortsetzung siehe nächste Seite

POST-Code	Test-Beschreibung
40	Math Coprocessor Initialization
41	Transfer for System Code at Segment E000:0
42	Transfer Control to System Code
43	POST Complete, passing Control to INT 19H Boot Loader
90-B5	Unexpected Interrupt
DD	Base 64k Error, followed by Failing Bit Pattern, High then Low
F0	Various Additional Protected Mode Tests
F1	Interrupt Test
F2	Exception Interrupt Test
F3	Verify 286 LDT/SDT and LTR/STR Instructions
F4	Verify 286 Bound Instruction Stack/Register Test
F5	Verify Access Rights Function correctly
F6	Verify Adjust RPL Field of Selector
F7	Instruction (ARPL) Functions
F8	Check the LAR Instruction
F9	Check the LSL (Load Segment Limits)
FA	Low MEG Chip Select Test

Tabelle 11.14: Die POST-Codes für PCs mit IBM-AT-BIOS

11.3.8   POST-Codes für PCs mit Mr.-BIOS

POST-Code	Test-Beschreibung
00	Cold-Boot Commences (Not Seen with Warm-Boot)
01	Restores Chipset to Default
02	Disable critical I/O-Devices: 6845, 8237, 765, and Parity Latches
03	ROM BIOS Checksum Test
04	Page Register Test (Ports 81-8F)
05	Keyboard Controller Self test
06	8237-Slave/Master, 8254-Ch 2/1, RTC-REG, 8259 Master/Slave Test
07	Memory Refresh Circuit Test
08	Master (16 bit) DMA Controller Failure Slave (8 bit) DMA Controller Failure
09	OEM specific, typically disables Cache. Shadow RAM
0A	Memory Bank 0 Parity Circuitry Failure Memory Bank 0 Pattern Test Failure Memory Bank 0 Parity Error Memory Bank 0 Block Access Read/Write Failure Memory Bank 0 Block Access Read Failure Memory Bank 0 Bus Failure Memory Bank 0 Address Bus Failure
0B	Master 8259 (Port 21) Failure Slave 8259 (Port A1) Failure
0C	Slave 8259 (Port A0) Interrupt Address Error System timer 8254 CH0/IR00 Interrupt Failure Slave 8259 (Port A0) Stuck Interrupt Error 8259 (Port 20/A0) Interrupt Address Error Master 8259 (Port 20) Stuck Interrupt Error Master 8259 (Port 20) Interrupt Address Error

Fortsetzung siehe nächste Seite

POST-Code	Test-Beschreibung
0D	8254 Channel-0 Test and Initialization
0E	8254 OUT2 (Speaker Detect) Failure 8254 Channel-2 (Speaker) Failure
0F	CMOS RAM Read/Write Test Failure RTC Periodic Interrupt / IRQ8 Failure RTC tests/inits: Init REG-B, Write/Readback CMOS-RAM, PIO Test
10	Video Initialization and (Cold-Boot) Signon Message CMOS Checksum Test
12	Keyboard Controller Failure
13	OEM specific
14	Size/Test Base Memory (Low 64K already Done)
15	Perform 2nd try KB Init, if necessary
16	Size/Test Cache, OEM unique Code
17	A20 Gate Stuck in Disable State A20 Test Failure Due to 8042 Timeout A20 Gate Stuck in Asserted State
18	Size/Test Extended Memory
19	Size/Test System Memory (special OEM Memory) Memory Parity Error IO Channel Error
1A	Real Time clock (RTC) is not updating Real Time Clock (RTC) Settings are invalid
1B	Serial Port Determination
1C	Parallel Port Determination
1D	Coprocessor Determination/Initialization
1E	Floppy Controller Test/Determination, CMOS Validation
1F	Hard Disk Controller Test/Determination. CMOS Validation

Fortsetzung siehe nächste Seite

POST-Code	Test-Beschreibung
20	Rigorous CMOS Parameter Validation
21	Front-Panel Lock Check, wait for User to acknowledge Errors
22	Set NumLock, Password-Security Trap, dispatch to Setup-Utility
23	OEM specific
24	Set Typematic Rate
25	Floppy Subsystem Initialization
26	Hard Disk Subsystem initialization
27	ACK Errors, Set Primary Adaptor Video Mode
28	OEM specific, typically enables Shadow, Cache
29	Adaptor ROM Installation
2A	ACK Errors, set Video Mode, set DOS Time Variables from RTC
2B	Enable Parity Checking and NMI
2C	Set Low Stack, install E0000 ROM
2D	ACK Errors: Set Primary Video Mode
2E	OEM specific
2F	Pass Control to INT19 (Boot Disk)

Tabelle 11.15: Die POST-Codes für PCs mit Mr.-BIOS

11.3.9 POST-Codes für PCs mit Chips & Technologies-BIOS

POST-Code	Test-Beschreibung
01	CPU-Flag-Test
02	CPU-Register-Test
03	Ermittlung der BIOS-ROM-Checksumme
04	DMA-Controller testen
05	Timer testen
06	Adressierung des 64-Kbyte-Base-Memory testen
07	64-Kbyte-Base-Memory testen
08	Interrupt-Controller testen
09	Interrupt aufgetreten
0A	Reserviert
0B	CPU ist im Protected Mode
0C	DMA-Page-Register testen
0D	Memory-Refresh
0E	Tastatur-Controller testen
0F	Protected Mode testen
10-15	CPU-Register-Test
16	Tastatur-Controller testen
17	Shutdown
18	Shutdown während des Speichertests
19	Copyright-Checksummmen-Fehler
1A	BMS-Checksummen-Fehler
50	Initialisierung der Hardware
51	Timer initialisieren

Fortsetzung siehe nächste Seite

POST-Code	Test-Beschreibung
52	DMA-Controller initialisieren
53	Interrupt-Controller initialisieren
54	Initialisierung des Chipsatzes
55	Reserviert
56	In den Protected Mode schalten
57	Speichergröße ermitteln
58	Reserviert
59	In den Real Mode schalten
5A	Speichergröße ermitteln
5B	Relocate Shadow-RAM
5C	EMS konfigurieren
5D	Reserviert
5E	64-Kbyte-Base-Memory testen
5F	Shadow-RAM testen
60	CMOS-RAM testen
61	Video-Adapter testen
63	Interrupts im Protected Mode testen
64	Adreßleitung A20 testen
65	Adreßleitungen des Speichers testen
66	Speicher testen
67	Extended Memory testen
68	Timer-Interrupt testen
69	Uhr (CMOS-RAM)P testen
6A	Tastatur testen
6B	Coprozessor testen

Fortsetzung siehe nächste Seite

POST-Code	Test-Beschreibung
6C	RS232-Schnittstelle testen
6D	Parallele Schnittstelle testen
6E	Reserviert
6F	Floppy testen
70	Festplatte testen
71	Key-Lock-Schalter überprüfen
72	Maus testen
73-8F	Reserviert
90	RAM-Setup
91	CPU-Taktfrequenz ermitteln
92	Systemkonfiguration überprüfen
93	BIOS initialisieren
94	Kontrolle an Interrupt 19h (Boot Loader) übergeben
95	Reset der Hardware
96	Cache-Controller initialisieren

Tabelle 11.16: Die POST-Codes für PCs mit Chips & Technologies-BIOS

11.3.10 POST-Codes für PCs mit Phoenix-ISA/PCI-BIOS Version 4.0

POST-Code	Test-Beschreibung
02	Verify Real Mode
04	Get CPU type
06	Initialize System Hardware
08	Initialize Chipset Registers with initial POST Values
09	Set in POST flag
0A	Initialize CPU registers
0C	Initialize Cache to initial POST Values
0E	Initialize I/O
10	Initialize Power Management
11	Load alternate Registers with initial POST values
12	Jump to User Patch 0
14	Initialize Keyboard Controller
16	BIOS ROM Checksum
18	8254 Timer Initialization
1A	8237 DMA Controller Initialization
1C	Reset Programmable Interrupt Controller
20	Test DRAM Refresh
22	Test 8742 Keyboard Controller
24	Set ES Segment Register to 4 GB
28	Autosize DRAM
2A	Clear 512K Base RAM
2C	Test 512K Base Address Lines

Fortsetzung siehe nächste Seite

POST-Code	Test-Beschreibung
2E	Test 512K Base Memory
32	Test CPU Bus-Clock Frequency
34	Test CMOS RAM
37	Reinitialize the Chipset
38	Shadow System BIOS ROM
39	Reinitialize the Cache
3A	Autosize Cache
3C	Configure Advanced Chipset Registers
3D	Load alternate Registers with CMOS Values
40	Set Initial CPU Speed
42	Initialize Interrupt Vectors
44	Initialize BIOS Interrupts
46	Check ROM Copyright Notice
47	Initialize Manager for PCI Option ROMs
48	Check Video Configuration against CMOS
49	Initialize PCI Bus and Devices
4A	Initialize all Video Adapters in System
4C	Shadow Video BIOS ROM
4E	Display Copyright Notice
50	Display CPU Type and Speed
52	Test Keyboard
54	Set Key Click if enabled
56	Enable Keyboard
58	Test for unexpected Interrupts
5A	Display prompt 'Press F2 to enter SETUPS'

Fortsetzung siehe nächste Seite

POST-Code	Test-Beschreibung
5C	Test RAM between 512 and 640k
60	Test Extended Memory
62	Test Extended Memory Address Lines
64	Jump to User Patch 1
66	Configure Advanced Cache Registers
68	Enable external and CPU Caches
6A	Display external Cache Size
6C	Display Shadow Message
6E	Display non-disposable Segments
70	Display Error Messages
72	Check for configuration Errors
74	Test Real Time Clock
76	Check for Keyboard Errors
7C	Set up Hardware Interrupt Vectors
7E	Test Coprocessor if present
80	Disable Onboard I/O Ports
82	Detect and install external RS232 Ports
84	Detect and install external parallel Ports
86	Reinitialize Onboard I/O Ports
88	Initialize BIOS Data Area
8A	Initialize Extended BIOS Data Area
8C	Initialize Floppy Controller
90	Initialize Hard Disk Controller
91	Initialize Local Bus Hard Disk Controller
92	Jump to User Patch 2

Fortsetzung siehe nächste Seite

415

POST-Code	Test-Beschreibung
94	Disable A20 Address Line
96	Clear huge ES Segment Register
98	Search for Option ROMs
9A	Shadow Option ROMs
9C	Set up Power Management
9E	Enable Hardware Interrupts
A0	Set up Power Management
A2	Check Key Lock
A4	Initialize Typematic Rate
A8	Erase F2 Prompt
AA	Scan for F2 Key Stroke
AC	Enter SETUP
AE	Clear in-POST flag
B0	Check for Errors
B2	POST done, prepare to boot Operating System
B4	One beep
B6	Check Password (optional)
B8	Clear global Descriptor Table
BC	Clear Parity Checkers
BE	Clear Screen (optional)
BF	Check Virus and Backup Reminders
C0	Try to boot with INT 19
D0	Interrupt Handler Error
D2	Unknown Interrupt Error
D4	Pending Interrupt Error

Fortsetzung siehe nächste Seite

POST-Code	Test-Beschreibung
D6	Initialize Option ROM Error
D8	Shutdown Error
DA	Extended Block Move
DC	Shutdown 10 error
The following are for Boot Block in Flash ROM	
E2	Initialize the Chipset 0
E3	Initialize Refresh Counter
E4	Check for Forced Flash
E5	Check HW Status of ROM
E6	BIOS ROM is OK
E7	Do a complete RAM test
E8	Do OEM Initialization
E9	Initialize Interrupt Controller
EA	Read in the Bootstrap Code
EB	Initialize all Vectors
EC	Boot the Flash program
ED	Initialize the Boot Device
EE	Boot Code was read OK

Tabelle 11.17: Die POST-Codes für PCs mit Phoenix-ISA/PCI-BIOS Version 4.0

11.3.11 POST-Codes für PCs mit Phoenix-ISA/MCA-BIOS

POST-Code	Test-Beschreibung
01	Prozessor testen
02	CMOS-RAM testen
03	BIOS-EPROM Checksumme ermitteln
04	Timer-Test
05	DMA-Controller testen
06	DMA-Page-Register testen
08	Memory-Refresh
09	64-Kbyte-Base-Memory-Test
0A	Fehler im 64-Kbyte-Base-Memory
0B	Parity-Logik testen
0C	Adressierung des 64-Kbyte-Base-Memory testen
0D	Parity-Fehler
10	Bit 0 des 64-Kbyte-Base-Memories testen
11	Bit 1 des 64-Kbyte-Base-Memories testen
12	Bit 2 des 64-Kbyte-Base-Memories testen
13	Bit 3 des 64-Kbyte-Base-Memories testen
14	Bit 4 des 64-Kbyte-Base-Memories testen
15	Bit 5 des 64-Kbyte-Base-Memories testen
16	Bit 6 des 64-Kbyte-Base-Memories testen
17	Bit 7 des 64-Kbyte-Base-Memories testen
18	Bit 8 des 64-Kbyte-Base-Memories testen
19	Bit 9 des 64-Kbyte-Base-Memories testen
1A	Bit A des 64-Kbyte-Base-Memories testen

Fortsetzung siehe nächste Seite

POST-Code	Test-Beschreibung
1B	Bit B des 64-Kbyte-Base-Memories testen
1C	Bit C des 64-Kbyte-Base-Memories testen
1D	Bit D des 64-Kbyte-Base-Memories testen
1E	Bit E des 64-Kbyte-Base-Memories testen
1F	Bit F des 64-Kbyte-Base-Memories testen
20	Zweiten DMA-Controller testen
21	Ersten DMA-Controller testen
22	Ersten Interrupt-Controller testen
23	Zweiten Interrupt-Controller testen
25	Interrupt-Vektoren laden
27	Tastatur-Controller testen
28	CMOS-RAM testen
29	CMOS-Setup
2B	Video-Speicher testen
2C	Video-Adapter initialisieren
2D	Video-Adapter-Test
2E	Video-ROM suchen
2F	Video-Adapter O.K.
30	Video-Adapter-ROM O.K.
31	Monochromen Adapter testen
32	Color-Adapter (40 Zeichen) testen
33	Color-Adapter (80 Zeichen) testen
34	Timer-Fehler
35	Shutdown-Fehler
36	Gate-A20-Fehler

Fortsetzung siehe nächste Seite

POST-Code	Test-Beschreibung
37	Interrupt-Fehler im Protected Mode
38	Speicherfehler im Bereich 01000h-0A000h
39	Speicherfehler im Bereich 100000h-FFFFFFh
3A	Zweiter Timer ist defekt
3B	Uhren (CMOS-RAM)-Fehler
3C	Test der seriellen Schnittstellen
3D	Test der parallelen Schnittstellen
3E	Coprozessor testen
41	Mainboard-Fehler (MC1)
42	Extended CMOS-Fehler (MCA)

Tabelle 11.18: Die POST-Codes für PCs mit Phoenix-ISA/MCA-BIOS

11.3.12 POST-Codes für PCs mit Quadtel-BIOS-Version 3.0

POST-Code	Test-Beschreibung
02	CPU-Flag-Test
03	CPU-Register-Test
06	Initialisierung der Hardware
08	Initialisierung der Register des Chip-Satzes
0A	Ermittlung der BIOS-ROM-Checksumme
0C	DMA-Page-Register testen
0E	Timer testen
10	Timer initialisieren
12	DMA-Controller testen

Fortsetzung siehe nächste Seite

POST-Code	Test-Beschreibung
14	DMA-Controller initialisieren
16	Interrupt-Controller initialisieren, Reset des Coprozessors
18	Interrupt-Controller testen
1A	Memory-Refresh
1C	Adressierung des 64-Kbyte-Base-Memory testen
1E	64-Kbyte-Base-Memory testen
20	64-Kbyte-Base-Memory testen (die oberen 16 Bit)
22	Tastatur-Controller testen
24	CMOS-RAM testen
26	Protected Mode testen
28	Speichergröße ermitteln
2A	Speicher testen
2C	Interleave-Test
2E	Protected-Mode-Test beendet
30	Unerwarteter Shutdown
32	Ausgabe der Speichergröße
34	Relocate Shadow-RAM
36	EMS konfigurieren
38	Wait-States festlegen
3A	Löschen des 64-Kbyte-Base-Memory
3B	CPU-Taktfrequenz ermitteln
3E	Jumperstellungen (8042) ermitteln
40	CPU-Taktfrequenz festlegen
44	Video-Adapter ermitteln
46	Video-Adapter initialisieren

Fortsetzung siehe nächste Seite

POST-Code	Test-Beschreibung
48	Interrupts testen
4A	Start des zweiten Tests des Protected Mode
4C-56	Protected Mode testen
58	Adreßleitung A20 testen
5A	Tastatur testen
5C	Ermitteln, ob XT- oder AT-Tastatur
5E	Start des dritten Tests des Protected Mode
60	Überprüfen des Basis-Speichers
62	Adressierung des Basis-Speichers testen
64	Shadow-RAM testen
66	Extended Memory testen
68	Adressierung des Extended Memory testen
6A	Speichergröße ermitteln
6C	Evtl. Fehleranzeige
6E	BIOS in Shadow-RAM kopieren
70	Timer testen
72	Uhr (CMOS-RAM) testen
74	Tastatur testen
76	Interrupt-Vektoren initialisieren
78	Coprozessor testen
7A	Ermitteln der RS232-Schnittstellen
7C	Ermitteln der parallelen Schnittstellen
7E	BIOS-Datenbereich initialisieren
80	Floppy- und Festplatten-Controller ermitteln
82	Floppies testen

Fortsetzung siehe nächste Seite

POST-Code	Test-Beschreibung
84	Festplatte testen
86	Suche nach einem optionalen ROM
88	Key-Lock-Schalterstellung überprüfen
8A	Warten auf <Press F1 Key...>
8C	Restliche Systeminitialisierung (Cache..)
8E	Kontrolle an Interrupt 19h (Boot Loader) übergeben
B0	Unerwarteter Interrupt ist aufgetreten

Tabelle 11.19: Die POST-Codes für PCs mit Quadtel-BIOS Version 3.0

Firmenverzeichnis

Im folgenden sind zahlreiche Hersteller angegeben, die Hard- und Software für PCs herstellen und/oder vertreiben. Unter der Spalte DIENSTE sind gegebenenfalls die Nummer einer Mailbox und die Bezeichnungen weiterer Dienste angeführt, wobei zur Kenntlichmachung die folgenden Zeichen verwendet werden:

Symbol	Bedeutung
☎	Telefon
📄	Fax
⌀	Hotline
①	Mailbox
②	Compuserve
③	WWW
④	FTP
⑤	BTX
⑥	ISDN
⑦	Telex

Unter der Spalte PRODUKTE ist nur eine grobe Unterteilung realisiert, was nicht bedeutet, daß die betreffende Firma nicht auch andere Komponenten, als dort angegeben, anbietet.

Firma	Produkt	Adresse	Telefon/Fax	Dienste
1&1 EDV	Hardware/ Software	Elgendorferstr. 55 56410 Montabaur	☎ 0 26 02/1 60 06 43 ▯ 0 26 02/16 00 10	
Acer	PCs	Kornkamp 4 22923 Ahrensburg	☎ 0 41 02/48 80 ▯ 0 41 02/48 81 01	① 0 41 02/48 82 80
Adaptec	SCSI- Controller	85540 Haar Münchener Straße 17	☎ 0 89/4 56 40 60 ▯ 0 89/45 64 06 15	① 0 89/45 64 06 18 ③ WWW.ADAPTEC.COM
Allied Telesis	Netzwerk- Hardware	Wittestraße 26F 13509 Berlin	☎ 0 81 61/6 20 02 ▯ 0 81 61/68374	① 0 30/4 32 90 44
ALR	PCs	Höchsterstraße 94 65835 Liederbach	☎ 0 69/3 00 97 90 ▯ 0 69/40 64 90	① 0 69/30 49 61
AMD	Hardware	Rosenheimer Str. 143B 81671 München	☎ 0 89/45 05 30 ▯ 0 89/40 64 90	③ WWW.AMD.COM
AMI	BIOS, Hardware	Weidenbornstr. 8A 65189 Wiesbaden	☎ 06 11/7 90 12 04 ▯ 06 11/7 90 12 00	
Apple	Computer	Gutenbergstraße 1 85737 Ismaning	☎ 0 89/99 64 00 ▯ 0 89/35 03 41 80	③ WWW.APPLE.COM
ASUS	Mainboards	Harkordstr. 25 40880 Ratingen	☎ 0 21 02/44 50 11 ▯ 0 21 02/4 420 06	③ ASUSTEK.ASUS.COM.TW
ATI	Grafikkarten	Rosenkavaliersplatz 15 81925 München	☎ 0 89/92 88 01-0 ▯ 0 89/92 88 01-99	① 0 89/46 09 07 66 ② GO ATITECH ③ WWW.ATITECH.CA
Atlantik- Systeme	LANs, NCR- Support, Crystal-Chips	Fraunhoferstraße 11A 82152 Planegg	☎ 0 89/85 70 00-0 ▯ 0 89/8 57 37 02	
Autodesk	Software (Autocad)	Hansastraße 28 80686 München	☎ 0 89/54 76-0 ▯ 0 89/54 76 94 23	
Award	BIOS	Elsenheimerstraße 50 80687 München	☎ 0 89/57 57 50 ▯ 0 89/57 59 98	
Berolina- Schriftbild	Drucker- Zubehör	Kaiser-Wilhelm-Str. 17 12247 Berlin	☎ 0 30/7 70 00 30 ▯ 0 30/7 72 80 07	⑦ 185 315 beb-d
Borland	Software	Monzastraße 4C 63225 Langen	☎ 0 61 03/97 90 ▯ 0 61 03/97 92 95	② GO BORLAND
Brother	Drucker	Im Rosengarten 14 61118 Bad Vilbel	☎ 0 61 01/8 05-0 ▯ 0 61 01/80 53 33	① 0 61 01/80 51 13
Bull	Hardware	Theodor-Heuss-Str. 60-99 51149 Köln	☎ 0 22 03/3 05-0 ▯ 0 22 03/3 05 16 99	
Canon	Drucker	Hellersbergstraße 2-4 41403 Neuss	☎ 0 21 31/1 25-0 ▯ 0 21 31/12 52 11	① 02 13 11/95 70 80
Citizen	Drucker	Hans-Duncker-Straße 8 21035 Hamburg	☎ 0 75 35/8 41 11 ▯ 0 75 35/8 44 42	

Firma	Produkt	Adresse	Telefon/Fax	Dienste
Compaq	PCs	Stefan-George-Ring 19 81929 München	☎ 0 89/99 33-0 ▯ 0 89/9 10 28 47	③ WWW.COMPAQ.COM
Conner	Festplatten	85737 Ismaning	☎ 0 89/9 96 55 70 ▯ 0 89/99 65 57 70	
Conrad Electronic	Diverse Elektronik	Klaus-Conrad-Straße 1 92240 Hirschau	☎ 0 96 22/3 00 ▯ 0 96 22/3 02 65	
Corel	Software	Fa. Matheis Software GmbH Bühläcker 4 88605 Messkirch	☎ 0 75 75/47 01 ▯ 0 75 75/43 76	
Creative Labs	Soundkarten	Münchener Straße 16 85774 Unterföhring	☎ 0 89/9 92 87 10	④ FTP.CREAF.COM ③ WWW.CREAF.COM
Cyrix	CPUs	603 Delta Business Park Welton Road, Swindon	☎ 00 44/7 93 41 77 77 ▯ 00 44/7 93 41 77 70	③ WWW.CYRIX.COM
DEC	Hardware	Freischützstraße 91 81927 München	☎ 0 89/95 91-0 ▯ 0 89/95 89 15 99	③ WWW.DEC.COM
Dell	PCs	Monzastraße 4 63225 Langen	☎ 0 61 03/9 71-0 ▯ 0 61 03/97 16 40	③ WWW.DELL.COM ④ DELL1.DELL.COM
Dr. Neuhaus	DFÜ	Haldenstieg 3 22453 Hamburg	☎ 0 40/55 30 40 ▯ 0 40/5 53 41 80	
EIZO	Monitore	Bischofstr. 82 47809 Krefeld	☎ 0 21 51/91 95-0 ▯ 0 21 51/91 95-99	
Elitegroup	Mainboards, Hardware	Mündelheimerweg 59 40472 Düsseldorf	☎ 02 11/4 15 07-0 ▯ 02 11/4 15 07 20	
ELSA	Grafikkarten	Sonnenweg 11 52070 Aachen	☎ 02 41/91 77-9 17 ▯ 02 41/9 17 76 00	① 02 41/9 17 79 81 ⑥ 02 41/91 77 78 00
Epson	Drucker	Zülpicherstraße 6 40549 Düsseldorf	☎ 02 11/56 03-0 ☎ 02 11/56 03-1 10 ▯ 02 11/5 04 77 87	① 02 11/5 62 14 11
ESCOM	PCs	Tiergartenstraße 9 64646 Heppenheim	☎ 0 62 52/70 90 ▯ 0 62 52/70 94 17	① 0 62 52/7 30 27-7 30 27 ① 0 62 52/7 30 27-7 30 28 ① 0 62 52/7 30 27-7 30 29 ⑤ *ESCOM# ⑥ 0 62 52/7 09 64 00
Fujitsu	Drucker, Laufwerke, Speicher	Frankfurter Ring 211 80807 München	☎ 0 89/3 23 78-0 ☎ 01 30/23 03 ▯ 0 89/32 37 81 00	① 0 89/32 37 82 23 ③ WWW.FUJITSU.COM
Hercules	Grafikkarten	82216 Gernlinden		① 0 40/65 73 73 35
Hewlett-Packard	PCs, Drucker, Scanner	Herrenberger Straße 130 71034 Böblingen	☎ 0 70 31/1 40 ∅ 00 31 20/6 81 71 74 ▯ 0 70 31/14 29 29 ▯ 0 70 31/14 41 11	⑤ *HP# ④ FTP-BOI.EXTERNAL. HP.COM ③ WWW.HP.COM

Firma	Produkt	Adresse	Telefon/Fax	Dienste
Hitachi	Monitore, CD-ROM-LW	Am Seesteren 18 40547 Düsseldorf	☎ 02 11/52 83-0 🖷 02 11/5 28 36 49	① 00 44/8 18 49 20 86 ③ WWW.HITACHI.CO.JP
IBM	PCs, Software	Pascalstraße 100 70569 Stuttgart	☎ 07 11/7 85-0 🖷 07 11/7 85 38 82	① 0 70 34/15 21 60 ⑤ *IBM# ④ FTP.IBM.COM ③ WWW.IBM.COM
Intel	Hardware, Software	Dornacherstraße 1 85622 Feldkirchen	☎ 0 89/99 14 30 🖷 0 89/9 04 39 48	④ FTP.INTEL.COM ③ WWW.INTEL.COM
IOMEGA	Laufwerke	Bötzingerstraße 48 79111 Freiburg	☎ 07 61/45 04-0 🖷 07 61/4 50 44 14	③ WWW.IOMEGA.COM
Kyocera	Drucker	Mollsfeld 12 40670 Meerbusch	☎ 0 21 59/91 80 🖷 0 21 59/91 81 06	
Logitech	Mäuse, Scanner, Soundkarten	Landsberger Straße 398 81241 München	☎ 0 89/58 80 71 ✂ 0 89/5 80 81 27 🖷 0 89/5 80 82 25	① 0 89/89 46 74 67
Mannesmann-Tally	Drucker	Glockeranstraße 2-4 89275 Elchingen	☎ 0 73 08/8 00 🖷 0 73 08/59 03	① 0 73 48/2 35 74
Matrox	Grafikkarten	Inselkammerstraße 8 82008 Unterhaching	☎ 089/6 14 00 53 🖷 0 89/6 14 97 43	
Maxtor	Festplatten	Max-von-Eyth-Straße 3 85737 Ismaning	☎ 0 89/9 61 40 16 🖷 0 89/96 85 72	① 0 89/96 31 31
Mediavision	Soundkarten	Keltenring 11 82041 Oberhaching	☎ 0 89/61 38 13 00 🖷 0 89/61 38 13 33	① 0 89/61 38 13 96
Micropolis	Festplatten	Behringstraße 10 82152 Planegg	☎ 0 89/8 59 50 91 🖷 0 89/8 59 70 18	
Microsoft	Software	Edisonstraße 1 85716 Unterschleißheim	☎ 0 89/31 76-0 🖷 0 89/31 76 10 00	④ FTP.MICROSOFT.COM ③ WWW.MICROSOFT.COM
Miro	Grafik-Hardware	Carl-Miele-Straße 4 38112 Braunschweig	☎ 05 31/2 11 30 🖷 05 31/21 13 99	
Mitsumi	CD-ROM-LW, diverses	Hammer Land-Straße 89 41460 Neuss	☎ 0 21 31/9 25 50 🖷 02 31/27 86 69	
Motorola	Hardware	Nagelsweg 39 20097 Hamburg	☎ 0 40/23 62 04-0 🖷 0 40/23 62 04-49	③ WWW.MOTOROLA.COM
NEC	Drucker	Klausenburger Straße 4 81677 München	☎ 0 89/9 30 06-0 🖷 0 89/93 77 76	① 0 89/31 60 12 18
Novell	Software	Willstätterstraße 13 40549 Düsseldorf	☎ 02 11/59 73-0 🖷 02 11/5 97 32 50	④ FTP.NOVELL.COM ③ WWW.NOVELL.COM
Number Nine	Grafikkarten	Inselkammer Str.10 82008 Unterhaching	☎ 0 89/614 49 10 ✂ 0 89/61 44 91 13 🖷 0 89/61 44 91 99	① 0 89/61 44 91 66

Firma	Produkt	Adresse	Telefon/Fax	Dienste
OKI	Drucker	Hansaallee 187 40549 Düsseldorf	☎ 02 11/52 66-0 ▭ 02 11/59 33 45	① 02 11/5 26 62 22 ③ WWW.OKI.COM
Olivetti	PCs	Lyoner Straße 34 60528 Frankfurt	☎ 01 30/84 33 00	
Panasonic	Drucker, CD-ROM-LW	Winsbergring 15 22525 Hamburg	☎ 0 40/85 49-0 ▭ 0 40/85 49-25 00	③ WWW.MITL.RESEARC H.PANASONIC.COM
Peacock	PCs	Graf-Zeppelin-Straße 14 33181 Wünnenberg	☎ 0 29 57/7 90 ▭ 0 29 57/12 91	
Pentacom	PCs, Netzwerke	Suhrenkamp 59-69 22335 Hamburg	☎ 0 40/5 00 93 74 ▭ 0 40/5 00 95 52	
Philips	CD-ROM-LW, diverses	Hammerbrookstraße 69 20097 Hamburg	☎ 0 40/23 72 30 ▭ 0 40/23 72 32 17	① 00 31 40/75 64 20
QMS	Drucker	Willstätterstraße 10 40549 Düsseldorf	☎ 0211/5 96 13 97	③ WWW.QMS.COM
Quantum	Festplatten	20, Route de Pre Bois Geneva Airport	☎ 00 41 22/9 29 91 26 ▭ 00 41 22/9 29 91 40	③ WWW.QUANTUM.COM
Quarterdeck	Software	Fritz-Vomfelde-Straße 10 40547 Düsseldorf	☎ 02 11/5 97 90 ▭ 02 11/5 97 90	① 02 11/5 97 90 25 ③ WWW.QDECK.COM ④ FTP.QDECK.COM
Samsung	Drucker, diverses	Am Unisyspark 1 65843 Sulzbach	☎ 0 61 96/58 25 56 ▭ 0 61 96/58 25 49	③ WWW.SAMSUMG.COM
Seagate	Festplatten	Messerschmittstraße 4 80992 München	☎ 0 89/14 98 91-0 ▭ 0 89/1 40 76 17	① 0 89/1 40 93 31 ③ WWW.SEAGATE.COM
Seikoscha	Drucker	Ivo-Hauptmann-Ring 1 22159 Hamburg	☎ 0 40/64 58 92-0 ▭ 0 40/6 45 892 29	
Siemens Nixdorf	PCs	Bürgermeister-Ulrich- Straße 100 86199 Augsburg	☎ 08 21/80 40 ▭ 08 21/8 04 27 01	③ WWW.SNI.DE
SMILE	Monitore	Siemensring 100 47877 Willich	☎ 0 21 54/42 85 71 ▭ 0 21 54/10 32	
Sony	Monitore, CD-ROM-LW, diverses	Hugo-Eckener-Straße 20 50829 Köln	☎ 02 21/59 66-0 ▭ 02 21/5 96 63 49	③ WWW.SONY.COM
SPEA	Grafikkarten, Soundkarten	Moosstraße 18B 82319 Starnberg	☎ 0 81 51/2 66-0 ▭ 0 81 51/2 12 58	① 0 81 51/26 62 41
Star Division	Software	Sachsenfeld 4 20097 Hamburg	☎ 0 40/23 64 68 41 ▭ 0 40/23 64 65 50	
Star Micronics	Drucker	Westerbachstraße 59 60489 Frankfurt	☎ 0 69/78 99 90 ▭ 0 69/78 10 06	① 0 69/78 09 29
Symantec	Software	Grafenberger Allee 56 40237 Düsseldorf	☎ 02 11/9 91 70 ▭ 02 11/9 91 72 22	① 00 31 71/35 31 69

Firma	Produkt	Adresse	Telefon/Fax	Dienste
TEAC	Laufwerke	Arzberger Straße 10 82211 Herrsching	☎ 0 81 52/3 70 80 ▢ 0 81 52/37 08 26	
Texas Instruments	Hardware	Haggertystraße 1 85356 Freising	☎ 0 81 61/8 00 ▢ 0 81 61/8 45 16	③ WWW.TI.COM
Toshiba	Diverses	Toshiba-Platz 1 41460 Neuss	☎ 0 21 31/1 37-0 ▢ 0 21 31/15 83 90	③ WWW.TOSHIBA.COM
Tulip	PCs	Schiess-Straße 48 40549 Düsseldorf	☎ 02 11/59 55-0 ▢ 02 11/59 55 98	
Vobis	PCs	Carlo-Schmid-Straße 12 52146 Würselen	☎ 0 24 05/44 45 00 ▢ 0 24 05/44 45 05	① 0 24 05/1 80 67 ① 0 24 05/9 40 47 ⑤ *VOBIS#
Western Digital	Festplatten	Zamdorferstraße 26 81677 München	☎ 0 89/92 20 06-0 ▢ 0 89/91 46 11	③ WWW.WDC.COM
Zenith Data Systems	PCs	Robert-Bosch-Straße 52 63225 Langen	☎ 0 61 93/76 11 ▢ 0 69 03/76 17 91	③ WWW.ZDS.COM

Stichwortverzeichnis

I

J

K

L

M

Bücherhinweis

Weitere Titel von Klaus Dembowski, erschienen beim Markt & Technik-Verlag

1. **Hardware ohne Risiko**

Die Lösung für PC-Probleme.
408 Seiten, DM 49,– mit Diskette

2. **Die neue PC-Werkstatt**

Konfigurieren, Installieren, Optimieren, Reparieren, Aufrüsten.
550 Seiten, DM 119,– mit POST-Code-Karte

3. **Sound am PC**

Ein Wegweiser und technisches Handbuch für Soundkarten und ihre Einsatzmöglichkeiten.
375 Seiten, DM 59,– mit Diskette

4. **PC-gesteuerte Meßtechnik**

Der PC in der Meß-, Steuer- und Regelungstechnik.
568 Seiten, DM 129,– mit Platine

5. **Computerschnittstellen und Bussysteme**

Technisch-physikalische Experimente mit Sensoren und PC-Software, für Meßwerterfassung, Analyse und Grafik.
478 Seiten, DM 79,–